일상의 발명

일상의 발명

실행의 기예

L'INVENTION DU QUOTIDIEN

VOL. 1, ARTS DE FAIRE

미셸 드 세르토 지음
신지은 옮김

문학동네

연구사_뤼스 지아르 9

실행의 기예 39

총론 42
① 소비자의 생산 44
② 실천가의 전술 51

1부 대단히 평범한 문화

1. 공통의 장소: 일상어 64
'누구나'와 '아무도 아닌 자' 65
프로이트와 보통의 인간 66
전문가와 철학자 71
일상어의 비트겐슈타인식 모델 74
동시대의 역사성 79

2. 대중문화 83
브라질의 '기예' 84
속담의 발화 88
논리: 게임, 설화 그리고 말하기의 기예 92
방향 전환의 실천: 딴짓하기 96

3. 임기응변: 사용과 전술 102
사용 혹은 소비 104
전략과 전술 109
실천의 수사학, 아주 오래된 책략 115

2부
실행의 기예 이론

4. 푸코와 부르디외 125
① 널리 퍼진 테크놀로지: 푸코 125
② '박학한 무지': 부르디외 131

5. 이론의 기예 147
재단하기 그리고 뒤집기: 이론의 레시피 148
'기예'의 민족학화 152
알려지지 않은 것에 관한 이야기 158
사유의 기예: 칸트 163

6. 이야기들의 시간 169
말하기의 기예 170
수에 대해 이야기하기: 마르셀 드티엔 174
기억의 기예와 기회 177
이야기들 186

3부
공간의 실천

7. 도시에서 걷기 190
① 도시의 개념에서 도시적 실천들로 194
② 잃어버린 발걸음들의 화법 198
③ 신화: '걷게 만드는' 것 206

8. 선박과 감옥 218

9. 공간 이야기 224
'공간'과 '장소' 226
여정과 지도 229
경계짓기 234
범죄? 244

4부
언어의 사용

10. 경전의 경제학 248
글쓰기: '근대의' 신화적 실천 251
신체에 새겨진 법 259
한 신체에서 다른 신체로 263
육화의 도구 265
표상의 기계류 270
'독신 기계' 274

11. 목소리의 인용 280
위치가 바뀐 발화 284
우화의 과학 288
신체가 내는 소리 292

12. 읽기: 밀렵하기 296
책을 통한 '정보'의 이데올로기 297
평가절하된 행위: 독서 300
사회적 엘리트의 산물인
'문자 그대로의' 의미 304

'편재성의 훈련', 이 '무례한 부재' 307
게임과 책략의 공간 310

5부
믿음의 방식들

13. 정치적 신뢰성 316
신앙의 평가절하 318
고고학. 믿음의 일시적 기착 321
'영적' 권력에서 좌파의 대립까지 324
실재의 기관 328
이야기된 사회 331

14. 이름 붙일 수 없는 것: 죽음 335
사유의 대상이 될 수 없는 실천 336
말하는 것은 곧 믿는 것이다 338
글쓰기 341
치료하는 권력과 그것의 복제품 343
소멸하는 것 346

불확정적인 것들 349
계층화된 장소들 352
변화무쌍한 시간 354

주 357
미셸 드 세르토 연보 391
옮긴이의 말 395

일러두기

1. 이 책은 Michel de Certeau, *L'invention du quotidien, I: Arts de faire*(Editions Gallimard, 1990)를 옮긴 것이다.

2. 원서에서 이탤릭체로 강조한 부분은 본문에서 고딕체로 표기했다.

3. 본문에서 ( )는 원저자의 부연설명, [ ]는 역자의 부연설명이다.

4. 책의 말미에 수록된 미주는 모두 원주이다. 본문 각주는 대부분 역주이며, 원저자의 각주는 [원주]로 표기했다.

4. 인명, 지명 등 외래어는 국립국어원의 외래어표기법을 따랐다. 단, 외래어표기법이 제시되지 않은 일부 단어들은 국내 매체에서 일반적으로 통용되는 표기를 참조했다.

5. 단행본과 소책자, 정기간행물은 『 』로, 논문과 단편 등은 「 」로, 예술작품은 〈 〉로 표기했다.

연구사

— 뤼스 지아르

마치 한 권의 책이 되기 위해서는
죽어야 하는 것처럼,
오직 한 시대의 종말만이
무엇이 그것을 살아 있게 했는지
진술할 수 있게 해준다.(347쪽)

1980년 2월, 『일상의 발명』 초판이 문고판으로 출간되었다.[1*] 미간행의 저작물이 처음부터 곧바로 문고판으로 출판되었다는 사실은 일반적인 일은 아니었다. 이 저작물은 오랜 기간(1974년 말부터 1978년까지)에 걸친 연구 결과들을 담고 있으며, 그 단편적인 개요

* 주석에서 뤼스 지아르가 밝히고 있듯 『일상의 발명』은 두 권으로 구성되어 있다. 그중 『일상의 발명 1: 실행의 기예』는 세르토의 단독 저술이고, 『일상의 발명 2: 거주하기, 요리하기』는 대부분 뤼스 지아르와 피에르 마욜이 집필했다. 앞으로 『일상의 발명』이라고만 표기할 경우 이는 세르토가 저술한 『일상의 발명 1: 실행의 기예』를 주로 가리키는 것이다.

들은 이미 유포되어 있었다.[2] 보통 연구 보고서는 일반 단행본 출판을 위한 허가를 기다리거나, 그보다 좀더 흔하게는 정부 청사나 연구소로 조용히 이끌려 들어가서 '회색문헌'*의 연옥 속에 묻혀버리고 만다. 이 책은 집필이 끝나자마자(1979년 9월) 특별 대우를 받은 셈인데, 그 이유로 우리는 신중하게 채택된 총서의 성격, 주저자에 대한 고려, 지적 프로젝트의 내적 논리 등을 들 수 있다.

그 당시 '총서 10-18'은 그저 그런 문고판 시리즈가 아니었다. 이 총서는 자기만의 특별함과 명성, 프로그램과 야심을 가지고 있었다. 이 총서의 책임자인 출판인 크리스티앙 부르구아는 책 장정은 별로 신경쓰지 않으면서, 적은 비용으로 인문사회과학의 최근 연구 생산물들을 대대적으로 출판했다. 문학작품도 함께 출판했는데, 그중 다수가 번역물이었다. 이는 그가 작가와 장르, 스타일의 질과 다양성에 관한 방침만큼이나 텍스트의 형식도 중요하다고 믿었기 때문이다. 새로운 사상들, 서로 충돌하는 개념들, 반대 학파에 대한 맹렬한 비난, 분야별 전문용어 등이 만들어내는 유쾌한 북새통 가운데, 총서 10-18은 말과 사상의 무역풍이 순환하게 만들었고, 인류학, 정치경제학, 언어학, 철학, 사회학 등과 관련된 서적들을 출판했다. 거기서 사람들은 '프랑스식 열광furia francese'을 가지고 마르크스주의, 구조주의, 서구의 자민족중심주의에 대해 토론했다. 편집장의 편향되지 않고 폭넓은 통찰력과 호기심, 당시의 유리한 경제 상황 등으로 한동안 이 주지주의적 내기는 순조롭게 진행될 수 있었다. 호황기였지만 약간 불안정했던 1968년 이후 프랑스는 경제의 근대화, 도시화, 대졸자의 급증 등을 소화하기 위해 사회과학의 효율성을 신뢰했다. 수많은 학생과 교수들은 열정적으로 마르크스, 프로이트 혹은 레비스트로스에 대해 논했다. 사람들은 알튀세르, 촘스키, 푸코, 라캉 등의 편에 서거나 혹은 그 반대편에 섰고, 그들의 책을 사고, 그들의 아류 혹은 반

* 상업적 유통을 목적으로 하지 않는, 일반적으로 접근이 제한된 문헌들.

대자들의 책을 읽었다. 왜냐하면 사람들이 과거에 종교나 혁명에 가담했던 것처럼, 이제는 이론 속에 빠져들었기 때문이다. '포스트모더니스트들'의 무기력도, 이념적 거대 당파의 몰락도 아직은 저자와 독자 대중에게 타격을 입히지는 않았다. 오직 몇몇 선견자만이 겨우 눈에 보이는 균열, '영광스러운 시절'의 평온함을 곧 집어삼킬 그 균열을 예의 주시하고 있었고, 여전히 성공을 거두고 있는 너무 단순한 대립 논리를 피해 다른 방식으로 사회를 해석하고자 했다.

미셸 드 세르토는 이러한 반순응적이고 통찰력 있는 지성인 중 하나였다. 지적 무대에서 그는 확고한 분과학문의 규범에 순응하지 않는 독자적 인물이었다. 그리고 그의 번뜩이는 지성은 대학, 교회 혹은 국가의 영향을 받는 제도의 논리와 무관한 길을 따라갔다. 그는 신비주의와 16세기, 17세기의 종교적 경향에 관한 연구로 존경받는 저명한 역사가이지만, 역사가의 직업을 은밀하게 지배하는 인식론에 대해 엄격하고 날카롭게 비판함으로써 사람들의 미움을 사기도 했다. 사람들은 그가 진리의 개념을 상대화했다는 점, 지식 제도가 가지는 객관성에 의혹을 제기했다는 점, 위계적 종속과 묵인의 비중을 강조했다는 점, 그리고 프랑스 역사학파의 명성을 가져온 공인된 모델을 의심했다는 점 등을 들어 그를 비난한다. 오래지 않아 사람들은 그가 '현실 세계', 즉 역사가가 '진실하게' 묘사하기 원하는 현실 세계의 파악은 소홀히 하면서 대신 글쓰기의 역할을 더 강조했다고 불평할 것이다. 그렇다면 정말 세르토가 상황과 텍스트에 대한 기호학적, 정신분석학적 해석에 너무 많은 관심을 가졌던 것일까? 이런 해석은 역사학의 바람직한 방법과는 거리가 먼 것으로, 아카이브에 집중하고 총망라된 (불가능한) 자료를 수집한다는 (신성한) 이상을 희생시키는 것이다. 그러나 이것은 계속 반복되는 부당하고 성가신 비난이다. 왜냐하면 사람들은 어떠한 논쟁점에 관해서도, 그가 역사가로서의 임무를 수행하는 데 있어 잘못한 점을 찾아내지 못했기 때문이다. 이런 식으로 에마뉘엘 르 루아 라뒤리는 리슐리외 치하의 루됭 사건에 대한 세르토의 (너무?) 탁월한 재해석 앞에서 동업자[같은 역사학자]로서의 당혹함과 신경질을 여과 없이 표출했다. "신학자이자 역사가인 미셸 드 세르토가 보기에 악마는 도처에 존재한다. 마녀 사냥꾼들이 악마를 찾아냈다고 믿었던 바로 그 장소만 제외하고." 세르토는 "온갖 말을 다룰 줄 알고 온갖 언어를 차례로 섭렵할 수 있었다. 그는 때에 따라서 의학사가이자 사회사가였다가 신학자였다가 정신분석학자였다가 정량화 이론가였다가 프로이트나 푸코의 계승자였다". "그는 결코 자신의 긴장을 늦추지 않았다. 그는 해석될 수 없는 채로 남아 있었다. 재기 넘치는 『루됭의 마귀들림』을 내놓음으로써 미셸 드 세르토는 올해의 가장 악랄한 책의 저자가 되었다."[3]

폭넓은 지적 관심사, 어떤 한 가지 연구 방법론에 종속되지 않고 여러 방법론을 교차해서 사용하는 방식, 자신이 획득한 역량의 다양성으로, 세르토는 사람들을 어리둥절하고 미심쩍게 만들었다. 자발적으로 안에 틀어박혀 작업하기 좋아하는 [역사가라는] 직업의 각 축장에서, 그는 끊임없이 이동했고 어떠한 한정된 장소에도 자신을 묶어두지 않았다. 예수회 수도사인 그는 이 신분이 보장해줄 수 있는 특권을 거부했지만, 그렇다고 예수회와의 끈을 놓지도 않았다. '미쳤다'는 의혹을 샀던 17세기 신비주의적 예수회 수도사 쉬랭의 『서한집』 출간이라는 기념비적 작업이 증명해주듯 가장 고전적인 지식에 정통한 역사가인 세르토는 과거라는 한정된 영역 속에서 자신이 가지는 독보적인 위상에 만족하지 않았다. 그는 정신분석학에도 심취하여, 자크 라캉이 1964년 프로이트 학회를 설립한 후부터 1980년 해체될 때까지 거기에 소속되어 있었고, 라캉학파의 중심인물들과 지적 교류를 했다.[4] 뿐만 아니라 그는 언어학에도 관심을 가졌고, 파리에서 A. J. 그레마스가 주관한 기호학 세미나 및 이탈리아 우르비노에서 피노 파이오니가 매년 조심스럽게 주최했던 모임에도 열심히 참가했다.

1974년 한 공공기관이 문화와 사회에 관한 연구를 그에게 요청한 것(이 요청의 배경에 대해서는 나중에 다시 설명하겠다)은 그의 활동의 또다른 측면과 관련이 있다. 사실 1968년에 그는 명성을 얻게 되는데, 그 명성은 그의 연구들로 신임을 얻었던 역사학계 외부에서 왔고, 또한 예수회 수도사라는 신분으로 자신이 속해 있던 기독교계 바깥에서 왔다. 물론 그는 자신의 지적·사회적 소통을 이 기독교계에 한정시키지는 않았다. 그때부터 그는 좌파 지식인들의 여러 회합에 초대받았고, 정책 결정자들은 그에게 자문을 구하거나 그와 논의하려 했으며, 상급 행정기관의 두뇌 집단도 그에게 도움을 요청했다. 이렇게 해서 그는 비공식으로 1968년 여름 동안 에드가르 포르를 중심으로, 대학 개혁을 시도하고 새 학년을 준비하는 새로운 기구를 만드는 자문위원회에 관여하게 되었다. 곧이어 그는 역사학과 인류학을 강의해달라는 제안을 받았다. 강의는 1968년부터 1971년까지는 뱅센 파리8대학에서, 그다음 1971년부터 1978년까지는 쥐시외 파리7대학에서 진행되었다.

이 새로운 사회적 역할은 1968년 5월부터 9월 사이에 그 시절 사람들이 말했던 대로 '사건들'의 소용돌이를 바로 그 현장에서 분석할 수 있었던 그의 놀라운 능력에서 기인한 것이다. 예수회에서 월간으로 발행되는 『에튀드』에 실린 감탄할 만했고 여전히 감탄할 만한 논문들 속에서, 그는 이 불확실성의 시기에 관해 지적이고 관대하며 변화를 반기는 해석, 당시 많은 사람들을 마비시켰던 두려움에서 벗어난 해석을 제시했다.[5] 그는 해결책을 제시하고자 한 것도 미래를 가두는 결정적인 진단을 내리려고 한 것도 아니었다. 다만 우선은 닥쳐온 상황을 이해 가능한 것으로 만들고자 했다. 그의 주제는 그 시절의 거품이나 정치적 담론의 혼란이 아니었고, 누군가에 대한 애통함도 다른 누군가에 대한 비난도 아니었다. 그의 주제는 말들의 거대한 혼돈 속에서 핵심적인 것이라고 인정할 만한 것, 더 심오하고 여전히 신비스러운 숨겨진 의미이다. 이 들끓음, 단어와 바리케이드의 이 무질서, 이 반란과 파업, 이것들은 사회에 대해, 사회에 잠재되어 있는 것들과 사회의 희망에 대해 무엇이라고 말하는가? 세르토는 말하기와 실행하기 사이의 균열을 간파해냈다고 생각했는데,[6] 그는 이 균열 속에서 위협이 아니라 미래의 가능성을 엿보았다. 그는 거기서 거대한 사회적 모험이 시작되는 것을 알아본다. 그리고 그는 거기서 아버지로서의 책임을 다할 줄 몰랐거나 책임을 다하지 못했던 아버지 세대(세르토 자신의 세대)를 마주하고 있는 아들 세대의 정당한 조급함을 알아본다. 이 조급함은 보잘것없는 작은 행복으로도 사회질서의 관리로도 결코 완화시킬 수 없는 것이다.

1968년 5월은 미셸 드 세르토를 당황스럽게 만들었다. 그 자신이 썼던 표현대로 하자면 그는 '타격을 입고' '달라졌다'. 1968년 5월의 흔적은 그에게 결정적이었다. 기독교의 당시 상황을 묘사하기 위해 그가 만들어낸 표현들 중 하나에 따르면, 그것은 그에게 "창설적 단절"[7]이 되었다. 그것은 그가 과거의 자기 존재를 포기하거나 잊어버리고 부인하기를 원해서가 아니라, 그때부터 자신이 가진 지식과 지성 및 사회적 에너지를 다 동원해 다른 곳에, 가장 먼저는 무엇인가를 해명하려는 노력에 사용하려고 했기 때문이다. 그는 그때부터 우리가 "불시에 나타난 이 '무언가'에 다시 착수하고, 예상치 못한 것이 우리 자신에 관해 가르쳐준 것, 즉 그후로 변화된 우리의 모습을 이해해야"[8] 한다고 말했다. 결코 피할 수 없는 과제였다. "나에게는 그것을 해명하는 일이 급선무였다. 다른 무엇 때문이 아니라, 오히려 진정성에 대한 욕구 때문이었다."[9] 그는 이 근원적인 추구를 어떻게 현실화할지 알지 못해 주저하고 더듬거리면서 활동 영역과 분석 도구 및 적합한 개입 방식을 모색했다. 그는 학교와 대학, 언어적 소수집단 문제에 대해, 한 사회에서 문화를 구축하는 일에 대해 성찰했다. 그는 자신의 노선과 목표를 찾으려 애썼고, 일찌감치 다음과 같은 실제적인 문제를 식별해냈다. "'어떻게 창조되는가?'라는 경솔한 질문"은 "'무엇을 그리고 어떻게 창조할 것인가?'라는 절대적으로 긴급한 질문"을 대체했다.[10] 이 질문 속에서 나는『일상의 발명』의 토대가 되는 관점 전환의 첫번째 형식을 알아차렸다. 이 관점 전환은, 수동적이라고 가정되는 생산물의 소비를 익명의 창조로 바꿔놓는다. 이 익명의 창조는 이 생산물을 사용하는 데 있어 [원래의 용도가 아닌 다른 방식으로 사용하는] 탈선적 실천에서 발생하는 것이다.(107쪽)

1968년 이후에 발간된 여러 연구들에서 보여준 독창적 입지로 인해 세르토는 아르케스낭 국제학술대회(1972년 4월)에서 발표해 달라는 제안을 받는다. 이 학술대회에서는, 유럽의 문화 정책을 결정하기 위한 유럽공동체[EC] 장관들의 헬싱키 회담(같은 해 9월)을 준비해야 했다. 세르토에게 이 작업은 문화적 실천에 관한 그의 성찰이 구체화되는 결정적 계기가 될 것이었다. 1974년에 그는 아르케스낭 학술대회를 위해 작성했던 보고서들과 그와 유사한 주제로 수행했던 연구들을 묶어『복수형의 문화』[11]라는 의미심장한 제목의 책을 출간했다. 그가 오롯이 혼자서 정한 이 제목은, 고등 학문 혹은 공통 이익이라는 명분으로 행정 권력이 확산시키고자 했던 획일성에 대한 거부를 표현한다. 이 책 속에 엮인 글들을 통해 우리는 그의 연구 계획을 어렴풋하게 뒤쫓아갈 수 있는데,『일상의 발명』은 여기서 발전해나온 결과물이다. 그가 이후에 말했듯이 그의 '이론적 과제'는 이때 이미 명확하게 정해져 있었다. 재화의 시장에 제공된 문화적 생산물이 아니라 그것을 사용하는 방식에 관심을 가져야 한다는 것. 즉 "어떤 주어진 여건 속에서 어떤 실천에 의해 수행되는 탈선을 사회적으로 표시해주는 상이한 방법들"[12]에 주목해야 한다는 것. '지식인 문화', 즉 지식 소유자들의 허영심에 내맡겨진 보물은 이제 더이상 중요하지 않고, 또 중요한 것이 될 수도 없다. 권력이 이미 제거해버린 것의 목록을 정리하고 그것을 방부 처리하는 학자들에 의해 외부로부터 부여된 '민중 문화'라는 명칭은 더더구나 중요하지 않다. 왜냐하면 학자들과 권력이 보기에는 죽음을 무덤에 잘 가둬둘수록 "죽음의 아름다움"은 더욱 감동적이고 찬양할 만한 것이 되기 때문이다.[13] 그때부터 "소멸하기 쉬운" 익명의 창조물들을 "사방으로 확산"시키는 데 관심을 기울여야 한다.[14] 이 창조물들은 자본으로 환원되지 않고 우리로 하여금 삶을 영위할 수 있게 해주는 것이다. 이론적 방법들이 제대로 정해지지 않으면 연구 영역은 제한되기 마련이다. 이 영역은 "움직이는 문화의 작동"과 관련되는 것으로, "불명확한 것은 아니지만 예상할 수 없는 이 움직임의 경로들"은 무엇인가를 구축해낸다. 우리는 움직임이 구축해내는 이 무엇인가가 사람들에게 이해될 수 있도록 그것의 형식과 양태에 대해 연구해야 한다.[15] 『복수형의 문화』는 그것에 대해 더이상 언급하지는 않는다. 이 문제는 일상적 실천의 전술적 책략이 따라가는 구불구불한 여정을 밝혀주는 차후의 연구들에서 다시 다뤄질 것이다.

세르토에 대한 오귀스탱 지라르의 우정과 찬사에 의해 한 가지 기회가 만들어졌다. 문화부 연구조사국(당시 정부기관 명칭이 그러했다)의 책임자였던 지라르는 세르토의 글을 읽었고 그에 관해 듣게 되었다. 그는 자신의 연구조사국에서 세르토를 일 년 동안 연구 책임자로 특별히 임명함으로써 공동 연구를 시작했다. 이때의 경험으로, 세르토야말로 그 상황에 딱 맞는 인물이라는 지라르의 믿음은 더욱 커졌다. 즉 세르토는 정책 결정자들과 행정가들이 자신들의 선택의 방향을 결정하고 예산 집행의 우선권을 정하기 위해 필요로 하는, 문화에 관한 조사와 활동에서의 문제설정을 명확히 해줄 수 있는 인물이었다. 때마침 지라르는 우연한 기회를 잘 살려 과학기술연구위원단DGRST[16]에 한 가지 제안을 내놓았다. 과학기술연구위원단에서 그는 '문화의 발전'을 협의하는 위원회(폴 들루브리에가 주재하는)에 속해 있었다. 1974년 6월 제7차 계획안이 곧 시작될 무렵, 위원회는 난처한 상황에 처해 있었다. 즉 위원장(국립과학연구소CNRS의 전직 소장이었고, 나중에 좌파 정부에서 연구부 장관을 맡게 될 위베르 퀴

리앵)에게 보여줄 만한 분명한 아이디어가 아직 없었던 것이다. 그런데다가 사용 가능한 연구비 예산은 아직 남아 있어 이 예산을 재빨리 집행해야 했다. 예산국은 관례에 따라 지출되지 않고 남은 예산을 동결시키기 때문이었다. 지라르는 대규모 연구 프로젝트를 떠올렸고 그 윤곽을 잡았으며 이를 세르토에게 의뢰하자고 제안했다. 그는 이유를 설명했고 설득했고 관철시켰다. 곧바로 세르토에게 '연구의 전망, 구체적 사례들 그리고 연구 환경 등을 동시에 고려해서 이끌어낸 종합'(위원회에서 사용했던 용어)을 위한 지휘권이 맡겨졌다.

이것은 공식적으로 '국면, 종합, 전망'이라는 연구 계약의 형식을 갖추고 있었는데, 처음에는 2년으로 예정이었지만 1년 더 연장되었다. 이 연구 계약은 실제적으로 1974년 말부터 1977년 말까지 지속되었고, 최종 연구 보고서 작성은 1979년에야 이루어졌다. 왜냐하면 그사이에 세르토가 1977~1978년에 주네브대학교에 초청교수로, 이어 1978년 9월부터는 캘리포니아 샌디에이고대학교에 전임교수로 가게 되었기 때문이다. 세르토는 계약의 내용과 방법을 자유롭게 정할 수 있었기 때문에, 혼자서 학술적 연구 방향을 결정했고 자신이 선택한 공동 연구자들과 함께할 수 있었다. 미래 연구(기술관료들은 당시에 이런 종류의 표현을 신뢰했다)라는 선별판과 거기서 일할 연구자가 그에게 주어졌는데, 이 연구자는 진행중인 작업을 곧 그만두었다. 그 결과 세르토는 자신이 서명한 계약을 잘 이행하기 위해 문화의 미래 연구를 위한 소그룹을 꾸리기로 결심하게 되었다. 그런데 이 문화의 미래 연구란 (DGRST에 제출된 자료에 따르면) '과학적 형식을 띤 유토피아 문학과 같은 것'으로 간주되었다.[17] '미래를 위한 시나리오들'과 (현재를 묘사하는 데 질서를 부여하고 미래 전망의 가능성을 제공하고자 하는) '시스템 공학'의 거대한 프로젝트에 대한 비판적 해석은 [결국] 개념상 빈곤하고 중언부언과 암호문 같은 수사만 너무 많아 실망스러운 것으로 드러나게 될 것이었다. 따라서 예고되었던 연구 보고서는 결국 작성되지 못했다. 그사이에 다행히 분위기가 반전되었고 DGRST는 이 애물단지 같은 일을 더이상 중요하게 생각하지 않았다.

계약에 따라 세르토는 지라르의 연구조사국이 축적해둔 자료와 경험을 활용할 수 있었다. 연구조사국은 문화적 실천에 관한 폭넓은 설문 조사 결과[18]를 막 출판한 상태였다. 이것은 연령, 성별, 사회계층, 거주지 등으로 분류된, 문화 소비와 여가 활동의 방식들에 관한 수치화되고 정확한 개요도를 제공했다. 세르토는 자신의 연구 계획을 이런 종류의 통계 조사와 구별하고자 했다. 그는 이런 실행 방법의 특성 그 자체에서 기인하는 한계를 잘 알고 있었다. 그것은(이는) 그가 숫자를 신뢰하지 않아서가 아니라, 그런 방식으로는 그에게 흥미로운 모든 것, 예컨대 개별적 작동 과정과 사용, 그것들 간의 연관관계, [문화적] 실천가들의 변덕스러운 활동 경로를 놓쳐버리게 되기 때문이다. 『일상의 발명』 총론에서 세르토는 [통계 조사에 대한] 자신의 비판을 분명하게 정리했다. 통계학은 "이 실천들의 자료는 파악할 수 있지만 그것들의 **형식**은 파악하지 못한다. 통계학은 사용된 요소들을 알려줄 뿐, '주어진' 이 모든 요소들과 환경을 결합시키는 브리콜라주, '장인적' 창의력, 담론적 특성 등에서 기인하는 '프레이징*'을 표시해주지는 못한다". 또한 "통계 조사는 오직 동질적인 것만 '발견할' 뿐이다. 통계 조사는 자기가 속해 있는 시스템을 재생산한다".(52쪽)

세르토의 비판은 역사의 인식론에 관한 성찰에 근거하고 있다. 그는 새로운 방법론에 열의를 가지고, 그에 따른 위험을 무릅쓸 준비가 되어 있으며, 그 방법론의 결정과 한계에 대해 제대로 알고 있는, 자기 세대에 몇 안 되는 역사가들 중 하나였다. 그는 또한 계량적인 것의 유혹이나 근대적 정보화의 매력에도 굴하지 않았다. 당대의 환상으로부터 그를 보호해준 것은 텍스트에 대한 그의 사랑(그리고 독

* 문장에 마침표나 쉼표가 있는 것처럼, 음악에는 프레이즈(작은 악절)라는 단위를 표시하는 프레이징이 있다. 이를 통해 화성, 멜로디 등이 만들어진다.

해 방법의 다양성에 대한 그의 인식)이었을 것이다. 마찬가지로 그는 숫자, 컴퓨터, 형식화formalisation 등에 기대는 것을 완고하게 비방했던 정반대의 입장에 빠져들지도 않았다. 마지막으로 나는 그의 통찰력이 그가 받은 철학 훈련과 인식론에 대한 그의 관심에서 나왔다고 생각한다. 바로 그런 이유에서 세르토는 수치화된 데이터들은 그것들의 수집 조건 이외의 어떠한 타당성과 적합성도 없다는 사실을 강조하는 것이다. 손으로 직접 처리했든 기계로 정교하게 처리했든 데이터들은 그것들이 생산된 순간과 똑같은 상태로 남는다. 자료들의 질과 정보적 의미는 자료들의 생산을 조직했던 과정, 즉 범주들을 분할하고 구성하는 과정의 질과 의미에 상응한다. 양쪽 모두 똑같이 중요하다.[19] 역사학자로서 세르토는 숫자와 표, 백분율에 기댄 과학성의 환상에 맞서 싸울 준비가 되어 있었다. 그는 [역사학자로서] 저기서 거부했던 것을 문화 분석가로서 여기서 수용할 아무런 이유가 없었다.

DGRST와 체결한 계약과 관련하여 세르토는 자신의 연구의 틀을 정한 후, 연구의 목적과 중대한 방향을 명확히 하는 데 전념했다. 1975년 2월 연구 발주처에 제출한 보고서는 "전유(혹은 재전유)로서의 일상적 공통의 문화"에 대해, "실천의 방식"으로 간주되는 소비 혹은 수용에 대해, 그리고 마지막으로 "이 궤적들(혹은 시간 속에서 서로서로 연결되는 일련의 작동 과정들)에 적합한 분석 모델을 만들어낼" 필요성에 대해 강조했다. 그렇게 해서 연구 대상의 영역, 질문의 노선, 이론적 과제가 결정되었다. 그 보고서에 따르면, "일상적 실천 이론의 밑그림을 그리는 일"이 관건이다. "사회생활에서 대다수를 차지하면서도 사회문화적 생산의 발전과 관련해서는 '저항' 혹은 무기력의 양태로만 주로 모습을 드러내는 '실행의 방식들'을 그것들에 대한 소문에서 빼내기 위해서다." 『일상의 발명』에서 연구될 핵심 사항은 분명하게 규정되었고, 『일상의 발명』 총론에서 말하는 바는 바로 다음과 같은 것이다. "소비자들의 이런 작동 절차와 책략은 마침내 이 책의 주제인 반反규율의 그물망을 구성한다."(47쪽)

1980년에 '반규율antidiscipline'이라는 새로운 용어가, 분명 미셸 푸코의 연구에 대한 반향으로 사용되기 시작했다. (세르토의 눈에) 푸코의 주저인 『감시와 처벌』은 1975년에 출판되었고 곧바로 엄청난 반향을 불러일으켰다.[20] 그러나 이 두 저작[『일상의 발명』과 『감시와 처벌』] 사이에 "자신이 먼저라고 주장할 만한 연관관계", 즉 세르토가 푸코의 분석에 응답하고 또 대응하고자 『일상의 발명』을 집필했다고 보는 건 단연코 부정확한 이야기다.[21] 왜냐하면 세르토의 중대한 주제들은 그가 『감시와 처벌』을 읽기 전에 쓴 글들 속에서 이미 윤곽이 뚜렷하게 드러나 있었기 때문이다. 그는 1974년 4월에 발간된 논문에서 이미 '전략stratégies' '전술tactiques'이라는 단어들을 사용했고, 이 단어들은 1974년 6월 DGRST와 계약을 체결하는 시점에 작성한 내부용 연구 보고서의 틀을 이루고 있었다. 또한 이 보고서는 같은 시기에 세르토가 '첫번째 서클'(여기에 대해서는 나중에 다시 언급하겠다)을 만들기 위해 교섭을 진행하던 사람들에게도 전달되었다.[22] 그러나 1980년에 출간된 저술에서 푸코를 비중 있게 참고한 것은 사실이다. 양적으로는 부르디외가 푸코만큼, 아니 오히려 좀더 많이 등장한다.[23] 이 두 저자는 사실 비교의 대상으로 다루어진다. 그들은 강력한 이론적 명제를 제공하는 동일한 역할을 나누어 가졌다. 세르토는 그 이론적 명제들을 경탄과 존경의 마음으로 면밀하게 읽었고, 조심스럽게 논의했으며, 마침내는 그로부터 거리를 두었다.

만일 푸코와 부르디외가 이론적으로 반대 인물처럼 여겨진다면, 그 이유는 그들의 테제에 대한 논의가 충분하지 못했기 때문이다. 여기에서는 이론에 선행하는 차이가 작동하고 있다. 그리고 또한 반대 테제에 대한 관심과 매혹당함을 막지 못하는 **선택적 반친화성**이라고 부를 만한 격차가 작동하고 있다. 이 단어들을 통해 내가 말하려는 것은 사유의 전체적 영감, 사유의 '스타일', 고유한 음조, 요컨대 그 사유의 전제들을 특징짓는 무언가다. 이 전제들은 저자의 비판적 의식의 지배를 받지 않고 결코 명확하게 진술될 수 없는 것이지만, 세상에 존재하는 방식과 세상을 이해할 수 있게 만들어주는 방식을 명시해주는 것이 뿌리를 내리는 곳이다. 이는 사유의 경제를 통치하고 그것의 선호와 불신을 결정하는 내적 힘의 조직화와 관련된다.[24] 미셸 드 세르토에게는 언제나 낙관적 활력, 지성의 관대함, 타자를 향한 신뢰가 느껴진다. 따라서 그에게는 어떠한 상황도 선험적으로 고착되어 있거나 절망스러운 상태로 보이지 않았다. 권력과 제도의 묵중한 현실 아래에서 그것들의 작동에 현혹됨 없이, 세르토는 언제나 미시저항들의 브라운운동*을 포착해냈다고 말할 수 있다. 이 미시저항들은 미시자유를 구축해내고, 평범한 사람들에게 숨겨져 있는 예상치 못한 잠재력을 동원해내며, 그렇게 해서 익명의 군중에게 영향을 행사하는 권력의 실제 세력 범위를 변경시킨다. 세르토는 가장 약한 사람들에 의한 반전과 전복에 대해 자주 이야기한다. 예를 들면 에스파냐 식민지배자의 강압에 의해 기독교화에 순응했던 남아메리카 원주민들이 있다. 외부에서 보면 정복자가 기대하는 바대로 온전히 굴복하고 순응하는 듯했지만, 사실 그들은 자신들 고유한 전통의 틀 속에서 지배질서의 법과 표상이 '다른 음역에서' 작동하게 하면서 "지배질서를 메타포로 만들었다".(106쪽)

이론에 앞서는 이 차이는 윤리적, 정치적 신념의 영역에 속하며 미학적 감수성을 자양분으로 삼는다. 세르토에게 이 미학적 감수성은 계속해서 경이로움을 느끼는 능력으로 표현된다. "일상은 경이로운 것들, 작가나 예술가들의 거품만큼이나…… 눈부신 거품으로 가득차 있다. 제대로 된 이름을 갖지 않은 온갖 종류의 언어들은, 나타났다가 사라지고 다시 시작되는 이 덧없는 축제들을 일으킨다."[25] 미셸 드 세르토가 도처에서 이 경이로운 것들을 보았다면, 이는 그가

* 영국의 식물학자 로버트 브라운이 발견한 분자의 불규칙한 열운동.

그것들을 볼 준비가 되어 있었기 때문이다. 마치 17세기에 쉬랭이, 성경과 교회의 모든 권위자보다 더 많은 힘과 지혜를 가지고서 신에 대해 이야기해줄 "역마차를 모는 문맹의 젊은이"를 만날 준비가 되어 있었던 것처럼 말이다.[26]

권위와 제도가 항상 조직해내고자 하는 교조적 질서를 결코 믿지 않는 태도, 비록 침묵에 불과하다 해도 강요된 진실을 우회하거나 회피하는 비순응주의자들의 내적 자유에 대한 관심, 아무리 미미한 것이라 해도 저항 및 이 저항이 촉발시키는 운동성의 형태에 대한 존중, 이 모든 것이 세르토에게 **방목형 실천의 자유**를 굳게 믿을 수 있게 해주었다. 그때부터 다른 많은 사람들이 복종과 획일화를 보는 바로 그곳에서 세르토가 미시차이들을 발견해내는 것은 당연해 보인다. 즉 그의 관심이, 은밀하고 미묘한 전술들이 강제된 질서 속에 "암시하는/끼워넣는insinuent"(그는 두 가지 의미를 가진 이 동사로 말장난하는 것을 좋아했다) 유희의 미시공간에 집중되는 것은 당연해 보인다. 그리고 이 강제된 질서가 과거에는 사람들이 믿어야 하는 독단적 진리 및 따라야 하는 진리의 기념 의례와 관련되었다면, 오늘날에는 대량 유통되는 소비재와 관련 있다는 사실은 그다지 중요하지 않다. 그런데 이 대량 유통은 군중을 소비 모델에 강제로 맞추기 원한다. 저항의 메커니즘은 예나 지금이나, 이 질서에서나 저 질서에서나 동일하다. 왜냐하면 힘의 불공평한 분배는 언제나 동일하게 존속하고, 또한 방향 전환은 언제나 동일하게 약자에게 최후의 방책으로 사용되기 때문이다. 그것은 마치 인류의 과거에, "산 자의 영역에서 멀리 떨어진 곳"에, 동식물의 역사 속에 깊이 뿌리내리고 있는 "태고의 지혜"로부터 나온 대응책이나 술책과 같은 것이다.(53, 117쪽) 이것은 고대 그리스의 자연주의 논리학자보다 플라톤 철학의 시적 글쓰기를 더욱 선호했던 세르토에게서 예상치 못한 아리스토텔레스적 주제다.

세르토는 자신의 의견을 "사람들을 바보로 취급해서는 안 된다는 사실을 기억하는 건 언제나 바람직한 일"(313쪽)이라고 농담처럼 요약했는데, 이는 사실 진지하게 다루어야 하는 것이다. 가장 힘이 약한 사람들이 가진 지성과 창의성에 대한 신뢰 속에서, 가장 힘이 약한 사람의 전술적 유동성에 대한 지대한 관심 속에서, 작전 지역을 소유하고 있는 강자의 전략 앞에서 가진 것도 없고 변덕스럽고 자기만의 고유한 특성이나 장소도 갖지 못한 가장 약한 자에 대한 존경 속에서, 권력과 그 주체들 사이의 불평등한 관계와 실천에 대한 [세르토의] 정치적 이해가 뚜렷하게 드러난다. 나는 여기서 실천에 대한 로욜라적 이해의 흔적을 알아볼 수 있을 것 같다. 나는 실천이 시간, 장소, 상황과 맺는 관계가 규정하는 정치적 구상의 내용이 아니라, 실천의 원동력들에 대해 말하는 것이다. 마치 이그나티우스 데 로욜라가 자신의 주요한 진술들(예를 들면 『영신수련』 지침 혹은 『예수회 회헌會憲』 규칙들) 속에서 이 원동력들이 작동하게 만들었던 것처럼 말이다. 미셸 드 세르토에게서 실천에 대한 이러한 이해는 '기예art' '스타일'에 대한 참조와 분리되지 않는다. 이 두 개념도 역시 르네상스기 예수회 문화와 밀접한 연관이 있다. 이 두 개념이 세르토의 다른 책에서는 신비주의 텍스트를 해석하는 데 도움을 주었듯, 『일상의 발명』에서는 문화적 실천들을 이해하는 데 도움을 주었다. 그는 일상적 문화 속에서 "질서는 기예에 의해 휘둘린다"고, 다시 말해 질서는 흐트러지고 어긋난다고 말했다. 제도의 결정들 속에 "이런 식으로 사회적 교환의 스타일과 기술적 발명의 스타일, 도덕적 저항의 스타일이 끼어든다". "증여의 경제" "수手의 미학" "완강함의 윤리"(99쪽), 이 세 가지 특질들은 일상적 문화의 지위를 높여주었고, 실천들에게 이론적 대상으로서의 지위를 정당하게 부여할 수 있게 해준다. 따라서 이제 "실행의 방식들을 구별할 수 있는" 수단을 찾아내고, "행동의 스타일"(103쪽)을 고려하는 것, 즉 실천들의 이론을 만드는 일이 남았다.

이 어려운 임무를 수행하기 위해 다양한 지식과 방법이 동원되었다. 이런 지식과 방법은 고려중인 실천들의 차이에 따라 선별되었고, 여러 가지 절차들에 따라 적용되었다. 하지만 세르토는 자신의 의도가 갖는 모든 애매한 점들을 해소하기 위해 세심한 주의를 기울였다. 그가 "실천에 관한 이론사"(148쪽)를 모색한 것은 아니다. 또한 기예에 대한 완전하고 체계적인 묘사를 추구했던 18세기의 꿈(154~156쪽)을 실현시켜줄 "기호학의 구상"(116쪽)을 원했던 것도 아니다. 그는 "처음에 소비자들의 일상적 실천들이 전술적 형태를 띤다고 가정하면서 이 실천들에 관해 사유하는 몇 가지 방식"(116~117쪽)을 제안하는 데 만족했다. 바로 이런 의도 속에서 분석은 다음 세 가지 층위에서 이루어진다. 행동의 양태, 실천의 형식적 규칙들, 그리고 실행의 방식들로 명확해진 작동 유형.(103쪽) 이론적 제안들 각각은 곧 구체적 실천 — 도시에서의 걷기, 거주지에 대한 묘사, 침묵의 독서 — 의 시험을 거치게 된다. 중요한 것은, 이런 실천들 전부를 거푸집 안에 부어서 보편적인 모델을 만들어내는 것이 아니라, "작동 개요를 명확히 하고"(103쪽), 그것들 사이에 공통된 범주가 존재하는지, 그리고 이 범주를 가지고 실천들 전부를 고려하는 것이 가능한지 살펴보는 것이다. 구체적 대상과 적절히 잘 어울리는 분석은 자발적으로 이론적인 것에서 구체적인 것으로, 특수하고 상황에 따라 바뀌는 것에서 보편적인 것으로 끝없는 왕복운동을 한다. 세르토는 이 점을 자신이 중심 패러다임으로 삼고 있는 독서에 관련하여 명확하게 이야기했다. 그리고 실천들에 대한 이 분석은, 이 분석이 끝까지 붙들기 위해 전념하는 유동적인 현실과 마찬가지로, "왔다갔다하면서, 사로잡히기도 하고…… 즐기기도 했다가, 항의하기도 했다가, 달아나기도 한다".(311쪽)

이 복잡하고 야심찬 연구 프로그램을 진행시키기 위해 미셸 드 세르토는 기능별로 구별되지만 공통점을 가진 세 개의 토론 서클을 조직하고자 했다. 몇몇 구성원은 이 세 개의 서클에 번갈아가며 참여했다. 시간 순으로 볼 때 '첫번째 서클'은 1974년 6월에 만들어졌다. 세르토는 거기에 젊은 연구자들을 모았다. 몇몇 예외를 제외하고 그들은 학업중이거나 학업을 마무리하고 있는 연구자들로, 아직 제도적 지위를 갖지 못했거나 돈벌이와는 거리가 먼 연구 일을 막 시작한 참이었다. 평균 연령은 가장 경력이 많은 이들이 서른쯤이고, 대부분은 25세를 넘지 않았다. 마리피에르 뒤퓌, 마리 페리에, (자신의 역사 연구에 전념하느라 이 제안을 사양했던) 도미니크 쥘리아, 파트릭 미뇽, 올리비에 몽쟁, 이자벨 오르고고조, 그리고 내가 가장 먼저 제안을 받았다. 7월에 이 '첫번째 서클'에 토마스 군터(미국인 학생), 피에르 마욜, 피에르 미슐랭이 들어왔다. 이 서클은 아주 짧게 지속되었기 때문에 여기서 더이상 확대되지 않았다. 미셸 드 세르토는 자신이 선택한 이들에게 회람을 돌려서, 다 함께 파리의 한 구역을 정한 다음 그곳에서 "참여 관찰 실천"을 하자고 제안했다. 그렇지만 그는 이것이 어느 한 '공동체'(1960년대에 탄생한 그런 공동체에 대한 꿈은 여전히 매력적이었다) 속에서 서로 관계를 맺는 것도 아니고, 어떤 폐쇄적인 그룹을 만드는 것도 아니라는 점을 명확히 했다. 그와 반대로 그는 "우리 그룹은 여러분이 생각하기에 관련이 있는 다른 모든 이들에게 개방되어 있다"고, "우리는 사람들이 지나갈 수 있는 임시 거점을 만들어서, 사람들이 편안하게 들어왔다가 나갈 수 있도록 하는 것"[27]이라고 썼다. 그가 바랐던 것은 공동 작업, 젊은 세대와 함께 경험하고 사회적 참여를 하는 것이었다. 그는 이 모험이 어떤 '피난처'를 만들어내거나 당파(그것이 학파라 할지라도)를 형성하게 되는 것을 원하지 않았다. 그는 카리스마 있는 지도자 혹은 제자들로 둘러싸인 사유의 대가로 안주하기를 거부함으로써, 이 위험[이 모임이 피난처나 당파로 변질될 위험]으로부터 '실험 그룹'이라는 잘 사용되지 않는 모호한 이름으로 알려진 이 그룹과 자기 자신을 지켜냈다.[28] 비록 '첫번째 서클'은 단명했지만, 그의 제안이 일으킨 반향은 『일상의 발명』 서두에서 그대로 발견된다. 공동 작업을 통해 저술된『일상의 발명』1권과 2권은 "연구가 다원화되고" "지나가는 연구자들이 서로 교차할 수 있게" 해주었다. 이것은 고유한 장소를 창설하지도 소유권을 지켜야 하는 보물을 쌓아올리지도 않았다. 그와 반대로 세르토는 "울타리를 세우는 일과는 무관한 이 뒤얽힌 행로들이 군중 속에서 사라져야 하는 우리의 나아갈 길을 예비해주길 바란다"(41쪽)고 썼다.

'첫번째 서클'은 1974년 6월부터 1975년 봄까지 작동하다가, 활동이 점차 조용히 줄어들었고 쉽게 해체되었다. 여기에 참가했던 사람들은 인적 네트워크와 연구 및 전투적 활동 속에서 각기 자기 역할을 수행했지만, 함께 힘을 쏟아 조사할 공통 장소를 스스로 만들어낼 줄 몰랐고 또 그럴 수 없었다. 그들의 실천과 관심은 하나의 프로젝트로 모으기에는 너무 다양했던 것이다. 그들 세대가 갖는 조급함과 미셸 드 세르토와의 개인적 관계만이 그들의 공통점이었다. 이 그룹의 주창자가 그룹의 존재 이유와 시멘트 역할을 맡기를 거부하는 한, 응집력 있는 집단이 출현하기에는 공통점이 너무 적었다. 아마도 세르토의 요구는 양면적이었을 테고, 그는 이 양면성을 지각하고 있었기에 이 그룹이 해체되도록 내버려두었을 것이다(나는 이 그룹에서 세르토가 차지하는 역할의 양면성에 대해 말하려는 것이다. 즉 그는 이 그룹을 만들었지만 이 그룹의 존재 이유와 구심점이 되려고 하지는 않았다). 어쨌거나 몇 달 후, 어느 한 구역에 함께 들어가서 조사한다는 것은 꿈이라는 사실이 명백해졌다. 이 그룹이 조용히 해체되는데 영향을 준 또다른 요인은 '두번째 서클'이 점점 중요해지고 활력을 띠었다는 점이다. 그렇지만 '첫번째 서클' 구성원들 사이에는 다양한 강도의 관계, 지속적인 공모, 그리고 "묘사 혹은 역사 서술"(세르토가 '첫번째 서클'의 내부 문서에서 여러 번 사용했던 용어)을 위해서 구체적인 사례들을 참고할 필요가 있다는 주장 등이 잔존해 있었다. '첫번째 서클'이 불필요했다고 할 수 없는 것은, 미농과 몽쟁(이 둘은 성姓이 비슷해서인지[Mignon과 Mongin] 관계도 계속 지속되었다)

처럼 몇몇 예외를 제외하고는 이전에 서로 전혀 알지 못하던 사람들을 모았기 때문이다. 게다가 세르토는 실제 연구에 참여한 공동연구자들을 '첫번째 서클'의 멤버들 중에서 선택했다. 그리고 다른 몇몇 멤버들은 이를 자신들에 대한 거부라고 느꼈다고 나중에 내게 이야기했다.

'두번째 토론 서클'은 미셸 드 세르토가 1974년부터 캘리포니아로 완전히 떠나게 되는 1978년까지 파리 7대학(쥐시외)의 인류학과에서 맡았던 박사과정 세미나였다. 이 세미나는 사실 [세르토의] 기획이 닻을 내리는 장소, 특별한 장소였다. 여기서 우리는 프랑스 전통에 따라, 그리고 또한 유럽과 아메리카의 최신 저작들을 통해서 공부하고, 자신이 획득한 지식과 질문을 대조시키고, 이론적 틀을 끌어내고, 사회과학의 범주 속에서 경험을 쌓았다. 거기서 모든 명제는 공히 비판에 붙여졌고, 똑같이 진지하게 다루어졌다. 모든 이론적 입장은 구체적 검증에 회부되어 논증이 이루어진다는 조건하에서라면 선험적으로 옹호될 수 있기 때문이다. 세르토는 포퍼가 제시한 이론들의 반박 가능성을 과학성의 기준으로 자주 인용했고 거기에서 영감을 받았다. 하지만 그 외의 다른 부분에 대해서는 포퍼주의자가 아니었다(그는 과거에 헤겔을 탐독했고, 이 당시에도 비트겐슈타인에게 너무 관심이 많아서 포퍼의 주장에 빠지지는 않았다). 세미나에서는 연구의 모든 단계에 관해, 즉 세련되게 다듬어지지 않은 최초의 이론적 가정들(사람들은 이것들을 가지고 '연구 현장'을 찾으러 떠났다)에서부터 획득된 결과를 형식화할 최종 해석에 도달할 때까지 침착하게 토론했다. 이 토론은 아직 자신의 주장에 대해 확신을 갖지 못하고 망설이는 신참이나 경험이 많은 연구자나 모두 똑같이 경청하고 논의하는, 평등하고 지적으로 자유로운 분위기에서 이루어졌다. 어떠한 정통 학설도 군림하지 않았고, 어떠한 교리도 강요되지 않았다. (함축적이지만 강력한) 유일한 규칙은 해석하고자 하는 욕구와 구체적 삶에 대해 알고자 하는 관심이었다. 그것은 내가 지식 제도 속에서는 결코 만나보지 못했던, 지적인 분위기와 연구의 환희가 감도는 경이로운 순간이었다. 이 세미나는 하나의 강이었다. 이 강의 뱃사공은 사람들을 격려하고 인도하고 이윽고 떠나보냈다. 한 사람 한 사람에게 똑같이 귀를 기울였고, 똑같이 환대했으며, 똑같이 날카롭게 주목했다. 저마다 다른 누구로 대체할 수 없는 특별한 대화 상대로 여겼으며, 지극히 조심스럽고 충분히 존중하며 대했다.[29]

들락날락하는 이질적인 사람들로 채워진 이 장소는 이방인들을 끌어당겼다. 이곳에서는 책임자와의 가까움과 거리감이 기묘하게 혼합되어 있었다. 그리고 각자에게 허락된 재량권, 친숙한 것과 모방, 의존관계를 동시에 피하려는 신중함이 기묘하게 혼합되어 있었다. 사람들은 여기를 통과해갔고, 그다음에는 각자 자기 길을 갔으며, 이따금 정신분석가가 힘든 시기에 '슈퍼비전'을 위해 다른 분석가를 찾아가듯 오랫동안 이곳을 떠났다가 다시 돌아오기도 했다. (이 세미나에서 나온 많은 석사학위 논문과 박사학위 논문들이 이를 증명하듯) 수많은 학생들에게 재능을 부여해준 이 '실행의 방식들'에 대해 미셸 드 세르토는 캘리포니아에서까지 비밀을 지켰다.[30] 하지만 그 비밀은 『일상의 발명』 속에 거울상처럼 남아 알아볼 수 있고, 그 점이 이 책에 특별한 풍미를 더해주었다. 사실상 '두번째 서클'은 실험실이자 반향실이 되었다. 여기에서 『일상의 발명』의 이론적 명제들이 파리 안팎의 다양한 현장 조사들과 교차되면서 서로 다른 맥락 속에서 가공되고 시험되었다. 세미나가 이런 이론적 명제들을 생산해낸 것은 아니었다. 앞에서 지적했듯 이 명제들의 핵심은 이미 1968년에서 1974년까지 세르토의 작업들에서 발견된다. 하지만 세미나는 그 명제들을 마지막으로 손질하고 최종 수정을 하기에 적합한 장소를 마련해주었다.

'세번째 서클'은 제한된 인원으로 된 안정된 소그룹으로, DGRST와의 계약으로 연결된 공동연구자들로 구성되었다. 처음에 피에르 마욜과 내가 있었고, 그리고 그후 작업의 마지막 단계에는 마리 페리에가 있었다. 곧바로 피에르 마욜은 도시 구역과 사적 거주 공간 간의 관계 속에서 바라본 도시적 실천을 연구 테마로 삼았다. 그의 공동 연구는 귀중한 것이었다. 왜냐하면 그는 파리지앵들로 구성된 이 그룹에 다른 지역 사람이 편입되면서 생기는 차이를 가져왔고, 또 같은 구역에서 3대에 걸쳐 살아온 어느 한 가족을 장기간에 걸쳐 관찰한 연구 자료를 가져왔기 때문이다. 나는 우선 실천들에 적용할 수 있는 이론적 모델을 행위의 논리(세르토는 기호학자들과 촘스키주의 언어학자들 모임에서 이에 대해 말하는 것을 어렴풋이 들었다) 속에서 찾고자 했던 미셸 드 세르토의 요구를 연구의 목표로 삼았다. 하지만 곧 세르토가 논리적 '적확성'을 고려하여 그것을 수용하도록 하는 것은 어렵겠다는 부정적 진단을 내리게 되었다. 따라서 나는 실천들을 분석하지는 못할지라도 적어도 그와 관련된 언표들을 분석하기 위해서, 엄밀하고도 정확한 핵심을 찾겠다는 희망에서 내 조사를 시간의 논리, 양태의 논리, 규범의 논리로까지 확대시켰다. 이 성찰의 후반기에 나는 형식언어와 자연언어 사이의 분절에 대한 연구로 넘어갔다. 이 연구는 특히 비트겐슈타인('전기' 비트겐슈타인과 '후기' 비트겐슈타인 모두)과 논리학자 힌티카의 대조적인 논문들에 근거를 두었다. 이 작업의 여러 요소들은 『일상의 발명』 제1부에 담겼다.

나는 이 논리들의 문제 및 이 논리들이 언어의 언표들을 '대충 훑어보는' 방식에 대한 기술적 연구 논문을 따로 작성하려는 의도를 가지고 있었다. 하지만 1979년 두 권의 책이 완성되었을 때, 미셸 드 세르토와 함께 우리는 이 논리들의 문제와 언어적 실천에 관한 질문을 다루고자 했던 세번째 책의 완성을 기다리지 않고 두 권을 먼저 출판하기로 결정했다. 세번째 책은 그와 나 둘이서 집필할 예정이었다. 이 프로젝트는 처음에는 (DGRST를 위해 작성된 중간 보고서에서는) '논리와 책략Logiques et ruses'이라는 제목이었다가, 나중에 (1980년에 책이 출판될 때에는) '타자에게 말하기Dire à l'autre'가 되었다가, 마침내는 '말하기의 기예Arts de dire'로 확정되었다. 1980년 이후 우리는 이 프로젝트에 관해 여러 차례 다시 논의했고 계획을 다시 세웠으며 집필 일정을 정하려고 했다. 그리고 세르토는 캘리포니아에서 자신의 수업과 세미나에서 이 주제를 다루기도 했다. 하지만 세르토는 신비주의 역사 연구에, 나는 르네상스기 논리학과 언어의 역사 연구에 몰두했다. 시간은 흘러갔고 결국 이 세번째 책은 빛을 보지 못했다.[31] 세르토는 『일상의 발명』에서 이 "빠진 장들"에 대해 유감스러워했다. 원래 이 장들은 기억과 박물관학에 대해, 신앙(이 책의 제8장은 그 밑그림이다)에 대해, 고문에 대해, 그리고 마지막으로 과학성(우리는 이에 관해 많은 작업을 함께했고, 나는 1974년부터 1981년까지 여러 편의 논문을 특별히 『에스프리』 지에 발표했다)에 대해 다루려 했었다.

그런데 '세번째 서클'에서 내 작업은 예상치 못한 전환점을 맞는다. 우리 삼인방은 매주 한 번씩 아침에 모여 토론을 했는데, 이는 곧 구체적 실천들에 대한 이론적 분석의 시도였다. 나는 우리들의 이 구체음악*에 이상하게도 여자들이 없다는 사실을 알아차렸고, 이것에 대해 항의하고 논쟁했다(여성주의적 의식을 가지게 된 순간이었다). 그렇게 해서 나는 만사를 제쳐놓고서라도 이 심각한 결함을 시정해야겠다고 결심했다. 나는 재빨리 연구 대상, 장소, 방법을 결정하는 일에 착수했다. 그때는 벌써 1976년 봄이었고 시간이 촉박했다. DGRST에서 결과를 요구했기 때문이다. 다양한 고민과 토론을 거친 후에 나는 요리를 [연구 주제로] 선택했다. 왜냐하면 요리는 무엇보다 필수 불가결한 일이고, 모든 분열을 가로질러갈 수 있으며, 기회occasion와 정황circonstance에 대해 내재적 관계를 가지고 있기 때문이다. 기회와 정황이라는 이 두 개념은 실천가들에 관한 우리의 이해에서 중심적인 것이 되었다. 실천가들의 감춰져 있는 세부사항들 속에서

* 전자음악의 초기 형태로 다양한 소리들을 콜라주해서 만든 음악.

매일의 행위를 알아내기 위해, 우리는 다양한 입장에 처해 있는 다양한 연령의 여성들과 오랜 시간에 걸쳐 인터뷰를 진행할 생각이었다. 그리고 이 인터뷰는 상투적인 대답으로 채워지지 않고 서로 비교가 가능하도록 유연한 틀 위에서 이루어져야 했다. 우리는 일상적 실천의 이행을 은밀하게 주재하는 추억, 두려움, 고의로 하지 않는 말, 순식간의 암묵적 발화, 결단, 감정 등을 [여성들이] 말할 수 있도록 우리의 대화 속에 신뢰가 구축되기를 원했다. 평범한 사람들에게 '발언권을 내주는' 이 방식은 우리 연구의 주요한 의도들 중 하나였다. 하지만 이것은 인터뷰를 하면서 연구자가 정해진 대로 이끌어가지 않도록 주의하는 것과 비범한 공감 능력을 필요로 했다.

그리스에서 장기간 체류하며 일하다가 막 돌아온 마리 페리에가 이 작업을 제안받았다. 그녀는 단명했던 '첫번째 서클'의 멤버이기도 했다. 그녀는 이 제안을 받아들였고 여기에 빠져들었으며 1977년에 이 작업을 최고로 잘 수행해냈다. 그녀는 인터뷰를 했던 상대방 여성들과 대단히 자유로우면서 예상치 못한 정보로 가득찬 대화를 할 줄 알았다. 마리 페리에가 들어오기 전에 우리 삼인방처럼 '두번째 서클'은 인류학의 고전적 방법과 관련해서, 그리고 말과 글 사이의 구별이 갖는 의미를 언어학을 통해 재발견하게 된 것과 연관해서, 참여 관찰과 심층면접 기술에 대해 오랫동안 고민해왔다. 따라서 마리 페리에의 작업은 이러한 이론적 선행 연구의 덕을 보았고, 역으로 리옹의 크루아루스 구역에 관한 피에르 마욜의 연구에 도움을 주었다. 우리가 평범한 사람들의 말에 애써 귀를 기울이고 그들이 스스로를 표현하도록 격려하기만 한다면 그들의 말이 얼마나 풍성한지 알 수 있는데, 이를 증명하기 위해 우리는 각 계열(도시의 구역, 요리)에 대한 인터뷰를 빠짐없이 제2권[『일상의 발명 2: 거주하기, 요리하기』]에 담아 출간하기로 결정했다.[32] 이렇게 하면서 삼인방은 사인방이 되었다. 하지만 우리는 최초의 기획 의도, 즉 소비자의 수동성과 행동의 몰개성화에 대한 일반적 테제를 반박하겠다는 의도를 잃어버리지는 않았다.

이 세 개의 토론 서클에 대해 말하면서, 연구가 어떻게 다양한 환경에서 이루어지는 구체적 경험에 근거하게 되는가를 설명하는 것만으로는 부족하다. 여기에 외국에 있는 다양한 사회적 활동 그룹 및 연구 그룹들의 공헌도 덧붙여야 한다. 1974년~1978년 미셸 드 세르토는 수많은 연구 및 사회적 활동 프로그램에서 가르치고 참여하고 감독해줄 것을 요청받아 계속 여행을 다녀야 했다. 그리고 그는 이 기회들을 활용해 문제설정, 방법론, 문화적·사회적 실험에 관한 상당한 자료를 수집했다.[33] 몇 번은 체류 기간이 길었는데(3개월) 이때는 그가 직접 실제 경험에 참여할 수 있었다. 그보다 짧게 체류하는 경우에는 다른 사람의 설명을 듣고 토론하는 시간이 그에게 주어졌다. 이런 식으로 유럽과 아메리카에서 세르토 자신이 주축이 된, 비공식적이면서 활동적인 연구 네트워크가 구축되었다. 이는 산적해 있는 업무와 잦은 여행에도 불구하고, 그가 대단히 규칙적으로, 언제나 개인적으로 연락을 계속 유지했던 덕분이었다. 이 비공식 연구 네트워크의 공헌은 『일상의 발명』 여기저기에서 눈에 띈다. 브라질의 민중 영웅의 수훈(84~88쪽), 덴마크의 구전 문화 수집(248~251쪽), 미국 도시의 건축 공간(190~193쪽), 혹은 뉴요커들이 자신들의 거주지에 관해 묘사하는 방식(229~231쪽)에 관한 이야기들이 그런 주제가 되었다. 그렇다고 이런 요소들, 즉 다른 곳에 대한 기억과 증언이 마치 끼워넣은 장식품이나 이국적 하이라이트 역할을 하는 것은 아니다. 그 요소들은 매번 분석 그 자체에 녹아들었고, 기획을 통합하는 이론적 목표에도 도움이 되었다.

사회적 네트워크를 통한 이 다양하고 복잡한 교류는 프랑스 외부에 한정되지 않았고, 프랑스 내에서도 다양한 그룹들 속에서 유사하게 진행되었다. 이 다양한 그룹들 가운데는 기술관료주의 권력이 결정하는 대규모 도시계획에 대항하고자 결집한 도시 구역 활동가들, 감옥과 같은 환경이나 소외된 교외 지역의 교육자들, 이민자 지원 단체들, 파리 일대의 신도시 건설을 책임진 건축가들, 다시 건강관리를 시작해보려는 젊은 여성들, 중앙집권화하고 통합하려는 국가에 대항하여 전통과 지역어를 지키려는 소수집단들이 있다. 이 모든 경험과 만남, 이야기와 논쟁, 그리고 또한 광고 전단지와 임시 출판물 및 아주 미세한 경로를 통해 생산된 연구 보고서 등이 만든 모든 부식토층, 이 모든 물줄기들이 사유에 물을 대주고 연구를 풍요롭게 만들어주었다. 연구소들과 연구 지원 공공기관들에 쌓여 있는 과학문헌과 '회색문헌'에 대한 면밀한 검토도 마찬가지다. 미셸 드 세르토는 『일상의 발명』에서, 익명인 채 남아 있는 이 모든 인터뷰 상대들만큼이나 이 모든 자료들에 크게 빚지고 있다. 이 공헌의 흔적은 축적된 자료 더미 속에 녹아들어 있긴 하다. 세르토는 그들에게 자신이 진 빚을 잘 알고 있었고, 그래서 모든 과학적 작업의 집단적 차원을 언급하는 부분(122~124쪽)은 그들[인터뷰 상대들]에게 보내진 것이다. 또한 제1부를 여는 헌사 역시 그들에게 되돌려줘야 한다. "이 에세이를 보통의 인간에게 바친다. 평범한 영웅. 여기저기 흩어진 인물, 무수히 많은 보행자."(62쪽)

미셸 드 세르토가 캘리포니아에서 전임교수로 있던 1980년, 나는 어떤 우연(정말 우연일까?)에 의해 이 책의 초판 출간을 위해 애쓰고 있었다. 그리고 그로부터 10년이 지났고 저자가 사망한 지 거의 5년이 지난 지금 나는 이 책의 재판을 세심하게 다듬고자 원고를 다시 들여다보고 있다. 나는 초판본에 몇 가지 사소한 수정을 가했다. 그것은 앞선 판본의 철자상 오류를 교정하거나(당시 제작의 물리적 여건은 완벽한 상태의 원고 인쇄가 불가능했다), 혹은 세르토가 이후에 자기 책에 직접 표시해둔 수정사항들을 반영하기 위한 것이었다. 또한 분석이 전개되는 본문과 도출된 결과의 성격을 DGRST에 설명하기 위해 나중에 작성된 '총론' 사이에서 부적절하게 반복되던 부분들이 제거되었다. 마찬가지로 이 책의 번역가들이 번역과정에서(이 책은 1984년에 영어판, 1987년에 일본어판과 스페인어판, 1988년에 독일어판이 나온다) 발견해 지적한 자잘한 실수와 불명확한 점들이 수정되었다. 1984년에 영어판 출판을 위해 저자가 결정했던 대로, 전체를 소개하는 글은 제 기능에 맞게 '총론'이라는 새로운 제목을 달게 되었다.

나는 이 총론의 각주들 가운데, 후속 보충 연구를 예고하는 세 개의 각주를 삭제했다. 우리는 이제 그것이 실현되지 못하리라는 것을 알기 때문이다. 이 보충 연구는 내가 이미 말했듯 논리, 언어적 실천, 전망에 관련된 것이었다. 나는 이 책에 사소한 설명을 제공하고 외국어로 된 인용문을 번역하기 위해 각주 몇 개를 추가했고, 그때마다 내 이름 이니셜(L. G.)을 달아놓았다. 이 간단한 작업을 하면서 나는 외국어로 된 인용문이 여섯 개이고 각기 다른 여섯 개의 언어(독일어, 영어, 스페인어, 이탈리아어, 라틴어, 포르투갈어)로 되어 있다는 것을 알게 되었다. 이 언어의 폭을 이전에는 의식하지 못했다. 하지만 나는 우연(또다시 우연이다)이 가진, 무언가를 폭로해주는 역할을 좋아한다. 즉 이 우연은 프랑수아 아르토그가 "여행의 글쓰기"[34]라고 아주 재미있게 표현했던 대로, [세르토가] 유럽에서 아메리카로, 구세계에서 신세계로 오갔던 사실을 '드러낸다trahit'(세르토는 이 동사[trahir]의 이중 의미[배반하다, 드러내다]를 가지고 언어유희를 즐겼다). 그리고 나는 각주에 나온 참고문헌들의 서지정보를 통일했고 보충했다. 세르토의 텍스트들에 관해서는, 가장 최신 판본이나 과거에 여기저기 흩어져 있던 논문들을 모아서 낸 책을 참고문헌으로 언급했다.

그리고 나는 이 책을 순서에 상관없이 읽을 수 있게 만들기 위해 인용된 저자들의 인명 색인을 덧붙였다. 색인을 읽는 것은 언제나 무엇인가를 가르쳐주고 비밀을 드러내 보여준다. 색인은 하나의 텍스트가 만들어지기까지의 비밀을 분명하게 밝혀준다. 이를 통해 이 책이 가장 많이 참고한 저자는 당연히 프로이트로, 그는 이 책의 처음부터 끝까지 언급되고 있다는 사실을 확인할 수 있다(주의깊은 독자에게는 놀라운 일이 아닐 것이다). 이는 요컨대 『일상생활의 정신병리학』(1901)을 펴낸 대단히 명석한 저자에 대한 아주 당연한 존경의 표시다. 프로이트와 나란히 이 책에 대단히 깊은 영향을 준 것은 푸코도 부르디외(이 둘의 테제들은 동일한 장[제4장]에서 신중하게 다루어지고 검토된다)도 아니고, 드티엔과 베르낭(이들이 주장한 그리스인의 '책략'은 실천가들의 책략들을 명백하게 드러내는 데 핵심적인 역할을 했다)도 아니고, 레비스트로스(그의 '브리콜라주'는 논의를 촉발시키는 요인이 되었다)도 아니고, 바로 비트겐슈타인이다. 이 책에서 세르토는 비트겐슈타인에게 최대한의 신뢰를 표했다. "파편적이면서도 엄밀한 비트겐슈타인의 저술은 일상적인 것에 대한 현대의 학문에 철학적 청사진을 제공해주는 것처럼 보인다."(82쪽) 색인 목록은 세르토의 사유가 인류학, 역사학, 언어학, 사회학의 보충적 공헌에서 자양분을 취하긴 하지만, 무엇보다 우선적으로 철학적 토대에 의해 구조화되어 있음을 보여준다. 철학 전통의 경우 모든 시대에서 도움을 받았다. 고대에는 헤라클레이토스, 플라톤 그리고 특히 아리스토텔레스, 근대에는 홉스, 데카르트, 파스칼, 디드로, 루소, 칸트, 콩디약, 19세기에는 헤겔, 마르크스, 니체 또는 퍼스, 20세기에는 비트겐슈타인, 하이데거, 키네, 영어권의 분석철학, 불어권의 메를로퐁티, 들뢰즈, 리오타르 또는 데리다.

나는 이 색인 속에 전설 속의 인물이나 가공의 인물, 그리스 신화의 주인공, 혹은 근대의 신화 창조자인 프로이트의 '환자들 이야기' 속에 나오는 주인공을 포함하지 못한 것이 유감이다. 이들은 작가는 아니다. 하지만 이들 밀집한 무리는 『일상의 발명』을 가로질러 가고 있다. 마치 과거 사라진 철학자나 시인들이 어떤 때는 연기자로 또 어떤 때는 의미의 메타포적 전달자로 단테의 서사시를 가로질러 갔던 것처럼 말이다. 안티고네, 잠자는 숲속의 미녀, 신데렐라, 다이달로스와 이카로스, 도라와 꼬마 한스, 에밀, 피가로, 돈 후안, 맥베스 부인, 오이디푸스, 프라이데이와 함께 있는 로빈슨 크루소, 스카팽, 울리히, 그 밖의 많은 인물들이 이 책의 페이지를 가득 채우고 있다. 매개자적 지위의 이 원형적 인물들은, 잘 알려진 저자들, 즉 이름난 저명한 개인들과, 창조적이고 교활한 실천가들로 이루어진 익명의 군중, 즉 "진가를 제대로 인정받지 못하는 생산자이자 자신의 관심사를 가지고 시를 쓰는 시인"(109쪽) 사이에서 연락책 역할을 한다. 이들 존재는, 분류 불가능한 이 책에 심오한 인간성, 시적 밀도를 제공해준다. 거기에서 "글쓰기의 엄밀함과 그 글쓰기를 생기 있게 해주는 메타포의 풍부함 사이의 영원한 대위법 덕분에, 분명 우리 시대의 가장 훌륭한 존재들 중 하나인 예술가"[35]는 자신의 모습을 확인하게 된다. "밀렵꾼이 된 예수회 수도사"[36]의 분류 불가능한 이 책은 어느 한 장르로, 혹은 어느 한 분과학문으로 한정할 수 없다. 수많은 관찰자들과 [사상의] 대가들은 독서 행위를 수동적인 것으로 간주했다. 그러나 이 책은 독서 행위를 전유 행위, 즉 의미의 자유로운 생산 사례로, 말하자면 "전술 활동의 패러다임"[37]으로 만드는 어려운 일을 해내는 데 성공했다.

그림자와 밤(일상의 지혜, 임시적 창조, 기회와 정황)에 대한 찬사, '보통의 삶'을 가로지르는 이 철학적 여행은 정치적 현실(제8장 전체가 이 문제를 다룬다)에도, 도처에서 재확인되는 시간성의 무게에도 눈 감고 있지 않다. [이 책이 처음 출판된 지] 10여 년이 지난 후에 원고를 다시 읽으면서, 나는 살아 있는 자들 사이의 죽음의 현존에 대해 말하는, 고집스럽고 숨겨져 있으며 격조 있고 집요한 어조를 발견하고는 깜짝 놀랐다. 신의 죽음, 신의 말씀이 더이상 세상에 자리잡고 있지 않은 것(256~258, 284쪽), 사회의 죽음(97, 346쪽), 믿음의 죽음(321쪽), 우리들 각자에게 닥쳐올 죽음(14장). 미셸 드 세르토에게 죽음은 언제나 글쓰기 과정을 가리키는데, 이 글쓰기 과정에서 그는 서구 사회의 모체, 16세기에 신세계에까지 확장된 정복적 합리성의 수단을 발견했다. 이 가설은 그의 사유에서 중심적 역할을 했다. 그것은 『역사의 글쓰기*L'écriture de l'histoire*』(1975)에서 자리잡았고, 『역사의 부재자*L'Absent de l'histoire*』(1973)에도 나타나며, 『신비주의의 우화*La Fable mystique*』(1982)에서 다시 다듬어진다. 이 가설은 『일상의 발명』 후반부의 골격을 이루고 있다. 그리고 세르토에게서 중심적인 것으로 실천 이론과 분리될 수 없는 '이야기récit' 이론을 다룰 때에도 이 테제에 의존하고 있다.(171쪽) 이야기는 작동opération의 언어이기에, "실제 행위들에 정당성의 무대를 열어주고"(238쪽) 작동 단계들을 계속 따라가도록 해준다. 여기에서 예컨대 공간의 이야기들에 대한 관심이 생겨난다(9장).

르네상스 이래로, 신은 이 세계에서 후퇴했고, 글쓰기는 더이상 신의 말씀에 숨겨진 의미를 해석해내는 것이 아니다. 이렇게 해서 글쓰기는 모든 권력의 원천인 위대한 제작자가 되었다.(257쪽) 역사의 이 새로운 형상에 대해, 미셸 드 세르토는 (지치지 않고 읽고 논평했던 텍스트인) 『로빈슨 크루소』에서 완벽하게 신화적인 표현을 발견했다. 이제 "글쓰기의 주체는 주인이 되고, 언어 외의 다른 도구를 가지고 일하는 사람은 프라이데이가 될 것이다".(281쪽) 이러한 새로운 공식 아래에서, 글쓰기는 죽음과 본질적인 관계를 맺는다. 모든 작가는 글을 쓰면서 자기 자신의 죽음을 향해 간다. "이런 점에서 작가는 그 또한 말하려고 애쓰는 죽어가는 사람이다. 하지만 자신의 발걸음이 검은(더이상 희지 않은) 페이지 위에 새기는 죽음 속에서 그는, 식어버린 관심 속에서 살아남기 위해 타자로부터 경이로우면서 찰나적인 초과분을 얻고자 기대하는 욕망을 인식하게 되고 또 이에 대해 말할 수 있다."(347쪽)

무수한 군중의 평범한 나날은 죽음 속에 삶을, 삶 속에 죽음을 새기는 모습이다. 이를 쉬랭이라면 "행복한 난파"라고 불렀을 것이다. 바로 이 군중의 지칠 줄 모르는 책략이 이 페이지들을 채우고 있다.[38]

실행의 기예

나는 연구의 의도보다는 오히려 풍경을 제시하고 싶다. 그리고 이 장소 구성을 통해 좌표, 즉 그 사이에서 어떤 행위가 일어나는 좌표를 보여주고 싶다. 분석은 앞으로 나아가면서 규칙적으로 혹은 지그재그로 걷는 자기 발걸음을 오래전부터 사람들이 살아온 땅에 새긴다. 나는 이 존재들 중 몇몇만을 알고 있다. 아마 더욱더 결정적인 많은 존재들은 암묵적 상태로 남아 있을 것이다. 암묵적으로 남아 있는 것은 이 풍경, 즉 기억과 팔림프세스트palimpseste'*에 층층이 쌓여 있는 공리公理 혹은 후천적으로 획득한 지식이다. 이 무언의 역사에 대해 무엇을 말할 수 있을까? 적어도 일상적 실천들에 관한 질문이 제기되는 위치를 알려주기 위해, 나는 이미 이 장소들에 대한 연구를 가능케 해준 빚과 차이들을 표시해두었다.

이 책은 이야기들로 구성되어 있으며, 공통의 실천들에 대해 말할 작정이다. 이 서사들이 길을 개척하는 공간을 조직하는 특별한 경

* 썼던 글을 지우고 그 위에 다시 글을 쓸 수 있게 만든 양피지.

험, 빈번한 만남, 연대와 투쟁 등과 함께 이 공통의 실천을 소개하는 것은 하나의 영역의 구획하는 일일 것이다. 거기서는 '걷는 방식'도 분명하게 제시될 것인데, '걷는 방식'은 이 책에서 문제시되고 있는 '실행의 방식'에 속한다. 일상의 문화를 읽고 글로 쓰기 위해서는, 공통의 작동방식을 다시 익히고, 분석을 분석 대상의 한 가지 변이형으로 만들어야 한다.

이 두 권의 책*을 구성하고 있는 여러 사람들의 공헌에 대해 말하자면, 그런 공헌들이 있었기에 연구가 다양해질 수 있었고, 여러 사람들이 오가며 서로 교차할 수 있게 되었다. 광장에서의 밀담. 그러나 나는 울타리를 세우는 일과는 무관한 이 뒤얽힌 행로들이 군중 속에서 사라져야 하는 우리의 나아갈 길을 예비해주길 바란다.

* [원주] DGRST가 연구비를 대고 미셸 드 세르토가 이끌었던 이 연구는 총론에서 잘 요약되어 있다. 이 연구 결과 가운데 일부만이 이 책에 실렸다. 제1권은 세르토가 집필했고, 제2권은 인터뷰 수집에서 마리 페리에의 도움을 받아 뤼스 지아르와 피에르 마욜이 집필했다. 출판을 위해 이 두 권의 원고 정리는 뤼스 지아르가 맡았다.

총론

이 연구는 수동성과 규율에 매여 있다고 가정되는 사용자의 작동 opérations*에 관한 의문에서 탄생했다. 이 연구의 일부가 두 권의 책으로 출판되었다. 여기서 중요한 것은, 근본적이면서 동시에 잡히지 않고 사라져버리는 주제를 다루는 일이 아니라, 그 주제를 논의할 수 있는 대상으로 만드는 일이다. 말하자면 설문조사와 가설 등을 통해, 다시 해야 하는 분석을 위해 가능한 몇 가지 길들을 제공해주는 것이다. 만일 일상적 실천들 혹은 '실행의 방식들'이 사회적 활동의 어두운 밤 배경처럼 나타나는 것을 멈춘다면, 이론적 질문과 방법, 범주와 관점들 전체가 이 밤을 가로지르면서 그것을 분명하게 드러내 보여준다면 이 목표는 달성될 것이다.

이 실천들을 검토하는 것은 개인들로 되돌아가는 것을 의미하

* 'operation'은 (기계의) 조작, (자금의) 운용, 작업 등 여러 의미를 갖는다. 세르토는 이 단어로 소비자 혹은 평범한 사람들이 일상 속에서 어떤 방식으로 적극적으로 살아가는지를 묘사한다. 세르토가 사용하는 전술, 재사용, 전유, 임기응변 등의 개념과 유사한 의미라 볼 수 있다.

지는 않는다. 300년 동안 사회 분석에서 역사적 공리처럼 기능해온 사회원자론atomisme social은 개인이라는 기본 단위를 전제로 한다. 이 기본 단위로부터 그룹들이 구성되고, 이 그룹들을 개인으로 환원하는 것은 언제나 가능하다. 1세기 이상 사회학, 경제학, 인류학 혹은 정신분석학 연구가 거부했던(그런데 역사학에서는 이에 관한 논증이 있었던가?) 그러한 공리는 이 연구의 범위를 벗어난다. 이 연구 분석은 (언제나 사회적인) 관계가 관계의 항들을 결정하지 그 반대는 아님을, 그리고 각각의 개인성은 관계적 결정들의 비정합적인 (그리고 종종 모순적인) 복수성複數性이 작용하는 장소임을 보여준다. 다른 한편으로, 그리고 특히나, 지금 우리가 다루고 있는 문제는 작동 방법 혹은 행위의 도식에 관련된 것이지, 이 작동과 행위의 장본인 혹은 매개자인 주체와 직접 관련된 것은 아니다. 이 문제는 작동 논리를 겨냥하고 있는데, 이 논리의 모델은 아마 물고기의 위장僞裝이나 곤충의 보호색 변신 등 수천 년 된 책략에까지 거슬러올라갈 것이다. 그리고 이 작동 논리는 그때부터 서구에서 지배적인 합리성에 의해 은폐되었다. 따라서 이 연구는 하나의 '문화'를 구성하는 **작동들의 조합**(이것만 있는 것은 아니다)을 설명하고, 사용자들의 특징적 행위 모델을 되살리려는 목표를 가진다. 사람들은 이 사용자들의 **피지배자**(이는 수동적이라거나 온순하다는 것을 의미하지는 않는다)라는 지위를 소비자라는 조심스러운 이름 아래 감춰버린다. 일상은 수천 가지의 **밀렵** 방식들과 함께 발명된다.

이 연구는 분명 단편적인 상태이기 때문에, 연구 전체를 조망하는 일종의 안내문을 제시하는 것이 유용하겠다. 이 조감도 풍경은 아직 많은 조각이 맞춰져 있지 않은 퍼즐의 미니어처만을 제공해줄 것이다.

1. 소비자의 생산

'대중문화' 혹은 주변성[1]에 관한 연구들에서 나온 일상적 실천들에 관한 질문은, 우선 '반反문화'의 기치를 내걸었던 그룹들(특이성을 띠고 자주 특권화되며 부분적으로 민속화된 그룹들), 그리고 단지 반문화의 징후나 징조일 뿐인 그룹들 속에 문화적 차이를 위치시키지 말아야 한다는 필요에 의해 소극적으로 설명되었다. 하지만 [일상적 실천을] 적극적으로 규정하는 세 가지 사항이 이 질문을 명료하게 만들어주었다.

사용 혹은 소비

종종 빼어난 연구들이 한 사회의 표상이나 변동을 연구하는 데 매진한다. 이 사회적 대상들에 대한 앎 덕분에, 그룹이나 개인이 이 사회적 대상들을 어떻게 **사용**하는지 알아보는 것이 가능하고 또 필요한 것처럼 보인다. 예를 들면 텔레비전이 유포시킨 이미지(표상) 및 텔레비전 앞에 머물며 보내는 시간(행동)에 대한 분석은, 문화 소비자가 이 시간 동안 이 이미지들을 가지고 '**제작하는**' 것에 대한 연구로 보충되어야 한다. 도시 공간의 사용, 슈퍼마켓에서 구입한 생산물의 사용, 혹은 신문이 퍼뜨리는 이야기와 풍문의 사용에 관해서도 마찬가지다.

우리가 알아내야 할 '제작'은 생산이자 포이에시스적인 것une poiétique[2]*이다. 하지만 이 사실은 감춰져 있다. 왜냐하면 이 제작은 (텔레비전 방송의, 도시계획의, 상업의) '생산' 시스템이 정하고 점유한 영역 속에 흩어져 있기 때문이다. 또한 이 생산 시스템이 점차 포

* '포이에시스는poiēsis'는 제작을 의미하는 그리스어다. 아리스토텔레스는 학문을 이론적 탐구, 정치나 윤리에 해당하는 실천, 생산기술 활동과 연관된 제작으로 분류했다. 포이에시스는 여기서 세번째 제작을 일컫는데, 이것은 주로 예술활동으로 간주되었고, 이에 대한 탐구가 시학poiētik이 되었다.

괄적으로 확장되어 '소비자들'에게, 그들 자신이 이 생산물들을 가지고 무언가를 **실행하고** 있다는 걸 나타낼 수 있는 여지를 더이상 주지 않기 때문이다. 중앙집중화되고 시끌벅적하며 화려하고 합리적이고 팽창적인 생산에, '소비'라고 불리는 **또다른** 생산이 대응한다. 이 또다른 생산은 교활하고 산발적이지만, 거의 눈에 띄지 않으면서 조용히 도처에 침투해 들어간다. 왜냐하면 이 생산은 자신이 생산해낸 고유한 생산물로 드러나는 것이 아니라, 지배적 경제 질서가 받아들이도록 강요하는 생산물을 **사용하는 방식**으로 드러나기 때문이다.

사람들은 이미 오래전에, 예컨대 아메리카 원주민들에게 거둔 스페인 식민지배자들의 '성공'을 내부로부터 균열시킨 어떤 양가성에 대해 연구했다. 정복자들에게 복종하고 심지어 그들에게 동의했던 원주민들은, 자신들에게 강제된 의례적 행위, 표상 혹은 법을 가지고, 정복자들이 그것들을 통해 획득했다고 믿었던 것과는 다른 무엇인가를 실행했다. 원주민들은 자신들에게 강제된 것들을 거부하거나 바꾸는 대신, 그들이 벗어날 수 없는 시스템을 자신들의 목적에 따라, 이질적인 방식으로 이용함으로써 그것들을 전복시켰다. 겉보기에는 식민화 과정이 원주민들을 '동화시키는' 것처럼 보이지만, 원주민들은 식민화의 내부에서 타자로 존재했던 것이다. 그들은 지배질서를 사용함으로써 지배질서의 권력을 농락했다. 비록 그들은 이 권력을 거부할 아무런 수단도 가지고 있지 않았지만 말이다. 그들은 지배질서를 떠나지 않은 채 그것의 손아귀에서 벗어났다. 그들이 가진 차이의 힘은 '소비'의 절차 속에서도 유지되었다. 그리고 언어의 생산자인 '엘리트들'이 강요하고 확산시킨 문화를 '대중'이 사용함으로써 그와 같은 양가성이 우리 사회에도 적게나마 침투해 있다.

(설교자, 교육자 혹은 지식의 대중화를 선도하는 자들이 사회경제적 수준 향상의 코드처럼 가르친) 표상의 존재와 유통은, 그것의 이용자들에게 표상이 무엇인지를 조금도 가르쳐주지 않는다. 표상의 제작자가 아닌, 표상의 실천가들이 이 표상을 어떻게 조작造作하는

지를 다시 분석해야 한다. 따라서 우리는 이미지의 생산과, 그 이미지 사용 과정에 감춰져 있는 이차적 생산 사이의 유사성 혹은 간극을 어림하여 측정할 수 있을 뿐이다.

우리의 연구는 이 간극 속에 위치한다. 이 연구는 **관용적** 어휘와 통사론을 통한 고유한 문장 **구성**을 이론적 준거로 삼을 수 있을 것이다. 언어학에서 '수행'은 '능력'이 아니다. 말하기 행위(그리고 이 행위가 포함하는 발화의 온갖 전술들)는 언어의 인식으로 환원될 수 없다. 이 연구의 목적인 발화의 관점 속에 위치하면서, 우리는 말하기 행위를 우선시한다. 말하기 행위는 언어학 시스템의 영역 속에서 **작용한다**. 그것은 화자에 의한 언어의 **전유** 혹은 재전유를 실행시킨다. 그것은 때와 장소에 따라 상대적인 하나의 **현재**를 구축한다. 그리고 그것은 장소와 관계의 네트워크 속에서 (대화 상대인) **타자와 계약**을 맺는다. 발화 행위[3]의 이 네 가지 특성은 다른 실천들(걷기, 요리 등)에서도 찾을 수 있다. 부분적으로만 유효한 한 가지 목표가 적어도 이 평행선 속에서 드러난다. 이 목표는, 원주민들이 했던 방식대로, 사용자들이 지배적인 문화의 경제 속에서, 그리고 이 지배적인 문화의 경제를 가지고, 그 경제의 법칙을 자신들의 이해관계와 고유한 규칙에 맞는 법칙으로 바꾸는 무수히 많고 미세한 변형들을 '브리콜라주'한다고 가정한다. 이 개미 같은 활동에서 우리는 그 활동의 절차와 받침대, 효과 및 가능성 등을 찾아내야 한다.

일상적 창조성의 작동 절차

또하나의 참고문헌이 이 연구의 두번째 성격을 정해주었다. 미셸 푸코는 『감시와 처벌』에서 권력을 행사하는 기구들(즉 일정한 장소를 점하고, 팽창적이고, 억압적이면서 합법적인 제도들)에 대한 분석을, 제도의 '피를 빨아먹고' 권력의 기능을 은밀하게 재조직하는 '장치들'에 대한 분석으로 대체한다. 즉 세부사항들을 가지고 노는 '미세한' 기술적 작동 절차들은 공간을 재분배하고, 그럼으로써 공간을 일반화된 '감시'의 실행자로 만든다.[4] 이는 대단히 새로운 문제설정이다. 그럼에도 불구하고 이 '권력의 미시물리학'은 또다시 ('규율'의) 생산 기구를 우선시한다. 비록 그것이 '교육' 속에서 '억압'의 시스템을 간파해내고, 무대 뒤에서 무언의 테크놀로지들이 어떻게 제도의 연출을 결정하거나 무시하는지 보여주긴 하지만 말이다. '감시'의 그물망이 사방으로 확장되고 정교해지는 것이 사실이라면, 어떻게 해서 사회 전체가 그 그물망으로 환원되지 않는지를 알아내는 것도 그만큼 시급하다. 어떤 대중적 작동 절차들(이 역시 '미시적이고' 일상적이다)이 규율의 메커니즘을 가지고 놀고, 또한 그 메커니즘을 뒤집기 위한 목적으로 거기에 순응하는 것일까? 어떤 '실행의 방식들'이 소비자들(혹은 '피지배자들'?) 편에서, 사회정치적 질서를 조직하는 무언의 과정의 반대급부를 만들어내는 것일까.

이 '실행의 방식들'은 수많은 실천들을 만들어내는데, 이 실천들을 통해 이용자들은 사회문화적 생산 기술이 조직한 공간을 재전유한다. 이 실행의 방식들은 푸코의 책이 다루었던 것들과 유사하면서도 상반되는 질문들을 제기한다. 유사한 것은, 기술관료주의 구조 내부에서 급증하고 있는 세균과 같은 작동, 즉 일상의 '세부사항들'과 연관된 수많은 '전술들'을 통해 이 구조의 기능을 전환시키는 작동을 구별해내려 한다는 점이다. 푸코의 책과 상반되는 점은, 여기서 문제는 더이상 질서의 폭력이 어떻게 해서 규율의 테크놀로지로 바뀌는지를 밝히는 것이 아니라, '감시'의 그물에 걸려 있는 그룹 혹은 개인의 산발적, 전술적, 브리콜라주적 창조성의 은밀한 형식들을 되살리는 데 있다는 점이다. 소비자들의 이런 작동 절차와 책략은 마침내 이 책의 주제인 반反규율[5]의 그물망을 구성한다.

실천의 형식

다양하고 단편적인 이 작동들은 상황과 세부사항에 따라 상대적이고, 기구 — 작동이란 곧 이 기구의 사용법이다 — 속에 침투해 들어가 숨어 있으며, 따라서 고유한 이데올로기나 제도를 갖지 않는다. 우리는 이런 작동들이 규칙에 종속된다고 가정할 수 있다. 즉 거기에는 실천들의 논리가 분명 있을 것이다. 이는 기예 혹은 '실행의 방식'이라는 이미 오래된 문제로 되돌아가는 것이다. 고대 그리스인들에서부터 칸트를 거쳐 뒤르켐에 이르는 기나긴 전통이, 바로 이 작동들을 제대로 설명할 수 있는 복잡한 (전혀 단순하거나 '빈약'하지 않은) 형식들을 밝히기 위해 매달렸다.[6] 이런 우회로를 통해, '대중문화'는 이른바 '대중' 문학처럼 다른 모습으로 나타나게 된다. 대중문화는 본질적으로 이런저런 것을 '실행하는 기예'로,[7] 즉 여러 요소를 조합하고 사용자가 중심이 되는 소비로 정식화된다. 이 실천들은 '대중의' 라티오ratio[이성], 행동 방식 속에 투여된 사유의 방식, 사용하기의 기예와 분리될 수 없는 결합하기의 기예를 가동시킨다.

이 실천들의 형식을 파악하기 위해 나는 두 가지 종류의 조사를 했다. 첫번째 조사는 좀더 기술記述적인 조사로 실행의 방식들을 대상으로 삼고 있다. 이 실행의 방식들은 조사의 분석 전략 속에서 나타내는 이해관계에 따라, 그리고 분화된 변이형들을 획득하기 위해 선별되었다. 예컨대 독서의 실천, 도시 공간의 실천, 일상적 의례화의 사용, 일상적 실천을 가능하게 해주는(혹은 허용해주는) '권위들'을 통한 기억의 재사용 및 기능 등. 그리고 좀더 상세하게 설명하고 있는 두 개의 연구 논문은 한 가족이 대대로 한 공간에 살면서 그 공간을 재구성한 고유한 작동들, 혹은 요리법의 전술에 고유한 작동들을 추적하고자 시도했다.[8] 이런 작동들은 관계의 망, 시적 '브리콜라주', 시장 구조의 재사용을 동시에 조직한다.

두번째 조사 시리즈는 과학 문헌을 대상으로 하고 있다. 이 문헌은 생각할 수 없는 사유의 논리를 진지하게 받아들일 수 있게 해주는 가설들을 제공할 수 있다. 세 가지 영역이 특히 중요하다. 한편으로, 사회학적이고 인류학적이며 또한 역사학적인 작업들(어빙 고프먼에서부터 피에르 부르디외까지, 마르셀 모스에서부터 마르셀 드디

엔까지, 예레미 보이세바인에서 에드워드 로만까지)은 의례와 브리콜라주의 혼합이면서 공간을 조작하고 네트워크를 작동시키는 실천들에 대한 이론을 공들여 만들어냈다.[9] 다른 한편, J. 피시맨 이래로 H. 가핑클, W. 라보브, H. 색스, E. A. 쉬글로프 등의 민속방법론적, 사회언어학적 연구들은, 일상어에 고유한 기대, 타협, 즉흥성의 구조와 관련 있는 일상적 상호작용의 절차들을 도출해냈다.[10]

마지막으로 '관습' 철학과 기호학(O. 뒤크로에서 D. 루이스까지)뿐 아니라,[11] 형식화된 둔중한 논리들 및 행위(G. H. 폰 브리크트, A. C. 단토, R. J. 번스타인),[12] 시간(A. N. 프라이어, N. 레셔, J. 어커트),[13] 양태 부여(G. E. 휴즈, M. J. 크레스웰, A. R. 화이트)[14]의 영역 속에서 분석철학으로 확장된 데 대해 의문을 가져야 한다. 이는 일상적 발화의 가벼운 움직임과 가소성을 붙잡으려는 둔중한 기구와 같다. 일상적 발화는 논리적 부문들(시간화, 양태 부여, 명령, 행위의 술어 등)이 오케스트라처럼 조합된 것으로, 이것의 지배적 요소들은 정황과 정세의 긴급성에 따라 차례로 결정된다. 언어의 구술 실천들에 관한 노엄 촘스키의 연구와 유사한 이 작업은, 적어도 우리가 일상적 실천을 고려할 수 있는 도구들을 가지고 있는 한정된 부문에서라도, 일상적 실천들에 논리적, 문화적 정당성을 돌려주기 위해 노력해야 한다.

이것은 복잡한 연구이다. 왜냐하면 이 실천들은 순서대로 번갈아가며 우리가 가진 논리를 혼란스럽게 하고 길을 잃게 만들기 때문이다. 이 연구는 시인의 회한을 만나게 되고, 시인처럼 망각에 맞서 싸운다. "그리고 나는 정황의 우연, 침착함 혹은 조급함, 햇빛 혹은 추위, 하루의 시작 혹은 끝, 딸기의 맛 혹은 버림받음의 맛, 반쯤 이해된 메시지, 신문의 헤드라인, 전화를 통해 들려오는 목소리, 더없이 진부한 대화, 익명의 남자 혹은 여자, 말하고 살랑대는 소리를 내고 지나가고 스쳐가고 마주치는 모든 것을 잊어버렸다."[15]

다수의 주변성

[일상적 실천의] 이 세 가지 결정 요인들은 문화적 영역의 횡단, 즉 연구의 문제설정에 의해 그 범위가 정해지고 증명해야 할 연구 가설들에 따라 국지화된 조사로 점철된 횡단을 가능케 한다. 이 횡단은 경제의 구획 속에서 소비의 특징을 규정하는 작동의 유형들을 찾아내고, 이 전유의 실천들 속에서 창조성의 지표를 식별해내고자 한다. 이 창조성은, 고유한 언어활동을 자기 자신에게 부여하는 권력이 사라진 바로 그곳에서 빠르게 증식한다.

주변성의 현재적 형태는 더이상 소규모 그룹의 형태가 아니라 거대한 주변성이다. 이는 문화의 비생산자들이 하는 문화적 활동이고, 서명도 되어 있지 않고 해석될 수도 없으며 상징화되지도 않는 활동이다. 그럼에도 그것은 생산주의 경제라고 일컬어지는 생산물-스펙터클을 구매하면서 비용을 지불하는 모든 이들에게 남아 있는 유일한 활동이다. 이 주변성은 보편화된다. 이 주변성은 침묵하는 다수가 된다.

이 사실은 주변성이 동질적이라는 것을 의미하지는 않는다. 일종의 강제적 언어로 한데 묶인 생산물들을 재사용할 수 있게 해주는 절차들은 사회적 상황 및 역학 관계에 따라 상대적으로 기능한다. 텔레비전 방송 이미지들 앞에 앉아 있는 이주 노동자는 프랑스인 중간급 관리자와 동일한 비판의 공간과 창조의 공간을 가지지 않는다. 같은 층위에 있는 경우, 정보와 자산, 각종 '보험' 등의 빈약한 수준은 책략과 꿈, 웃음의 증대를 초래한다. 유사한 장치들이라도 불평등한 역학 관계 위에 놓여 있다면 동일한 결과를 가져오지 않는다. 바로 여기에서, 소비자들이 배치된 공간 내부에서 생산물 시스템이 수행하는 (군사에서 사용하는 의미에서) '작전들actions'을 구별해낼 필요, 그리고 사용자들에게 주어진 행위의 여지 가운데에서 사용자들이 자신의 '기예'를 실행하는 경우를 구별해낼 필요가 발생한다.

따라서 절차들이 개입하는 세력 범위와 절차들이 맺는 관계는 문화에 대한 전쟁학적 분석을 반드시 도입하게 된다. 법(문화의 한 가지 모델)과 마찬가지로 문화는 갈등들을 분절화하고, 강자의 이성을 때에 따라 정당화하거나 바꿔놓거나 통제하거나 한다. 문화는 긴장 혹은 때때로 폭력의 요인 속에서 발전하고, 이 요인에 상징적 균형, 다소간 임시적인 화합과 타협의 동의를 제공해준다. 소비의 전술, 즉 강자를 이용하기 위한 약자의 재간은 따라서 일상적 실천의 정치화로 귀착된다.

2. 실천가의 전술

소비자들이 생산 장치들과 맺는 관계에 관한 너무나 이분법적인 이 도식은 연구가 진행되면서 다음과 같은 세 가지 방식으로 분화되었다. 첫째, 수집된 자료를 유기적으로 연결시킬 수 있는 문제설정. 둘째, 의미 있는 것으로 간주된 몇 가지 실천들(읽기, 말하기, 걷기, 거주하기, 요리하기 등)에 대한 묘사. 셋째, 이러한 일상적 작동들에 대한 분석을 겉보기에는 또다른 유형의 논리에 의해 통제되는 것처럼 보이는 과학 부문으로 확장하기. 이 세 가지 방향에서 수행되는 연구의 진로를 제시함으로써, 전체적인 목적이 세심하게 표현될 수 있다.

경로, 전술, 수사학

진가를 인정받지 못하는 생산자로서의 소비자들은 의미 있는 실천을 통해, F. 들리니의 젊은 자폐증 환자들이 그린 '탈주선脫走線'의 모습을 띤 무언가를 생산해낸다.[16] 소비자들은 기술관료적으로 건축되고 표현되고 기능적으로 만들어진 공간 속을 오간다. 그런데 이 공간 속에서 소비자들의 경로는 예측 불가능한 문장들, 부분적으로 판독 불가능한 '지름길'을 만들어낸다. 관용적 어휘들로 구성되어 있다고 해도, 또 규정된 통사론을 따르고 있다고 해도, 소비자들의 경로는 또다른 이해관계와 욕망의 책략을 그린다. 이 책략은, 경로가 펼쳐지는 시스템에 의해 결정되지도 포착되지도 않는다.[17]

통계학조차 이것에 관해 거의 아무것도 알지 못한다. 왜냐하면 통계학은 '어휘' 단위들을 분류하고 계산하고 표로 만드는 데, 그리고 자기에게 적절한 범주와 분류법에 따라 그렇게 하는 데 만족하기 때문이다. 그런데 경로들은 이 어휘 단위들로 구성되지만, 이 단위들로 환원되지는 않는다. 통계학은 이 실천들의 자료는 파악하겠지만, 그것들의 **형식**은 파악하지 못한다. 통계학은 사용된 요소들을 알려줄 뿐, '주어진' 이 모든 요소들과 환경을 결합시키는 브리콜라주, '장인적' 창의력, 담론적 특성 등에서 기인하는 '프레이징'을 표시해주지는 못한다. 통계 조사는 이 '유능한 방랑'을 자기가 규정한 단위들로 분해하면서, 그리고 이 분할의 결과들을 자기가 가진 규칙에 따라 재구성하면서, 오직 동질성만을 '발견할' 뿐이다. 통계 조사는 자기가 속해 있는 시스템을 재생산하고, 일상의 패치워크를 직조하는 이질적인 작동과 이야기의 확산을 배제한다. 이 계산의 효력은 분할하는 능력에서 기인한다. 하지만 바로 이 분석적 파편화에 의해 이 효력은 자신이 찾고 표상한다고 믿었던 것을 잃게 된다.[18]

'경로'는 움직임을 연상시키긴 하지만 그것은 지도 위에 투영시켜 평면으로 만든 결과물이다. 그것은 전사轉寫다. (눈이 제어할 수 있는) 그래프가, 작동을 대신한다. 가역성의(두 가지 의미로 이해 가능하다[역행 가능하다라는 의미와 뒤집을 수 있다는 의미]) 선이, 시간적으로 되돌릴 수 없는 연속을 대신한다. 또한 흔적이 행위를 대신한다. 그래서 나는 **전술**과 **전략**을 구분하고자 한다.

나는 의지와 권력의 주체가 '환경'과 분리될 수 있는 순간부터 가능해지는 역학관계의 계산을 '전략'이라고 부른다. 전략은 장소를 전제로 한다. 즉 **자신 고유의 재산**un propre으로 경계를 한정할 수 있는 장소, 따라서 자신과 구별되는 외재성과의 관계를 관리하는 데 토대의 구실을 할 수 있는 장소를 전제로 한다. 정치, 경제, 과학의 합리성은 바로 이 전략 모델 위에서 구축된다.

나는 이와 반대로 자기 고유의 재산에 의지할 수 없고 따라서 타자를 가시적 총체성으로 특징짓는 경계도 고려할 수 없는 계산을 '전술'이라고 부른다. 전술은 그저 타자의 장소만을 제 것으로 가질 뿐이다.[19] 전술은 타자의 장소를 전체적으로 파악하지도 못하고 또 그것과 거리를 두지도 못한 채 단편적으로 거기에 슬쩍 끼어든다. 전술은, 자신의 장점을 자본화하고 확장을 도모하며 환경과의 관계에서 독립성을 보장해주는 기반을 가지고 있지 않다. '자기 고유의 재산'은 시간에 대한 장소의 승리다. 반대로 전술은 자신의 비장소성non-lieu으로 인해 시간에 의존하고, 이득을 얻을 가능성을 '낚아채기' 위해 호시탐탐 노리고 있다. 전술은 자신이 획득한 것을 계속 간직할 수 없다. 전술은 사건들을 '기회'로 만들기 위해 이 사건들을 항상 능숙하게 다루어야 한다. 약자는 끊임없이 자신과 무관한 힘들을 활용해야 한다. 약자는 이질적인 요소들을 조합하는 적당한 순간에 바로 그렇게 한다. (가령 슈퍼마켓에서 주부는 자기 집 냉장고에 저장되어 있는 것, 자기 집에 올 손님들의 취향과 입맛, 기분, 가장 좋은 가격의 상품, 집에 이미 있는 것들과의 조화 등, 이질적이고 유동적인 정보들에 직면한다.) 하지만 그 요소들의 지적 종합은 담론의 형태를 띠는 것이 아니라, 결정 그 자체, 즉 기회를 '붙잡는' 행위와 방식의 형태를 띤다.

수많은 일상적 실천들(말하기, 읽기, 통행하기, 장보기, 요리 등)은 전술의 유형에 속한다. 더욱 일반적으로는 '실행의 방식들' 대부분이 그렇다. 예를 들어 가장 '강자'(권력자, 질병, 체제의 폭력 등)에 맞선 '약자'의 성공, 자기에게 유리하도록 상황을 호전시키기, 수를 쓰는 기예, '사냥꾼'의 꾀, 능수능란한 기동성, 다채로운 형태의 위장, 호전적인 만큼 시적이고 즐거운 우연한 만남 등. 이런 실질적 수행은 대단히 오래된 지식에 속한다. 고대 그리스인들은 이것을 메티스mètis라는 단어로 지칭했다.[20] 하지만 이 수행은 더욱더 옛날로, 식물과 물고기의 위장 혹은 책략과 함께 태고의 지혜에까지 거슬러올라간다. 깊은 바다에서부터 대도시의 거리에까지, 전술들은 연속성과 영속성을 나타낸다.

더이상 한정된 공동체로 고정될 수 없는 우리 사회에서 전술들은 국지적 안정성의 감소와 함께 증대한다. 전술들은 궤도를 벗어나 방랑한다. 소유하기에는 너무 광대하고 벗어나기에는 너무 촘촘하게 짜여 있는 시스템 속에서, 전술은 소비자를 이주자와 비슷하게 만들었다. 그런데 전술들은 이 시스템 속에 일종의 브라운운동을 끌어들인다. 전술은 지성이 표현하는 일상적 투쟁 및 즐거움과 자신이 얼마나 분리 불가능한지를 보여주는 반면, 전략은 객관적 계산 아래에 자신을 지지해주는 권력과의 관계를 숨긴다. 그리고 전략과 권력의 이 관계는 자기 고유한 장소와 제도에 의해 유지된다.

수사학이 전술의 유형들을 구별하기 위한 모델을 제공해준다. 이것은 전혀 놀라운 일이 아니다. 왜냐하면 한편으로는 수사학은 '문체'(언어는 문체의 장소이자 동시에 대상이 될 수 있다)를 기술하기 때문이고, 다른 한편으로는 이 조작造作은 타자(수신자)의 의지를 바꾸는(유혹하고 설득하고 사용하는) 기회 및 방식에 관련된 것이기 때문이다.[21] 수사학은 원칙적으로 과학적 담론으로부터 축출되었음에도, 이 두 가지 이유로 수사학 혹은 '말하기 방식'에 관한 과학은 실행의 일상적 방식을 분석하는 데 삽화와 같은 유형의 도구를 제공해준다. 행위의 두 가지 논리(하나는 전술적이고 다른 하나는 전략적인 것이다)는 언어활동을 실행하는 두 가지 방법에서 도출된다. (놀이의 공간에서처럼) 언어의 공간에서, 사회는 행동의 형식적 규칙과 그 규칙을 구별하는 기능을 명백하게 밝힌다.

말하기 기예 혹은 실행의 기예에 할당된 엄청나게 많은 수사학 자료들 속에서, 소피스트들은 전술의 측면에서 볼 때 특권적 위치를 차지하고 있다. 코락스에 따르면 그들은 '약한' 입장을 '가장 강한' 입장으로 만드는 것을 자신들의 신조로 삼고 있었다. 그리고 그들은 기회를 이용하는 방식을 통해 권력을 역전시키는 기예를 소유하고자 했다.[22] 게다가 그들의 이론은, 이성이 행위 및 순간과 맺는 관계에 대해 성찰해온 기나긴 전통 속에 전술을 기입하고 있다. 정세 및 타자의 의지에 연결된 논리에 관한 이 전통은 중국 손자孫子의 『손자병법』[23]이나 아랍의 『책략서』[24]를 거쳐, 현대의 사회언어학에까지 이르고 있다.

읽기, 대화하기, 거주하기, 요리하기……

일상적 실천들은 자본화하지는 않은 채, 즉 시간을 제어하지는 않은 채 무언가를 생산해낸다. 그런데 이 일상적 실천들에 대해 기술하기 위해서는 한 가지 출발점이 반드시 필요했다. 왜냐하면 그것이 현대 문화 및 이 문화의 소비에서 돌출되어 있는 중심이기 때문이다. 그 출발점이란 바로 읽기이다. 텔레비전에서부터 신문에 이르기까지, 광고에서부터 온갖 상품의 현현顯現에 이르기까지, 우리 사회는 시각을 [과잉 성장하는] 암세포처럼 만들고, 다른 무언가를 드러내고 스스로를 드러내는 능력에 따라 현실을 평가하며, 소통을 눈동자의 움직임으로 바꿔버린다. 그것은 눈의 서사시이고 읽기 충동의 서사시다. '세미오크라시sémiocratie[기호의 통치]'[25]로 변형된 경제학 그 자체는 읽기의 포화를 조장한다. 우리는 생산-소비의 2항식을 그것의 일반적 등가물인 글쓰기-읽기로 대체할 수 있을 것이다. 게다가 (이미지 혹은 텍스트의) 읽기는, '스펙터클의 사회'[26]에서 훔쳐보는 자(은둔자 혹은 배회자)의 자격을 부여받은 소비자의 특징이라 할 수동성의 최고 단계인 것처럼 보인다.

그러나 사실 읽는 활동은 반대로 소리 없는 생산의 온갖 특성을 보여준다. 페이지를 가로지르는 표류, 눈의 여정을 통한 텍스트 변형, 몇 개의 단어들로 인해 즉흥적으로 만들어지거나 기대되는 의미작용, 글이 쓰인 공간을 건너뛰기, 춤추듯 순간적인 움직임 등. 하지만 우리가 읽어야 하는 '잃어버린' 순간들의 대용품(흔적 혹은 약속)

일 뿐인 대상(책, 이미지)을 구매하는 것이 아니라면, (글로 쓰거나 '기록해두지' 않고는) 기억에 부적격한 독자는 시간의 경과에 따른 마모에 맞서 자신을 보호할 수 없다. (그는 읽으면서 자신을 잊고, 자신이 읽은 것을 잊어버린다.) 독자는 타자의 텍스트 속에 즐거움과 재전유의 책략들을 슬그머니 끼워넣는다. 그는 거기서 밀렵하고, 거기로 옮겨가고, 신체의 소음처럼 거기서 자신을 복수형複數形으로 만든다. 책략, 메타포, 결합 등의 생산은 또한 기억의 '발명'이기도 하다. 이 생산은 단어들을 가지고, 무언의 역사의 출구를 만든다. 읽을 수 있는 것은 기억할 수 있는 것으로 바뀐다. 바르트는 스탕달의 텍스트 속에서 프루스트를 읽는다.[27] 시청자는 뉴스 현장 보도 속에서 자기 어린 시절의 풍경을 읽는다. 글자가 쓰인 얇은 필름은 지층의 요동, 공간의 운동이 된다. 저자의 공간 속에 또다른 세계(독자의 세계)가 끼어든다.

이 변동은 텍스트를 임대아파트처럼 거주할 수 있는 곳으로 만든다. 그리고 타인의 소유물을 어느 한 행인이 잠깐 동안 빌린 공간으로 변형시킨다. 세입자는 자기의 몸짓과 추억으로 아파트를 가득 채워, 그와 유사한 변동을 일으킨다. 화자는 억양과 고유한 '문체'를 통해 자신의 모국어 메시지와 자신만의 이야기를 언어 속에 슬며시 집어넣음으로써, 그와 유사한 변동을 일으킨다. 보행자는 자신의 무성한 욕망과 관심을 거리에 작동시킴으로써, 그와 유사한 변동을 일으킨다. 마찬가지로 사회적 규범을 사용하는 사람들은 그 규범을 그들이 추적하는 메타포이자 축약어로 변모시킨다. 지배적 질서는 셀 수 없이 많은 생산을 떠받치는 역할을 하지만, 정작 그 소유자들이 이 창조성을 알아보지 못하게 만든다. (자기 회사에서 다르게 발명되는 것을 보지 못하는 '고용주들'도 마찬가지다.[28]) 마지막에 이 질서는 옛날 시인들에게 운율과 각운의 규칙이었던 것에 해당될 것이다. 즉 시인들의 참신한 착상을 촉진시키는 일체의 제약과 즉흥시를 지을 수 있게 해주는 규약 등.

읽기는 따라서 수동적이지 않은 '기예'를 도입한다. 그것은 중세의 시인과 소설가들이 이론화했던 기예와 유사하다. 이는 전통적 텍스트와 용어들 그 자체 속에 스며든 혁신이다. (창조를, 문화적인 혹은 과학적인 고유한 언어의 발명과 동일시하는) 근대성의 전략들 속에 뒤얽혀 있는 현대의 소비 절차들은 '세입자들'의 섬세한 기예를 구축하는 것처럼 보인다. 이 세입자들은 권위 있는 텍스트 속에 그들이 가진 수많은 차이들을 끼워넣을 수 있을 만큼 충분히 신중하다. 중세 시대에 텍스트는, 네 개 혹은 일곱 개의 해석이 가능하다는 이론에 둘러싸여 있었다. 그리고 텍스트는 한 개의 책이었다. 그다음부터 텍스트는 더이상 전통에서 나오지 않았다. 이제 생산주의적 기술관료주의의 발전이 텍스트를 찍어낸다. 이제 더이상 참고용 책이 텍스트가 아니고, 오히려 글쓰기를 평범한 생산의 법칙을 따르게 만드는 사회 전체가 텍스트가 된다.

독자들의 이 기예를 다른 기예들과 비교해보는 것은 유용하다. 예를 들면 달변가의 기예가 있다. 일상적 대화의 수사학은 '말의 상황'과 말로 하는 생산을 변화시키는 실천이다. 여기서 뒤얽힌 화자들의 위치는 개별적인 소유자 없는 말의 직물을 짜고, 어느 누구의 것도 아닌 소통을 만들어낸다. 대화는 '상투적 관념'을 다루고 사건들의 불가피성을 능숙하게 다루어서 '거주할 만한 것'으로 만드는 기예 속에서, 언어 능력이 만들어내는 순간적이고 집합적인 결과다.[29]

그런데 이 연구가 특히 몰두하는 것은 공간의 실천,[30] 어떤 장소를 자주 드나드는 방식, 요리법의 복잡한 과정, 어쩔 수 없이 감내해야 하는 상황에서도 신뢰를 구축하는 수많은 방법, 즉 변화무쌍한 많은 관심과 즐거움을 다시 끌어들여서 그 상황을 잘 견뎌낼 수 있는 가능성, 그리고 그 상황을 조작하고 향유하는 기예를 작동시키는 수많은 방법이다.[31]

확장: 전망과 정치

이 전술들에 대한 분석은 두 가지 영역으로 확장되었다. 이 두 영역에 관한 연구는 예정된 것이었지만, 이에 대한 접근 방식은 연구 도중에 바뀌었다. 두 영역 중 하나는 전망에 관한 것이고, 다른 하나는 정치적 삶 속의 주체에 관한 것이다.

전망에 관한 연구에서는 '과학적' 특성이 곧바로 문제가 되었다. 만일 이 연구의 목표가 최종적으로는 지금의 현실과 그 규칙성에 대한 명료한 이해 및 정합성에 대한 고민이라면, 한편으로는 점차 수가 늘어나는 개념들을 제대로 다룰 수 없다는 점, 다른 한편으로는 이런 연구 절차가 공간에 대한 사유에 부적절하다는(기존에 활용되었던 정치적, 경제적 결정 요소들로는 연구 대상이 되는 공간을 다시 찾아낼 수 없고, 공간에 대한 이론도 존재하지 않았다는) 점을 인정해야 한다.[32] 사용한 개념들을 메타포로 만드는 것, 연구를 특징짓는 원자화와 분석의 제약이 되는 종합화 사이의 간극은, 담론의 방법론을 규정하는 '시뮬라시옹'을 담론 그 자체에 대한 정의로 간주해야 한다는 사실을 암시한다.

따라서 우리는 전망에 관한 연구에서 다음의 사항들을 고려하기에 이르렀다. 1. 합리성이 상상적인 것(담론 속에서 자신의 생산 장소를 알려주는 지표)과 맺는 관계들. 2. 실천적 조사를 수놓고 있는 시행착오, 실용적 책략 및 연속적 전술들 그리고 최종 생산물로서 수신자들에게 주어지는 전략의 표상들 사이에 있는 차이.[33]

우리는 과학적 분석에 '고유한 영역'을 메타포로 만드는 수사학이 담론 속으로 은밀하게 되돌아오고 있음을 확인하게 된다. 그리고 연구실에서는 실행 방식의 온갖 속삭이는 소리를 유토피아적 도식으로 만드는 '시나리오'적 글쓰기와 일상적이고 실질적인 실천들(요리법과 같은) 사이의 간극이 커지고 있음을 확인하게 된다. 이는 한편으로는 과학과 픽션의 혼합물이고, 다른 한편으로는 종합적 전략의 스펙터클과 국지적 전술의 불투명한 현실 사이에 있는 부조화다. 따라서 우리는 과학적 활동의 '이면'에 대해 의문을 갖고 이 활동이 콜라주처럼 이루어지지는 않는지 자문해보게 된다. 콜라주는, 담론에 의해 공공연히 모습을 드러내는 이론적 열망들을, 사무실과 실험실의 일상적 작업 속에서 끈덕지게 살아남는 아주 오래된 책략들의 영속성과 나란히 놓는다. 그렇지만 실질적으로는 그 둘은 점차 덜 연결된다. 어쨌거나 수많은 행정기관과 기업에서 관찰되는 이 분열 구조는, 지금까지 과학의 인식론에 의해 철저히 부정되었던 전술에 대해 재고하지 않을 수 없게 만든다.

그런데 이 문제는 단지 실질적인 생산의 과정들에 관련된 것만은 아니다. 다른 형태에서는 기술 시스템 속에서의 **개인의 지위**도 문제가 된다. 왜냐하면 시스템이 기술관료주의적으로 확장됨에 따라 주체의 중요성이 감소하기 때문이다. 개인은 자신을 둘러싼 거대한 틀로 점점 더 많은 제약을 받지만, 그것과의 관련성은 점점 더 줄어든다. 개인은 그 틀에서 빠져나오지도 못하면서 그로부터 점차 분리된다. 이제 개인에게는 그 틀에 관해 책략을 쓰고 '수를 쓰며', 전자기술화되고 정보화된 대도시에서 옛날 사냥꾼이나 촌부들이 가졌을 법한 '기예'를 찾아내는 것만 남았다. 오늘날 사회 조직의 원자화는 주체의 문제에 **정치적** 관련성을 부여한다. 이는 일회적 행위와 국지적 활동, 심지어 생태주의적 조직 등의 징후를 보면 알 수 있다. 비록 이것들이 환경과의 관계를 집단적으로 관리하고자 하는 노력에 최우선적으로 전념하고 있긴 하지만 말이다. 이미 만들어져 있는 시스템을 재전유하는 이 방식들, 소비자들의 창조라 할 만한 이 방식은 **악화된 사회성의 치료**를 목표로 하고, 재사용의 기술을 이용한다. 여기서 우리는 일상적 실천의 절차들을 다시 확인할 수 있다. 따라서 이 책략의 정치는 우리가 공들여 만들어야 하는 것이다. [프로이트의] 『문명 속의 불만』이 열어준 전망 속에서, 이 책략의 정치는 또한 오늘날 **조작**造作과 **향유** 사이의 다양한 형태를 띤 수없이 많은 미세한 동맹에 대한 공적('민주적') 표상에 대해, 즉 자신이 속한 사회의 질서를 능숙하게 다루는 사회적 활동의, 순식간에 사라져버리는 집합적 현실에 대해 의문을 가져야 한다.

신랄한 예언가인 비톨트 곰브로비치는 바로 이 '정치'에 자신의 주인공들(우리 연구에 자주 등장하는 반反영웅들)을 내주었다. 그가 자기 소설 속의 하급 공무원(로베르트 무질의 '특성 없는 남자', 프로이트가 『문명 속의 불만』에서 다룬 '보통의 인간')으로 하여금 "우리가 좋아하는 것을 가지고 있지 않을 때는, 우리가 가지고 있는 것을 좋아해야 합니다"라는 말을 되풀이하게 했을 때가 바로 그런 경우다. "당신도 아시다시피 나는 언제나 근처에 있는, 거의 눈에 띄지도 않는 온갖 작은 즐거움에 더욱더 기대야 했습니다. ……당신은 이 작은 사소한 것들로 인해 우리가 얼마만큼 거대해지는지 모릅니다. 그것은 마치 우리가 성장하는 것만큼이나 믿기 어려운 일이죠."[34]

대단히 평범한 문화

이 에세이를 보통의 인간에게 바친다.* 평범한 영웅héro.** 여기저기 흩어진 인물, 무수히 많은 보행자 말이다. 이야기를 시작하기에 앞서, 내 이야기에 시작점과 필연성을 제공하는 부재자不在者를 떠올리면서 나는 이 부재자가 어떤 욕망의 불가능한 대상을 상징하는지 자문한다. 옛날이었다면 영감을 달라며 신 혹은 뮤즈에게 헌정했을 글을 지금 역사의 떠들썩한 소리에 묻혀 잘 들리지도 않는 신탁[보통의 인간]에게 헌정하는 이유는 무엇일까? 우리는 무엇을 믿게 해달라고, 무엇을 말할 수 있게 해달라고 청하는 것일까?

익명의 이 영웅은 아주 멀리서부터 왔다. 그것은 그 사회의 속삭이는 소리이다. 그 영웅은 언제나 텍스트들에 앞서 있었다. 그는 텍스트들을 기다리지 않고 아랑곳하지도 않는다. 하지만 경전의 표상

* [원주] 좀더 이론적인 글인 1부와 2부는 별개로 읽어야 하는 미래전망적 결론으로 볼 수 있다. 1부의 3장 '임기응변: 사용과 전술'은 서론 격으로, 이어지는 분석들을 위한 일반적 모델을 개괄적으로 보여준다.
** 프랑스어 단어 héro에는 '영웅'과 '주인공'이라는 두 가지 의미가 있다.

속에서는 앞으로 나아간다. 점차 그는 학술적 무대의 중앙을 차지한다. 이제 스포트라이트는 명문가 출신의 유명한 배우들은 버리고, 대신 그 옆에 무리를 짓고 있는 엑스트라들 쪽으로 방향을 돌렸다가 마침내 관객들 쪽을 비추며 고정된다. 연구가 사회학적, 인류학적인 방향을 가지게 되면서 익명과 일상이 우선시된다. 익명과 일상 속에서 줌렌즈는 환유적 디테일들이 뚜렷하게 드러나도록 부각한다. 전체 대신 부분들을 보는 것이다. 가족, 집단, 계급 등을 상징하던 대표자들은 무대에서 서서히 사라진다. 그들이 이름의 시대의 주역이었다면 지금은 숫자의 시대다. 민주주의의, 대도시의, 관공서의, 사이버네틱스의 숫자가 엄습해온다. 그것은 탄력적이고 연속적이며, 찢어지거나 수선한 부분이 없는 직물처럼 촘촘하게 밀집된 군중, 즉 누구에게도 속하지 않는 계산과 합리성의 유동적 언어가 됨으로써 이름도 얼굴도 모두 잃어버린 수량으로 표현되는 수많은 영웅들이다. 그것은 거리를 가득 채운 숫자의 강물이다.

제1장 공통의 장소: 일상어

개별성이나 특이성이 쇠락하고 조롱받는 상황에 대해 『특성 없는 남자』는 다음과 같이 예고했다. "개미와 같이 거대하고 집단적인 새로운 영웅주의의 태동을 예상한 것은 어쩌면 바로 그 소시민이 아니었을까."[1] 사실 사람들이 밀집한 개미집 같은 사회의 도래는 대중과 함께 시작되었다. 모든 것을 평준화하는 합리성의 체에 처음으로 걸려든 것이 대중이었던 것이다. 수위水位가 높아졌다. 곧이어 이 밀물은 장치의 소유자인 경영진과 기술자들에게 타격을 주었다. 그들은 자신이 관리하던 시스템 속에 흡수되었다. 그리고 마지막으로 자신은 안전하다고 생각했던 자유직 종사자들 및 고매한 문인과 예술가들마저 그 물결에 휩싸인다. 이 물결 속에서 예술작품들은 휩쓸려 뒹굴고 흩어진다. 이 예술작품들은 과거에는 섬처럼 고립되어 존재했지만, 오늘날에는 바닷속 물방울처럼, 혹은 보급된 언어의 메타포처럼 변해버렸다. 이 보급된 언어에는 저자가 없어, 타자의 담론 혹은 타자의 끝없는 인용이 된다.

'누구나'와 '아무도 아닌 자'

분명 선례들이 있기 마련이다. 하지만 이 선례들은 '공통의' 광기와 죽음 속에서 공동체가 만든 것이지, 기술적 합리성의 평준화로 인해 만들어진 것은 아니다. 이렇게 해서 16세기 근대성의 여명기에 보통의 인간은 보편적 불행의 표지를 달고 나타났지만 그는 이 불행을 조롱한다. (이미 민주주의의 영향을 받은) 알프스 북쪽 나라들의 고유한 풍자문학 속에서 보통의 인간은 바로 그런 모습으로 광인들과 죽을 수밖에 없는 인간들로 가득차 붐비는 좁은 배에 '타고 있었다'.* 그런데 노아의 방주와 반대로 이 배는 잘못된 길로 인도해 파멸로 이끈다. 보통의 인간은 거기서 공통의 운명 앞에서 꼼짝도 하지 못한다. **누구나**chacun(이름의 부재를 드러내는 이름)라고 불리는 이 반反영웅은 따라서 **아무도 아닌 자**personne, 네모Nemo 선장**이 된다. 마치 영어의 에브리맨Everyman이 노바디Nobody가 되는 것처럼, 혹은 독어의 예더만Jedermann이 니만트Niemand가 되는 것처럼 말이다.[2] 그는 항상 타자로, 어떠한 것에도 책임이 없고("그것은 내 잘못이 아니라, 운명이라는 타자 때문이다"), 자기만의 고유성을 규정해줄 개별적 속성도 없다(죽음은 모든 차이를 없앤다). 그럼에도 불구하고 그는 이 인문주의 무대 위에서 여전히 웃고 있다. 모든 사람에게 지워진 운명 속에서, 자기만은 예외라는 각자의 생각을 박살내버리는 운명 속에서, 그는 현명하기도 하고 무분별하기도 하며, 명석하기도 하고 어리석기도 하다.

* 제바스티안 브란트의 풍자문학『바보 배』를 암시한다. 또한 여기서 '광인'으로 옮긴 fou에는 '바보' '왕의 어릿광대'(셰익스피어 비극에 등장하는)라는 의미도 함축되어 있다. 브란트는 100가지가 넘는 바보 이야기를 통해, 하나님이 주신 지혜를 잃고 권력 다툼에 빠진 왕과 귀족, 부패한 성직자, 쾌락만 좇는 시민들을 풍자했다.
** 쥘 베른의 소설 속에 등장하는 잠수함 노틸러스호의 선장. 라틴어로 네모는 '아무도 아니다'를 뜻한다.

사실 이 풍자문학은 익명의 웃는 사람을 만들어냄으로써 고유한 지위를 정초한다. 문학은 단지 하나의 시뮬라크르일 뿐이기 때문에, 그것은 소멸이 예정된 부귀영화의 세계에 대한 진리다. '아무나' 혹은 '모든 사람'은 공통의 장소이자 철학적 토포스다. 이 일반적인 인물(모두 그리고 아무나)의 역할은, 공허하고 광적인 신탁 생산이 죽음이라는 타자의 법과 맺는 보편적 관계에 대해 말해주는 것이다. 이 일반적인 인물의 무대 위에서 문학은 세계로 정의되고, 세계는 문학으로 정의된다. 보통의 인간은 단순히 무대 위에서 재현되는 것 이상으로, 텍스트 속에서 그리고 텍스트를 통해 텍스트 자체를 실연實演한다. 게다가 그는 어떤 현학적인 지혜의 어리석은 담론이 성립되는 특별한 장소의 보편적 성격을 그럴듯한 것으로 만든다. 그는 인문주의적 아이러니에 대한 철학적 악몽/꿈이다. 그리고 그와 동시에 그는 '모든 사람'이 자신의 사소한 불행에 대해 이야기하도록 만드는 글쓰기를 신뢰할 만한 것으로 만드는 준거(공통의 역사)인 척한다. 그런데 엘리트주의적 글쓰기가 자기 자신에 대한 메타언어를 '저속한' 화자로 변장시킬 때면, 무엇이 자신의 특권을 박탈하는지, 그리고 무엇이 자기 자신의 바깥, 즉 신이나 뮤즈가 아니라 익명의 특징 없는 사람이라는 대타자를 갈망하게 만드는지를 보여준다. 보통의 인간은 이 글쓰기가 자기 고유의 장소 밖에서 방황한 흔적을 좇는다. 이것은 글쓰기를 사로잡고 있는 두려움에 대한 메타포이자 표류이며, 그것의 '덧없음'의 유령이다. 이 유령은 글쓰기가 모든 사람과 맺은 관계, 글쓰기가 자신도 예외가 아니라는 사실과 맺은 관계, 그리고 자신의 죽음과 맺은 관계의 상징적 형상이다.

프로이트와 보통의 인간

우리 시대의 참고문헌들은 이 '철학적' 인물에 관해 보다 의미심장한 예들을 제공해준다. 프로이트는 두 가지 형식의 문화, 즉 문명(『문명 속의 불만』)과 종교(『환상의 미래』)[3]를 분석하면서, 분석의 출발점이자 주제로 보통의 인간der gemeine Mann을 선택했다. 계몽Aufklärung에 충실했던 그는 정신분석의 빛("조사 방법, 말하자면 미적분법과 비슷한 공정한 도구")[4]을 '대다수의 사람'의 몽매함과 대립시키는 것으로 만족하지 않았고, 또한 일반적인 믿음을 새로운 지식으로 조정하는 것으로 만족하지도 않았다. 그는 정신적 '미망迷妄'과 사회적 불운을 '평범한 인간'(이것이 『문명 속의 불만』의 주제이다. 전통과 반대로 프로이트의 저작 속에서 보통의 인간은 더이상 웃지 않는다)과 필연적으로 결합시키는 낡은 도식을 다시 취하지 않는다. 그는 자신의 선구적 '설명(계몽)'을 이 '어린애 같은' 대다수의 사람[5]과 결합시키고자 했다. 노동을 즐거움으로 승화시킬 수 있는 '소수'의 '사상가'와 '예술가'는 옆으로 밀어두고, 자신의 텍스트가 구상되는 장소를 지시해주는 '소수의 선택된 자들'을 떠나서, 프로이트는 '보통의 인간'과 계약을 체결하고, 자신의 담론을 군중과 결합시켰다. 군중의 공통된 운명은, 속고 낙심하고 고된 일을 강요당하며 따라서 기만의 법과 죽음의 노동에 종속되어 있다는 사실이다. [프로이트가 보통의 인간과 체결한] 이 계약은 미슐레의 역사가 '민중'과 체결했던 계약(하지만 미슐레의 책에서 민중은 직접 말하는 일이 전혀 없다)[6])과 비슷한 것이다. 이 계약은 그 이론이 보편적인 것으로 확장되고 역사의 실재에 근거하도록 만들어줄 수 있는 것처럼 보인다. 이 계약은 그 이론에 확실성을 마련해준다.

분명 보통의 인간은 종교의 신 덕분에 '이 세상의 모든 수수께끼를 풀 수 있다는' 환상을 품고 있고, '신의 섭리가 자신의 삶을 돌본다고 확신'[7]한다는 점에서 비난받는다. 이로서 그는 자신이 세상만물에 대한 지식을 가지고 있고 (미래에 대한 보장을 통한) 자신의 지위가 보장된다고 기꺼이 확신한다. 하지만 프로이트의 이론은 일반적 경험을 내세움으로써 그와 유사한 보장을 얻고 있지 않은가? 추상적 보편의 형상인 보통의 인간은 프로이트 이론 속에서 여전히 신의 역할을 하고 있다. 비록 이 [보통의 인간이라는] 신은 미신을 믿는 대다수 사람과 비슷하고 품위가 없다고 해도 자신이 이행한 행위의 결과들로써 신이라 인정된다. 즉 이 보통의 인간은 프로이트의 담론이 개별적 지식을 일반화하고 역사 전체를 통해 유효성을 가지도록 보장해주는 수단을 제공한다. 그는 그 담론이 자기 한계(몇 가지 요법들에 한정된 정신분석학적 능력의 한계, 언어활동은 실재를 지시한다고 가정하지만 사실 이 실재를 결여하고 있는 언어활동 그 자체의 한계)를 뛰어넘을 수 있도록 허락한다. 그는 프로이트의 담론이 가진 차별성('해명된' 담론은 '보통의' 담론과 구별된다)과 보편성(해명된 담론은 보통의 경험에 대해 설명한다)을 가지고 그 담론을 확고하게 만든다. 프로이트가 '하층민'[8]에 대해 개인적으로 어떤 견해를 가졌건 간에(민중에 대한 미슐레의 낙관적인 관점 속에서는 그와 정반대의 견해를 발견하게 될 것이다), 보통의 인간은 프로이트의 담론이 총체성 원칙 및 정당화 원칙을 가진 것처럼 보이게 해준다. 즉 그는 프로이트의 담론이 "그것은 모두 사실이야" 그리고 "그것이 역사의 현실이야"라고 말할 수 있게 해준다. 그는 거기서 과거 신이 했던 방식대로 기능한다.

하지만 프로이트는 나이가 들면서 그것을 의심하기 시작했다. 그는 스스로 자신의 텍스트에 대해 '완전히 쓸데없는' 것이고, 여가 활동의 생산물("우리는 하루종일 담배 피우고 카드놀이를 할 수는 없다")이자 '가장 평범한 진리를 다시 발견'하게 만드는, '고상한 주제'에 바쳐진 '기분 전환'[9] 용이라고 비꼬았다. 그는 이 텍스트를, 개별적 임상 사례들로부터 구성되고 방법론의 규칙을 잘 따른 자신의 '이전 작업들'과 구별했다. 그것은 더이상 꼬마 한스, 도라, 슈레버 등과 같은 개별적 사례와 관련되지 않는다. 보통의 인간은 우선 프로이트의 도덕주의적 경향, 윤리적 보편성들이 직업의 영역으로 귀환하는 것 등, 정신분석학적 과정에서 잉여 혹은 결핍을 상기시킨다. 그럼으로써 그는 지식이 전복되었음을 명백히 보여준다. 만일 프로이트가 장차 '문명사회의 병리학'을 위한 서설로 쓰이게 될 이 책[『문명 속의 불만』]을 하찮은 것으로 것으로 만들어버린다면, 그것은 프로이트 그 자신이 바로 그가 말하는, '평범하고' 빼저린 '진리'를 쥐고 있는 보통의 인간이기 때문이다. 그는 이렇게 생각을 이어나가다가 갑작스러운 반전으로 결론을 짓는다. "내가 어떠한 위로도 제공하지 않았다는 비난은 정당하다."[10] 왜냐하면 자신이 그렇게 하지 않았기 때문이다. 그는 거기에서 모든 사람과 똑같이 간주되고, 웃음을 터뜨린다. 풍자적이고 현명한 광기는 능력의 특이성을 상실하고 공통의 역사 속에서 자기 자신, 즉 누구나 혹은 아무도 아닌 사람을 되찾는다는 사실과 연관되어 있다. 『문명 속의 불만』이라는 이 철학적 우화 속에서 보통의 인간은 바로 화자이다. 그는 이 이야기 속에서 똑똑한 학자와 일반적인 사람 사이를 잇는 접합점이다. 즉 철저하게 구별해둔 장소 속으로 타자(모든 사람 그리고 아무도 아닌 사람)가 귀환하는 것이다. 프로이트는 거기에서 다시 한번 진부함이 전문성을 압도하는 것, 지식이 일반적인 가정으로 변해가는 흔적을 추격한다. 그는 말하기를, "진심으로 하는 말인데, 나는 이것에 관해 전혀 아는 바가 없다. 나도 모든 사람과 똑같다".

『문명 속의 불만』을 보면, 정복적 계몽에서 상투적인 관념으로 이행해가는 여정 위에는 '박탈' '억압' '에로스' '타나토스' 등 전문적 작업 도구들이 점철되어 있다. 하지만 문화에 대한 프로이트의 분석은 무엇보다 이 전복적인 여정으로 특징지어진다. 겉으로 보기에 사소한 것 같지만 근본적인 어떤 하나의 차이가 문화 전문가들이 유포한 진부함으로부터 그[프로이트]의 결과를 구별시킨다. 그런데 이 진부함은 더이상 담론의 대상이 아니라 담론의 자리를 가리킨다. 진부한 것은 더이상 (연출가로서의 책임을 면제받은) 타자가 아니다. 이것이 바로 텍스트를 생산하는 경험이다. 문화에 대한 접근은 보통의 인간이 서술자가 될 때, 그가 담론의 (공통의) 장소와 그 담론이 전개되는 (익명의) 공간을 정할 때 시작된다.

이 자리는 더이상 그 이야기의 화자에게 주어지지 않고 오히려 다른 아무에게나 주어진다. 이 자리는 하나의 여정이 귀결되는 지점이다. 그것은 하나의 상태(결함 혹은 최초의 은혜)가 아니라, 제어되고 반증 가능한 실천들에서 비켜나 있는 과정의 결과라 할 [무엇인가로] **된 것**이고, 특별한 위치에서 평범한 것이 압도하는 것이다. 보통의 인간에 대한 자신의 마지막 이야기들을 가지고 '작업'(지식의 허구화를 통한 애도의 실현)을 완수한 후의 프로이트가 바로 그렇다.[11]

중요한 것은, 이미 잘 구축되어 있는 과학의 장에 일상적인 것이 스며들어 그것을 압도하는 넘침의 **작용**이다. 이는 일상적인 것(이것은 말로 표현될 수 없다)의 이름으로 말하는 특권을 제멋대로 취하는 것, 혹은 보편적인 자리(이것은 거짓된 '신비주의'일 것이다)에 있는 척하는 것, 그리고 최악의 경우에는 미화된 일상성을 구축하는 것 따위와는 전혀 무관하다. 사실 중요한 것은 역사성에 움직임을 부여하는 것이다. 즉 16세기에 '아무나'의 이름으로 말했고 프로이트 지식이 완성되면서 되돌아온, 아이러니하고 분별없는 평범함이 분석 절차들을 변화시키고 심지어 침해할 정도까지 그 절차들을 끌고 가는 움직임 말이다. 나는 분석 기술들의 집합 속에서 일상적인 것의 윤곽을 드러내는 침식작용에 대해 기술하고, 과학이 동원되는 가장자리에서 일상적인 것의 흔적을 보여주는 시작점을 찾아내고, 평범함에 대해 반복하는 것(하지만 다르게)을 제외하고는 '어느 누구라도' 결국은 입을 다물게 되는 **공통의 장소**로 데려가는 이동을 보여주고 싶었다. 비록 이 임무가 일상적인 것의 바다의 웅성거림 속으로 빨려들어간다 하더라도 그 웅성거림을 재현으로 대신하려거나 가소로운 단어들로 덮으려는 것은 아니다. 그 대신 이 웅성거리는 소리가 어떻게 우리의 전문기술들 속에 들어왔는가를(마치 바닷물이 해변의 웅덩이로 되돌아오는 것처럼), 그리고 담론이 생산된 장소를 어떻게 재구성할 수 있었는가를 보여주려 한다.

전문가와 철학자

여기서 우리가 취할 기술적 방법은 과학적 실천과 과학적 언어를 자기 고향으로, 즉 **일상생활**로 돌려보내는 데 있다. 오늘날 더욱더 강조되는 이 귀환은 경계가 얼마나 분명하게 정해져 있는가에 따라 그 엄밀성이 평가되는 개별 학문들에게는 일종의 추방이 되기도 한다는 역설적인 특징을 가지고 있다. 과학성이 절차, 공식 목표, 반증 조건 등을 자기 식으로 정하는 합리적 기획을 통해 자기 고유한 장소를 스스로에게 부여한 이후, 과학성이 제한된 다수 분과 학문들의 집합으로 구축된 이후, 요컨대 과학성이 더이상 신학적 유형이 아니게 되었을 때, 과학성은 **모든 것**을 마치 자신의 **나머지**인 것처럼 구성했다. 그리고 이 나머지는 바로 우리가 문화라고 부르는 것이 되었다.

이 분열이 근대성을 조직한다. 이 분열은, 사유로 환원 불가능한 상징 작용들과 실천적 '저항들'에서 근대성을 떼어내 우세한 과학의 섬나라들로 만들었다. 비록 '과학'의 야망이 지식 권력이 작동하는 공간에서부터 출발하여 이 '나머지'를 정복하는 것을 목표로 삼을지라도, 비록 이 제국이 완성될 수 있도록 정찰대가 이미 국경 지대에 대한 목록을 작성하고 그렇게 함으로써 빛을 어둠에 결합시킨다 해도(이것이 역사학, 인류학, 병리학 등, 소위 '인문주의적'이라 불리는 혼합 과학의 회색 담론이다. 폭력과 미신, 타자성의 미망을 탐지해내고 그것들을 이해 가능한 것, 최소한 사유 가능한 것으로 만들려는 원정대의 이야기 말이다), 과학 제도가 제어된 조작 가능성을 내포하는 인공어와 사회적 집단의 말 사이에 만들어낸 단절은 단 한 번도 분쟁과 타협의 지대가 아니었던 적이 없다. 이 분할선은 계속 변하다보니 사회적 실천들에 대한 전문기술의 권력을 강화하거나 부인하기 위한 싸움 속에서 전략적으로 중요한 위치를 차지한다. 이 분할선은 특수한 지식의 작용을 돕는 인공어와, 통상적인 의미 작용을 조직하는 자연어를 분리한다.

이상하리만치 가까우면서 이율배반적인 대립하는 두 인물에 의해, (각 과학이 문화와 맺는 관계와 관련된) 이 갈등 중 몇 가지가 분명해질 수 있고, 또한 그것들의 가능한 해결책 역시 대략적으로 나타날 수 있다. 이 두 인물은 바로 전문가와 철학자이다. 이 둘은 지식과 사회 사이의 중재인이라는 임무를 가진다. 전문가는 자신의 전문성을 보다 넓고 복잡한 사회정치적 결정의 영역 속에 도입한다는 점에서, 그리고 철학자는 (수학, 논리학, 정신의학, 역사학 등의) 특수한 전문 분야와의 관계 속에서 보편적 의문의 타당성을 재수립한다는 점에서 그렇다. 전문가의 경우 능력은 사회적 권위로 전환된다. 철학자에게서 평범한 질문은 전문적 영역에서 의심의 원칙이 된다. 철학자가 전문가와 맺는 양가적인 관계(때로는 매혹되고, 때로는 배척하는)는 종종 그 관계가 진행되는 과정의 기반이 된다. 즉 때때로 철학자의 기획은 전문가를 통해 과거 자신이 가졌던 유토피아를 실현하고자 한다거나(특정 분야 전문성의 이름으로 총체적인 문제들로의 이행을 지지하는 것), 역사에 의해 실패로 끝났지만 여전히 반역적인 이 철학자의 기획은 주체Sujet, 즉 과거에는 왕이었으나 오늘날의 기술관료주의 사회에서 추방된 주체를 따라 유배지(오 기억들, 오 상징적 위반들, 오 무의식의 왕국들이여!)로 떠나기도 하는 것이다.

전문가가 이 사회에서 급증한 것은 사실이다. 즉 전문화에 대한 더 커진 요구와 그만큼 더 필수적인 것이 된 소통에 대한 요구 때문에 전문가가 늘어나고 보편적인 인물이 될 정도로 급증했다. 전문가는, 과거에 보편적인 것에 대한 전문가였던 철학자를 없애버렸다(어떤 면에서는 그를 대체한 것이다). 하지만 전문가의 성공이 그다지 괄목할 만한 수준은 아니다. 역할 할당(효율성의 조건)이라는 생산제일주의 법칙과 순환(교환의 형식)이라는 사회적 법칙은 전문가를 모순에 빠뜨린다. 분명 각 분야에 정통한 사람은 또한 전문가, 곧 자신의 전문 능력을 다른 영역에서 해석하고 번역해주는 사람이 되어야 한다. 이는 심지어 실험실의 내부에서도 명백하다. 목표 수립, 홍보, 자금 조달 등을 결정해야 하는 상황이 닥치면 자신들의 특수한 경험을 '명목으로'(하지만 실상 그 경험과 무관한 분야에) 전문가들이 개입하는 것이다. 그렇다면 그들은 어떻게 그들의 전문기술, 즉 통제되고 조절하는 언어로부터, 또다른 상황의 좀더 일상적인 언어로 넘어갈 수 있을까? 그것은 바로 전문 능력을 권위로 '전환시키는' 기묘한 조작을 통해서이다. 전문 능력을 권위와 교환하는 것이다. 극단적인 경우에는 전문가가 권위를 가지면 가질수록 그의 전문 능력은 더 줄어든다. 마치 뭔가를 움직이게 하는 데 필요한 에너지처럼 자신의 기반이 고갈되어버릴 정도까지 말이다. 이 전환의 기간 동안에 그는 전문 능력이 없는 것은 아니지만(그에겐 이 전문 능력이 필요하다. 아니면 그는 자신이 그것을 가지고 있다고 남들이 믿게 만들어야 한다), 사회적 요구 혹은 정치적 책임감 때문에 그의 권위가 세력 범위 바깥으로 확장됨에 따라 그는 자신이 가졌던 전문 능력을 포기한다. 이것이 바로 권위의 (일반적인?) 역설이다. 즉 권위는 이 권위가 행사되는 곳에서는 없는 바로 그 지식에 의해 인정되는 것이다. 권위는 '지식의 남용'[12]과 분리될 수 없다. 그리고 이 지식의 남용이, 집단적인 전문 능력, 즉 공동의 진실임직한 것을 창출하거나 복원한다는 목적으로 개인으로부터 전문 능력을 박탈하는 사회적 법칙의 결과임을 인정해야 한다.

자신이 아는 대로 행동할 수 있는 힘을 가지지 못한 전문가는 자신의 전문성이 가져다준 **자리**를 기반으로 스스로 표명한다. 바로 거기서 그는 공통의 질서 속에 스스로를 편입시키고 편입된다. 이 공통의 질서 속에서 전문화는 생산주의 경제의 서열화하는 **규칙** 및 **실천**으로서의 **입문**initiation이라는 가치를 가진다. 전문가가 이 입문 과정의 실행에 성공적으로 순응하면 그는, 그가 가진 전문기술적 능력과는 무관하지만 그 능력을 통해 획득한 권력과는 무관하지 않은 문제들에 대해서, 이제 더이상 지식의 담론이 아니라 사회경제적 질서에 관한 담론을 권위 있게 유지할 수 있다. 전문가는 보통의 인간으로서 말하게 된다. 그리고 마치 사람들이 노동에 대해 보수를 받는 것처럼, 지식을 가지고 권위를 받을 수 있다. 그는 실천의 공통어langage commun 속에 편입되는데, 여기에서는 권위의 과잉생산이 권위의 평가절하를 초래한다. 왜냐하면 사람들은 항상 능력에 걸맞거나 혹은 그보다 못한 수준을 가지고 더 많은 권위를 얻을 수 있기 때문이다. 그런데 전문가가 아직도 자신이 과학자처럼 행동한다고 믿고 있거나 믿게 만든다면, 그것은 그가 사회적 자리와 전문적 담론을 혼동하고 있는 것이다. 전자[사회적 자리]를 후자[전문적 담론]로 간주하는 것은 착각이다. 그는 그가 표상하는 질서를 인식하지 못하고 있는 것이다. 그는 자신이 무슨 말을 하는지 더이상 알지 못한다. 오직 몇몇 사람만이, 그들이 전문가로서 과학적 언어를 말하고 있다고 오랫동안 믿고 있다가 잠에서 깨어나 어느 순간 갑자기, 옛날 영화 속의 고양이 펠릭스처럼 그들이 과학의 땅에서 멀리 떨어져 허공에서 걷고 있음을 알아차린다. 어떤 과학을 통해 인증되기는 했어도 그들의 담론은 실은 경제적 권력과 상징적 권위 사이의 전술 게임에서 사용되는 일상어에 불과했던 것이다.

일상어의 비트겐슈타인식 모델

그렇다고 해도 과거의 철학이 가졌던 '보편적' 담론이 언어에 대한 자기 권리를 회복하지는 못한다. 철학이 언어에 관한 것인 한, 철학적 문제는 우리의 전문기술 사회에서 전문화 경향을 조정하는 담론성(이는 조작적 분할을 통해 사회적 이성을 유지한다)과 대중화된 교환의 서술성(이는 별의별 책략을 동원하여 권력망 속의 순환을 허용하거나 제어한다) 간의 중대한 분할에 대해 의문을 제기하는 것이리라. 담론성과 서술성을 언어학적 실천[13]이라는 공통 지표 아래로 귀착시켰던 분석들과 별도로, 즉 과학적 담론 속에서 믿음, 진실임직한 것, 메타포, 즉 '공통된 것le commun'에 관한 암시를 찾아내거나 혹은 일상어가 내포하고 있는 복잡한 논리를 찾아내는 연구들[14](이는 지나치게 위계화되고 일관성 없는 언어의 조각들을 서로 유기적으로 연결하기 위한 시도들이다)과 별도로, 어느 한 가지 철학의 힘을 빌릴 수 있다. 이 철학은 '모델'(마치 특정 자동차 모델 같은 것)을 제공하고 일상어에 대한 엄격한 조사를 실행하는 것이다. 이것은 바로 비트겐슈타인의 철학이다. 내 관점에서 볼 때, 비트겐슈타인의 철학은 전문가에 대한 근본적 비판으로 간주될 수 있으며, 또한 당연히 전문가로서의 철학자에 대한 비판이기도 하다.

비트겐슈타인이 특히 그의 말년에 '언어를 철학적 용법에서 일상적 용법[15]으로 돌려보내고자' 하는 기획을 발전시켰던 것은, 말하기 행위가 의미할 수 있는 것을 벗어나 넘쳐나는 모든 형이상학적 범람을 자기 스스로 그리고 철학자에게 금지한 것이다. 가장 확고한 그의 계획은 바로 이것이다. 즉 "말해질 수 있는 것이 아니라면 아무것도 말하지 않기…… 그리고 어느 누군가가 형이상학적인 무언가를 말하려고 할 때마다 그가 자신의 명제들 속의 특정 기호들에 의미를 부여하는 데 실패했다는 것을 증명해 보여주는 것".[16] 그는 자신의 임무를 공통의 언어로 의미 있는 활동을 하는 과학자가 되는 것으로 정해두었다. 그 외의 모든 것은 오직 "우리의 일상어라는 도구"[17]와의 비교 혹은 유추를 통해서만 언어로 간주될 수 있다. 일상어의 능력을 넘어서는 것을 주장하지 않고, 따라서 또다른 언어학의 영역(예컨대 형이상학이나 윤리학)에서 전문가나 해석가가 되지 않으면서, 그리고 다른 곳에서 '그것의[일상어] 이름으로' 말하지 않으면서 일상어를 다루는 것이 중요하다. 따라서 비트겐슈타인에게서는 전문 능력이 권위로 전환되는 것은 확실히 불가능해질 것이다.

아우게이아스의 외양간을 청소했던 헤라클레스처럼 현대 지성활동을 정화하려는 이 기획에서 우리를 매혹시키는 것은 이 기획이 보여주는 제약의 절차가 아니다. 이 제약의 절차는, 비트겐슈타인이 '매일의everyday'(언어학적 접근으로 인해 르네상스 윤리학의 'Everyman'이 'everyday'로 대체되었지만 질문은 동일하다) 언어에 대한 분석 속에서 신중함을 기하려는 열정의 결과이다. 사실 우리를 매혹시키는 것은 더욱 근본적으로 비트겐슈타인이, 그의 표현대로 하자면 [일상]언어의 '내부에서부터' 이 언어를 넘어서는 것(윤리적이거나 신비적인 것)의 경계를 긋는 방식이다.[18] 그가 그 자체로 말해질 수 없는 바깥을 인식하는 것은 오로지 내부에서만이다. 그의 작업은 따라서 이중의 침식작용을 가져온다. 즉 일상어 내부에서 그것의 가장자리들이 드러나게 만드는 침식작용, 그리고 '말해질 수 없는 것'을 향해 나가려 시도하는 모든 명제의 용인할 수 없는 특성(무의미)을 고발하는 침식작용. 그의 분석은 언어 내부를 침식하는 구멍을 탐지하고, 그 구멍을 메운다고 주장하는 언표들을 파기한다. 그의 분석은 말할sagen 수는 없고 보여줄zeigen 수만 있는 어떤 것을 대상으로 삼는다. 비트겐슈타인은 서로 결합되어 있는 국지적 통사론들의 작동에 대해 검토한다. 이 통사론들의 기반, 정합성, 전체적 의미 등은 타당한 질문들을 제기하고 매우 중요한 것이긴 하지만 '고유한' 장소로 다루어질 수는 없다. 왜냐하면 언어는 담론의 대상이 될 수 없기 때문이다. "우리는 우리가 단어들을 사용하는 방식을 눈으로 파악할 수 없다."[19] 언어의 실재가 이토록 진지하게 다루어진 적은 거의 없었다. 즉 언어의 실재가 우리의 역사성을 규정하고, 일상적 형태로 우리 위에 군림하거나 우리를 감싸고 있으며, 따라서 어떠한 담론도 '거기서 벗어날 수'도 그것을 관찰하기 위해 거리를 둘 수도 그것의 의미에 대해 말할 수도 없다는 사실 말이다.

그렇게 비트겐슈타인은 역사학자의 '과거'에 의지하지 않으면서 자기 역사성의 현재에 머물러 있다. 그는 역사 서술조차 거부했는데, 그 이유는 역사 서술이 현재로부터 과거를 분리시키면서 어떤 고유하고 생산적인 장소를 특권화하기 때문이다. 역사 서술은 바로 이 장소를 가지고 언어의 사실들 (혹은 '기록물들')을 '지배하고자' 하고, 공통의 규칙을 따르는 유일한 것으로 가정되는 생산물, 데이터로부터 스스로를 구별짓고자 한다. 비트겐슈타인은 자신이 공통의 언어적 역사성에 '사로잡혀' 있음을 인정한다. 또한 그는 이 종속 관계를 ('과거'로 명명되는) 대상l'ob-jet으로만 한정시키는 것을 허용하지는 않는다. 이 대상에 대한 역사 서술 작업은 (픽션, 즉 역사를 통제하려는 과학적 도전이 이루어지는 공간으로부터) 가상적으로 분리되어 있다.[20] 사실 그의 입장이 이 점에서 표명되지는 않는다. 그의 입장은 이중의 전쟁으로 이루어져 있는데, 이 이중의 전쟁이 서로 결합됨으로써 우리에게 문화 연구를 위한 형식적 지표를 제공해준다. 한편으로 그는 철학의 직업화, 즉 철학이 전문성을 띤 기술적 (실증주의적) 담론으로 축소되는 것과 싸운다. 더 넓게 보자면 그는 근본적인 것, 즉 언어의 일상적 용법(매일의 언어everyday language)을 제거하면서 과학이 오직 인공어의 생산과 제어만을 할 수 있게 만드는 살균 작용을 거부하는 것이다. 다른 한편으로 그는 형이상학적 무모함과 윤리학의 성급함과 싸운다. 이런 성향들은 언제나 정확성의 규칙을 포괄하고 일반적인 경험의 언어에 대해 담론의 권위를 세우려다가 무의미한 언표들을 남발하게 된다. 비트겐슈타인은 '마치' 철학이 일상적 사용에 의미를 부여하는 것'처럼' 만들고 또한 철학 그 자체를 일상적인 것에 대해 사유하는 고유한 장소처럼 가정하도록 이끄는 추정을 비난한다.

비록 확인할 수는 없다 해도 우리는 일상어의 지배를 받는다. 마치 바보 배 위에서처럼, 우리는 위에서 훑어보거나 전체적으로 바라보지는 못하지만 [일상어라는] 배에 타고 있는 것이다. 이것이 바로 메를로퐁티가 말했던 '세계의 산문'이다. 세계의 산문은 모든 담론을 포괄한다. 심지어 인간의 경험들은 이것[세계의 산문]이 그 경험들에 대해 말할 수 있는 것으로 축소되지 않는다 해도 말이다. 과학성은 자신의 확립을 위해 세계의 산문을 망각하는 것을 스스로에게 허용한다. 그리고 철학은, 세계의 산문에 대해 자신이 논하는 것을 정당화하기 위해 그것을 지배하고 있다고 믿는다. 이런 측면에서 보면 과학성도, 철학도 철학적 질문을 건드리지 못한다. 이 질문은 "인간이 언어의 한계들과 대립하도록 부추기는an die Grenze der Sprache anzurennen"[21] '충동'에 의해 끝없이 새로 개시된다. 비트겐슈타인은, 언어를 허구적으로 통제하면서 언어를 형식적 대상으로만 취급했던 철학 속에, 그리고 언어를 효과적으로 통제하기 위해 언어를 배제시켰던 과학 속에 이 언어를 재도입했다.

이런 식으로 그는 분석의 장소를 변화시킨다. 이 장소는 그때부터 보편성에 의해 규정되는데, 이 보편성이란 일상어에 대한 복종과 동일한 것이다. 이 장소의 변화는 담론의 지위에도 변화를 가져온다. 일상어에 '붙들려 있는' 철학자는 더이상 자기 것으로 삼을 수 있는 고유의 장소를 가지지 못한다. 그는 통제할 수 있는 지위를 빼앗긴다. 분석하는 담론과 분석되는 '대상'은 동일한 지위를 가진다. 즉 분석하는 담론과 분석되는 대상 그 둘은 모두 그것들과 관계가 있는 작업에 의해 조직된다는 점에서, 그것들이 세우지도 않았고 제대로 알지도 못하는 규칙에 의해 결정된다는 점에서 동일한 지위를 가진다. 또한 그것들은 분화된 기능들(비트겐슈타인은 자신의 작업도 단장斷章들로 구성되기를 원했다)로 분산되어 있다는 점에서도 동일한 지위를 가진다. 이 분화된 기능들은 각 기능이 돌아가면서 다른 심급에 '호소하고' 그것을 인용하고 또한 그것을 참조할 수 있는 구조 속에 기입되어 있다. 여기서는 서로 다른 자리들이 끝없이 상호 교환된다. 철학적이거나 과학적인 특권은 일상적인 것 속에서 사라지고 만다. 이렇게 특권이 사라짐에 따라 진리들이 무효화된다. 어떤 특권적 장소로부터 진리들이 의미를 가질 수 있게 되는가? 사람들은 더이상 진리가 아닌 사실을 갖게 될 것이다. 진리의 인플레이션은, 사실이 진리로 전환되는 권위의 장소를 비판함으로써 제어되거나 진압된다. 진리란 무의미와 권력의 혼합체임을 폭로하면서 비트겐슈타인은 진리를 언어학적 사실로 만들기 위해, 그리고 이 언어학적 사실들 속에서 진리를 말로 표현할 수 없는 '신비한' 언어의 외재성을 가리키는 것으로 만들기 위해 노력한다.

우리는 여기에 비트겐슈타인에게서 발견되는, 언어의 사용과 행동의 중요성이 점점 더 커지는 것을 덧붙일 수 있다. '위에서 내려다보지도' 못하고 거리를 두고 시야를 확보하지도 못하면서 언어를 일상어 '속에서' 논한다는 것은 언어를 일군의 실천으로 파악한다는 것이다. 이 실천들에 의해 세계의 산문이 작동하고 우리는 이 실천들의 집합 속에 연루되어 있다. 따라서 비트겐슈타인의 분석은 '우리 언어 작용의 내부를 들여다보는 것eine Einsicht in das Arbeiten unserer Sprache'[22]이 될 것이다. 이렇게 해서 그의 분석은, 모든 시스템을 산산조각내는 분산을 재생산하는 데 바쳐진다. 그런데, 그의 분석은 표현들에 대한 '사용의 형태론을 명확하게 하는 데', 다시 말해 그 표현들의 '사용 영역'을 검토하고 또한 그것들의 '형식을 기술하는 데'[23] 열중하면서, '실천의 규칙들'(이 실천의 규칙들은 그 자체로 '삶의 형식들Lebensformen'[24]에 종속되어 있다)에 의해 지배되는 일상적 기능들의 상이한 양태들을 '인식할' 수 있다.

동시대의 역사성

비트겐슈타인이 이 분석(이 분석이 사회언어학적이고 '민속방법론적'으로 발전한 것에 대해서는 나중에 다시 언급하도록 할 것이다)을 구상하면서, 그가 케임브리지에서 알게 된 철학적 전통에 많은 부분을 빚지고 있음은 분명하다. 쿡 윌슨에서부터 G. E. 무어, J. L. 오스틴까지 이 철학적 전통은 일상어(영어로는 ordinary 혹은 everyday language)의 '말하는 방식들(ways of speaking)'에 초점을 맞추고 있었다. 오스틴의 커리큘럼은 "일상어의 세밀한 점들을 추적하는" 프로그램을 포함하고 있었고, "일상어의 복음 전도자"(*TLS*, 1973년 11월 6일)라는 명성을 얻을 정도였다. 여기에는 우리와 관련된 여러 가지 이유들이 있다. 1. 철학적 담론 속에는 통상적 말하기 방식에 등가적인 것이 없다. 그리고 이 통상적 말하기 방식은 철학적 담론 속에서 번역될 수 없다. 왜냐하면 철학적 담론 속에서보다 통상적 말하기 방식 속에 더 많은 것이 있기 때문이다. 2. 통상적 말하기 방식은, 매일의 말하기 속에 축적되고 역사적 경험에 의해 누적되어온 '결합'과 '구별'의 저장고를 구축한다.[25] 3. 언어적 실천들로서 이 통상적 말하기 방식들은 현학적 형식화의 우려가 없는 논리적 복잡성을 표현한다.[26]

그런데 다소 전문적인 이 [학술적] 교류들이 비트겐슈타인의 사유가 가지는 최초의 역사적 뿌리를 지우지는 못한다. 나는 거기서 특히 지시적인 가치를 가지고 있는 세 가지 측면을 고려하고자 있다. 먼저, 아돌프 로스가 비엔나[27]의 장식적 퇴폐에 저항하며 기능주의적 간결함을 주장하는 『장식과 범죄』를 쓰도록 영감을 준 반응과 유사하게, 혹은 로베르트 무질이 카카니엔[28]에서 자신이 관찰한 것들에 대해 임상적 아이러니를 느꼈던 것과 유사하게, 비트겐슈타인에게는 '부패한 문화'의 '기만적' 매력과 '저널리스트적' 광채, 혹은 그것들과 유사한 '쓸데없는 잡담' 등에 대한 거의 얀세니즘적 '증오'가 있다.[29] 그에게는 또한 현대 역사학에 대한 개입 및 문화에 관한 철학적 정치학의 스타일을 특징짓는 '순수함'[30] 혹은 신중함이 있다. 비트겐슈타인이 생각했던 대로, 일상적인 것의 위험한 귀환은, 위계화하는 권력과 권위 있는 무의미가 가진 모든 수사학적 광채를 반드시 무너뜨릴 것이다.

그와 마찬가지로 인상적인 유사점은, 비트겐슈타인은 뛰어난 공학 기술자로서의 경험, 그다음에는 수학자로서의 경험을 통해 마치 특성 없는 남자 울리히*처럼 '두번째 시도'와 '가장 중요한' 세번째 시도를 했다는 점이다. [울리히처럼] 그도 역시 '생각하고 느끼는 새로운 방식의 조각들'을 가지고 있었고, '처음에는 대단히 강렬했던 새로운 스펙터클'이 '세부사항들의 증식 속에서' 사라져버리는 것을 보았다. 그에게도 결국 '오직 철학만이 남았고, 그는 거기에 열중할 수 있었다'.[31] 하지만 울리히처럼 그는 '자신의 (언어적) 능력을 잘 활용'할 수 있는 영역에서, 전문기술적 엄격함을 그것의 '목적'에 대한 준수와 결합시키면서, 과학성이 정제해놓은 '놀라운 명료함'[32]을 간직하고 있었다. 전문가의 담론과 반대로 그는 자신의 이름으로 말할 권리와 지식을 맞바꾸면서 그 지식으로부터 이익을 취하지 않았다. 즉 그는 지식에 대한 통제가 아니라 지식의 엄격함을 고수했던 것이다.

마지막으로, 일상적인 것에 관한 그의 학문은 삼중의 낯섦으로 규정된다. 즉 평범한 생활에 대한 전문가(그리고 대부르주아)의 낯섦, 철학에 대한 과학자의 낯섦, 마지막으로 통상적으로 사용되는 영어(그는 결코 영어에 정착하지 못했다)에 대한 독일인의 낯섦. 이 상황은 민족학자와 역사학자가 처한 상황과 비교될 수 있다. 아니 오히려 그들보다 더 심각하다. 왜냐하면 비트겐슈타인은 **자기 고향을 떠나** (여행객이나 기록학자처럼) 이방인이 되는 이 우발적 방식들을, 언어 **내부의 낯선** 분석 과정들(언어는 이 과정들을 규정한다)에 대한 메타포로 생각했기 때문이다. "철학을 할 때[즉 우리가 오로지 '철학적'이기만 한 장소에서 세계의 산문에 관해 연구할 때] 우리는, 문명화된 사람들이 자기 생각을 표현하는 것을 보면서 잘못 해석하는 야만인이나 원시인들과 마찬가지다."[33] 이것은 야만인들 가운데서 문명화되었다고 간주되는 전문가의 입장이 아니다. 반대로 일상의 문화 한가운데에 있는 '야만인', **자기 고향에서의** 이방인(즉 모두가 합의한 것과 공통적으로 다 잘 알고 있는 것의 복잡함 속에서 길을 잃은)이

* 무질의 『특성 없는 남자』의 주인공. 울리히는 위대한 남자가 되기 위해 세 가지 시도를 했다.

되는 입장이다. 그리고 사람들은 이 언어에서 '나가지' 않기 때문에, 사람들은 그 언어를 해석할 수 있는 또다른 장소를 찾을 수 없기 때문에, 따라서 잘못된 해석도 제대로 된 해석도 없이 오직 환상에 불과한 해석만이 존재하기 때문에, 즉 한마디로, 출구가 없기 때문에, 외부 없는 내부에서 이방인이 되는 것, 그리고 일상어 속에서 '자신의 한계에 부딪히는 것'만이 남아 있다. 비트겐슈타인이 자기 안의 이방인성을 명명하기 위해 무의식의 지시대상을 가지지 않았다는 점을 제외하면 이는 프로이트의 입장과 유사하다.

이런 특성들 때문에, 파편적이면서도 엄밀한 비트겐슈타인의 저술은 일상적인 것에 대한 현대의 학문에 철학적 청사진을 제공해주는 것처럼 보인다. 그의 테제들을 자세하게 다루지는 않더라도, 이론적 가설로 간주되는 이 모델과, 일상 문화에 관한 지식에 '인문학'(사회학, 민족학, 역사학 등)이 긍정적으로 기여한 바를 대조해봐야 할 것이다.

제2장 대중문화

비엔나 혹은 케임브리지를 떠나는 것, 이론적 텍스트를 떠나는 것, 이것은 1920년부터 1926년까지 어느 한 시골 마을의 초등학교 교사였던 비트겐슈타인과 헤어지는 것은 아니다. 오히려 그것은 담론들을 둘러싸고 관통하며 마침내 휩쓸어가버리는 공통 경험이라는(일상적 경험의) 난바다를 향해 떠나는 것이 될 것이다. 과학(학문)적 전유를 정치적 통제로 대체하는 데 만족하지 못한다면 말이다. 어떤 추억들, 기억 속의 이 침묵의 장소가 나에게 다시 떠오른다. 이렇게 해서, 브라질 북동부지역의 대중문화에 관한 세미나의 서론으로 사우바도르의 시끌벅적한 밤에 파소 성당Igreja do Passo을 향해 걸었던 산책을 언급하고자 한다. 미제리코르지아Misericórdia 거리의 섬세한 무대와 대조적으로, [성당의] 어두운 파사드가 품위 있게 도시의 먼지와 땀을 끌어올린다. 소음과 사람의 목소리로 가득찬 구시가지 위에서 그것은 웅장하고 조용한 거리의 비밀을 드러낸다. 그것은 옹색하게 좁은 파소 언덕Ladeira do Passo을 지배하고 있다. 마치 대중의 언어가 연구자들을 벗어나는 것처럼, 그 성당은 연구자들이 가까이 다가갔을 때도 자신을 다 내어 보여주지 않는다. 그것은 너무 멀고 너무 높은 곳에 있다. 완전히 개방된 채 푸른빛을 띠는 로사리우 교회와 상반되게 이 검은 돌[파소 성당]은 바이아 지방 특유의 유머가 가진 어두운 측면을 되살린다. 장중함이 박탈되어 친근하지만 (혹은 친근하기 때문에) 정복할 수 없는 이 거대한 돌덩이는 브라질의 사우다데 saudade 노래와 닮았다. 이 순례에서 돌아오면 거리의 표정은 그 경쾌한 유동성에도 불구하고 기념물이 가진 친근하면서도 해독하기 어려운 비밀을 더욱 증식시키고 있는 것처럼 보인다.

브라질의 '기예'

우리의 조사는 점차 확대되어갔다. 이 조사는 우리가 리우, 사우바도르, 헤시피(브라질), 칠레의 산티아고, 콘셉시온(칠레), 포사다스(아르헨티나) 등에서 각 지역의 여러 학제간 연구자들과 팀을 이루어 연구를 했을 때처럼 암중모색이었다. 이 분석들 중 한 가지는 브라질 페르남부쿠 지방(크라투, 주아제이루, 이타페팀 등)의 농민들이 1974년 그들이 처해 있던 상황에 대해, 그리고 그 지역의 카리스마적 영웅 다미앙 신부Frei Damião*의 위대한 활동에 대해 말하면서 그들이 사용했던 언어를 대상으로 했다.[1] 그 담론은 공간을 두 가지 층위로 나누어 구별했다. 첫째, '강자들'과 '빈자들' 사이의 오래전 전투로 조직된 사회경제적 공간은 부유한 자와 공권력의 항구적 승리의 장으로, 또한 거짓이 지배하는 세계(농민들 사이에서 낮은 목소리로 말해지는 것을 제외하고는 어떠한 진리도 거기에서 말해지지 않는다. "이제는 사람들이 알고 있다. 하지만 큰 소리로 말할 수는 없다

* 1898~1997. 이탈리아 출신의 로마 가톨릭 교회 신부. 브라질 북동부 지역에서 가난한 이들의 육체적 질병을 치유하는 기적을 행한 것으로 유명하다.

Agora a gente sabe, mas nao pode dizer alto")로 나타났다. 거기서는 언제나 강한 자들이 이기고 말은 사람들을 기만한다. 이것은 마그레브 출신으로 비양쿠르에서 노동조합원으로 있던 어느 한 사람의 증언("그들은 항상 우리를 엿먹인다")과 일치하는 경험이었다. 다른 한편으로, 명민한 농민들의 눈에는 언어의 덮개 아래에 감춰진 수많은 갈등 관계로 나타나는 이 **전쟁학적** 공간과 구별되는 **유토피아적** 공간이 있었다. 여기서는 말 그대로 기적의 가능성이 종교적 이야기로서 명확히 드러난다. 다미앙 신부는 이 공간에서 움직이지 않는 중심이 되었다. 그리고 그의 적들에 대한 하늘의 벌에 대한 연이은 이야기들은 그가 중심이 될 수 있는 자격을 계속해서 부여해주었다.

실질적인 힘의 관계에 대해 말해보자면, 명민한 담론은 도처에서 불의不義(기득권의 불의뿐만 아니라, 좀더 근본적으로는 역사의 불의까지도)를 간파해내기 위해서, 위조된 말과 금지어를 가지고 술책을 쓴다고 할 수 있겠다. 이 명민한 담론은 이 불의 속에서, 변화를 꾀할 수 없는 사물들의 질서를 인식했다. 우리가 매일매일 관찰했던 것이 바로 이런 것이었다. 하지만 이 상태에는 어떠한 정당성도 부여되지 않았다. 끊임없이 반복되는 현실이기 때문에 이 힘의 관계를 더는 용인할 수 없었다. **사실**은 아무리 피할 수 없는 사실로 남아 있다 해도 **법칙**처럼 수용될 수 없었다. 의존관계라는 덫에 걸려 있고 사실에 순종하도록 강제되어 있는 이 신념은 수용불가의 목표를 자연스러운 것처럼 보이는 질서의 **지위**에 대립시키고, **윤리적** 항의를 그것의 불가피성에 대립시킨다. (만일 어느 한 학문이 사실과 법칙의 관계에 관해 다른 의견을 제시할 수 있다면 그것은 무엇보다도 그 학문이 이 의존관계에서 벗어나 있기 때문일 것이다.) 하지만 사실과 의미가 불일치함을 확인하기 위해서는 종교적인 또하나의 무대가 필요했다. 이 무대는 초자연적 사건의 형태로 '자연'의 역사적 우발성을 재도입하고, 하늘의 징표를 통해 이의를 제기할 수 있는 자리를 마련한다. 어쨌거나 기존 질서를 수락하지 않는 것은 당연히 기적이라는 형식 아래에서만 말해질 수 있었다. 사회경제적 관계에 관한 분석들과 전적으로 무관한 언어 속에서, 역사(역사에는 부자들과 그들의 동맹자들의 승리가 지속적으로 뚜렷하게 나타나 있다)의 패자가, 모욕당한 '성자' 다미앙의 '인간'적 모습으로 자신의 적들을 누르고 하늘의 도움으로 다시 일어날 수 있기를 바라는 희망이 유지될 수 있다.

기적 이야기는 우리가 일상적으로 매일 보는 것에서 아무것도 제거하지는 않고, 우리가 오직 믿을 수밖에 없는 다른 이야기를 통해 간접적으로 '비껴나서' 그것[우리가 매일 보는 것]에 반응한다. 마치 윤리적 반응은 삶이 우리 눈에 보이는 것으로 환원되지 않는다는 것을 믿어야 하듯이 말이다. 마찬가지로 (장루이 코몰리의 영화) 〈라 세실리아La Cecilia〉에서 영화가 전개됨에 따라 무정부주의자들의 노래가, 티토 로시가 브라질에 세운 사회주의 코뮌을 서서히 파괴하는 사건들과 대조되면서 흘러나온다. 이 노래는 그대로 보존되어 있었다. 심지어 영화의 마지막에 질서를 회복한 역사의 폐허 위에서도. 이 노랫소리는 패배의 전장을 벗어나고 또다른 움직임들에 생기를 불어넣을 목소리를 다듬으면서 계속해서 높아간다.

Un'idea l'amante mia 사상은 나의 연인
A cui deti braccio e cuor…… 거기에 내 팔과 심장을 바친다네……
Deh t'affretta a sorgere 어서 일어나라,
O sol dell' avvenir 오, 미래의 태양이여
Vivere vogliam liberi 우리는 자유롭게 살기를 원하지
Non vogliam più servir 더는 예속당하지 않으리[2]

다른 종류의 '정령'이자 목소리인,[3] 부두교의 로아Loa와 마찬가지로, 기적 이야기들 역시 노래이다. 하지만 이 장중한 노래는, 반란이 아니라 영속적 억압에 대한 증명과 관련되어 있다. 어쨌거나 기적

이야기들은 가능성에 난공불락의 장소를 제공한다. 왜냐하면 그것은 비장소non-lieu, 유토피아이기 때문이다. 기적 이야기들은 환상이 없는 경험의 공간과 공존하는 또다른 공간을 만들어낸다. 기적 이야기들은 진리(기적적인 것)를 이야기한다. 이 진리는, 이 진리에 은유와 상징의 구실을 하는 개별적 신앙으로 환원될 수 없는 것이다. 기적 이야기들은 사실들에 대한 분석에서 비켜나, 정치적 이데올로기가 이 분석 속에 도입하는 것에 상응하는 것이 될 것이다.

시골의 '신자들'은 이런 식으로 기존 질서를 피할 수 없다는 숙명론을 전복시킨다. 그들은 외부의 권력([기독교] 포교단이 강요한 종교)으로부터 나온 준거틀을 사용하면서 그렇게 한다. 그들은 다른 사람들에 의해 구축되어서 확산된 시스템, 그들 고유의 존재와 거리가 먼 시스템을 재사용한다. 그리고 그들은 이 재사용에, 기적적인 것의 부속물인 '미신super-stition'이라는 표시를 남긴다. 그런데 세속적, 종교적 권위자들은 미신이 권력과 지식의 위계 뒤에서 그들의 '이성'을 반박하려 든다며 언제나 수상쩍게 여긴다. 종교의 ('대중적') 사용은 종교의 기능을 변화시킨다. 이 공인된 언어를 말하는 어느 한 가지 방식은 그것을 저항의 노래로 변모시켜버린다. 하지만 이 내적 변형은 언어를 믿을 만하게 만들어주는 진정성도, 기존 질서 아래 감춰진 갈등과 불평등을 볼 수 있게 해주는 명석함도 해치지 않는다.

보다 일반적으로는, 강요된 시스템들을 이용하는 방식은 상황의 역사적 법칙과 그것의 교조주의적 정당화에 대한 저항을 가능하게 만든다. 타인이 구축해둔 질서를 실행에 옮기는 것은 그 질서의 공간을 재분배한다. 즉 그것은 불평등한 힘들 사이의 조정을 위해, 그리고 유토피아적 지표들을 위해 적어도 어떤 게임을 창조해낸다. 바로 거기서 '대중' 문화의 불명료성이 드러날 것이다. 이는 모든 동화작용에 저항하는 검은 바위이다. 거기서 '지혜sabedoria'라고 불리는 것은 계략(trampolinagem, 이 단어는 곡예사의 기예 및 그가 트램펄린 위에서의 펼치는 곡예술과 연관된 말장난이다)으로, 그리고 '사기'(trapaçaria, 사회 계약에 관련된 단어들을 이용하거나 조작하는 술책과 속임수)로 정의된다.[4] 타인의 게임, 즉 타인이 제도화한 공간을 가지고 놀거나 혹은 저지하는 수많은 방식들은, 자기 고유한 공간을 갖지 못했고 기성의 권력과 표상의 망 속에서 벗어나야 하는 집단들이 가지는 치밀하고 끈질기며 저항적인 활동을 특징짓는다. '아쉬운 대로 어떻게든 해봐야지.' 이렇게 싸우는 사람들의 계략 속에는 수를 쓰는 기예, 구속하는 공간의 규칙을 뒤엎어버리는 즐거움이 있다. 이것은 전술적이고 즐거운 달인의 재간이다. 스카팽과 피가로는 그 문학적 반향이다.* 로마나 나폴리의 거리에서 자동차를 운전하는 사람의 기술처럼, 감식안과 심미안을 갖춘 능수능란한 기술은 권력의 미로 속에서 훈련되고, 기술관료주의의 투명한 세계 속에 불투명함과 모호함(어둠과 책략의 공간)을 계속해서 다시 만들어내고, 거기서 길을 잃기도 하고, 또 전체에 대한 관리를 책임질 필요는 없이 다시 길을 찾는다. 불행의 영역마저 조작과 향유의 조합을 통해 재가공된다.

속담의 발화

너무 성급한 일반화인가? 그러나 이것은 사실 연구의 가설이긴 하지만 다른 현장[5] 조사에 기반을 두고 있으며, 따라서 자연스럽게 예를 들자면 그리스인들의 '실천적 지성'(메티스)[6] 혹은 '실천적 의미', [아프리카] 카빌리와 [프랑스 남부] 베아른[7] 사람들의 '전략'에 관한 최근 연구들과 궤를 같이한다.

사실 대중문화에 관한 이러한 접근은, 오스틴의 수행성 분석, A.

* 스카팽Scapin은 몰리에르의 희곡 『스카팽의 간계』에 나오는 익살스러운 하인, 피가로Figaro는 보마르셰의 희곡 『세비야의 이발사』, 『피가로의 결혼』에 이발사, 하인으로 등장하는 인물이다.

J. 그레마스의 조작의 기호학, 프라하학파*의 기호학 등 세 가지를 준거로 한 발화 행위의 문제에서 영감을 얻은 것이다. 이 문제는 처음에는 말하기 행위(이 행위를 통해 화자話者는 교환이나 '계약'[8] 등의 특정한 상황 속에서 언어를 현실화하고 전유한다)와 연관되어 있었지만, 언어 영역 속에서 그리고 사회적 실천들의 그물망 속에서 확실하게 작용하는 (발화) 과정들 사이의 유사성을 근거로 문화 전체로 확장될 수 있다. 이 문제는, 전설, 속담 등의 언표, 혹은 좀더 넓게 보자면 의례나 태도의 객관적 형식과 연관되어 있는 좀더 전통적인 연구들과 구별된다. 왜냐하면 이 문제는 대중문화의 고유한 말뭉치를 구성하고, 완결된 시스템 내의 불변의 기능들에 대한 가변적 언어들을 분석하려는 목적을 가지고 있기 때문이다. 이 두 가지 관점 사이에서 공준[이론적 전제]과 방법론이 갈라진다. 한 가지 관점이 역사적 정세가 야기한 작동 과정의 유형들을 알아내려고 애쓰는 곳에서, 다른 한 가지 관점은 구조적 균형의 확인을 더 선호한다. 각 사회는 이 구조적 균형의 항구성을 다양한 방식으로 표현한다.

차이들은 대단히 단순하지도 또한 대단히 모순적이지도 않다. 이런 식으로 피에르 부르디외는 이 둘을 '실천의 이론'으로 결합했다. 우리는 이것을 나중에 다루어야 할 테지만, [당장은] 이 양자택일에서 관건이 되는 것을 한 가지 특이한 경우, 즉 속담의 경우를 가지고 명확히 할 수 있을 것이다.

한 가지 방법은 마치 [핀란드의 민속학자] 안티 아르네나 [러시아의 민속학자이자 문학이론가] 블라디미르 프로프가 민담에 대해 했던 것처럼 우선 속담들을 따로 분리하고 그런 다음 그것들을 모으는 것이다. 우리는 수집된 재료들을 가지고, 의미론적 라벨이나 단위들(행동, 주제, 행위자)로 재단된 내용에 대해 다룰 수 있다. 단위들 사이의 관계는 구조의 측면에서 분석 가능하고, 단위들이 이루는 성

* 현대구조 언어학의 한 학파. 야콥슨, 트루베츠코이, 카르쳅스키, 마테시우스 등이 설립했다.

좌는 이런저런 집단[9]에 고유한 정신의 지리학을 가리킨다. 혹은 생산 양식들에 대해서, 예컨대 속담들(보통 대구對句로 된 속담들. "성탄절에 날이 좋으면, 부활절에는 춥다" "눈에서 멀어지면, 마음도 멀어진다" "잠을 자면, 배고픔을 잊는다" 등)이 소리의 차이는 줄이면서(각운과 두운법 등으로) 의미의 효과는 강화시키는 방식에 대해 연구할 수 있다.[10] 따라서 이는 의미작용의 시스템 혹은 제작의 시스템과 연관되어 있음을 알 수 있다. 방법들이 그 경계를 정한 말뭉치에 대해, 그리고 이 방법들이 거기에서 실행하는 작업에 대해 행한 이중의 통제를 통해, 이 방법들은 스스로 자신의 대상을 규정하고(속담이란 무엇인가?), 자료 수집을 합리화하고, 유형을 분류하고, '데이터'를 재생산 가능한 어떤 것으로 변형시킬 수 있게 된다(만일 속담 생산의 규칙들 안다면 우리는 속담의 시리즈를 만들 수 있다). 이렇게 해서 이 전문기술은 마치 생물학이 인슐린을 합성하는 것과 마찬가지로 사회 현상들을 **구성**할 능력을 획득한다.

안티 아르네에서부터 레비스트로스에까지 이르는 신화 분석은, 어떻게 이 이야기들에 관한 학문이, 학문의 최소 단위들[11]을 따로 분리하고 선별하고 정제하고 형식화하면서, 불규칙하게 변화한다고 간주되는 문학사를 정리하고, '야생의 사고'와 '이물질'처럼 여겨지는 것 속에서 논리를 간파해내며, 그래서 마침내 우리의 고유한 이야기의 해석과 생산을 갱신할 수 있었는지를 속담 분석보다 훨씬 더 잘 보여준다. 왜냐하면 신화 분석이 속담 분석보다 훨씬 더 발전해 있기 때문이다.

이 방법의 결점(이 결점은 동시에 이 방법의 성공의 조건이다)은 그것이 **역사적** 맥락에서 자료들을 분리해내고, 시간, 장소 그리고 경쟁관계의 특수한 상황에 처해 있는 화자들의 **작용**을 배제한다는 것이다. 과학적 실천들이 그들 고유의 영역에서 잘 실행될 수 있도록, 일상적 언어 실천들(그리고 그것의 전술들의 공간)은 삭제되어야 한다. 따라서 어떤 순간, 어떤 대화 상대를 앞에 두고, 속담을 '적절하게 끼워넣는' 수많은 방식들을 고려하지 않는다. 이 기예는 [연구 대상에서] 배제되었고, 이 기예의 창시자 역시 연구실에서 배척된다. 이는 모든 과학이 대상의 경계 확정과 단순화를 요구하기 때문만이 아니라, 연구할 대상을 과학적 공간으로 이전할 필요성이 모든 분석의 전제조건이 되는 과학적 공간의 구성에 상응하기 때문이기도 하다. 오직 운반 가능한 것만이 논의될 수 있다. 우리가 완전히 근절할 수 없는 것은 당연히 연구 영역의 바깥에 남아 있다. 여기서 이 연구가 담화에 부여하는 특권이 발생한다. 담화란, 가장 쉽게 포착되고 저장되고 운반하여 안전한 곳에서 다뤄질 수 있는 세계의 데이터다. 반면 말의 행위[화행話行]는 환경으로부터 떼어낼 수 없는 것이다. 실천들 그 자체에 대해서도 우리는 한 사회에 깊이 뿌리를 내리고 있어 다른 곳으로 이동시킬 수 없는 것, 즉 상황에 따라 사물과 단어를 사용하는 방식들은 한 편에 남겨둔 채, 단지 이동시킬 수 있는 사물(진열장에 놓을 수 있는 도구와 생산물) 혹은 기술記述적 개요(수량화할 수 있는 행동, 연출의 스테레오타입, 의례적 구조)만을 붙잡을 수 있을 것이다. 한 가지 본질적인 점이, 주체들(주체들은 정세에 따른 작동의 관계자이자 창시자이다)의 존재와 분리될 수 없는 일상의 역사성 속에서 작동하고 있다. 반면 "오직 시체들하고만 교류할 수 있는"[12] 다니엘 파울 슈레버의 신과 유사하게, 우리의 지식은 생명력 없는 대상만을 고려하고 용인할 수 있는 것처럼 보인다.

그렇게 하는 것이 불가피하다고? 나는 미국 버몬트주에 있는 대단히 멋진 셸번 박물관을 떠올린다. 여기에는 재건된 어느 한 마을의 35채의 주택 속에 요리기구와 약품 진열대에서부터 방직기계, 세면도구, 아이들 장난감에 이르기까지 19세기 일상생활의 온갖 기호, 도구, 생산물이 가득차 있다. 사용되면서 닳거나 변형되고 혹은 예쁘게 장식된 수많은 일상적인 사물들은 활기찬 손과 근면하고 인내심 있는 신체의 흔적도 많이 남겼다. 그리고 이 사물들은 도처에 흔적을 남긴 결여의 끈질긴 현존이라는 일상의 그물망을 짰다. 버려졌다가 다시 주워온 물건들로 가득찬 이 마을은 적어도, 과거에 있었던 혹은 있었음직한 수많은 마을의 질서정연한 속삭임에 사람들이 주의하도록 만든다. 그리고 사람들은 존재의 수많은 조합으로 뒤얽힌 이 흔적들을 가지고 꿈꾸기 시작했다. 도구들처럼, 속담 혹은 또다른 담화들에는 그것을 사용한 흔적이 남는다. 그것들은 분석에 발화 과정 혹은 발화 행위의 각인을 제공한다.[13] 그것들은 자신이 그 대상이 되었던 작동 과정을 의미한다. 이 작동 과정은 상황에 따라 상대적이고, 언표 혹은 실천의 정세에 따라 형태가 변화되는 것처럼 고려될 수 있는 것이다.[14] 좀더 일반적으로 볼 때, 그것들은 사회의 역사성을 가리키는데, 이 속에서 표상의 시스템 혹은 제작 방식들은 더이상 규범적 틀로서만 나타나지 않고 사용자에 의해 조작되는 도구처럼 나타난다.

논리: 게임, 설화 그리고 말하기의 기예

언어에 새겨진 이 각인들로부터, 우리는 이미 언어 사용자들의 실행 방식 쪽으로 방향을 틀었다. 하지만 개별적 속임수나 트릭을 설명하는 것으로 충분하지 않다. 그것들을 고찰하려면 이런 작동 방식들에 한정된 수의 절차가 상응한다는 것(발명은 무한정한 것이 아니다. 그리고 피아노나 기타로 하는 '즉흥 연주'처럼 발명은 코드를 알고 적용하는 것을 전제로 한다), 그리고 이 절차는 사태circonstances의 유형에 따라 행동이 달라지는 게임의 논리를 내포하고 있다는 것을 가정해야 한다. 서구 과학성과 반대로, 그때그때마다 상황에 따르는 이 논리는 행위 영역의 비자율성을 전제조건으로 가진다. 우리는 이 논리에 관한 풍부한 설명을 중국 사상 특히 『주역』이나 『손자병법』,[15] 혹은 『책략서』[16]의 아랍 전통 속에서 찾아볼 수 있을 것이다. 하지만 우리는 그토록 멀리서 모델을 찾아야 하는 것일까? 각 사회는 항상 그 관행이 따르는 형식적 규칙들formalités을 어딘가에 나타낸다. 서구에서 그것들을 찾아보자면, 우리의 과학성은 사회적 책략의 복잡한 영역을 자기 '고유의' 영역으로 대체하고, 일상어[17]를 자기의 '인공적' 언어로 대체하면서, 통제와 투명성의 논리를 이성에 허락하고 부과했다. 에드거 앨런 포의 「도둑맞은 편지」처럼, 이 이질적인 논리의 글쓰기는 우리가 미처 발견하지 못할 만큼 너무나 명백한 곳에 위치해 있다. 일상어에 대해 재론하지 않고도 우리는 이미, 우연성을 띤 실행 방식들에 관한 규칙들이 전시되는(하지만 너무 명백해서 눈에 띄지 않는) 세 가지 장소를 들 수 있다.

우선 각 사회의 특이한 **게임들**이 있다. 분리하는 (즉 분화하는 사건들을 생산해내는) 이 작업 과정들은,[18] [체스에서 말을 두거나 주사위를 던지는] 상황에 맞게 수를 다르게 쓰는 공간을 만들어낸다. 중국에서부터 시작되어 아랍을 통해 중세 서양에 들어온 '전쟁술'의 귀족적 형식인 체스 놀이(체스 놀이는 영주의 저택 내부 문화의 핵심을 이루었다)에서부터, 블롯[카드놀이의 일종], 복권, 스크래블에 이르기까지, 게임은 수를 두는 조직적 **규칙**을 **정식화**했다(그리고 이미 형식화했다). 또한 게임은 그때그때 상황에 맞게 대처하는 행동 도식에 관한 **기억**(저장과 분류)을 구축한다. 게임은 확실히 이 기능을 수행한다. 일상적 전투는 '자기 패를 보여주는 것'을 금지하며, 판돈, 규칙, 수 등이 엄청나게 복잡한데, 게임은 이런 일상적 전투에서 벗어나 있기 때문이다. 그리고 명확한 규정은 언제나 실질적 개입에 반비례한다. 게임들에서 전술의 규칙들을 찾아내면서(바둑 놀이에서 하듯이),[19] 혹은 예지력의 기술(이것의 형식적 근간은 구체적 상황[20]에 맞춰 판단을 조정하는 것을 목적으로 삼는다)을 게임에 비교하면서, 우리는 공간(다뤄져야 할 사건들의 가변성에 의해 '역사화된' 닫힌 공간)의 실천에 고유한 합리성에 관한 최초의 자산을 획득하게 된다.

이 게임들에 상응하는 것이 시합에 관한 **이야기**다. 사람들은 어제 저녁에 있었던 블롯 게임에 대해 혹은 지난번 카드 게임에서의 한

패가 모자라는 완승에 대해 이야기한다. 이 이야기들은 공간, 규칙, [카드] 분배의 공시적 조직이 가능하게 하는 모든 조합들 가운데 한 가지 조합의 연속을 나타낸다. 그리고 이는 가능성들 중에서 고른 하나의 선택 — 이 선택은 개별적 실행(혹은 발화)에 부합한다 — 에 대한 계열적 투사들이다. 일간지 『르 몽드』에 실리는 카드 게임이나 체스에 관한 해설과 마찬가지로, 이 이야기들은 도식화되어 표현될지도 모른다. 따라서 각 경기는 형식적 틀이 개별적으로 적용된 것이라는 사실을 분명하게 보여준다. 하지만 시합을 다시 시작하고, 그것에 관해 이야기하면서, 이 이야기들은 규칙과 수를 동시에 기록한다. 기억할 수 있는 만큼 기억해야 하는 것은, 게임 참가자들 사이에서 이루어질 **행동 도식의 레퍼토리들**이다. 뜻밖의 요소가 가져오는 매혹과 함께 이 기억들은 주어진 (사회적) 시스템 속에서 활용 가능한 전술들을 가르쳐준다.

설화와 전설은 동일한 역할을 하는 것처럼 보인다.[21] 그것들은 게임처럼 일상적인 경쟁과 동떨어진 바깥의 공간, 즉 경이로움의 공간, 과거의 공간, 기원起源의 공간 속에서 펼쳐진다. 따라서 거기에서는 매일 사용할 수 있는 좋거나 나쁜 책략의 모델들이 신이나 영웅의 모습으로 나타날 수 있다. 또한 거기에서 이야기되는 것은 진리가 무엇이냐가 아니라 무슨 수를 썼는가이다. 우리는 민간설화[민담]에 관한 '형식주의적' 연구에서 확고한 지위를 가진 선구자, 프로프에게서 이 일군의 전략에 관한 예를 발견할 수 있다.[22] 그는 400여 개의 훌륭한 설화들을 검토했고, 그것들을 **기능들**의 '기본계열'[23]로 환원했다. 여기서 기능이란 "혼란한 플롯의 전개 속에서 그것의 의미의 관점에서 정의되는 인물의 행동"[24]이다. 앙드레 레니에가 지적했던 것처럼 이런 **기능들**에 대한 승인이 일관적인지는 확실하지 않다. 또한 레비스트로스와 그레마스가 차례로 보여주었던 것처럼 분할된 단위들이 안정적이라는 점도 확실치 않다. 하지만 지금도 여전히 신선한 프로프의 참신함은 전술들에 대한 분석 속에 있다. 설화는, 기초적 단위들(의미 혹은 존재가 아니라, 갈등적 상황에 관련된 행위)의 기반 위에서 전술들의 목록과 그것들의 조합을 제공해준다. 그다음에 나타난 다른 것(해석)들과 함께 프로프를 독해한다면, 설화들 속에서 민중의 전략적 담론을 식별해낼 수 있게 해줄 것이다. 바로 여기에서 이 설화들이 가장하기/위장하기에 부여하는 특권이 발생한다.[25] 일상적 실천들의 형식적 원칙은, 권력관계를 역전시키고 또한 기적 이야기처럼 경이로운 유토피아 공간 속에서 미천한 사람에게 승리를 약속하는 이야기들 속에서 나타난다. 이 공간은 기존 질서가 지배하는 현실에 대항하여 약자의 무기를 지켜준다. 또한 이 공간은, 역사를 지배하므로 '역사를 만든다'고 할 수 있는 사회 계층으로부터 이 무기들을 숨겨준다. 그리고 역사 서술이 제도화된 권력의 전략들을 과거형으로 말할 때, 이 '경이로운' 이야기들은 청중에게 미래에 사용 가능한 전술들을 제공해준다.

마지막으로 이 설화들 그 자체 속에서, 문체상의 효과(재치와 '문채文彩, figures')와 두운법(도치와 말장난)도 또한 전술로서의 자격 부여에 기여한다. 그것들은 보다 신중하게 표현하자면, 전술의 훈련 기준, 전술의 살아 있는 박물관인 것이다. 마찬가지로 수사학과 일상적 실천들은 언어 시스템 혹은 기존 질서의 시스템 내부의 조작처럼 정의할 수 있다. 독특한 '문체tour'(혹은 '전의轉義, trope')는 과학적 이성이 '본래의' 의미를 구성하기 위해 작동하는 담론에서 제거했던 책략들, 즉 전치轉置와 생략 등을 일상어 속에 그 흔적을 새긴다. 하지만 이 독특한 문체가 억압되어 있던 '문학' 영역에는(마치 프로이트가 그것들을 되찾아낸 꿈속에서처럼), 문화의 기억이라 할 이 책략들이 남아 있다. 이런 문체는 대중적인 **말하기 기예**의 특징이다. 이야기꾼과 뜨내기장수에게서 그 독특한 문체를 알아차릴 정도로 대단히 민첩하고 예리한 농민과 노동자의 귀는 말하는 방식 속에서 공인된 언어를 다루는 방식을 간파해낸다. 이러한 예술적이고 즐거운 감상은 타인의 영역에서 살아가는 삶의 기예와도 관련이 있다. 그것은 말투에

서 사유와 행위의 스타일, 즉 실천의 모델을 구별해낸다.[26]

방향 전환의 실천: 딴짓하기

'발화' 실천들은 강요된 공간에 대한 조작이자 개별적 상황에 연관된 전술이다. 그런데 이 '발화' 실천들의 특정 양식의 위치를 찾아내야 하는 영역들의 사례와 함께 '실행의 기예'라는 거대한 영역을 분석할 수 있는 가능성이 열린다. '실행의 기예'는, (고등교육에서부터 초등교육에 이르기까지의) 교육으로 증명된 문화를 위에서부터 아래에까지 (이론상) 지배하는 모델들, 그리고 화자 및 상황과 무관한 고유한 장소(과학의 공간 혹은 글자를 쓸 빈 페이지) — 여기에서는 시스템의 생산과 반복, 검증을 보장해주는 규칙들로부터 시스템이 구축된다 — 의 설립을 전제로 하는 모델들과는 다르다. 하지만 두 가지 문제가 이 연구에 부담을 준다. 이 두 문제는 한 가지 정치적 문제의 두 가지 측면과 연관된 것이다. 하나는 우리는 무슨 근거로 이 '[실행의] 기예'를 다르다고 말하는가이다. 그리고 다른 하나는, 우리는 어디에서(어떤 구별된 위치에서) 그것에 대한 분석을 진행할 수 있는가 하는 것이다. 우리는 실행의 기예의 절차 그 자체를 참고하면서, '대중적'이라고 정의되는 실행의 기예와 관찰자로서의 우리 입장을 재검토할 수 있을 것이다.

분명히 이 책략의 실천가들(농민, 노동자 등)과 우리 분석가들 사이에는 사회적, 경제적, 역사적 차이가 존재한다. 그들의 문화가 강자와 약자 사이의 갈등적 혹은 경쟁적 관계라는 맥락에서 형성된다 해도 그것은 우연이 아니다. 그들의 문화에는 전설적이거나 의례적인 어떠한 공간도 중립성을 보장받으면서 허용되지 못한다. 게다가 이 차이는 연구 내부에 있는 한 가지 단절을 보여준다. 즉 그것은 연대의 시간(조사자가 조사받는 측에 대해 감사하는 마음을 갖고 부드럽게 대하는 시간)과, 제도적(과학적, 사회적) 동맹 관계와 (지적, 직업적, 재정적) 이득 — 환대는 사실상 이득을 위한 수단이다 — 을 폭로하는 글쓰기의 시간 사이에 있는 단절이다. 보로로족은 서서히 집단적 종말을 맞이했고, 레비스트로스는 아카데미프랑세즈의 회원이 되었다. 그가 이 불공평함에 대해 불편함을 느꼈다 해도, 이것이 그 사실을 변화시키지는 않았다. 이 이야기는 그의 이야기이자 우리의 이야기이다. (더 중요한 다른 측면들을 가리키는 지표가 되는) 이 측면에서만 볼 때, 과거와 마찬가지로 여전히 대중이 지식인들을 먹여살린다.

여기서는 민족학적 혹은 역사학적 연구[27]가 생산되는 장소의 사회경제적 의미들에 관해서, 그리고 현대적 연구가 시작될 때부터 억압이라는 문제 속에 대중이라는 개념을 새겨놓은[28] 정치적인 것에 관해서 재론하지는 않겠다. 대신 당장 시급한 문제를 다뤄야 한다. 만일 사람들이 혁명이 역사 법칙을 변화시키기를 기대하지 않는다면, 오늘날 사회적 위계화를 지금 어떻게 저지할 것인가? 이 위계화는 대중문화에 관한 과학적 연구를 체계화하고 이 연구 과정에서 위계화는 다시 반복된다. 산업적, 과학적 근대성 속에서 '대중적' 실천의 부활은, 우리가 연구하는 대상과 우리가 그것을 연구하는 장소의 변화가 취할 수 있는 경로를 가르쳐준다.

대중문화의 작동 모델들을 과거, 시골, 원시 종족에 한정시킬 수는 없다. 이 모델들은 현대의 경제 활동이 가장 강력하게 작동하는 한가운데에도 존재하고 있다. 딴짓하기perruque*가 바로 그것이다. 관리자들이 그것에 대해 불이익을 주거나 혹은 그것에 대해 모른 척 '눈감아준다' 해도 이 현상은 모든 곳에서 일반화된다. 회사 자재를 자기 이익을 위해 훔치거나 빌려가고 기계를 자기 이해에 따라 사용한

* 'perruque'의 사전적 의미는 '가발' 또는 '근무시간에 회사의 기자재를 이용하여 개인 돈벌이를 하는 일'이다. 여기서는 사용자를 위해 일하는 척하면서 자기 자신을 위한 일을 하는 것을 가리킨다.

다고 비난받는 노동자, 즉 '딴짓을 하는' 노동자는 자유롭고 창조적이면서 사실상 이득이 되지는 않는 일을 하면서 공장에서 시간을 전용한다. (그는 남은 재화만 사용하기 때문에, 재화보다는 오히려 시간을 더 많이 전용하는 셈이다.) 기계가 장악한 장소에서 일을 해야 할지라도, 그는 쓸데없는 뭔가를 만드는 즐거움을 위해 술책을 쓴다. 그리고 이렇게 만들어낸 생산물은 오직 노동자가 이 작업을 통해 자기만의 노하우를 드러내 보여주고, 또 이런 식으로 시간을 소비함으로써 다른 노동자 혹은 가족과의 연대를 확인하는 데 사용될 뿐이다.[29] 다른 노동자들의 암묵적 동조를 통해, 그는 기존 질서의 영역 속에서 '수'를 쓸 수 있게 된 것이다. 장인적 혹은 개별적인 생산 단위로 후퇴하는 것과는 전혀 상관없는, 이 딴짓하기는 산업 공간 속에 (다시 말해 현재의 질서 속에) 과거 혹은 다른 장소의 '대중적' 전술들을 다시 끌어들인다.

지극히 표준화된 근대성 속에서도 이러한 실천들이 끈질기게 지속되고 있음을 보여주는 많은 예들이 있다. 딴짓하기와 유사한 여러 변형된 사례들이 공장뿐 아니라 관공서 혹은 상업 공간 속에서 증식한다. 분명 이것들은 과거만큼이나 여전히 많이 확산되고(과거의 경우들에 관해서도 역시 연구해야 할 것이다), 또한 의심받고 억제되고 침묵 속에서 묵인된다. 소규모 작업장과 사무실뿐 아니라, 박물관, 전문적인 학술지 등에서도 그것에 대해 불이익을 주거나 모르는 척하고 싶어한다. 민족학이나 민속학적 지식의 권위자들은 이런 실천에 관한 물질적이고 언어적인 대상들을 모아두고 있다. 이 대상들은 주제와 원산지 라벨을 붙인 채 쇼윈도에 진열되고 전시되고 해석된다. 그리고 이 대상들은 도시인의 호기심과 교화를 위한 시골풍의 '귀중품'이라는 명목으로, 그것의 보존자들이 아득히 오래전부터 내려온 '자연스러운' 것으로 가정되는 질서의 정당화를 은폐하는 데 사용된다. 그들[민족학이나 민속학적 지식의 권위자들]은 또한 사회적으로 작동하는 언어로부터 도구와 생산물을 빼내서 기술 진열장을 채우고, 그것들을 비활성 상태로 시스템의 가장자리에 배열한다.

사물들의 실질적인 질서는, 그것이 곧 바뀌리라는 헛된 기대 없이 '대중적' 전술들이 자기 고유한 목적으로 방향을 전환하는 바로 그것이다. 질서는 지배적 권력에 의해 악용되거나 혹은 단순히 이데올로기적 담론에 의해 부정되기도 하지만, 다른 한편으로 [실행의] 기예에 의해 농락당하기도 한다. 사회적 교류의 스타일, 기술 발명의 스타일, 도덕적 저항의 스타일, 즉 '증여'의 경제(상응하는 보답을 기대하는 선물), '수'의 미학(예술가들의 작업 방식), 그리고 완강함의 윤리(기성 질서에 법, 의미, 필연성의 지위를 부여하는 것을 거부하는 온갖 방법들) 등은, 우리가 지켜야 하는 제도 속에 슬그머니 끼어든다. '대중' 문화란 바로 이러한 모습일 것이다. 대중문화는, 살아 있는 이들에게 하는 일을 사물들을 가지고 이중으로 하는 시스템에 의해 생소한 것처럼 간주되어 전시되고 처치되고 '인용'을 위해 조각조각 잘라낸 자료집이 아니다.

노동에 의한 전문화와 노동을 위한 전문화를 분리하는 논리인 시간과 장소의 점진적 분할은, 더이상 대중 의사소통의 결속 의례 속에서 적절한 대응물을 갖지 못한다. 하지만 이 사실이 우리의 법칙이 되지는 못할 것이다. 이 사실은, 노동자들이 [마치 포틀래치에서 서로 상대방에게 더 많은 선물을 주기 위해 경쟁하듯이] 자선가들이 준 증여와 '경쟁하면서', 노동자들을 분열시켜 다루려는 제도를 훼손하고 자신의 생산물을 자선가들에게 줌으로써 뒤틀어진다. 경제적 방향 전환의 실천은 실제로 사회정치적 윤리가 경제 시스템 속으로 회귀하는 것이다. 이 실천은 마르셀 모스가 말한 포틀래치로의 회귀다. 이 자발적 급부는 호혜성을 기대하고, '증여의 의무'에 의해 구성된 사회망을 조직한다.[30] 우리 사회의 경제는 더이상 그와 같은 '경쟁심'에 의해 규정되지 않는다. 자유주의는 추상적 개인을 기초 단위로 가지고 있으며, 일반화된 등가성 코드, 즉 화폐를 토대로 한 기초 단위들 사이의 모든 교환을 규제한다. 오늘날 이 개인주의적 공리는 분명 자유주의 시스템 전체를 동요하게 만드는 질문처럼 나타나고 있다. 서구의 역사적 선택의 선험성은 그 내부 파열의 지점이 된다. 어쨌거나 포틀래치는 거기에서 또다른 경제의 지표로서 유지되고 있는 것처럼 보인다. 그것은 여전히 우리의 경제 속에, 그러나 우리 경제의 가장자리 혹은 틈 속에 존재하고 있다. 그것은 진보된 자유주의 속에서 비록 불법적 형태이긴 하지만 심지어 발전하기까지 한다. 이로 인해 '증여'의 정치는 또한 방향 전환의 전술이 된다. 마찬가지로, 증여 경제 속의 자발적 손실은 이윤 경제 속에서는 위반으로 변모된다. 자발적 손실은 이윤 경제 속에서 과잉(낭비), 항의(이윤의 거부) 혹은 범죄(재산 침해) 등으로 나타난다.

우리 경제와 관련된 이 길은 또다른 경제 시스템에 기원을 두고 있다. 이 길은 비록 그것이 불법적이고 (따라서) 주변적이라 할지라도 우리 경제를 보완한다. 그리고 바로 이 길은 우리의 연구 속에서, 기성 권력과 관찰자적 지식에 의해 더이상 결정되지 않는 상황을 약간의 향수와 함께 발견할 수 있게 해준다. 멜랑콜리만으로는 충분치 않다. 노동 분업의 명목으로 영역을 분할하고 계급 동맹을 드러내 보여주는 글쓰기와 비교해보면, 과거 우리 스승들로부터 받았고 오늘날 우리들의 자료 속에 머물러 있는 이 그룹들이, 마치 기적 이야기처럼, 자신들의 활동을 텍스트 — 이 텍스트는 이들을 죽여서 묻으면서 영광스럽게 만든다 — 에 스스로 기록하기 위해 다시 살아난다면 그것은 분명 '환상적인' 이야기가 될 것이다. 이 희망은, 오래전부터 우리의 도시에서 믿음이 추방되면서 그와 함께 사라졌다. 산 자들에게 호혜성을 상기시키는 유령도 더이상 없다. 하지만 시골이나 공장의 질서 속에서처럼, 지식(우리의 것)의 권력이 조직한 질서 속에는, 방향 전환의 실천이 여전히 가능한 상태로 남아 있다.

규칙과 위계가 과학 제도 속에서 언제나 반복되고 있는 경제 시스템 속에서 딴짓하기를 시도해보자. (지식의 현행 질서를 결정하는) 과학 연구의 영역에서, 기계를 가지고, 그리고 남은 잉여의 것들을 가지고, 사람들은 제도에 바쳐야 할 시간을 방향 전환할 수 있다. 어떤 기예와 연대를 나타내는 텍스트를 창작하기, 상사나 동료들이 '눈감아주지' 않아 불이익을 받더라도 무상교환이라는 게임을 해보기, 묵인과 손재주의 흔적을 만들기, 증여에 대해 선물로 답례하기. 이렇게 해서 우리는 과학화된 공장에서 인간의 노동을 기계에 봉사하도록 만드는 법칙, 그리고 동일한 논리로 창조에 대한 요구와 '증여의 의무'를 점진적으로 없애버리는 법칙을 무너뜨릴 수 있다. 나는 과학 제도 속으로 윤리, 즐거움, 창조가 다시 귀환하도록 하는 이러한 방향 전환의 기예를 실행하는 연구자들을 알고 있다. 이윤을 거부하고(이윤은 공장을 위해 실행되는 노동에서 나온다) 가끔은 손해도 보면서, 그들은 지식의 질서에서 무엇인가를 끄집어낸다. 그렇게 하면서 그들은 거기에 예술적 '성취'를 새기고, 신용의 빚을 새겨넣는다. 이처럼, 일상적 전술들을 다루는 것은, '일상적' 기예를 실천하고 공통의 상황 속에 위치하며, 딴짓하기의 한 방식으로 글쓰기를 실행하는 것이다.

제3장 임기응변: 사용과 전술

딴짓하기를 막거나 감추기 위한 여러 대책에도 불구하고, 그것은 (혹은 그에 상응하는 것들은) 계속 스며들고 확산된다. 그런데 그것은 노동 혹은 여가를 통해 재생산하고 분할하는 시스템 속에 예술가적 기교와 공모자들끼리의 경쟁을 들여오는 온갖 실천들 중 하나의 특이한 경우일 뿐이다. 족제비는 달리고 달린다[동요의 가사]. '임기응변'에는 수많은 방식들이 있다.

이런 관점에서 볼 때 노동과 여가 사이에는 더이상 단절이 없다. 이 두 가지 활동 영역은 동질화된다. 그것들은 반복되고 서로를 강화한다. 뜻밖의 일('사건'), 진실('정보'), 소통('촉진') 등의 허상 아래 경제적 재생산을 은폐하는 문화적 전문기술들이 노동 영역에 확산된다. 역으로 문화적 생산은, 나누고(분석) 일목요연하게 정리하고(종합) 대중화(일반화)함으로써 노동을 관리할 수 있게 해주는 합리적 운용의 영역이 확장되도록 해준다. 행동들을 장소(노동 혹은 여가의 장소)에 따라 배치하고 그 행동들이 사회라는 바둑판 위의 이 칸 혹은 저 칸(사무실, 작업장, 극장)에 위치하고 있다는 사실에 따라 그것들의 성격을 결정하는 구별이 아닌, 또다른 구별이 필요하다. 그리고 그와 다른 종류의 차이들이 있다. 이 차이들은 행동의 양태들, 실천의 형식적 규칙들에 의거한다. 그것들은 노동 혹은 여가에 할당된 영역들 사이의 경계를 가로지른다. 예를 들면 딴짓하기는 산업 생산 공정의 시스템에도 접목할 수 있다(그것은 산업 시스템과 같은 장소에서 그것과 맞상대하는 셈이다). 마치 공장 밖에서는(다른 장소에서는) 브리콜라주의 형태를 띤 활동의 한 변이형인 것처럼 말이다.

이 횡단하는 전술들은 환경이 제공하는 가능성들과 관계를 맺고 있지만, 장소의 법칙에 복종하지는 않는다. 이 전술들은 장소에 의해 결정되지도 않는다. 이런 점에서 보면 전술들은, 추상적 모델에 부합하는 장소를 만드는 것을 목표로 하는 기술관료주의의 (그리고 경전의) 전략들보다 어느 한 장소에 국한시키기가 쉽지 않다. 공간에서의 작동 유형에 따라 전략과 전술을 구별할 수 있다. 전략은 공간을 생산하고 구획을 나누고 장악할 수 있다면, 전술은 단지 그 공간을 사용하고 조작하고 거기서 딴짓을 할 수 있을 뿐이다.

따라서 작동 개요를 명확히 수립해야 한다. 사람들이 문학에서 '스타일'이나 글쓰기 방식을 구분하듯이, 우리는 '실행의 방식들', 예컨대 걷기, 읽기, 만들기, 말하기 방식들을 구별할 수 있다. 행위의 이 스타일들은, 이 스타일들을 첫번째 단계(예를 들어 공장의 시스템)에 맞게 규제하는 영역 속에 개입한다. 또한 이 스타일들은, 무언가를 자기에게 유리하도록 사용하는 방식, 다른 규칙을 따르는 두번째 단계(이를테면 딴짓하기)의 행동을 첫번째 단계에 포개놓는 방식을 그 영역 속으로 들어온다. 사용 설명서와 유사한 이 '실행의 방식들'은, 서로 얽혀 있는 상이한 기능들의 층을 통해 움직임을 만들어낸다. 이런 식으로, 파리나 루베에 사는 마그레브 사람은 자신이 태어난 알제리 카빌라 지역의 고유한 '주거' 방식들(집 혹은 언어)을 자신이 거주하는 프랑스의 저가 임대아파트 건축 시스템 속에 슬그머니 끼워넣는다. 이 마그레브 사람은 [자기 고향 고유의] '주거' 방식들을 포개

얹고, 이 결합을 통해 유희의 공간을 창조해낸다. 이 유희의 공간에서 그는 장소 및 언어와 관련된 강제적 질서를 [자기 식으로] **활용**하는 방식을 가진다. 그가 살아야 하는 장소, 그에게 법을 강요하는 장소를 벗어나지는 않은 채, 그는 그 속에서 **다양성**과 창조성을 새로 만들어낸다. 둘 사이에 머무르는 기예art de l'entre-deux를 통해 그는 예상치 못한 결과들을 거기서 끌어낸다.

이러한 사용 — 그보다는 오히려 재사용 — 의 작용은, 문화변용의 확산과 함께, 즉 [자신이 살아야 하는] 장소에의 동일시 대신 장소를 통과하는 방식 혹은 '방법'을 가져오는 이동이 많아지면서 증가한다. 그렇다고 이 사실이 (재)사용의 작용들이 아주 오래된 '임기응변'의 기예에 상응한다는 사실을 부정하는 건 아니다. 나는 이것들에 **사용**usage이라는 이름을 붙인다. 이 단어가 주로 특정 집단에 의해 재생산되고 수용된 상투적 절차들, 즉 '관행us et coutumes'을 가리킴에도 불구하고 말이다. 그런데 문제는 이 단어의 모호함 속에 그대로 있다. 중요한 것은 이 '사용'이라는 단어에서 '작전'(군사적 의미에서)이라는 의미를 인식하는 것이다. 이 작전은 자기 고유한 형식적 원칙과 창의성을 가지고 있고, 다양한 형태의 소비 작업을 은밀히 조직한다.

사용 혹은 소비

'문화적 상품들'과, 그것들의 생산 시스템,[1] 그것들의 유통을 나타내는 지도 및 그 지도 위에 소비자들이 배치되어 있는 상태 등에 관한 대단히 주목할 만한 연구에 따르면,[2] 문화적 상품들을 단지 데이터(상품들의 순환에 관한 통계표를 만들거나, 그것들의 유통에 관한 경제적 기능을 표시할 수 있게 해주는 자료)로서만이 아니라, 디렉토리(이용자들은 이것을 가지고 자신에게 적절한 작동 방식들에 착수할 수 있다)로 간주할 수 있으리라 보인다. 이때부터 이 상품들은 더이상 우리의 계산 속 자료가 아니라, 실천의 사전이 된다. 이렇게 해서 텔레비전에서 내보낸 이미지들과 텔레비전 앞에서 보낸 시간을 분석하고 나면, 이제 소비자가 이 시간 동안 이 이미지들을 가지고 만드는fabrique 것에 관해 자문하는 일이 남게 된다. 건강 정보 잡지를 구입한 500만의 사람들, 슈퍼마켓 이용자들, 도시 공간을 영위하는 사람들, 언론에서 유포된 이야기와 풍문을 소비하는 사람들, 이들은 자신이 '흡수하고' 받아들이고 가격을 지불한 걸 가지고 무엇을 만드는가? 그들은 그것으로 무엇을 하는가?

스핑크스와 같은 소비자의 수수께끼. 소비자들의 제작물은 텔레비전으로 방송된, 도시적이고 상업적인 생산의 그물망 속에 흩어져 있다. 그것들은, 관리망이 더욱 촘촘하고 탄력적이고 총괄적인 만큼 더욱더 눈에 띄지 않는다. 갖가지 양상을 띠거나 보호색을 가진 그것들은, 식민화하는 조직 속에서는 보이지 않는다. 식민화하는 조직에서 만들어진 생산물들은, 소비자들이 그들의 활동을 표시해둘 수 있는 여지를 더이상 남겨주지 않는다. 어떤 아이가 자기 교과서를 더럽히면서 아무렇게나 낙서를 한다. 그런데 이것은 이 때문에 벌을 받는다고 해도, 그 아이는 교과서에 저자로서의 자기 존재를 서명해두는 것이다. 그런데 텔레비전 시청자는 텔레비전 화면에 아무것도 쓰지 못한다. 그는 생산물로부터 추방당했고, 자신을 표현하는 데서 소외된다. 그는 자신의 저작권을 상실한, 순전히 수취인(다양한 모습으로 등장하는 나르시시즘적인 배우를 비춰주는 거울)일 뿐인 듯이 보인다. 마지막에는, 그는 더이상 그를 필요로 하지 않는 텔레비전의 이미지, 즉 '독신 기계'[3]의 복제품이 되고 말 것이다.

사실 합리화되고 팽창을 지향하며 중앙집중적이고 화려하고 요란스러운 생산에, 그와는 완전히 독창적이며 '소비'라고 규정지어지는 생산이 마주한다. 이 독창적인 생산은, 책략, 상황에 따른 풍화작용, 밀렵, 은밀함, 지칠 줄 모르는 불평 소리, 요컨대 거의 눈에 띠지 않음으로 특징지어진다. 이 생산은 고유한 생산물(이것의 자리는 어디인가?)로서가 아니라, 자신에게 주어진 것들을 활용하는 기예로 스스로를 드러내기 때문이다.

오래전부터, 우리는 다른 사회에서 소비를 부추기는, 은밀하지만 근본적인 역류들에 대해 연구해왔다. 이런 방식으로, 아메리카 원주민을 식민화한 스페인의 괄목할 만한 성공은, [아메리카 원주민이] 그 식민화를 [자기 식으로] 이용하면서 방향이 전환되었다. 즉 비록 스페인에 종속되어 있고 심지어 그들에게 동조하는 것처럼 보이는 이 원주민들은, 자신들에게 폭력과 유혹을 통해 강제된 법, 실천, 표상 등을, 정복자들이 의도했던 목적과 다르게 사용했던 것이다. 원주민들은 자신들에게 강제된 것들을 가지고 완전히 새로운 것을 만들어냈다. 즉 자신들에게 강제된 그것들을 거부하거나 변형시키는 것 대신, 그들은 자신들이 피할 수 없는 이 식민화와 전혀 상관없는 규칙과 관습, 신념 등을 만들어내어 사용하면서 자신들에게 강제된 것들을 안으로부터 전복시킨 것이다.[4] 그들은 지배질서를 메타포로 만들었다. 지배질서를 다른 음역에서 작동하게끔 만든 것이다. 그들은 그들이 동화하는, 그리고 그들을 외형상으로 동화시키는 시스템 내부에서 여전히 타인으로 남아 있었다. 그들은 그 시스템을 떠나지 않은 채 그것의 방향을 전환시켰다. 소비의 절차들은, 점령군이 조직하는 바로 그 공간 속에서 그들의 차이를 보존하고 있었다.

극단적인 예일까? 비록 원주민의 저항은, 압제로 인해 문신이 새겨진 기억을, 신체에 새겨진 과거를 토대로 하고 있었다 할지라도, 이것은 극단적인 예가 아니다.[5] 좀더 낮은 층위에서 보자면, '대중' 계급의 사람들이 언어를 생산하는 '엘리트들'이 퍼뜨린 문화를 사용하는 것 속에서도 이와 동일한 과정이 발견된다. 강요된 지식과 상징체계는, 그것을 만들어낸 사람이 아니라 사용하는 사람에 의해 조작된다. 어느 한 사회적 계층에 의해 생산된 언어는 광대한 주변 지역, 즉 아무것도 뚜렷하게 드러나지 않는 것 같은 '사막' 속에 정복지를 확장해나갈 힘을 소유한다. 그런데 그러다 점령군은 절차의 복잡성으로 인해 동화同化의 덫에 걸리고 만다. 점령군은 그가 이겼다고 생각하는 바로 그 승리로 인해 이 절차의 복잡성을 보지 못한다. 점령군의 특권이 대단한 것처럼 보인다 해도 그것은 단지 허울뿐인 것이 될 위험이 있다. 즉 그 특권은 그것을 사용하는 고집스럽고 일상적이며 요령을 피우는 실천들에 배경 구실만을 할 위험이 있다는 것이다. 따라서 문화의 '통속화' 혹은 '퇴폐'라고 불리는 것은 지배적 생산 권력에 대해 전술이 가하는 복수의 과장되거나 단순화된 일부일 뿐이다. 어쨌거나 소비자는, 자신이 흡수하는 언론 혹은 상업적 생산물들에 의해 정체성이 정해지거나 규정되지 않는다. 즉 (그 생산물들을 사용하는) 소비자와 (그에게 강제된 '질서'를 표시해주는) 이 생산물들 사이에는, 소비자의 사용이 만들어내는 다소 커다란 간극이 있다.

따라서 사용은 그 자체로 분석되어야 한다. 이 실천들에 고유한 형식적 원칙을 탐지하기 위해 특권화된 영역인 언어에 관한 한, 분석 모델이 없지도 않다. 길버트 라일은 '랑그(시스템)'와 '파롤(행위)' 사이의 소쉬르식의 구별을 수용하면서, '랑그'를 **자본**에, '파롤'을 자본이 허용하는 **운용**에 견주었다. 다시 말하자면, 하나는 비축품에, 다른 하나는 거래 및 사용에 해당한다.[6] 소비의 경우, 우리는 생산이 자본을 공급해준다고, 그리고 사용자들은 마치 임차인처럼 주인은 아니지만 이 재산을 바탕으로 운용할 권리를 가진다고 말할 수 있을 것이다. 하지만 이 비교는 오직 언어의 지식과 '화행話行, actes de parole'(speech acts) 사이의 관계에 대해서만 유효하다. 여기서 시작해서 특히 바어힐렐Bar-Hillel 이래로 언어 연구(기호 현상semiosis 혹은 기호학semiotic) 속에는 특별한 영역(화용론pragmatics이라 불리는)을 개척할 수 있게 해주었던 일련의 문제들이 파생되어 나왔다. 이 특별한 영역은 언어의 사용 혹은 **문맥 의존 표현들**indexical expressions, 즉 "사용되는 문맥을 모르고서는 지시하는 것이 무엇인지 알 수 없는 단어와 문장들"[7]에 할애되었다.

일상적 실천들(언어의 사용)의 전체 영역을 밝혀주는 이 연구들에 대해서는 나중에 다루기로 하고, 지금은 이 연구들이 발화행위의 문제에 기반을 두고 있다는 사실을 언급하는 걸로 충분하다.[8] 행위를 [그 행위가 일어나는] 상황과의 관계 속에 두는 '사용의 맥락contexts d'usage'은 말하기 행위(혹은 언어의 실천)를 명시해주는 특징들 그리고 그 말하기 행위의 결과가 되기도 하는 특징들을 가리킨다. 발화는 이 특징들로부터 한 가지 모델을 산출해낸다. 그런데 이 특징들은 여러 다른 실천들(걷기, 거주하기 등)과 비언어적 시스템이 맺는 관계들 속으로 다시 돌아갈 것이다. 사실 발화는 다음과 같은 사항들을 가정한다. 첫째, 가능성들을 현실화하는 말하기에 의해 언어 시스템이 **실행되는 것**(언어란 오직 말하기 행위 속에서만 실제적이다), 둘째, 언어를 말하는 화자에 의한 언어의 **전유**, 셋째, (실질적이거나 허구적인) 대화 상대의 도입, 그리고 그와 관계를 맺는 **계약** 혹은 담화의 구축(우리는 누군가에게 말을 한다), 넷째, 말하는 '나'의 행위에 의한 **현재의** 설립, 그리고 그에 따라 '현재는 본질적으로 시간의 원천'이므로 시간성의 조직(현재는 이전과 이후를 만든다) 및 세계에 대한 현존인 '지금'의 존재.[9]

이 요소들(실현하다, 전유하다, 관계 속에 새겨지다, 시간 속에 위치하다)은 발화를 그리고 부차적으로는 [언어] 사용을, 상황의 매듭, '맥락'과 분리될 수 없는 결절(이 맥락과 결절은 오직 추상적으로만 구별될 수 있을 뿐이다)로 만든다. 현재의 **순간**, 개별적 상황들, **실행하기**(언어를 생산해내고 관계의 역학을 수정하는 것) 등과 분리될 수 없는 말하기 행위는 언어의 사용이자 동시에 언어에 **대한** 운용이다. 우리는 이 모든 언어 사용이 소비의 영역에 속한다고 가정하면서 이 모델을 많은 비언어적인 여러 작동에 적용해볼 수 있다.

우리는 이 작동의 본질을 또다른 측면에서 명확하게 보여줘야 한다. 그런데 작동 과정들이 시스템 혹은 질서와 맺는 관계에 근거해서 그 본질을 찾을 수는 없다. 대신 **권력 관계**가 작동 과정이 포함된 조직망을 결정하고 또 작동 과정이 이익을 얻을 수 있는 상황의 경계를 정하는 경우에 한해 그 본질을 찾을 수 있다. 이때부터 언어학의 준거에서 전쟁학의 준거로 넘어가야 한다. 여기서 중요한 것은 강자와 약자 사이의 투쟁 혹은 시합, 그리고 약자에게 여전히 가능한 것으로 남아 있는 '작전'이다.

전략과 전술

소비자는 진가를 제대로 인정받지 못하는 생산자이자 자신의 관심사를 가지고 시를 쓰는 시인이며 기능주의적 합리성의 정글 속에 오솔길을 내는 사람이다. 이 소비자들은 페르낭 들리니가 말했던 '탈주선lignes d'erre'[10] 형태를 띤 무언가를 만들어낸다. 그들은 외형상 의미 없어 보이는 '불확정성의 궤적'[11]을 남긴다. 이것이 의미 없는 것처럼 보이는 이유는, 그 궤적이 움직이는 공간, 즉 구축되고 기록되고 미리 제작되어 있는 공간과 긴밀하게 결합되어 있지 않기 때문이다. 이는 시스템을 조직하는 전문기술에 의해 질서 잡힌 장소 속에 있는, 예측 불가능한 문장들이다. 비록 이 문장들이 통용되는 언어(텔레비전과 잡지, 슈퍼마켓이나 도시계획 규정 등의 언어)의 단어들을 자기 재료로 삼는다 해도, 그리고 (일정표의 시간적 양태와 장소의 계열적 조직 등의) 규정된 **통사론**의 틀을 따르고 있다 해도, 이 '지름길'은 언제나 시스템에 이질적인 채로 남아 있다. 지름길은 시스템 속에 침투하고, 다른 이해관계와 욕망의 책략을 드러낸다. 지름길은 기존 질서라는 울퉁불퉁한 바위와 미로 사이에 스며드는 파도의 포말처럼 순환하고 왔다갔다하며 범람하거나 표류한다.

원칙적으로는 제도의 경계망에 따라 관리되고 있지만 스며드는 이 물은 서서히 바위를 침식하며 위치를 변경시키고 있다. 하지만 통계학은 이것에 대해 거의 아무것도 알려주지 못한다. 사실 고형물들 사이를 흐르는 액체가 아니라, 지형의 요소들을 사용하는 다른 움직임들이 문제이다. 그런데 통계학은 이 요소들('어휘' 단위, 광고용 단어, 텔레비전 방송 이미지, 생산 제품, 건축된 장소 등)을 분류하고 계산하고 도표화하는 데 만족한다. 그리고 통계학은 이를 위해 범주를 사용하고, 산업이나 행정적인 생산 범주에 적합한 분류학을 따른다. 그래서 통계학은 소비의 실천에 의해 사용되는 재료(분명 생산이 모든 이에게 부과하는 재료)만을 이해할 수 있을 뿐이다. 통계학은 이 실천의 고유한 **형식적 원칙**과, 술책을 부리며 은밀하게 작동하는 이 실천의 '움직임', 즉 '임기응변'의 행위 그 자체를 이해할 수 없다. [통계학이 가진] 계산의 힘은 분류하는 능력에 기인한다. 하지만 이 분석[분해]ana-lytique 능력은 전술의 궤적을 드러낼 가능성을 제거한다. 전술적 궤적은 자기 고유한 기준에 따라 생산의 거대한 집합 속에 있는 단편들을 선택하고, 그럼으로써 독창적인 이야기를 구성한다.

사용 **방식**이 아니라 무엇을 사용했는가가 고려된다. 역설적으로 사용 방식들은 일반화된 체계화와 투명성의 세계 속에서 눈에 띄지 않게 된다. 도처에 스며드는 이 물은 오직 그 결과들(즉 소비된 생산물의 양과 위치)로만 감지될 수 있다. 이 물은 눈에 띄지 않은 채 흐른다. 그리고 이 물이 사물들의 위치를 움직이게 만들거나 사물들을 사라지게 만들 때, 그 사물들을 통해 식별될 수 있다. 소비의 실천은 자기 이름을 딴 사회, 즉 소비사회의 환영이다. 과거의 '정신들'처럼 이 소비의 실천은, 생산 활동에 관한 다양하고 신비스러운 가설을 구성한다.

이 실천들을 고찰하기 위해 나는 '궤적'이라는 범주를 동원했다.[12] 이것은 공간 속의 시간의 움직임을 그려낼 것이다. 즉 그것은 공시적 혹은 무시간적이라고 여겨지는 장소에서 시간이 관통하며 지나간 점들이 만들어내는 **형상**이 아니라, 이 점들의 통시적 **연속체**의 단위를 상기시킬 것이다. 그런데 사실 이 '재현'은 불충분하다. 왜냐하면 궤적은 하나의 선으로 그려지기에, 시간이나 움직임은 눈으로 그 전체를 볼 수 있고 단숨에 읽을 수 있는 하나의 선으로 환원되기 때문이다. 이런 식으로 우리는 도시에서 보행자가 걸어가는 여정을 지도 위에 투영한다. 이런 '평평하게 만들기' 작업이 유용하다면, 그것은 장소들의 **시간적** 분절을 점들의 **공간적** 연속으로 변모시키기 때문이다. 그래프는 작동 과정을 공간화한 것이다. 가역적 기호(지도 위에 투영되고 나면 두 가지 방향에서 읽힌다)는, 유일한 순간이나 '기회' 등과 분리될 수 없는, 따라서 비가역적인 실천(우리는 시간을 거슬러 갈 수 없고, 우리가 놓친 기회를 다시 되돌릴 수 없다)을 대체한다. 따라서 이 평평하게 만들기 작업은 행위의 **자리에** 남은 흔적이고, 수행을 **대신하는** 유물이다. 즉 그것은 단지 행위와 수행에서 남은 잔해이자, 그것들이 사라졌음을 보여주는 기호일 뿐이다. 이렇게 지도 위에 투영하는 것은, 기회와 결부된 작동 과정을 지도상의 흔적으로 여기는 것이 가능하다는 것을 가정한다. 하지만 이것은 기능주의적 공간 관리가 효율성을 위해 실행해야 하는 전형적인 환원, 즉 '착각'(이것을 저것이라고 여기는 것)일 뿐이다. 따라서 우리는 다른 모델을 참고해야 한다.

전략과 **전술** 사이의 구별은 좀더 적합한 초기 도식을 제시해주는 것 같다. 나는 힘 관계에 대한 계산(혹은 조작)을 **전략**이라고 부른다. 이것은 의지와 권력의 주체(기업, 군대, 도시, 과학 제도)가 따로 분리될 수 있는 순간부터 가능해진다. 전략은, **자기 고유의 것**으로 한정될 가능성이 있는 장소, 표적이나 위협(고객 혹은 경쟁자, 적, 도시 주변의 시골, 연구의 목표와 대상 등) 등의 **외재성**과 맺는 관계를 관리하는 토대가 될 가능성이 있는 **장소**를 전제로 한다. 경영에서 그러하듯이 모든 '전략적' 합리화는 우선 '환경'을 '자기 고유의 것', 즉 자기 고유의 권력과 의지의 장소로부터 구별하는 데 전념한다. 원한다면 이것을 데카르트적 행위라 할 수도 있을 것이다. 즉 대타자Autre의 보이지 않는 권력에 사로잡힌 세계 속에서 자기 고유의 장소 주위에 경계선을 긋는 것이다. 이는 과학적, 정치적, 군사적 근대성의 몸짓이다.

누군가에 의해 소유된 장소와 그 외의 것 사이에 틈을 내는 것은 중대한 결과들을 동반한다. 그리고 이중 몇 가지는 당장 언급해야 한다.

1. '자기 고유의 것'은 **시간에 대한 장소의 승리**이다. 그것은 획득한 이익을 자본으로 환원하고, 미래에 더 많이 불릴 수 있도록 준비하고, 그렇게 해서 가변적 환경에 영향을 받지 않는 독립성을 보장할 수 있게 해준다. 자율적 장소를 설립함으로써 시간을 제어하는 것이다.

2. 그것은 또한 시각에 의한 장소의 제어이기도 하다. 공간 분할은, 시선이 이질적인 힘들을 관찰, 측정, 통제 가능한 대상, 즉 자신의 시야에 '포함시킬' 수 있는 대상으로 변화시키는 장소에서부터 **파놉티콘적 실천**을 가능하게 해준다.[13] (멀리) 본다는 것은 또한 예견하는 것, 공간에 대한 독해를 통해 시간을 앞서가는 일일 것이다.

3. **지식의 권력**을, 역사의 불확정적인 것들을 해석 가능한 공간으로 변모시킬 수 있는 능력으로 정의하는 것은 정당할 것이다. 하지만 이 '전략들' 속에서 특정한 유형의 지식을 인식하는 것이 더 적절하다. 즉 자기 고유의 장소를 스스로에게 부여하는 권력이 규정하고 지탱하는 지식의 유형 말이다. 군사적, 과학적 전략들은 언제나 '자기 고유한' 영역(자치 도시, '중립적'이거나 '독립적' 제도, '이해관계에 휘둘리지 않는' 연구소 등)을 구축하는 덕분에 개시될 수 있었다. 다시 말해 권력은 이 지식의 결과이거나 속성이 아니라, **선결 조건**인 것이다. 권력은 지식의 특성들을 허용하고 또한 지배한다. 권력은 지식에서 발생한다.

(전략의 연속적 외형은 지나치게 형식적인 도식을 변화시키고, 전략이 합리성의 특정한 역사적 입장과 맺는 관계도 역시 명확해져야 할 것이다.) 나는 이런 전략과 대조적으로, 자기 고유한 장소의 부재가 규정하는 계산된 행위를 **전술**이라고 부른다. 따라서 어떠한 외

재성의 경계도 그것에 자율성을 위한 조건을 마련해주지는 않는다. 전술은 타자의 장소를 자기 장소로 가질 뿐이다. 전술은, 이질적인 힘의 법칙이 조직한 대로 자신에게 주어진 영역에서 운용되어야 한다. 전술은 뒤로 물러나, 멀리 내다보며, 자신이 가진 것들을 결집한 채 자신을 지켜낼 방법이 없다. 전술은 폰 뷜로[14]가 말했듯 "적의 시야 안에서의", 그리고 적에 의해 통제되는 공간 안에서의 움직임이다. 따라서 전술은 뚜렷하고 가시적이고 객관화할 수 있는 공간 안에서 상대의 전모를 파악할 수 있는 가능성도, 포괄적인 계획을 세울 가능성도 없다. 전술은 하나하나 단편적으로 작동한다. 전술은, 이익을 쌓아두고 자기 고유한 것을 증식시키며 결과를 예측할 수 있는 기반을 가지고 있지 않고, '기회'를 이용하고 기회에 의존한다. 전술로 손에 넣은 것은 보존되지 않는다. 한순간에 주어지는 가능성들을 재빨리 포착하기 위해 시간의 운에 고분고분하게 따를 때, 이 비-장소는 전술에 운동성을 허용해준다. 전술은 조심스럽게, 소유권의 감시 속에서 특정한 국면들이 만들어내는 균열을 조심스럽게 이용해야 한다. 전술은 그 속에서 밀렵한다. 전술은 거기서 뜻밖의 일들을 만들어낸다. 전술은, 사람들이 기대하지 않았던 바로 그곳에 있다. 전술은 책략이다.

요컨대 전술은 약자의 기예다. 클라우제비츠는 자신의 『전쟁론』에서 책략에 관해 바로 이 사실을 언급했다. 힘이 커질수록, 속임수의 효과를 만들어내기 위해 자신이 가진 여러 가지 수단들을 동원할 가능성은 적어진다. 사실 [적을 속이기 위해] 겉으로 상당히 많은 병력을 과시하는 것은 위험한 반면, 이런 종류의 '과시'는 보통 헛수고로 끝날 수 있다. 그리고 "빼저린 필요성의 엄숙함은 직접적인 행동을 급하게 밀고 들어오기 때문에, 이런 도박을 할 여지는 없다." 힘은 가시성과 관련되어 있다. 반면 약자에게 허용되는 것은 책략이다. 종종 책략만 유일하게, 마치 '마지막 방책'인 듯 허용된다. "전략의 지휘를 따르는 군대의 병력이 약할수록, 그 지휘부는 책략을 그만큼 자주 쓰게 될 것이다."[15] 이것을 내 식으로 표현해본다면, 그것은 점점 더 전술로 변화될 것이다.

클라우제비츠는 책략을 농담과 비교한다. "농담이 사유 및 개념과 관련된 마술인 것처럼, 책략은 행위와 관련된 마술이다."[16] 이는, 사실은 마술이나 다름없는 전술이 기습적으로 질서 속에 들어가는 방식을 암시하는 것이다. [영리한] '수를 쓰는' 기예는 기회의 감각이다. 프로이트가 농담과 관련해 분명하게 밝힌 절차들에 따라,[17] 전술은 여러 요소들을 대담하게 결합함으로써 한 장소의 언어 속에 다른 섬광을 슬그머니 끼워넣고 청자를 놀라게 한다. 시스템의 경계망 속에서 지름길, 파편화, 균열, 요행수 등 소비자의 실행 방식들은 농담에 상응하는 실천들이다.

마치 사람들이 서로 거리를 두지 않고 가까이 붙어 있는 것처럼, 전술도 자기 고유의 장소도 갖지 못하고, 무조건적이고 통찰력 있으며 종합적인 전망을 갖고 있지도 않다. 전략이 권력의 공준에 의해 조직되는 것처럼, 시간의 우연성에 지배당하는 전술은 **권력의 부재**로 규정된다. 이런 관점에서 보면 전술의 변증법은 옛적 소피스트의 기예에 의해 분명해질 수 있을 것이다. '전략에 관한' 거대 시스템의 창시자인 아리스토텔레스는, 그의 생각에 진리의 질서를 변질시키는 적의 행동 방식에 일찍이 큰 관심을 가졌었다. 그는 대단히 빠르고 변화무쌍한 놀라운 이 적수에 관해 한 가지 경구를 인용했다. 그런데 이 표현은 소피스트의 간계를 설명해주면서 또한 내가 지금 여기서 의미하는 바대로 전술을 정의할 수 있게 한다. 그것은 바로 코락스가 말했던, '가장 약한 입장을 가장 강하게 만드는'[18] 것과 관련된다. 역설적 의미를 함축한 이 경구는, 지적 창조성의 근원이 되는 힘의 관계를 분명하게 드러나도록 만든다. 그런데 이 지적 창조성은 치밀하면서 집요하고 지칠 줄 모르며 호시탐탐 기회를 엿보고 있다. 또한 그것은 지배질서의 영역 위에 흩어져 있으며, 자기만의 기득권에 기초한 합리성이 부과하고 규정하는 규칙들과는 무관하다.

요컨대 전략은, 권력의 장소(자기 고유한 장소에 대한 소유권)를 전제로 해서 힘이 분배되는 물리적 장소들 전체를 유기적으로 구성할 수 있는 이론적 장소(전체를 고려하는 시스템과 담론)를 만드는 활동을 의미한다. 전략은 이 세 가지 유형의 장소를 결합하고, 그것들이 서로가 서로를 통제하게 만드는 것을 목표로 한다. 전략은 따라서 장소들의 관계를 중시한다. 아무리 못해도 전략은 각각의 개별 요소에 알맞은 장소를 분석하는 속성을 통해, 그리고 특정 움직임들을 단위들에 혹은 단위들의 집합에 결합시키는 조직화를 통해, 시간적 관계들을 장소들의 관계로 환원시키고자 노력한다. 전략의 모델은 '과학적' 모델이기 이전에 군사적 모델이었다. 전술은, 이 전술이 시간에(적확한 순간의 개입을 통해 유리하게 바뀐 상황에, 공간 조직을 변화시키는 움직임의 신속함에, 어떤 '수'의 연속적인 순간들 사이의 관계에, 시간의 지속과 이질적인 리듬이 만들 수 있는 교차점에) 부여하는 적합성에 따라 가치가 생긴다. 이 관점에서 볼 때 전략과 전술의 차이는, 행위와 안전의 측면에서 취할 수 있는 두 개의 역사적 선택 사항들(가능성보다는 제약에 더 많이 부합하는 선택 사항들)과 연관되어 있다. 즉 전략은 **장소의 수립**을 통해 시간의 부식 작용에 저항하는 데 기대를 건다. 반면 전술은 능수능란한 **시간의 사용**, 그리고 시간이 제공하는 기회들 및 시간이 권력의 설립에 들여오는 움직임 등에 기대를 건다. 비록 일상적인 전쟁술의 실천 방법들은 결코 명확한 형태로 나타나지는 않겠지만, 장소 혹은 시간 중 어디에 승부를 거느냐에 따라 행동 방식이 구별된다는 점에는 변함이 없다.

실천의 수사학, 아주 오래된 책략

여러 이론적 참고문헌들이 '약자'의 전술들 혹은 전쟁학의 특징들을 더 잘 보여줄 것이다. 특히 **수사학**이 분석하는 '문채'와 '문체'의 경우는 이 점을 잘 보여줄 것이다. 프로이트는 농담에 관한 연구, 그리고 억압된 것의 귀환이 질서의 영역에서 취하는 형태에 관한 연구 속에서 이것을 이미 인식하고 있었고 이 단어들을 사용했다. 즉 언어의 경제와 압축, 이중 의미와 오역, 언어 요소의 이동과 두운법, 동일한 재료의 다양한 사용 등이다.[19] 실천적 책략과 수사학적 움직임 사이의 이 상동 관계는 전혀 놀라운 것이 아니다. 통사론과 '고유한' 의미의 적법성, 즉 고유하지 않은 것과 구별되는 '자기 고유의 것'에 관한 일반적 정의를 살펴보면, 좋거나 나쁜 수사학의 문체는 따로 떼어놓은 영역에서 작동한다. 이것은 상황에 따라 상대적으로 언어를 다루는 것이며, 이는 수신인의 언어적 입장을 끌어당기고 사로잡고 뒤집으려는 목적을 가진다.[20] 문법이 용어들의 '소유권'을 감시한다면, 수사학적 변조(은유적 파생, 생략을 통한 간소화, 환유적 축약 등)는 관례적이거나 실질적인 언어의 전쟁이라는 특정 상황 속에서 화자가 언어를 사용하는 양상을 가리킨다. 이는 소비의 지표이자 힘겨루기를 나타내는 지표들이다. 이것은 발화 행위의 문제에 속한다. 마찬가지로, 이 '말하기 방식들'은 과학적 담론에서 원칙상 배제되었지만(배제되었기 때문에), '실행의 방식들'에 대한 분석에 모델과 가설의 목록을 제공한다. 어쨌거나 이 말하기 방식들은 전술에 관한 일반 기호학에 속하는, 다양한 모습으로 변형된 형태들일 뿐이다. 분명히 이 기호학을 구상해내기 위해서는, 자기 고유의 것의 경계망 위에서 이루어지는 이성의 분절 방식과는 다른 사유와 행위의 기예들을 검토해봐야 할 것이다. 예컨대 중국의 『역경易經』[21]의 64괘, 그리스의 메티스mètis,[22] 아랍의 힐라ḥīlah[23] 등에서 다른 '논리들'을 포착할 수 있다.

나는 어떤 기호학을 구성하겠다는 목적을 가진 것은 아니다. 나는 처음에 소비자들의 일상적 실천들이 전술적 형태를 띤다고 가정하면서 이 실천들을 사유하는 몇 가지 방법들을 제시하고자 했다. 거주하기, 돌아다니기, 말하기, 읽기, 장보기, 요리하기 같은 행동들은 책략과 전술적 기습이 갖는 특징들에 상응한다. 즉 '강자'가 세운 기존 질서 속에서 '약자'가 판세를 뒤집는 멋진 기교, 타자의 영역 속에서 수를 쓰는 기예, 사냥꾼의 교활함, 다양한 형태를 가진 능숙한 움직임, 유쾌하며 시적이고 전투적인 발상 등이 그런 특징들이다.

아마 이런 일상적 실천들은 시대와 상관없는 기예에 부합할 것이다. 이 기예는 계속 이어져온 사회정치적 질서의 제도들을 관통했을 뿐 아니라 역사 이전까지 거슬러올라가 인류의 경계 저편에서 이상한 의존관계를 맺는다. 이 실천들은 사실 태고의 지혜처럼, 몇몇 물고기나 식물들이 불가사의한 솜씨로 선보이는 의태擬態, 속임수, 위장 등과 신기하게도 유사하다. 이 기예의 실행 과정들은, 마치 그것들이 역사적 제도의 전략적 분할 뿐 아니라 의식意識의 제도 그 자체에 의해 만들어진 단절도 극복하는 것처럼 산 자의 영역에서 멀리 떨어져 있다. 그것은 바닷속 깊은 곳에서부터 우리 대도시의 거리에 이르기까지, 형식적 연속성 및 언어 없는 기억의 영속성을 보장해준다.

어쨌거나 동시대 역사의 층위에서 보면, 기술관료주의의 합리성이 일반화되고 확대되면서, 과거에는 지역 단위에서 안정적으로 조정되던 이 실천들이 이제는 시스템의 그물망 사이에서 파편화되고 급속도로 성장한다. 점차 전술들이 궤도를 이탈한다. 전통적 공동체는 전술들의 기능을 한정시켰다. 여기서 벗어난 전술들은 동질화되면서 확장되는 공간 속에서 이리저리 옮겨다닌다. 소비자들은 이주민으로 변화되었다. 소비자들은 시스템 속에서 움직이는데, 소비자들이 어딘가에 정착하기에는 이 시스템이 너무나 광대하고, 또 소비자들이 이곳을 벗어나거나 다른 곳으로 망명을 하기에는 너무 촘촘하게 구획되어 있다. 더이상 다른 곳은 존재하지 않는다. 이 사실로 인해 '전략' 모델은 변모한다. 마치 자신의 성공 때문에 패배하듯이 말이다. 전략 모델은 나머지로부터 구별되는 '자기 고유의 것'에 대한 정의에 기초를 두고 있었다. 그런데 이제 모든 것이 자기 고유의 것이 된다. 전략 모델이 사이버네틱 사회(이 사회는, 셀 수 없을 정도로 많고 눈에 띄지도 않는 전술들의 브라운운동에 내맡겨져 있다)

가 활발히 움직일 수 있는 공간(이 공간은 옛날의 우주만큼이나 전체주의적이다)을 구축하기 위해 자신의 변형 능력을 다 써버리는 일이 생길 수 있다. 우리는 사회경제적 제약과 보장의 거대한 분할 배치 속에서, 우연적이고 통제되지 않는 조작들이 급증하는 것을 보게 될지도 모른다. 즉 거의 눈에 띄지 않는 무수한 움직임들이, 동질적이고 연속적이며 모두에게 알맞은 장소의 구조, 점점 더 정련되어 가는 이 구조 위에서 작동한다. 이것은 이미 거대 도시의 현재 상황인가, 아니면 여전히 미래인가?

수천 년에 걸친 책략의 고고학과 그것의 개미집 같은 미래의 가능성은 차치하더라도, 현재의 일상적 전술들에 관한 연구는 이것들이 발생한 지평, 그리고 그 반대편에 위치하는 이 전술들이 앞으로 나아가게 될 지평을 잊어서는 안 된다. 머나먼 과거 혹은 미래를 상기함으로써 우리는 적어도 억압의 제도와 메커니즘을 기술하는 데 전념하는, 근본적이지만 간혹 편협하고 강박관념에 붙잡혀 있는 분석의 결과들에 저항할 수 있다. 연구 영역 속에서 억압이라는 문제가 누리는 특권은 놀라운 일도 아니다. 왜냐하면 과학 제도들은, 자신들이 연구 대상으로 삼는 시스템에 속해 있기 때문이다. 이 시스템에 관해 연구하면서 과학 제도들은 가족사의 아주 잘 알려진 유형을 따른다. (비판 이데올로기는 과학 제도의 기능에 아무런 변화도 가져오지 못한다. 비판은 단지 이 제도에 소속되어 있는 이들에게 이 제도와 거리를 두고 있는 것 같은 겉모습을 만들어줄 뿐이다.) 과학 제도는 심지어 사람들이 집에서 저녁에 이야기하곤 하는 악마 혹은 늑대 인간의 음산한 매력을 거기에 덧붙이기까지 한다. 하지만 이런 식으로 장치[제도]가 스스로 자기 자신을 설명하는 것은, 자신에게 이질적인 실천들, 그리고 그 장치가 억압했거나 혹은 억압했다고 믿었던 실천들을 보지 못한다는 불리한 점을 가진다. 그럼에도 불구하고 실천들은 또한 이 장치보다 오래 존속할 가능성이 충분히 있고, 또한 사회생활의 일부가 되기도 한다. 그리고 이 실천들은 부단한 변화에 잘 적응하고 대단히 유연한 만큼 아주 강인하다. 찰나적이면서 또한 영속적인 이 현실을 주의깊게 살펴볼 때 사람들은 사회의 밤을, 즉 낮보다 더욱 긴 밤을 탐사한다는 느낌을 갖는다. 이 밤은 마치 캄캄한 막 같은 것으로, 잇달아 오는 제도들의 윤곽이 여기에서 뚜렷하게 드러난다. 또한 이 밤은 마치 거대한 바다 같은데, 사회경제적이고 정치적인 장치들은 이 위에서 덧없이 사라져가는 섬나라의 형태를 띠고 있다.

연구의 상상적 풍경은 비록 그것이 엄밀함이 부족하더라도 가치가 없는 것은 아니다. 그것은 예전에 '대중문화'라는 이름으로 말해졌던 것을 복구한다. 그렇게 하는 이유는 역사의 모체적 힘으로 제시되었던 것을, 전술의 유동적 무한성으로 변화시키기 위해서이다. 따라서 그것은 사회적 상상계의 구조를 우리 눈앞에 현존하는 것으로 유지시킨다. 이 사회적 상상계의 구조로부터 문제는 끊임없이 다양한 형태를 취하면서 다시 나타난다. 연구의 상상적 풍경은 또한, 이 실천들을 오직 기술적 장치의 주변부(여기서 이 실천들은 자신의 도구들을 손상시키거나 왜곡시킨다)에서만 파악하는 분석의 결과들을 미리 경고한다. 그리고 연구가 이미 많이 진척된 현상들과 비교해 봤을 때 부차적인 것은 바로 이 연구 그 자체이다. 따라서 이 현상들을 상상의 형태로 연출하는 [연구의] 풍경은, 부수적인 검토를 통해 이 현상들을 환원하는 데 반대하는 치료와 정정이라는 포괄적인 가치를 가진다. 이 풍경은 적어도 유령으로서의 그들의 현존을 보장해준다. 이렇게 또다른 무대로 되돌아오는 것은, 이 실천들에 관한 분석이 진술하는 것과 이 실천들의 경험이 맺는 관계를 상기시킨다. 그것은 바로 일상적 전술과 전략의 해명 사이에 있는 불균형에 관한 증거이다. 이 증거는 과학성이 아니라 환상성을 띨 수밖에 없다. 각자가 실행한 모든 것에 관해 우리는 무엇을 기록할 수 있는가? 일상적 전술과 전략의 해명, 이 둘 사이에서 말을 하지 않는 전문가의 유령, 즉 이미지는 차이를 보존하고 있다.

2

실행의 기예 이론

일상적 실천들은 그 전체 범위를 정하기 어렵고 잠정적으로 절차들의 집합이라고 지정할 수 있는 방대한 전체에 속해 있다. 그것은 작동 방식의 도식이자 기술적 조작이다. 최근의 몇몇 근본적인 분석들(푸코, 부르디외, 베르낭, 드티엔 등)을 근거로 보자면, 일상적 실천들을 정의 내리지는 않더라도 적어도 그것들의 기능, 그 실천이 담론(혹은 푸코가 말했던 '이데올로기')에, 후천적으로 습득한 것(부르디외의 아비투스habitus)에, 기회라는 시간의 형식(베르낭과 드티엔이 말했던 카이로스kairos)에 관련되어 작동하는 기능을 명확히 설명하는 것이 가능해 보인다. 이는 특별한 종류의 전문성을 식별해내는 동시에 이 연구를 현재의 학문 지형 안에 자리매김하는 여러 방식이다.

나는 이 글을 더욱 넓은 전체 속에, 그리고 무언가 이미 쓰여 있는 곳(백지라는 픽션에도 불구하고 우리는 언제나 이미 뭔가가 쓰여 있는 종이 위에 쓴다)에 위치시킨다. 내가 이렇게 하는 이유는, 문제를 설정하거나 문제를 간접적으로 해명해주는 이론적이고 기술적인 작업들(이런 작업에는 분명 허황된 측면이 있다)의 리스트를 작성하기 위해서가 아니다. 심지어 내가 그 작업들에 빚지고 있다는 것을 표시하기 위한 것도 아니다. 중요한 것은, 바로 분석의 지위이고 또 분석이 자신의 대상과 맺는 관계이다. 마치 작업실이나 실험실에서처럼, 연구에 의해 생산된 대상들은 이 연구를 가능케 한 영역 속에 다소 독창적인 기여를 한 데서 발생한 결과이다. 이 대상들은 따라서 '문제의 상태', 즉 전문적, 텍스트적 교환 네트워크, 그리고 진행중인 연구작업의 '변증법'과도 관련 있다(우리는 이 '변증법'이라는 말로 차이들을 종합하고 '극복하는' 특별한 장소에 주어진 권력을 의미하는 것이 아니다. 대신 16세기에 이 단어가 의미했던 대로, 동일한 단계에서 상이한 전개 과정들이 맺는 관계들의 운동을 가리킨다). 이 관점에서 볼 때 우리 연구의 '대상들'은, 그것에 대해 정의내리고 변화를 조직하는 지적·사회적 '교류'와 분리될 수 없는 것이다.

작가 자신이 속해 있는 집단의 연구를 '잊기' 위해, 자기 담론의 대상을 그것의 역사적 기원으로부터 떼어내기 위해, '작가'는 자신의 현실 상황을 부인한다. 그리고 그는 자기 자신의 고유한 장소라는 픽션을 창조해낸다. 이 픽션은 모순된 이데올로기들을 동반할 수 있다. 그럼에도 주체-객체의 관계 혹은 담론-대상의 관계를 별도로 떼어놓는 것은 '작가'라는 환영을 발생시키는 추상화 작업이다. 그것은 연구가 어떤 네트워크에 속해 있다는 흔적들, 항상 작가의 권리를 위태롭게 만드는 흔적들을 지워버린다. 그리고 그것은 담론과 담론의 대상이 생산되는 조건을 위장한다. 이 부인당한 계보를 대체하는 것은 대상의 시뮬라크르와 작가의 시뮬라크르를 결합하는 연극이다. 이런 식으로 담론은 자신이 생산된 조건과 규칙을, 그리고 무엇보다 먼저 그 담론의 발원지인 모든 상호관계를 분명히 함으로써 과학성의 표지를 유지할 것이다.

이 우회로는 [자신이 지고 있는] 빚으로 되돌아가게 한다. 하지만 이것은 경의를 표하거나 인정하면 그만인 차용의 문제가 아니라, 어떤 새로운 담론에서든 핵심적인 요소이다. 서정적이었던 한순간

파뉘르주*는 이 빚에서 보편적 연대의 징후를 보았다. 모든 '고유한' 장소는 이미 거기에 존재하고 있었던 타자들의 흔적에 의해 변질된다. 이에 따라 사람들이 '영향'이라고 부르는, 가깝거나 혹은 먼 입장들에 대한 '객관적' 표상도 마찬가지로 배제된다. 이 영향은 텍스트 속에서(혹은 연구에 대한 정의 속에서) 모습을 드러내는데, 텍스트에서 일어나는 변화와 작용의 효과 덕분이다. 또한 빚은 더이상 대상으로도 변모되지 않는다. 가능성의 조건을 형성하는 교환, 독해, 대조에 관한 각각의 연구는 수많은 조각으로 된 거울(타자들은 이 공간의 여기저기에서 다시 나타난다)이다. 그런데 이 거울은 금이 가 있으며 일그러지게 비춘다. (여기서 타자들은 조각나고 왜곡된다.)

* 라블레의 소설 『가르강튀아와 팡타그뤼엘』에 나오는 주요한 등장인물.

제4장 푸코와 부르디외

1. 널리 퍼진 테크놀로지: 푸코

일상적 실천의 절차와 담론의 관계에 대한 문제가 곧바로 제기된다. 이 절차들은 의례와 관습, 반사적 행동(더이상 혹은 아직 담론으로 확립되지 않은 지식) 등이 갖는 반복적 불변성을 가지고 있지 않다. 절차들의 유동성은 절차들을 다양한 목표와 '수'에 맞춰 끊임없이 조정하지만, 이 절차들은 언어적으로 해명되지는 않는다. 그렇다면 이 절차들은 [언어적 해명에 관하여] 자율적인가? 우리가 보았듯 담론 속의 전술들은 담론을 갖지 못한 전술들의 형식적 지표가 될 수 있다.[1] 실행의 방식에 포함된 이 사유의 방식은, 실천이 이론과 맺는 관계에 있어 기묘한(그리고 중대한) 사례를 구성한다.

미셸 푸코는 19세기 초에 형무소, 학교, 병원에서 '감시'의 '절차'가 어떻게 조직되었는가를 연구한 책[『감시와 처벌』]에서, 몹시 까다로운 하나의 고유명사에 연이어 춤추듯 다가가는 유의어들, 즉 '장치' '기구' '전문기술' '메커니즘' '기계류' 등[2]을 제시했다. 언어 속에서의 사물의 불확실함과 유동성은 이미 한 가지 지표가 된다. 하지만 그가 이야기하는 역사 그 자체는 엄청난 착각의 역사로, '이데올로기'와 '절차'가 구별되어 진화하는 과정과 교차점을 그리면서 이 둘 사이의 이분법을 가정하고 이에 근거를 둔다. 사실 그는 교차의 과정을 분석하고 있는 것이다. 즉 18세기 말 개혁주의 기획이 차지하고 있던 자리는, 그 이후로 사회적 공간을 조직해온 규율 절차에 의해 '식민화'되고 '피를 빨렸다'. 뒤바뀐 사체에 관한 이런 추리물은 프로이트도 좋아할 법하다.

푸코에게서 드라마는 언제나처럼 두 가지 힘 사이에서 벌어지고, 시간의 간계는 이 둘의 관계를 역전시킨다. 한쪽에는 형법상 정의의 관점에서 혁명적인 계몽 이데올로기가 있다. 18세기 개혁주의 기획은 앙시앵레짐의 '공개 체형體刑'을 만인에게 [공평하게] 적용 가능한 형벌로 대체하려고 했다. '공개 체형'은 상징적 가치에 따라 선택된 죄인들에 대해 왕권 질서의 승리를 극화해서 보여주는 신체의 참혹한 의례이다. 징벌은 모든 이에게 적용 가능했고, 범죄 정도에 비례해서 이루어졌으며, 사회에 유익하고, 죄수들에게 교육적 기능을 가지고 있었다. 사실 군대와 학교에 서서히 적용되었던 규율 절차들은 계몽주의가 만들어낸 광대하고 복잡한 사법 기구를 순식간에 물리쳤다. 이 전문기술은 이데올로기에 호소하지 않고도 정제되고 확장되어갔다. 이것은 모든 사람들(초등학생, 군인, 노동자, 죄인, 환자)이 똑같은 유형의 독방에 있게 하고 이 공간이 완전한 가시성을 띠고 분할되도록 만든다. 그리고 이렇게 함으로써 이 공간을, 사람을 감시하면서 규율을 잡고 어떤 종류의 인간 집단이라도 '치료할' 수 있는 도구로 만든다. 여기서 관건은 테크놀로지의 디테일, 미세하고 결정적인 절차인데, 이것은 이론을 이긴다. 즉 이런 절차에 의해 일률적 형벌의 보편화, 즉 감옥이 도입되었고, 이는 혁명적 제도를 내부로부터 전복시키고 형법 재판소의 자리에 '형무소'를 세웠다.

푸코는 이런 식으로 두 가지 이질적인 시스템을 구별한다. 그는 신체에 대한 정치적 테크놀로지가 공들여 완성한 교리 체계보다 앞서는 장점을 개관한다. 푸코는 이 '부차적 도구'의 확립 및 그것의 엄청난 증식을 추적하며, 소유자도 없고, 특권적 장소도 없으며, 상급자도 하급자도 없고, 억압적 행동도 독단주의도 없는 권력, 자신이 다루고 있는 대상을 공간적으로 배치하고 분류하고 분석하고 개별화하는 테크놀로지의 능력을 통해 거의 자율적이라 할 만큼 효율적인 이 불가해한 권력의 원동력이 무엇인지를 분명하게 드러내고자 했다. (그동안 이데올로기는 "잡소리를 해대고 있다!") 그는 일련의 임상적 일람표(이 역시 놀라울 정도로 '파놉티콘적이다')를 가지고 '권력의 미시물리학'을 구성하는 '일반 법칙' '작용 조건' '전문기술' '절차', 구별되는 '작동 방식'과 '메커니즘'과 '원칙' 및 '요소들'을 명명하고 분류하고자 했다.[3] 이 다이어그램 저장고는 담론 없는 실천들의 사회적 지층을 뚜렷하게 드러내고, 이 실천들에 관한 담론을 수립한다는 이중의 기능을 가진다.

그렇다면 분석에 의해 고립된 이 중대한 실천들의 단계는 무엇으로 이루어지는가? 푸코의 연구 전략은 우회라는 특징을 가지는데, 이를 통해 그는 거기서 **담론의 공간을 조직했던 몸짓**을 간파해낸다. 이 몸짓은 더이상 『광기의 역사』에서처럼 이성의 질서를 가능하게 해주는 공간을 창조하기 위해 추방된 자를 가두어두는, 인식론적이고 사회적인 몸짓이 아니다. 그것은 오히려 그 공간의 점거자들이 관찰과 '정보'의 대상이 되게끔 가시적인 장소를 구획하는, 도처에서 재생산되는 미세한 몸짓이다. 이 몸짓을 반복하고 확대하고 다듬는 절차들은, 인문학의 형식을 취했던 담론을 조직화한 것이었다. 그리고 거기에서 **비담론적 몸짓**un geste non discursif이 식별된다. 앞으로 설명이 필요한 역사적·사회적 이유로 특권화된 이 몸짓은 현대 과학성 담론 속에서 뚜렷이 드러난다.

이 분석[4]이 열어준 — 그리고 '스타일'(걷는 방식이나 비텍스트적 몸짓인 스타일은 사유의 텍스트를 조직한다)에 관한 새로운 이론도 가능하게 만들어줄 — 대단히 새로운 시각에, 우리는 우리 연구와 관련된 다음과 같은 몇 가지 질문을 덧붙일 수 있다.

1. 인문학의 고고학(『말과 사물』 이래로 명백해진 주제)에 착수하고, 형법(인간에 대한 징벌)과 인문학(인간에 대한 앎)의 근원이 되는 '공통의 모체', 즉 '권력의 테크놀로지'를 찾으면서, 푸코는 18세기, 19세기의 사회적 활동의 조직망을 형성하는 절차들의 집합 속에서 하나의 선택을 해야 했다. 이 외과 수술과 같은 작업은 현대의 확산되고 있는 시스템(즉 사법적이고 과학적인 테크놀로지)에서 출발하여 역사를 거슬러올라간다. 이것은 신체에서 이 신체를 공격하는 암 조직을 분리해내고, 앞선 2세기 동안에 그 암 조직의 발생을 추적함으로써 현재의 상태를 설명한다. 이 외과 수술적 작업은 방대한 (형법상의, 군대의, 학교의, 의학의) 사료 속에서 점점 증가해 넘쳐나는 시각적이고 파놉티콘적인 절차들을 추출해낸다. 그리고 그것은 두터운 사회체 속에서 각 구성 요소들이 명확해지고 서로 결합하고 조금씩 재생산되는 도구의 분산된 징표들을 거기서 식별해낸다.

이 주목할 만한 역사 서술 '작업'은 결코 혼동해서는 안 될 두 가지 문제를 동시에 끌어낸다. 첫째는 사회 조직 속에서 테크놀로지의 절차와 장치가 결정적 역할을 했다는 점이다. 둘째는 이 장치들 가운데 특수한 범주의 장치가 이례적으로 발전했다는 점이다. 따라서 우리는 다음과 같은 질문을 해야 한다.

a) 파놉티콘의 장치들이 구축하는 특별한 부류의 특권적 발전을 어떻게 설명할 것인가?

b) 그리고 그와 달리, 자신의 은밀한 여정을 따르면서, 담론의 외형도, 기술적 체계화도 야기하지 않는 수많은 다른 부류들이 차지하는 위치는 무엇인가? 이 부류들은, 상이한 발전의 단초나 흔적을 쌓아놓은 거대한 저장고처럼 간주될 수 있을 것이다.

어쨌거나 한 사회의 작동을 한 가지 종류의 지배적인 절차들로 환원하는 것은 불가능하다. 또다른 테크놀로지적 장치, 그리고 이 장치와 이데올로기의 상호작용은 이미 최근의 연구들에 의해 밝혀졌다. 다른 관점에서이긴 하지만 이 최근 연구들은 이 장치들의 결정적인 특징을 강조했다. 예컨대 도시 조직에 관한 세르주 모스코비치의 연구들,[5] 혹은 중세의 법 장치에 관한 피에르 르장드르의 연구들[6]이 그렇다. 이 장치들은 다소 긴 세월 동안 지배적인 듯처럼 보였지만, 그후 시스템에 관해 '알려주는informer' 역할에서 다른 장치들이 이를 대체하게 되면서 이 장치들은 층층이 쌓여 있는 절차들의 더미 속으로 되돌아갔다.

한 사회는 규범적 제도들을 조직하는 전면적인 몇몇 실천들 및 그 외의 '부차적인' 다른 실천들로 구성된다. 이 후자의 실천들은 담론을 조직해내지는 않지만 언제나 거기 존재하고 있으며, 이 사회에 대한 혹은 다른 사회에 대한 상이한 (제도적, 과학적) 가설들의 맹아 혹은 여지를 간직하고 있다. 절차들로 이루어진 이 복합적인 침묵의 '저장고' 속에서 우리는 '소비의' 실천들을 찾아야 한다. 이 소비의 실천들은 때로는 미시적으로 때로는 거시적으로, 공간과 언어를 동시에 조직할 수 있는 이중적 성격을 가진다. 푸코는 이 이중적 성격을 포착해냈다.

2. 푸코가 수행한 역진적 역사학에서 시발점으로 사용되는 최종 구성물(현대의 감시와 규율의 테크놀로지)은 그가 선택하고 검토했던 실천들 간의 놀랄 만한 일관성을 설명해준다. 그런데 절차들의 집합에 그와 동일한 일관성을 가정할 수 있을까? 선험적으로는, 그럴 수 없다. 파놉티콘 절차들의 암처럼 증식하는 예외적인 발전은, 이 절차들에 할당되었던 역사적 역할, 즉 이질적인 실천들을 제압하고 통제하기 위한 무기 역할과 분리 불가능해 보인다. 그런데 이 일관성은 특별한 성공의 효과이지, 모든 기술적 실천들의 특징은 아니다. 파놉티콘 장치들에 보장되었던 특권은 일신교에 견줄 만한데, 이 일신교 아래에는 분산된 실천들의 '다신교'가 살아남을 것이다. 이 실천들은 [파놉티콘 장치의] 성공적인 활동의 지배를 받고 있지만 결코

완전히 사라지지는 않는다.

3. 하나의 특수한 장치가 권력의 테크놀로지를 조직하는 원칙으로 변해갈 때 이 장치의 지위는 무엇인가? 그렇게 전면화되었을 때의 효과는 무엇인가? 절차들 중 한 가지가 과학적 형벌 시스템으로 제도화될 때, 이 절차들의 분산된 집합과 맺는 새로운 관계는 무엇인가? 푸코에 따르면, 이런 식으로 특권화된 장치는 조용히 이루어지는 미세한 기술 발전 덕분에 가질 수 있었던 실효성을 잃을 수 있다. 이 특권화된 장치는, 푸코가 한 사회를 규정하는 메커니즘이 자리한 장소로 보았던 어두운 층에서 벗어나, 조용히 움직이는 절차들에 의해 서서히 '식민화된' 제도 속에 위치하게 될 것이다. 19세기에 이전의 절차들로부터 형성된 규율과 감시의 시스템은 오늘날 다른 절차들에 의해 '피를 빨리고 있다'는 것, 이것은 이 글의 가설들 중 하나이다.

4. 우리는 여기서 좀더 나아갈 수 있을까? 감시 장치들이 확산되면서 이 장치가 해명되어야 할 대상이 되었고 계몽주의 언어의 일부가 되었다는 사실 그 자체는, 이 장치들이 담론의 제도를 결정할 수 없게 되었다는 징조가 아닐까? 조직화하는 장치의 결과인 담론은, 자신이 다룰 수 있는 장치들을 통해 그런 조직화하는 능력을 잃은 장치들을 가리킬 것이다. 따라서 우리는 장치를 더이상 자신의 대상으로 삼지 않으면서도, 다른 유형의 장치를 통해 담론이 유기적으로 구성될 수 있는지 따져보아야 할 것이다. 담론(『감시와 처벌』의 담론?)이 자신이 속해 있는 실천들을 분석하면서, 푸코가 가정했던 '이데올로기'와 '절차' 사이의 분리를 극복하는 경우가 아니라면 말이다.

한동안 설익은 답변만을 얻을 수 있을 이 질문들은 적어도, 푸코가 절차에 대한 분석 속에 도입했던 변화와, 푸코의 연구가 이후에 터준 전망을 가리킨다. 장치와 이데올로기의 애매한 관계들과 이질성을 보여주면서 그는 이 지대를 다루기 쉬운 역사적 대상으로 만들었다. 이 지대에서 테크놀로지 절차들은 권력의 특수한 효과들을 가지고, 고유한 논리적 작용에 따라 작동하며, 질서와 지식의 제도들 속에 근본적 방향 전환을 일으켜낼 수 있다. 우리는 마지막으로, 역사에 의해 '특권화되지' 않았지만, 제도화된 테크놀로지들의 그물망 사이에서 수없이 많은 활동을 수행하는, 지극히 작은 절차들에 대해서도 고려해야 한다. 특히 푸코가 해명해낸 절차들에 의해 도처에서 전제되는 조건, 즉 파놉티콘의 메커니즘이 작동할 수 있는 고유한 장소를 갖지 않는 절차들이 그런 경우이다. 이 전문기술들 역시 작동 가능하지만, 애초에는 다른 기술들에 강점이 되었던 것이 결여된 채 있었다. 그것은 바로 '전술'이며, 나는 이것들이 소비의 일상적 실천들에 형식적 지표를 제공한다고 가정했다.

2. '박학한 무지': 부르디외

우리의 '전술들'은 오직 다른 사회, 예컨대 푸코의 앙시앵레짐이나 19세기 프랑스, 부르디외의 카빌리 혹은 베아른, 베르낭과 드티엔의 고대 그리스를 우회해서만 분석이 가능한 것처럼 보인다. 마치 '서구' 합리성에 의해 주변화된 이 전술들을 눈에 보이게 하고 명확히 해명하기 위해서는 다른 현장이 필요한 것처럼, 이 전술들도 멀리 다른 곳에서 온다. 다른 지역들은 우리의 문화가 담론에서 배제했던 것을 되돌려준다. 하지만 사실 이 전술들은 우리가 제거했거나 잃어버렸던 것을 통해 정의되지 않았는가? 『슬픈 열대』[7]에서처럼 우리의 여행은 우리가 더이상 그 존재를 알지 못하게 된 무언가를 찾기 위해 멀리 떠나는 것이다. 하지만 전술적이고 수사학적인 책략은 학문의 계보에서는 사생아로 낙인찍힌다. 프로이트는 오랫동안 여기서 양자가 되기 위해 애썼지만, 그 역시 무의식이라는 미지의 나라를 발명하고 개척함으로써 책략을 발견하게 되었다. 하지만 프로이트에게 이 책략은 아마 좀더 오래되고 좀더 가까운 지역, 즉 오랫동안 내버려져 있던 유대교적 기묘함으로부터 왔을 것이다. 이 유대교적 기묘함은 프로이트를 통해 학문적 담론으로 격상되었지만, 꿈과 실수로 가장한 채로만 가능했다. 프로이트주의는 **계몽**으로부터 나온 합법적 전략과, 무의식이라는 외투 아래 몸을 숨긴 채 멀리서 돌아오는 '기교' 간의 결합이라 할 것이다.

두 개의 절반

부르디외에게 카빌리는 '실천 이론'의 트로이 목마이다. 이 주제에 할애된 세 편의 텍스트는(이 글들은, 특히 「집 혹은 뒤집힌 세계」는 부르디외가 쓴 글들 중 가장 훌륭한 것들이다) 기나긴 인식론적 담론에 다원적 아방가르드 역할을 한다. 또한 마치 시와 같이 이 "세 편의 카빌리 민족학 연구들"은 이론(산문으로 된 논평)을 이끌어내고, 이 이론에 무한정으로 인용 가능한 자산(따로 떨어져도 빛을 발하는 조각조각의 글들)을 제공해준다. 부르디외가 이 세 편의 '초기' 텍스트를 출판했을 당시, 이 텍스트들이 다루는 시적이고 지시적인 장소는 제목에서 삭제되어 있었다(그것은 논평에서 **이론**이라는 이름으로 복구된다). 허용된 담론 속에서 그것이 만들어내는 효과들로 분산되어 있던 이 카빌리의 기원 자체는 점차 사라지게 되었고, 이는 태양이 여전히 비추는 사색적 풍경에 의해 태양 그 자체가 가려지는 것과 같다. 이 특성들은 이미 이론 속에서 실천의 위치를 규정해주고 있다.[8]

이것은 우연한 일이 아니다. '실천적 의미'[9]를 목표로 하는 1972년 및 그 이후의 작업들은 "계급의 미래와 개연성의 인과관계"[10]를 제외하고는 동일한 방식으로 기획되었다. 그렇지만 한 가지 차이가 있다. 즉 '결혼생활의 전략'에 관한 연구(이것은 가계 경제를 다루고 있다)는 카빌리 대신 베아른을 참조했다.[11] 따라서 기준 장소가 둘인 것이다. 그런데 베아른 혹은 카빌리 중 어느 하나가 다른 하나의 모조품이라고 말하는 것이 가능한가? 이 두 개의 기준 장소는, 하나는 고향과의 먼 거리에 의해, 다른 하나는 문화적 차이에서 오는 이질성에 의해 제어되는(그리고 사로잡힌) 두 종류의 '친밀함'을 나타낸다. 그럼에도 불구하고, 모든 기원이 그렇듯 무언無言, in-fans의 베아른이 말로 표현되기 위해서는 우선 카빌리라는 무대(부르디외의 분석에 따르면 이것은 자기 고향인 베아른의 상황과 대단히 유사하다)의 모조품을 찾아야 했다. 이렇게 해서 '객관화될 수 있는' 베아른은, 부르디외의 도장이 찍힌 아비투스 이론이 인문학 속에 들어올 수 있는 실질적인(또한 전설적이기도 하다. 과거의 베아른 사람들은 어디에 있는가?) 토대를 마련했다. 따라서 기원적 경험의 특수성은 일반적 담론을 재조직하는 능력 속에서 사라져버렸다.

둘로 나뉘어 있으면서 한쪽이 다른 한쪽을 승인해주고 있는 『실천 이론 개요』[이 책은 1부 '세 편의 카빌리 민족학 연구', 2부 '실천 이론 개요'로 구성되어 있다]는 무엇보다 우선 학제 간 연구의 실천이다. 한 장르에서 다른 장르로, 즉 민족학에서 사회학으로 이행했다는 의미에서 이는 메타포라 할 수 있다. 그런데 사실 이것은 간단한 문제가 아니다. 그래서 이 책은 [분과학문 영역 속에서] 위치를 정하기 어렵다. 이 책은 오래전에 부르디외가 권장했던 대로 '데이터'의 단순 교환 단계를 넘어 각각의 전공에 고유한 전제들의 상호적 해명을 꾀하는 학제 간 대질 작업에 속한다고 할 수 있을까?[12] 이 대질 작업은 상호 간의 인식론적 해명을 모색한다. 또한 지식의 열망이자 신화라 할 빛[계몽]에 암묵적 기반이 되어주고자 위해 애쓴다. 하지만 관건은 그와 상이한 것으로, 그것은 타자와 연관이 있다. 분과학문이 자신을 둘러싸고 있으며 자신에 앞서 존재하고 있는 암흑 쪽으로 되돌아가게 만드는 움직임에 의해 이 타자가 중개된다. 그리고 분과학문이 암흑 쪽으로 되돌아가는 것은 그 암흑을 제거하기 위해서가 아니라, 그것은 제거할 수 없는, 결정적인 것이기 때문일 것이다. 어느 한 학문이 자신의 생산법칙을 수정하거나 자신의 타당성의 한계를 정하는 데 만족하지 않고, 이 외부성과 자신이 맺는 관계에 관해 사유하고자 할 때, 이론이 만들어질 것이다. 부르디외의 담론이 나아간 길이 이것일까? 어쨌거나 실천들은 분과학문의 경계들을 넘어서만, 이론적 질문이 생겨날 수 있는 불투명한 현실을 형성하게 된다.

부르디외의 "민족학적 연구"는 고유한 스타일을 가지고 있다. 이는 사회학자의 전문 영역 바깥의, 일종의 취미(앵그르의 바이올린)라 할 수 있는 것이지만, 모든 취미가 그렇듯 이것은 직업보다 더 진지한 놀이이다. 이 연구들은 놀랄 만한 정밀함을 가지고 수행되었다. 부르디외는 다른 곳에서는 결코 이만큼 세심하고 날카로우며 대가적인 면모를 보이지 않는다. 이 텍스트들에는 미학적인 요소까지도 있다고 할 수 있다. 하나의 '단편', 즉 개별적이고 '단독적인'[13] 형식이, 낯설면서 결정적이고 또한 원초적인 현실이 분과학문과 맺는 **총체적인** 관계(보편적인 관계가 아니라)의 형상으로 나타난다는 점에서 그렇다. 한 사회의 단편이자 한 분석의 단편은 우선 모든 메타포의 준거가 되는 **집**la maison이다.[14] 혹은 **하나의 집**une maison이라고 해야 할 것이다. 집의 내부 공간을 유기적으로 구성하는 실천들을 통해 집은 공공 공간의 전략들을 **전도시키고**, 언어(어휘와 속담 등)를 은밀하게 **조직한다**.[15] 공적 질서의 방향 전환과 담론의 생성, 이 두 가지는 카빌리 집을 프랑스 **학교**의 반대항으로 만들었다. 부르디외는 프랑스 학교를 자기 연구의 중요한 전공 주제로 삼았는데, 그는 이 속에서 사회 계층의 '재생산'과 그 계층의 이데올로기의 반복만 찾아냈다.[16] 사회학이 다루는 사회와 관련해볼 때, 거기 아래에 위치해 있는 주거지는 따라서 그것의 독특성으로 인해 [사회와] 대립되는 결정적으로 중요한 장소라 할 수 있다. 부르디외는 자신의 연구 그 자체가 분과 학문[사회학]의 사회경제적 규범의 측면에서 볼 때 위법적이라고 여겼다. 즉 그의 연구는 상징적 색채가 너무 강했다.[17] 요컨대 그것은 하나의 오류인 셈이다.

'이론'은 사회학적 적법성과 민족학적 특수성 사이의 거리를 서서히 해소해줄 것이다. 학문 영역의 합리성과 이 영역을 벗어나 돌발적으로 발생하는 실천들은 다시 서로 이어질 것이다. 『실천 이론 개요』(그리고 그 이후의 학술논문들)는 사실 이 두 요소들 간의 접합을 실행한다. 이는 사회학적 시스템의 빈 공간에 '민족학적' 예외를 끼워넣고자 하는 정교한 작업이다. 이 작업 과정을 제대로 알기 위해서는 행위의 작동에 좀더 가까이 다가가서 관찰해야 한다. 즉 한편으로는 이 개별적 실천들에 대한 분석을, 그리고 또다른 한편으로는 하나의 '이론'을 구축하는 과정에서 그 실천들에게 할당된 역할을 고려해야 한다.

'전략'

부르디외가 연구했던, '전략'으로 지칭되는 이 실천들은 베아른의 상속 시스템, 카빌리 집의 내부 배치, 카빌리에서 한 해 동안의 시간과 일의 배분 등과 관련된다. 그런데 여기서 단지 같은 종種에 속하는 몇 가지 속屬만이, 출산, 상속, 교육, 위생, 사회적 혹은 경제적 투자, 결혼에 관한 전략을, 그리고 실천과 상황 사이에 간극이 있을 때는 '재전환'에 관한 '전략'을 포함하고 있다.[18] 검토의 대상이 되었던 각각의 경우에서, 차이들은 '실천 논리'의 '몇 가지 속성들'을 명확히 할 수 있게 해준다.

1. 가계도 혹은 족보, 토지대장과 주거지의 기하학적 평면도, 달력의 선적인 순환 등은 동질적이고 총괄적인 생산물이다. 이는 전략과 비교해본다면 관찰자적 '중립화'와 거리두기의 결과들이다. 전략 그 자체는, 유용하기 때문에 실제로 실행되는 친족관계든, 전도되었거나 연속적인 신체의 움직임이 특징짓는 장소들이든, 측정 불가능한 고유의 리듬을 가지고 그때그때 완수되는 행위의 지속성이든 간에 고립된 작은 섬으로 구성한다.[19] 개요식 표상은 시각을 통한 명령이자 통제의 도구이다. 그런데 이처럼 수집된 모든 '데이터들'을 평준화하고 분류하는 곳에서, 실천은 이질적 작동 과정의 핵심인 불연속성을 만들어낸다. 따라서 친족관계, 공간, 시간은 쌍방 간에 동일하지

않다.

(나는 이 차이가 두 가지 종류의 책략의 경계에 위치해 있다는 사실을 덧붙일 것이다. 종합적인 도표를 가지고 과학자는 이 표의 작성을 가능케 해준 권력과 후퇴의 작동 과정을 감춰버린다. 또한 조사원들이 요청하는 데이터들을 제공해주면서 실천가들도 역시, 이 데이터들을 사용하는 — 혹은 사용하지 않는 — 방식을 통해 데이터들 사이에 만들어진 실천적 차이를 당연히 숨겨버린다. 이 실천가들은 이런 식으로 관찰자들이 그들의 전술을 보지 못하도록 감추는 도표의 생산에 협력한다. 실천의 지식은 이 이중적 기만행위의 결과가 될 것이다.)

2. '전략'(예를 들면 자녀를 결혼시키기 위한 전략 같은 것)은 '카드 게임에서의 수'에 해당된다. 전략은 '패의 질', 즉 분배된 카드의 패(좋은 패를 가지는 것)와 게임을 하는 방식(훌륭한 카드 놀이꾼이 되는 것), 이 두 가지에 달려 있다.[20] '수'는 한편으로는 게임의 공간을 조건짓는 **공준**公準을 전제로 하고, 또다른 한편으로는 분배된 카드의 패에 가치를 매기고 놀이꾼에게는 여러 가능성을 부여해주는 **규칙들**을 전제로 한다. 그리고 마지막으로 초기 자본의 현황에 따른 다양한 상황 속에서 발휘되는 능숙한 **솜씨**를 전제로 한다. 이 복잡한 집합은 질적으로 구별되는, 아래와 같은 기능들로 짜인 조직이다.

a) **'암묵적 원칙들'** 혹은 전제들이 있다. (예컨대 베아른 지방의 결혼에서 보이는 여성에 대한 남성의 우월함 혹은 동생들에 대한 장자의 우월함은, 자본의 부족이 지배적인 경제 속에서 유산을 본래대로 온전한 상태로 유지시키는 것을 보증해주는 원칙이다.) 하지만 이 암묵적 원칙들이 분명하게 정해져 있지 않다(명백하지 않다)는 사실은 상대의 관용을 청하거나 법에 호소할 여지를 만들어낸다.

b) **'명백한 규칙들'**. (예컨대 '땅을 포기하는 대신 그 대가로 동생들에게 주어지는 보상adot'이 있다.) 하지만 이 규칙들에는 이 규칙들을 뒤집어엎을 수 있는 제한이 수반된다(예컨대 자녀가 없는 결혼의

경우 보상을 반환해야 하는 'tournadot'와 같은 것). 따라서 이 규칙들을 사용하는 것은, 삶의 우연성과 연관되어 있기 때문에 언제나 위협적인 반전의 역류를 미리 감안해야 한다.

c) '전략', 교묘한 '술수'('행동이 교활하다')는 규칙들 사이를 '돌아다니고' '전통이 제공하는 모든 가능성들을 이용하며', 이 가능성을 저 가능성보다 선호해서 사용하고, 이 가능성을 가지고 저 가능성을 상쇄한다. 단단함을 감추는 부드러움을 이용할 줄 아는 전략은 이 조직망 속에서 자기 고유의 적합성을 창출해낸다. 좀더 나아가서, 마치 학생들이 각각의 교과목에서 평균점을 받지 않고도 전체적으로는 평점을 유지하는 학교와 마찬가지로, 전략은 한 가지 기능에서 다른 기능으로 미끄러지듯 이행해가고, 경제적, 사회적, 상징적 분할들을 무시하고 뛰어넘는다. 예를 들면 적은 수의 아이들(출산율 문제)은 온전치 못한 결혼(결혼 실패)을 상쇄한다. 혹은 결혼하지 않은 막내아들을 '보수를 받지 않는 하인'(경제적 투자와 출산력의 축소)처럼 집에 데리고 있는 경우 그에게 보상(결혼의 급부)을 지불하지 않아도 된다. 전략은 원칙이나 규칙을 '적용하지' 않는다. 전략은 원칙이나 규칙 가운데 자신이 운용할 항목들을 골라낸다.[21]

3. 전이 및 '메타포화'와 유사하고, 한 가지 장르에서 다른 것으로 쉴새없이 이행해가는 이 실천들은 하나의 '논리'를 가정하고 있다. 부르디외는 이 실천들을 미로같이 전개되는 문장들로 파악하기 위해, 그 어느 때보다 더 교묘하게, 이 실천들보다 더 교묘하게 거기서 다음과 같은 핵심적인 몇 가지 절차들을 식별해냈다.[22]

a) 다변성. 동일한 사물이라도 어떤 조합에 편입되느냐에 따라 다양한 사용법과 속성들을 가진다.

b) 대체 가능성. 하나의 사물은, 이 사물이 일부를 점하고 있는 전체성 속에서 다른 것들과의 유사성으로 인해 언제나 대체 가능하다.

c) 완곡어법. 행위들은 상징 시스템에 의해 나타나는 이분법과 이율배반을 위반한다는 사실을 감추어야 한다. 의례 행위들은 대립항

들을 집결시키면서 이 '완곡어법'의 모델을 제공할 것이다.

마지막으로 **유추**는, 상징 질서 및 이 상징 질서가 상정하는 한계들에 대한 위반이 되는 이 모든 절차들의 근거를 제공한다. 이 위반은 위장되어 있고, 슬그머니 들어온 메타포다. 바로 이 점에서 이 위반은 언어에 의해 성립된 구별을 침범하면서 존중하기 때문에 그것은 정당한 것으로 수용되고 유지된다. 이런 관점에서 볼 때 규칙의 권위를 인정하는 것은 규칙을 적용하는 것과 정반대이다. 본질적인 이 교착어법은 아마 오늘날 다시 돌아올 것이다. 왜냐하면 우리는 우리가 더이상 그 권위를 인정하지 않는 법들을 적용해야 하기 때문이다. 아무튼 부르디외가 이 실천들의 근본적 원천으로 '유추의 사용'을 고려한 것은 무의미한 것은 아니다. 1968년에 부르디외는, '유추의 사용'을 이론적 창조의 활동 그 자체로서 간주했던 과학자들의 텍스트(뒤엠, 바슐라르, 캠벨 등)를 수집했다.[23]

4. 결국 이 모든 실천들은 내가 **고유한 장소의 경제**라 부르려는 것에 의해 지배된다. 이 경제는 부르디외의 분석 속에서 두 가지 형태를 부여받게 되는데, 이 둘은 모두 똑같이 본질적으로 중요한 것들이지만 분명한 형태로 드러나지는 않는다. 하나는 **세습 재산**이 주가 되는 자본(물질적, 상징적 재산)의 극대화이다. 다른 하나는 (신체의 생식력에 의한) 시간과 (신체의 움직임에 의한) 공간을 생성하는 개별적이고 집단적인 **신체**의 발달이다. 성공하든 실패하든 책략의 증대는, 서로 상이하지만 상보적인 '집'의 형태들을 재생산하고 열매를 맺게 만들기 위해 작동하는 경제와 연관된다.[24] 집의 두 가지 형태는 재산과 신체, 즉 땅과 자손이다. 이 '장소'의 정치학은 이 전략들의 기저에 퍼져 있다.

여기에는 두 가지 특징이 나타나는데, 이 특징들로 인해 부르디외가 전략을 고찰한 폐쇄적 공간에, 그리고 그가 그 전략을 바라보는 시선에 고유한 실천이 만들어진다.

a) 부르디외는 언제나 실천들이 자기 고유의 장소(세습재산)

그리고 집단적 관리 원칙(가족, 집단)과 맺는 이중적 관계를 가정하고 있다. 그런데 이 이중의 전제가 결여되어 있다면 어떻게 될까? 이것은 흥미로운 경우인데, 우리의 기술관료주의 사회가 바로 여기에 해당하기 때문이다. 이런 우리 사회와 비교했을 때, 과거 혹은 다른 세계에 존재하는 가족 소유의 섬나라 같은 곳은 실낙원이나 로빈슨 크루소 이야기 속의 유토피아가 된다. 그런데 부르디외가 오늘날의 '소시민[프티부르주아]'이나 주부들에게서 이와 동일한 종류의 실천을 마주하게 됐을 때, 그는 그것들을 단지 '단기적이고 근시안적인 전략'이자, '불완전한 지식의 잡다한 집합체' '맥락 없이 사용되는 개념들의 잡동사니' '문화적 혼성어sabir' 등과 연관된 '무질서한 반격'일 뿐이라고 보았다.[25] 그럼에도 불구하고 동일한 실천 논리가 거기에서 작동하고 있다. 그리고 이 작동은, 전통 사회 속에서 그 실천 논리의 작용을 통제했던 장소와는 전혀 무관하다. 다시 말해서 『실천 이론 개요』에서 장소에 관한 문제 제기는 실천에 관한 문제 제기들보다 더 중요한 것처럼 보인다.

b) '전략'이라는 용어의 사용도 역시 제한되어 있다. 전략은 실천들이 매 상황에 적절한 해답을 내놓는다는 사실로 인해 정당화된다. 하지만 동시에 부르디외는, 엄밀하게 말하자면 문제는 전략과 연관된 것이 아님을 강조한다. 즉 여러 가지 가능성들 중에 선택의 여지가 없으면, '전략적 의도'도 없는 것이다. 더 나은 정보에 의해 보완되지 않으면, '최소한의 예측'도 없다. 예측은 불가능하고, 과거의 반복처럼 '추측되는 세계'만 있을 뿐이다. 요컨대 "엄밀하게 말하자면 주체들은 그들이 행하고 있는 것을 알지 못하기 때문에, 주체가 행하는 것은 그들이 알지 못하는 더 큰 의미를 가진다".[26] 따라서 이는 '박학한 무지'[27]로, 자기 스스로를 그 자체로 알지 못하는 똑똑함이다.

장소에 의해 규제되고 박식하지만 잘 알려지지 않은 이 '전략들'과 함께, 전통을 가장 잘 고수하는 민족학이 되돌아온다. 이 전략들을 관찰할 수 있는 배타적인 보호구역에서 민족학은 사실 한 민족이 가진 다양한 요소들을 일관된 것, 무의식적인 것처럼 간주한다. 일관성과 무의식이라는 이 두 개의 측면은 서로 분리될 수 없는 것이다. 일관성이 어느 한 지식에 대한, 이 지식이 발생한 장소에 대한, 이 지식이 준거로 삼을 앎의 전형에 대한 전제가 되려면, 우리는 이 지식을 객관화된 사회로부터 거리를 두게 만들어야 한다. 그렇게 하면서 우리는 이 지식을, 사회가 스스로에 대해 알고 있는 앎을 능가하고 그것과 무관한 것처럼 가정해야 할 것이다. 연구의 대상이 되었던 집단의 무의식은 그것의 일관성을 위해 치러야 하는 대가이다. 한 사회는 자기도 모르게 사이에 시스템이 될 수 있었다. 여기서 한 가지 명제가 파생되어 나온다. 즉 시스템에 대해서는 알지 못한 채 사회가 어떤지 알기 위해서 민족학자가 필요하다. 그러나 오늘날 민족학자는 더이상 그것에 대해 용감하게 말하지(혹은 사유하지) 못할 것이다. 그런데 어떻게 부르디외는 사회학의 이름으로 여기에 연루된 것일까?

'이론'

사회학이 통계(통계 그 자체는 경험적 조사에 근거하고 있다)가 제공하는 '규칙성'에 기초하여 '객관적 구조'를 규정하는 한, 그리고 모든 '상황' 혹은 '객관적인 국면'을 여러 구조들 중 한 가지 '특수한 상태'로 간주하는 한,[28] 사회학은 이 구조들에 맞추기 위한 실천들의 조절작용 — 혹은 구조와의 간극 — 을 이해할 수 있어야 한다. 우리가 일반적으로 확인하는 실천과 구조(구조는 그것의 '특수한 상태', 즉 어떤 국면을 통해 드러난다) 간의 일치는 어디에서 나오는 것인가? 이 질문에 대한 대답은 때로는 실천의 반사적 자율운동에 의지할 것이고, 때로는 실천의 당사자들이 가진 주관적 천재성에 의지할 것이다. 부르디외는 이 두 가지 가설을 모두 거부했는데, 여기에는 그럴 만한 이유가 있다. 그는 이 가설을 자신의 '이론'으로 대체한다. 이 '이론'은 실천의 기원을 통해 실천들이 구조에 적합해져가는 과정을 설명하고

자 한다.

우리는 문제의 이 용어들이 사람들을 속인다고 언급할 수 있을 것이다. 구조, 상황, 실천 등, 검토된 이 세 가지 데이터 중 뒤의 두 가지(이 두 가지는 서로 대응한다)만 **관찰된** 것이고, 구조는 통계에서 **이끌어내어 구축된 모델**이다. '이론적' 문제에 갇히기 전에, 이중의 인식론적 예비 질문을 제기할 수 있을 것이다. 첫째, 이 '구조'에 가정된 '객관성', 즉 실재가 직접 사회학자의 담론 속에서 말한다는 확신에 기초한 객관성에 대한 것. 둘째, '구조의' 모델이 설명하겠다고 주장하는 총괄성에 비해볼 때, 실천 혹은 관찰된 상황이 가지는 한계, 그리고 특히 그것들[실천과 관찰된 상황]의 통계적 표상이 가지는 한계에 관한 것. 하지만 이 예비 질문들은 이론의 긴급성이란 명목으로 쉽게 소홀히 여겨진다.

이 문제가 부르디외에게 제기되었을 때, 그는 실천을 구조에 맞게 조정하는, 그러면서도 이 둘 간의 간극을 지시해주는 **무언가**를 찾아야 했다. 그는 이것을 보충해줄 만한 한 가지 경우를 찾기 원했다. 그는 교육 사회학자로서의 자기 전공에서 요새라 할 수 있는 과정, 즉 [지식의] **습득** 속에서 발견했다. 이것은 습득을 조직화하는 구조들과 습득이 만들어낸 '배치' 사이에서 찾아낸 매개항이다. 이 '기원'은 (습득을 통한) 구조의 내면화와, 후천적으로 획득한 지식(혹은 **아비투스**)을 실천으로 외면화하는 것을 내포한다. 시간의 차원은 이런 방식으로 도입된다. (획득한 지식을 표현하면서) 실천들은 (구조를 드러내는) 상황들에 적절하게 응답한다. 그런데 이는 만일 내면화-외면화가 지속되는 동안 구조가 부동의 상태로 머물러 있을 경우에만 그렇다는 말이다. 그렇지 않고 [구조가 움직인다면] 실천들은 **아비투스**에 의해 내면화될 때 구조였던 것에 여전히 일치하면서 차이가 생길 것이다.

이 분석에 따르면, 구조는 변할 수 있고 사회적 유동성의 원칙(심지어 유일한 원칙)이 될 수 있다. 하지만 후천적으로 획득된 지식은 그렇지 않다. 그것은 자기 고유한 움직임을 가지지 못한다. 그것은 구조가 기입되는 장소이고, 구조의 이야기가 조각되는 대리석과 같은 것이다. 외부의 영향이 아닌 것은 아무것도 일어나지 않는다. 원시사회 그리고/혹은 농촌사회의 전통적 이미지처럼, 거기에는 이질적 질서가 남긴 흔적 외에는 아무것도 움직이지 않고 역사도 없다. 이 기억의 부동성은, 사회경제적 시스템이 실천들 속에서 충실하게 재생산될 것이라고 그 이론을 보장해준다. 여기에서 중심적 역할을 하는 것은, 지식의 습득 혹은 학습(가시적 현상들)이 아니라, 획득된 지식 혹은 **아비투스**[29]이다. 그것은 구조를 통해 사회를 설명하는 것을 가능하게 해준다. 하지만 이것은 대가를 치러야 한다. 이 설명이 그러한 안정성을 가지기 위해서는, 검증할 수 없는 비가시적인 것이 되어야 한다.

부르디외의 흥미를 끌었던 것은 바로 기원, '실천을 발생시키는 방식'이다. 푸코와 마찬가지로 그는 실천들이 만들어낸 것이 아니라 실천들을 만들어내는 것에 관심이 있었다. 실천들을 조사하는 '민족학 연구들'로부터, 실천들에 대한 이론을 만드는 사회학에 이르기까지, 담론을 **아비투스** 쪽으로 밀어내는 이동이 일어난다. 아비투스는 다양한 동의어(**헥시스**hexis, **에토스**ethos, **모두스 오페란디**modus operandi[작업 방식], '상식' '제2의 천성' 등)와 정의,[30] 명분을 가지고 있다. 민족학 연구에서 사회학으로 옮겨가면서 주인공도 바뀐다. 다양한 교활한 전략은 야행성의 수동적 행위자로 대체된다. 그리고 이 부동의 대리석 같은 행위자에게, 마치 그가 사회에서 확인되는 현상들의 당사자인 양 책임을 전가한다.[31] 그는 이론이 순환적으로 움직일 수 있도록 해주는 핵심적 인물이다. 이때부터 이론은 '구조'로부터 **아비투스**로 옮겨가고, 다시 **아비투스**로부터 '전략'으로 옮겨간다. 전략은 '국면'에 잘 부합하고, 이 국면 그 자체는 '구조'로 귀착된다. 국면은 구조의 결과이자 특이한 상태다.

사실 이 순환 구조는 **구축된** 모델(구조)에서 **가정된** 현실(아비투스)로, 그리고 가정된 현실에서 **관찰된** 사실에 대한 해석(전략과 국면)으로 옮겨간다. 하지만 이 이론이 순환 구조 속에 넣은 조각들의 이질적 상태보다 더 충격적인 것은, 이론이 사회학의 일관성 속에 나 있는 구멍을 막는 역할에 민족학적 [연구의] '단편들'을 동원한다는 것이다. 이 이론이 잘 작동하고 '모든 것이 잘 설명될' 수 있도록, 이론에 결핍된 요소를 제공하러 **타자**(카빌리나 베아른 사람)가 등장했다. 이 멀리서 온 이방인은 **아비투스**를 규정하는 온갖 특징들, 즉 일관성, 안정성, 무의식, 영토성(획득된 지식은 세습 재산과 마찬가지다) 등을 가지고 있다. 그는 **아비투스**에 의해 '표상된다'. **아비투스**는 비가시적 장소로서, 여기에서는 마치 카빌리의 집에서처럼 구조가 내면화되면서 뒤집어진다. 또 여기에서는 글쓰기가 겉보기에 자유로운 즉흥연주인 척하는 실천의 형식으로 외면화되면서 다시 뒤집어진다. 은밀하면서 결정적인 기억인 [카빌리의] 집은 **아비투스**의 메타포로서 이론 속에 존재하고 있고, 게다가 가설에 현실의 외양과 좌표를 부여해준다. 그러나 이론의 메타포가 되면서, 이 좌표는 단지 있음직한 것이 될 뿐이다. 집은 **아비투스**에 형식을 부여하지 내용을 부여하지는 않는다. 게다가 부르디외의 논거는 현실을 가리키기보다는, 이론을 위해 자신의 가설이 가지는 이점과 필요성을 보여주는 데 더 열중한다. 만일 도그마라는 단어가 담론이 전체화하기 위해 필요로 하는 '실재'에 대한 단언을 의미한다면, **아비투스**도 역시 도그마적 장소가 될 것이다. 틀림없이 그것은 다른 많은 도그마들처럼, 연구의 방향을 바꾸고 연구 가능성을 쇄신하는 휴리스틱한 가치를 가질 것이다.

부르디외의 이 텍스트들은 놀라운 분석으로 우리를 감탄하게 만들고, 이론으로 우리를 공격한다. 이 텍스트들을 읽으면서 나는 그것들이 유발하면서 자극하는 열광에 사로잡히는 느낌을 받았다. 이 텍스트들은 대조적인 사실들로 이루어져 있다. 실천들 및 실천들의 논리를 철저하게 검토하면서(마르셀 모스 이래로 이에 상응할 만한 것이 없을 방식으로), 이 텍스트들은 결국 그것들을 신비적인 현실, 즉 아비투스로 환원시키고 재생산의 법칙 아래에 귀속시킨다. 베아른 혹은 카빌리 사람들의 전술에 관한 세밀한 묘사는 밀어붙인 진리로 갑작스럽게 귀착된다. 마치 명석하게 탐구된 복잡성에 도그마적 이성의 잔인한 대응물이 필요했던 것처럼 말이다. 이런 대조는 문체에서도 마찬가지다. 즉 추적 과정은 꼬여서 미로 같은 형태를 띠고 있으며, 주장은 대단히 많은 부분 반복되고 있다. "나는 그것을 잘 알고 있다"(교활하고 위반적인 증식)와 "그럼에도 불구하고"(거기에는 총괄하는 의미가 분명히 있다)의 기이한 결합들. 이 공격적인 유혹에서 벗어나기 위해 나는, 이 대조 속에는 전술의 분석을 위해 핵심적인 무엇인가가 분명히 작동하고 있다고 (나름대로) 가정했다. 부르디외의 '이론'이 전술들 위에 던져놓은 덮개는 전술들이 이론 전체와 맺는 관계에 관해 무언가를 가르쳐주어야 한다. 덮개를 던지는 것은, 마치 전술들이 사회경제적 합리성에 온순하게 복종하리라 보증하면서 불을 끄기 위한 것 같기도 하고, 또한 전술들이 무의식적인 것이라고 단언하면서 그것들의 죽음을 애도하기 위한 것 같기도 하다.

이 전술들은 자신의 기준과 절차를 통해 대단히 자율적인 방식으로 제도적이고 상징적인 조직을 이용할 것이다. 따라서 전술들을 중시한다면 사회의 과학적 표상은 어떤 경우에도 쓸모가 없어질 것이다. 과학적 표상의 가설과 야망은 이에 저항하지 못할 것이다. 정상성, 보편성, 분할 등은 이 독창적인 미시행위들이 여러 영역을 횡단하고 '메타포로 만들면서' 증식하는 상황 앞에서 굴복하고 말 것이다. 수학과 정밀과학은 비인간적 현상들의 불확실하고 미생물적인 움직임을 추적하기 위해 자신의 논리를 끝없이 다듬어간다. 다루는 대상이 그보다 훨씬 더 '예민하고' 연구 수단은 훨씬 더 조잡한 사회과학에는, 바로 그 [미시행위들의] 증식을 악마화하여 배제하면서 자신의 모델을 방어하는 방법(즉 제어에 대한 야망)만 남아 있다. 이 악령퇴치라는 검증된 방법을 통해, 사회과학은 [미시행위들의] 증식을 독특한(국지적인) 것, 무의식적인(원칙상 이질적인) 것, 그리고 미시행위들에 관해 사회과학적 판단이 가지고 있었던 지식을 계시해주는 것으로 간주한다. '관찰자'가 자신의 사법 제도 안에 갇혀서 맹목적인 상태에 있다면, 모든 것이 순조롭게 진행된다. 그가 생산하는 담론은 일관성이 있어 보인다.

그러나 부르디외에게는 그런 것은 아무것도 없다. 분명히 (아주 명백한) 첫번째 층위에서는 그가 **나가는**(전술들에 다가가는) 체했지만, 그것은 실상 **되돌아오기**(전문적 합리성을 확고하게 하기) 위해서였다. 이는 단지 가짜 외출, 텍스트의 '전략'이었을 뿐이다. 하지만 그가 재빠르게 되돌아왔다는 것은, 너무나 지적인 이 실천들이 과학적 지식에 퍼뜨릴 수 있는 치명적인 위험을 **인식했다**는 걸 보여주는 단서가 아닐까? 이는 이성의 쇠퇴와 도그마적 믿음 간의 (약간 파스칼적인) 결합이다. 그는 과학적 지식에 대해, 그리고 이 지식을 확립하는 권력에 대해서도 자세히 알고 있다. 그뿐만 아니라 그는 전술들에 대해서도 잘 알고 있었는데, 그는 자신의 텍스트에서 이 전술들의 책략을 기교를 부려 재연했다. 그리하여 그는 이 책략들을 무의식의 철책 뒤로 가둬버릴 것이다. 그리고 그는 **아비투스** 물신物神을 통해 이성이 강자의 이성이 아닌 다른 것이 되기 위해 이성이 필요로 하는 것을 부정할 것이다. **아비투스**를 가지고 그는 그가 **아는** 것에 **반대되는 것**(전통적이고 대중적인 전술)을 긍정하게 될 것이다. 그리고 그에게는 이 보호(이성의 권위에 바친 경의)가 신중하게 경계를 쳐둔 장소에서 전술을 관찰할 수 있는 과학적 가능성에 비견될 만할 것이다.

만일 이것이 사실이라면(하지만 **누가** 그것을 말할 수 있겠는가?), 우리는 그의 '연구'만큼이나 그의 '교조주의'를 통해서도 그 점을 알 수 있을 것이다. (모르는 것을 숨기는 대신) 알고 있는 것을 숨기는 담론은, **아는** 것을 **실천하는** 한 분명 '이론적' 가치를 가질 것이다. 그 담론은, 단지 해명의 무대뿐 아니라 제거할 수 없는 자기 외부와의 **의식적** 관계에서 기인한 결과일 것이다. 이렇게 해서 다시 '박학한 무지'와 만나게 될 것이다. 이 박학한 무지는, 자신이 말하지 않았고 또 말할 수 없는 것에 대해 너무 잘 알기 때문에 엉겁결에 박식하다고 비난받는다.

제5장 이론의 기예

이론이 일반적으로 그렇듯이 다른 담론들에 관한 담론이 되는 대신, 담론이 존재하지 않는 영역으로 나아가야 할 때, 한 가지 특수한 문제가 제기된다. 그 문제는 뜻하지 않은 침하가 발생한다는 것이다. 즉 구어를 지탱하고 있는 땅이 약해지기 시작한다. 이론화 작업은, 이 작업이 정상적으로 이루어지는 영역의 경계에 위치해 있다. 마치 자동차가 절벽 가장자리에 걸려 있는 것처럼 말이다. 이 절벽 너머엔 바다가 있다.

푸코와 부르디외는 비담론적 실천에 관한 담론을 분명하게 설명하면서 그들의 기획을 이 가장자리에 위치시킨다. 그들이 처음으로 그렇게 한 것은 아니다. 아주 먼 과거로 거슬러올라가지 않더라도, 칸트 이래 어떠한 이론적 연구도, 바로 이 담론 없는 활동과의 관계, 그리고 인간 경험에서 언어로 길들고 상징화되지 않은 것이 구축해낸 거대한 '나머지'와의 관계에 대해 설명해야 하는 의무에서 자유롭지 못했다. 개별 학문은 이것을 직접적으로 다루는 것을 피한다. 그것은 자체적인 선험적 조건들을 가지고 있는데, 이는 개별 학문이 문제를 '언어화'하는 제한된 고유의 장 속에서만 문제를 다루기 위해서이다. 개별 학문은 문제를 '말하게 만드는', 모델과 가설의 틀 속에서 문제를 예측한다. 그리고 이 심문 장치는 사냥꾼의 덫처럼 소리 없는 침묵을 '대답'으로, 즉 언어로 변화시킨다. 이것이 바로 실험이다.[1] 반대로 이론적 질문은, 과학적 담론들이 서로 맺는 관계는 말할 것도 없고, 그것들이 자기 영역을 구축하기 위해 거기서 축출하고자 애썼던 것과 맺는 공통의 관계가 존재한다는 사실을 잊지 않았고, 잊을 수 없다. 이론적 질문은, (아직도?) 말하지 않고 '일상적' 실천의 모습을 가진 것의 범람과 연관되어 있다. 그것은 이 '나머지'에 대한 기억이다. 이는 과학의 법정에서 받아들여질 수 없는 안티고네이다. 과학의 장소에서 기술적 제약들은 이 잊을 수 없는 것에 대한 망각을 '정치적으로'(방법론적으로 그리고 원칙상 잠정적으로) 필수적인 것으로 만든다. 그러나 이론적 질문은 끊임없이 이 잊을 수 없는 것을 과학의 장소로 데려간다. 그렇다면 이론적 질문은 어떻게 성공할 수 있을까? 몇 가지 멋진 수를 잘 써서, 혹은 몇 가지 책략을 통해서? 이것이 바로 문제이다.

재단하기 그리고 뒤집기: 이론의 레시피

우리는 다시 푸코와 부르디외의 작업으로 되돌아가야 한다. 이 두 중요한 작업 사이에는 분명한 간극이 보인다. 이 간극은, 그 자체로 이 글의 문턱에서 이렇게 멈춰 서게 된 이유이다. 이 글은 실천에 관한 이론사이기를 원치 않는다. 이 두 기념비적 작업들은 어느 한 연구 영역을 그것의 양극단이라 할 만한 지점에 위치시켰다. 이 양극단이 대단히 멀리 떨어져 있다 할지라도, 이 두 작업은 제작 과정을 공유하고 있다. 사용된 자료와 쟁점이 되는 문제설정, 그리고 개방된 시각의 차이에도 불구하고 기본적인 작업 도식이 같다는 점이 눈에 띈다. 실천들의 이론을 '만드는 방법'에는 두 가지 형태가 있다고 볼 수 있을 것이다. 음식을 만드는 방법과 마찬가지로, 이론을 만드는 방법은 이질적인 여러 관심사를 가지고 각 상황에 따라 적절하게 실행될 수 있다. 그러고 이론을 만드는 방법에도 역시 다양한 손재주가 활용되고, 잘하거나 혹은 잘못하는 행위자가 있기 마련이다. 그것은 또한 수를 쓰는 것도 허용한다. 이론을 만드는 이 방법을, 레시피를 여러 몸짓들로 점철된 부정법不定法(혹은 명령법)으로 특징지으면서, 이 이론화 작업은 두 가지 계기로 요약된다. 먼저 재단하기, 그런 다음 뒤집기. 즉 처음에는 '민족학적' 고립, 그리고 그다음에는 논리적 전도.

첫번째 행동은 비정형의 천에서 몇몇 실천들을 **잘라내고**, 그 실천들을 마치 **별개의 집합**처럼 다룰 수 있게 한다. 그런데 이것은 **수미일관**하지만 이론이 생산되는 장소와는 **무관한 전체**를 형성한다. 이렇게 해서 푸코의 '파놉티콘' 절차들은 다수의 일반 대중 속에서 고립되어 있고, 부르디외의 '전략들'은 베아른이나 카빌리 사람들에게 국한되어 있다. 이런 방식으로 두 이론은 민족학적 형태를 띠게 된다. 게다가 양쪽 경우 모두, 고립되어 있던 장르(푸코) 혹은 장소(부르디외)는 전체 종種에 대한 환유로 간주된다. 즉 (경계선이 그어져 있어 관찰 가능한) 한 부분이 (범위를 정할 수 없는) 실천들 전체를 대표하는 것처럼 여겨지는 것이다. 분명히 푸코에게 이 고립은 테크놀로지에 고유한 역학을 설명하는 데 의거하고 있다. 이는 역사 서술식 담론이 만들어낸 재단裁斷이다. 부르디외의 경우 고립은 유산에 대한 방어가 구성하는 공간을 통해 만들어진다고 가정한다. 즉 고립은 사회경제적이고 지리학적인 하나의 데이터로 수용되고 있는 것이다. 하지만 이런 민족학적이고 환유적인 재단은, 비록 이 행위를 규정하는 양상은 상이하다 하더라도 이 둘의 분석에서 공통된다.

두번째 행동은 이렇게 재단된 단일성을 **뒤집는다**. 모호하고 암묵적이며 막연한 단일성은, 이론을 해명해주고 담론을 지탱해주는 요소로 전도된다. 푸코의 경우 학교, 군대, 병원에서의 감시의 디테일들 속에 내재해 있는 절차들은, 담론적 정당성 없는 미시장치이자 계몽[앎]과 무관한 전문기술로, 이는 그 속에서 우리 사회 시스템과 인문학의 시스템이 동시에 명확해지는 원인이 된다. 이 절차들에 의해 그리고 이 절차들에서, 그 어떤 것도 푸코를 벗어날 수 없다. 이 절차들을 통해 푸코의 담론이 비로소 그 모습일 수 있었고 이론적으로는 모든 것을 보는 파놉티콘이 될 수 있었다. 부르디외의 경우에는, 담론의 질서에 비해 약삭빠르고 위반적인 다양한 형태의 '전략들'이 조직하는, 멀리 떨어져 있고 불가해한 장소도 역시 전도된다. 이는 동일한 질서의 재생산을 모든 곳에서 확인하는 이론에, 자명성과 본질적 구성 등을 제공하기 위해서이다. 자신의 지식을 자각하지 못하는 이 전략들은 외재화되는 아비투스로 귀착되는데, 이 전략들은 부르디외에게 모든 것을 설명하고 모든 것을 지각할 수 있는 방법을 마련해준다. 푸코가 절차들이 시스템에 가져오는 결과들에 관심이 있었고, 또 부르디외는 전략들의 원인이 되는 '유일한 원리'에 관심이 있었다 할지라도, 그 둘은 모두 동일한 기교를 썼다. 즉 그들이 은밀하고 실어증에 걸린 것같이 고립되어 있는 실천들을 이론의 핵심으로 변화시킬 때, 그리고 그들이 어둠 속에 있는 이 실천들의 집합체를 설명적 담론의 결정적 요소가 반짝이고 있는 거울로 만들어버릴 때, 그 둘은 모두 동일한 기교를 쓴 것이다.

이 기교를 통해 이론은 자신이 다루는 절차들에 속하게 된다. 비록 이론은 종種의 단 하나의 범주만을 고려하면서, 이 고립된 집단에 환유적 가치만을 상정하면서, 그리고 이런 식으로 다른 실천들은 고려하지 않으면서, 자기 이론의 형성을 보증해주는 절차들을 망각하게 됨에도 말이다. 담론이 절차들에 의해 결정된다는 것을, 푸코는 이미 인문학의 경우 속에서 분석했다. 그런데 자신의 분석이 증명해 보여주는 생산 방식에 의해 확증된 그의 분석은, 이 분석이 그 기능을 밝혀내고자 하는 장치와 유사한 장치의 지배를 받는다. 우리는 푸코가 그 역사에 대해 말했던 파놉티콘 절차들과 관련해, 어떤 차이가 이중의 몸짓, 즉 실천의 낯선 집합체를 규정하는 몸짓과 모호한 내용을 명백한 글쓰기로 전도시키는 몸짓을 도입하는지 알아보는 것이 남아 있다.

하지만 우선 이 몸짓들의 성격을 분명히 하는 것이 바람직하다. 그리고 이에 대한 검토를 명분상의 필요에 따라 뽑아낸 두 개의 업적에 한정시키지 않는 것이 바람직하다. 사실 이 행위가 나오는 절차는 전혀 예외적이지 않다. 그것은 자주 사용되는 오래된 레시피이지만, 더 큰 주목을 받을 만하다. 20세기 초반의 두 가지 유명한 본보기, 즉 『종교 생활의 원초적 형태』의 뒤르켐, 그리고 『토템과 터부』의 프로이트를 상기시키는 것으로 충분할 것이다. 실천들에 관한 이론을 구축할 때, 그들은 우선 이 실천들을 '교양 있는' 우리 사회에 비해 '원시적이고' 폐쇄적이고 민족학적인 공간에 위치시켰다. 그리고 그들은 이 어두운 영역에서 그들 분석의 이론적 공식을 식별해냈다. 뒤르켐이 현대사회의 윤리와 이론의 원칙을 발견한 것은 오스트레일리아의 아룬타족('원시적인 것들' 중에 원시적인 것으로 보증된 민족)의 희생제의 실천 속에서였다. (희생을 통해) 각 개인의 무한한 욕구를 금지하는 제약은 한편으로는 한 집단 구성원들 간의 공존을, 그리고 다른 한편으로는 그들 간의 합의를 가능하게 만들어준다. 다른 말로 하자면, 포기와 희생의 실천은 다양성과 계약, 즉 사회가 가능해지도록 만든다. 그리고 한계의 수용은 사회계약의 기초가 된다.[2] 그리고 프로이트는 원시적 유목민 부족의 실천들 속에서 정신분석의 핵심적 개념들(근친상간, 거세, 아버지의 죽음에 대한 법의 진술)을 간파해냈다.[3] 이는 어떠한 직접적 경험도 증명해주지 못할 만큼 대단히 충격적인 우회이다. 뒤르켐도 프로이트도 그가 다루고 있는 실천들을 눈으로 직접 관찰하지는 않았다. 마르크스가 공장에 가지 않았던 것처럼 그들은 결코 그것을 보러 가지 않았다.[4] 그렇다면 그들은 왜 이 실천들을, 이론의 핵심 단어가 반전의 형태로 쓰여 있는 밀폐된 수수께끼로 만드는 것인가?

오늘날 우리의 이성의 비밀을 간직한 이 실천들은 더이상 멀리 떨어져 있지 않다. 시간이 지나면서 이 실천들은 점차 우리에게 가까이 다가왔다. 이 민족학적 현실을 찾기 위해 오스트레일리아나 선사시대로 갈 필요가 없다. 이 현실은 우리 시스템(파놉티콘 절차들) 속에 있고, 우리 도시의 옆에 혹은 내부에(베아른 혹은 카빌리의 전략들) 있고, 훨씬 더 가까이에('무의식') 있다. 하지만 내용이 그렇게 우리 가까이 있다 할지라도, 그것의 '민족학적' 형식은 여전히 남아 있다. 지식에서 멀리 떨어져 있으면서도 여전히 그 지식의 비밀을 간직하고 있는 이 실천들에 부여된 형식은 문제를 야기한다. 거기에서 근대성의 모습을 볼 수 있다.

'기예'의 민족학화

이론적 성찰은 분석을 한다는 목적으로 실천들과 거리를 두지 않는다. 따라서 실천의 분석을 위해 이론이 자기 자신의 자리에서 벗어나는 대신 실천들을 이론적 성찰이 있는 곳으로 되돌아가게 하여 그곳에서 서로 조우하는 것으로 충분하다. 이론적 성찰은 자르기를 수행하고 반복한다. 역사는 이론적 성찰에 이러한 재단을 요구한다. 담론 없는 절차들은 집결되고 한 지역에 정착된다. 이 지역은 과거에 의해 조직되었고, 이론을 위한 결정적인 역할, 즉 계몽된 지식을 위한 야생의 '보존지'가 되는 역할을 부여했다.

계몽주의에서 유래한 이성이 자신의 규율과 정합성, 권력을 결정해 감에 따라, 담론 없는 절차들은 차츰 경계지의 가치를 띠게 되었다. 따라서 이 절차들은, 18세기부터 엄밀성과 조작 가능성이 분명해진 과학적 글쓰기에 상대적인 타자성과 '저항'처럼 나타났다. 진보라는 이름으로 실행의 기예(혹은 방식)와 지식의 새로운 외형이 드러내는 과학이 서로 구별되기 시작했다. 실행의 기예라는 이름은 대중문학[5] 속에서, 즉 '인간 관찰자들'[6] 쪽에서 증대하는 호기심의 대상 속에서 증가했다.

이 구별은 더이상 '이론'과 '실천'의 전통적 2항 구도를 따르지 않는다. 전통적 2항 구도는 우주라는 책을 해독하는 '사색'과 구체적 '적용' 사이의 분리로 명확히 드러난다. 반면 이 구별은 두 가지 상이한 **작동 과정**, 즉 담론적인(언어를 통한 그리고 언어 속의) 작동 과정과 담론 없는 작동 과정을 대상으로 삼고 있다. 16세기 이래로 **방법**이라는 개념은 아는 것과 행하는 것 사이의 관계를 점진적으로 변화시켰다. 다각화된 영역들에서 작용하는 담론적 '행위'로 변화되고, 따라서 환경의 변화를 위한 전문기술로 변화된, 법과 수사학의 실천들에서부터 **담론**의 근본적 도식이 필수 불가결해진다. 이 도식은 **사유**의 방법을 **실행**의 방법으로, 생산의 합리적 관리로, 전유된 영역 위의 조절된 실행으로 체계화해간다. 이것이 바로 '방법', 즉 근대 과학성의 씨앗이다. 사실상 방법은 플라톤이 이미 활동이라는 표시 아래에 위치시켰던 **기예**를 체계화하는 것이다.[7] 하지만 방법은 담론을 통해서 노하우를 지시한다. 따라서 경계는 더이상 위계 지어진 두 개의 지식을 분리하지 않는다. 두 개의 지식이란 사변적 지식과 개별적인 것들에 연결된 지식을 말한다. 전자는 세계의 질서를 해석하는 데 집중하는 지식이며, 후자는 사변적 지식이 고정해놓은 틀 속에서 사물들의 디테일들에 맞춰가는 지식을 말한다. 그런데 경계는 담론에 의해 분명하게 설명된 실천들을 (아직) 그렇지 않은 실천들에 대립시킨다.

담론 없는, 특히나 글자로 쓰이지 않은 '노하우'(이는 글쓰기이면서 동시에 과학인, 방법에 관한 담론이다), 이것이 가지게 될 지위는 무엇일까? 이것은 미개한 여러 작동들로 구성된다. 이것의 급속한 증가는 담론의 법칙을 따르지 않지만, 중농주의에 이어 그다음엔 자본주의 경제의 최고 가치인 생산 법칙을 따른다. 따라서 그것은 과학적 글쓰기가, 생산을 조직하는 특권을 갖는 것을 부정한다. 그것은 언어의 전문가들을 잇달아 약을 올리고 자극한다. 그것은 무시당할 만한 실천들이 아니라 반대로 '창의적이고' '복잡하고' '작동하는' 지식들의 정복을 촉구한다. 베이컨에서부터 크리스티안 볼프 혹은 장 베크만에 이르기까지, '기예'와 '숙련'*의 광대한 보존지를 식민화하기 위해 엄청난 노력을 기울였다. 기예와 숙련은 과학 안에서 분명하게 드러나는 힘을 여전히 결여하고 있지만, [기예와 숙련에 관한] 묘사를 통해 언어 속에 들어올 수 있었고, 이로 인해 더 큰 '완벽함'으로 인도될 수 있었다. 이 두 개의 용어, 즉 이야기적 특성에 속하는 '묘사'와 전문기술의 최적화를 추구하는 '완벽함'에 의해, '기예'의 자리는 과학의 바깥 영역이긴 하지만 그래도 과학에 가까운 곳으로 정해졌다.[8]

18세기 백과전서는 과학, 기예, 숙련에 관한 체계적인 사전이라는 하나의 결과이자 동시에 기치이다. 백과전서는 '과학'과 '기예'를 나란히 근접해서 배치했는데, 이는 차후에 이 둘이 동일시될 전조였다. 하나[과학]는 조작적 언어로, 이 언어의 문법과 통사론은, 구축되고 통제 가능하며 따라서 글로 쓰일 수 있는 시스템을 형성한다. 다른 하나[기예]는 현재 자신이 가지고 있지 않은 계몽된 지식을 기다리는 기술이다. 「기예」라는 글에서 디드로는 이질적인 이 요소들의 관계를 분명히 보여주고자 애썼다. 그는, '대상이 실행된다면' 그것은 '기예'와 연관이 있고, 반대로 '대상이 숙고된다면' 그것은 '과학'에 연관이 있다고 썼다. 실행과 사색 간의 이 구별은 데카르트적이기보다는 베이컨적이다. 그리고 이 구별은, 표상되는가 아니면 실천되는가에 따라서 '기예' 그 자체 내부에서도 반복된다. "모든 기예는 사색과 실천을 가진다. 기술의 사색이란 기예의 규칙들에 대한 무력한 앎일 뿐이다. 반면 기예의 실천이란 이 규칙들에 대해 생각 없이 습관적으로 사용하는 것일 뿐이다." 따라서 기예는 계몽된 담론을 가

* 기예arts와 숙련metiers을 이어서 쓰면(arts et metiers) '공예'라고 번역되기도 한다.

지지 못한 지식, 이 담론의 바깥에서 작동하는 지식이다. 그런데 이 노하우는 자신의 복잡성으로 인해 계몽된 과학을 능가한다. 이렇게 해서 디드로는 '기예의 기하학'에 대해 다음과 같이 썼다. "아카데미 기하학의 요소들은 작업장 기하학의 여러 요소들 중 가장 단순하고 가장 덜 합성된 것들에 불과하다." 예를 들어 지렛대, 문지르기, 직물 꼬기, 시계 메커니즘 등과 관련된 문제에서는 '계산'만으로는 여전히 불충분하다. 문제의 해결은 오히려 대단히 오래된 '경험적이고 수공업적인 수학'의 '사안'이다. 비록 이 오래된 수학의 '언어'가 '적절한 단어의 빈곤'과 '동의어의 과잉'으로 인해 아직 교양 없는 상태로 남아 있다 할지라도 말이다.[9]

지라르를 따라 디드로는 수공업 기술이라는 말로, 제조업의 기예처럼 (용해와 조립 등을 통해) 재료들을 완전히 '새로운 실체'로 만들지는 않고 단지 이 재료를 자르고 재단하고 연결시키면서 '조화롭게 만드는 데' 만족하는 기예를 가리켰다.[10] 수공업 기술은 새로운 생산물을 '만들어내지' 않을 뿐 아니라 고유의 언어를 갖고 있지 않다. 그것은 임시로 대충 수선할 뿐이다. 그러나 생산성이라는 기준에 따라 지식을 재조직하고 위계화하는 것은 이 기예에 몇 가지 의미를 가져다준다. 즉 조작 가능성은 기예에 기준이 되는 의미를 가져다주고, 또한 '실험적이면서 수공업적인' 섬세함은 기예에 전위적인 의미를 가져다준다. 과학적 '언어'와 무관한 기예는 이 언어의 바깥에서 실행의 '절대성'(즉 효율성은 담론에서 면제되어 있지만 그럼에도 자신의 생산주의의 이상을 나타낸다), 그리고 지식의 '저장고'를 구축한다. 우리는 '작업장'이나 시골(로고스는 가내수공업 속에 감춰져 있고, 그것은 과학의 미래에 대해 이미 속삭이고 있다)에서 이 지식의 목록을 작성해야 한다. 뒤처진 문제설정이 기예와 과학의 관계 속으로 들어간다. 시간의 핸디캡은 노하우들을, 이 노하우들이 인식론적으로 상위에 있는 과학에 의해 점차 해명되어가는 것으로부터 떼어놓는다.

따라서 '관찰자들'은, 과학과 여전히 떨어져 있으면서 과학에 앞서 있는 이 실천들 쪽으로 서둘러 향한다. 퐁트넬은 1699년부터 실천에 주목할 것을 권고했다. "장인들의 작업장은 기지와 발명, 모든 측면에서 뛰어나다. 하지만 이것들은 우리의 시선을 끌지는 않는다. 대단히 유용하고 대단히 기발하게 상상된 도구와 실천 앞에 관객들이 없다."[11] 이 '관객들'은 수집가, 묘사가, 분석가의 역할을 한다. 하지만 이들은 거기서 학자들의 지식에 선행하는 지식을 발견해내면서, 동시에 '부적절한' 언어에서 그 지식을 끌어내고, 일상적 노하우들 속에 이미 존재하고 있는 '경이로운 것들'에 대한 잘못된 표현을 '적절한' 담론으로 바꿔야 한다. 과학은 이 신데렐라들을 공주로 만들 것이다. 이때부터 이 실천들에 대한 민족학적 운용의 원칙이 제기된다. 즉 그 실천들의 **사회적 고립**은 일종의 '교육', **언어학적 도치**를 통해 과학적 글쓰기의 영역 속에 그 실천들을 끌어들이는 교육을 요청한다.

18세기부터 20세기까지 민족학자나 역사학자는 전문기술을 그 자체로 훌륭한 것으로 여겼다는 건 주목할 만한 사실이다. 그들은 이 전문기술이 **실행하는** 것을 기록해두었다. 그것을 해석하고자 하는 어떠한 욕구도 없었고 단지 그것을 묘사하기만 하면 되는 것이었다. 반대로 그들은, 어느 한 집단이 자신의 활동을 위치시키거나 상징화하게 해주는 이야기는, 이 이야기가 말한 것과 다른 것을 의미하는 '전설'로 간주했다. 실천들을 다루는 것과 담론을 다루는 것 사이에는 이상한 괴리가 존재한다. 전자가 실행의 '진리'를 기록하고 있을 때, 후자는 발언의 '거짓'을 해독한다. 실천들을 다루는 것에 대한 대략적 묘사는 장황한 해석과 대조를 이룬다. 이 장황한 해석은, 교수 그리고/혹은 민족학자에게 양도된 법률가들의 해석학적 기법을 가지고, 논평하고 주석을 달고 참고문헌을 과학적 텍스트로 '번역하는' 것을 오래전부터 훈련해온 지식인, 언어 전문가들을 통해 신화나 전설을 특권적 대상으로 만들었다.

게임은 이제 시작되었다. 실천들의 무언의 관할 구역은 역사적으로 제한되었다. 150년 후에 뒤르켐은 (실행의) **기예** 문제, 즉 '이론

없이 순수하게 실천'에만 관련된 문제에 착수하면서, 이 '민족학적' 정의를 가까스로 수정했다. 그런데 이는 이 정의를 강화하기 위한 것이었다. 작동의 절대성은 바로 거기, 즉 그것의 '순수함[이론 없이 순수하게 실천에만 관련된다는 것]'에 있다. 뒤르켐은 다음과 같이 썼다. "기예는 특정 목적을 겨냥한 실행 방법의 시스템으로, 그것은 교육에 의해 전달되는 전통적 경험 혹은 개인의 사적인 경험의 산물이다." 담론에만 유일하게 해당되는 일반화를 결여한 채 특수성 속에 싸여 있지만 그럼에도 기예는 여전히 '시스템'을 형성하고 '목표'에 따라 조직된다. '시스템'과 '목표'라는 이 두 가지 가설은 과학과 윤리로 하여금 기예가 갖추지 못한 '자기 고유의' 담론을 제자리에 잘 보존할 수 있도록 해준다. 즉 실천들의 이름으로 장소 속에 기입될 수 있도록 해준다.

사회학의 기반을 교육 이론에 연결시켰던 이 위대한 선구자[뒤르켐]가 기예의 생산 혹은 획득에 관심을 두었다는 것도 역시 독특한 점이다. "우리는 오직 행동을 가해 사물들과 관계를 맺음으로써, 또 행동이 스스로 실행함으로써만 기예를 획득할 수 있다." 뒤르켐은 디드로가 했던 것처럼 작동의 '신속성'에, 작업실의 수공업적 지식에 대한 이론의 지연을 더이상 대립시키지 않았다. 거기에는 오직 교육의 기준 위에 세워진 위계의 흔적만 남아 있을 뿐이다. 뒤르켐은 계속해서 다음과 같이 썼다. "아마 기예는 성찰réflexion의 도움으로 더욱 명확해질 수 있을 것이다(이것이 바로 계몽주의 사조의 키워드이다). 하지만 성찰은 기예의 본질적 요소는 아니다. 왜냐하면 기예는 성찰 없이도 존재할 수 있기 때문이다. 또한 만사를 다 성찰하는 기예는 하나도 존재하지 않는다."[12]

그렇다면 '만사를 다 성찰하는' 과학은 존재하는가? 어쨌든 백과전서(백과전서는 '숙고하다'라고 말할 것이다)와 유사한 용어집에서 이론은 이 '만사'에 대해 '성찰하는' 임무를 부여받았다. 더 일반적으로 보자면 뒤르켐에게 사회는 오직 그 자신만이 읽을 수 있는 글이다.

여기서 지식은 이미 실천들 속에 기록되어 있지만, 아직 명확히 밝혀지지는 않았다. 과학은 그것을 읽을 수 있게 해주는 거울이 될 것이다. 또한 과학은, 즉각적이고 정확하지만 언어와 의식이 결여되어 있으며 박식하지만 여전히 정제되지 않은 작동에 대해 '성찰하는' 담론이 될 것이다.

알려지지 않은 것에 관한 이야기

"분명한 조잡성 때문에 믿기 어렵겠지만, 실은 우리와 아주 가까운"[13] 희생과 마찬가지로 예술은 과학에 비해볼 때, 그 자체로 본질적이지만 과학 없이는 판독될 수 없는 지식이다. 이는 과학에게 위험한 상황인데, 왜냐하면 과학에게는 오직 자신에게 없는 지식에 대해 말할 수 있는 힘만 남았기 때문이다. 마찬가지로 과학과 예술 사이에서 우리는 양자택일이 아니라 상호보완성을, 그리고 가능하다면 유기적 연결을 고려해야 한다. 마치 볼프가 1740년에(에마누엘 스베덴보리 이후, 혹은 라부아지에, 데조드레, 오귀스트 콩트 등 이전에) "제3의 인간이 과학과 예술을 자기 안에서 결합할 것이다. 그는 이론가들의 나약함을 고쳐줄 것이고, 예술 애호가들을 편견, 즉 예술 애호가들은 이론 없이 완벽해질 수 있다는 편견에서 해방시킬 것이다……"[14]라고 생각했던 것처럼 말이다. '정리定理의 인간'과 '경험의 인간'[15] 사이를 매개하는 자는 바로 기술자ingénieur일 것이다.

'제3의 인간'은 계몽된 (철학적이거나 과학적인) 담론 주위를 떠나지 않았고 여전히 떠나지 않고 있다.[16] 그렇지만 그는 우리가 바라는 바대로 나타나지는 않았다. 그를 위해 마련된 자리(이 자리는 오늘날 기술관료의 자리로 인해 두 배가 되었다)는 노동과 연관되어 있다. 노동은 19세기 내내 한편으로는 예술에서 그것의 기술들을 분리해냈고, 또다른 한편으로는 이 기술들을 '기하학적으로 질서정연하게 만들고' 수학화했다. 우리는 노하우를 가지고, 개인적 수행 능력에서 분리될 수 있었던 것을 점차 잘라냈고, 이것을 형식, 재료 및 힘으로 구성된 제어 가능한 조합물을 구축하는 기계로 '완벽하게 만들어나갔다'. 이 '전문기술 기관'은 수공업적 능력에서 나온 것으로(이 기관은 기계가 되면서 수공업적 능력을 능가한다), 기술자의 권한 아래 있는 고유한 공간 속에 위치한다. 이것은 테크놀로지의 지배를 받는다. 그리고 이때부터 노하우는 자신을 실행에 실질적으로 연결시켜주었던 것을 점차 박탈당하게 된다. 전문기술들이 기계로 변화되기 위해서 노하우에서 점점 빠져나오면 나올수록, 그것은 주관적 지식, 즉 절차들(이 절차들은 이제 노하우 쪽으로 돌아가고, 테크놀로지에 의해 생산된 기계로서 강요된다)의 언어에서 분리된 지식으로 물러나는 것처럼 보인다. 노하우는 '직관적이거나' '반사적인' 능력이라는 모습을 하고 있다. 거의 드러나지 않은 채 비밀스러운 이 능력의 지위는 공란으로 남아 있다. 19세기에 전문기술의 최적화는 '기예'와 '숙련'이라는 보물 속에서 기계 발명을 위한 기회 혹은 제약이 되는 모델을 끌어내면서, 일상적 실천들에게는 고유한 생산물이나 수단이 결핍된 영역만을 넘겨주었다. 전문기술의 최적화는 이 영역을 민속적folklorique 지역으로, 혹은 예전처럼 언어적 담론도 없고 이제는 수공업적 언어도 없는 이중으로 고요한 땅으로 만들었다.

그러나 어떤 '지식'이 여전히 거기에 있다. 이 지식은 자신의 기술 도구(사람들은 이걸로 기계를 만든다)를 결핍하고 있다. 그리고 이 지식의 실행 방식은 생산주의의 합리성이라는 관점에서 볼 때 정당성도 가지고 있지 않다(요리, 청소, 바느질 등의 일상적 기예들). 하지만 테크놀로지의 식민화가 내버려둔 이 나머지 영역은 '사적' 행위로서의 가치를 획득하고, 일상생활에 연관된 상징적 투자로 가득 차 있으며, 집단적이거나 개별적인 특수성들의 표지 아래에서 작동한다. 요컨대 그것은 과학적 혹은 문화적으로 정당한 실천orthopraxies의 가장자리 혹은 틈 속에 보존되고 있는 것에 대한, 전설적이면서 동시에 활동적인 기억이 된다. 특이성들의 징후 — 시적 속삭임이나 매일의 비극 — 로서 실행의 방식들은 소설 속에 대거 도입된다. 무엇보다 19세기 사실주의 소설이 바로 그러하다. 실행의 방식들은 거기에서 일상의 기교들로 가득찬, 픽션fiction이라는 새로운 재현의 공간을 발견한다. 과학은 이 기교들을 가지고 무엇을 해야 할지 잘 모르지만, 독자들에게 잘 알려져 있는 이 기교들은 모든 사람에 관한 미시사의 특징이 된다. 문학은 테크놀로지의 저작권이 없는 이 실천들의 총람으로 변화한다. 정신의학 관련 기관의 상담실에서, 혹은 정신분석학자의 진찰실에서 고객들이 하는 이야기들 속에서 특권적 자리를 차지하는 것은 바로 이 실천들이다.

다시 말해 '이야기'는 일상적 실천들에 서사성narrativité이라는 보물 상자를 제공한다. 분명히 이야기는 일상적 실천의 단편들만을 묘사할 수 있을 뿐이다. 이야기는 단지 일상적 실천의 메타포에 불과하다. 하지만 지식의 연속적 배치 사이에 있는 균열에도 불구하고, 행동 도식 세트인 민중 설화에서부터[17] 고전주의 시대의 『기예의 묘사Description des Arts』에 이르기까지 실행의 방식들을 이야기의 형식으로 보여주는 일련의 서사적 문헌들 속에서 이야기는 새로운 변이형을 표현한다. 이 문헌들은 현대 소설, 그리고 또한 수공예 기술이나 요리법 등에 관한 민족학적 묘사가 주가 되는 미시 소설들도 포함한다. 그런데 이와 같은 연속성은 일상적 실천들에 대해 서사성이 갖는 이론적 적합성도 시사한다.

이 실천들이 서사(다른 사례들에 대해 서사가 미치는 영향의 범위에 대해 검토해야 할 것이다)로 '회귀하는 것'은 더 광범위하고 역사적으로는 덜 규명된 현상과 결부되어 있다. 우리는 이 현상을 노하우가 초래한, 지식의 미학화라고 칭할 수 있을 것이다. 이 지식은 자신의 절차들로부터 분리되어 있고, 하나의 '취향', '감지력tact' 심지어는 '천재성' 등으로 인정된다. 우리는 여기에 예술적이거나 반사적인 직관의 특성을 차례로 부여한다. 이것은 말하자면 자기 자신은 알지 못하는 앎이다. 이 '인지 행위'에는, 반복 혹은 내적 '성찰'이라는 수단을 통해 행위의 숙달에 영향을 미치는 자의식이 동반되지 않는다. 실천과 이론 사이에서 이 앎은 담론적이지 않고 원초적인 '제3의' 위치를 점하고 있다. 그것은 마치 다른 것들과 구별되고 나중에 밝혀지는 것의 '근원'과 마찬가지로, 뒤로 물러나 있는 본래적인 것이다.

이 지식은 알려져 있지 않다. 그것은 실천들 속에서, 우리가 전설이나 신화에 부여하는 지위, 즉 자기 자신에 대해 알지 못하는 앎에 관한 발언이 되는 지위와 유사한 위상을 지닌다. 양쪽은 모두 주체가 성찰하지 못하는 지식과 관련된 것이다. 주체는 그 지식을 자기 것으로 전유하지 못하면서 그것을 증명해준다. 결국 그 주체는 자신의 노하우에 대한 주인이 아니라 임차인인 것이다. 그에 관해 우리는 지식이 있는가를 의문시하지 않는다(우리는 지식이 있어야 한다고 가정한다). 하지만 그것은 그 지식을 소유한 사람이 아닌 다른 이들에 의해서만 알려진다. 시인이나 화가의 노하우와 마찬가지로, 일상적 실천들의 노하우는 오직, 소유자는 아니지만 자신의 담론적 거울로 그것을 명확히 보여주는 해설자를 통해서만 알려질 것이다. 따라서 노하우는 그 누구의 것도 아니다. 노하우는 그것을 실천하는 이들의 무의식에서부터 그것을 실천하지 않는 이들의 성찰에 이르기까지 순환한다. 하지만 그 어떤 주체도 노하우를 지배하지 않는다. 이는 익명적이면서 준거가 되는 지식이고, 기술적이거나 학술적인 실천들의 가능성에 대한 조건이다.

해독 가능한 절차들(그것은 자기 고유의 언어를 더이상 갖지 않는다)과 합법적인 소유자(그것은 자기 고유의 주체를 갖지 않는다)를 모두 결여하고 있는 이 외딴 지식에 관해, 프로이트 정신분석학은 특별히 주목할 만한 해석을 제공해준다. 프로이트의 정신분석학은 모든 것은 하나의 가설 위에서, 즉 그것의 결과들은 하나의 실재로서 간주되도록 만들어졌다는 가설 위에서 작동한다. 지식이 존재하지만, 그것은 무의식적이라는 것이다. 그리고 역으로 무엇인가를 알고 있는 것은 바로 무의식이다.[18] 프로이트의 환자들이 들려주는 이야기와 '환자의 병력病歷, Krankengeschichte'은 이것에 대해 길게 말해준다. 게다가 프로이트 이래로 모든 정신분석가는 자신의 경험으로부터 그것을 배우게 된다. 즉 정신분석가는 '알고 있다고 가정되는' 자신의 위치에서 환자들에게 뭔가를 진술하게 만들 수 있고 혹은 만들 거라는 사실을 환자들은 이미 다 알고 있다. 이 모든 것은 마치 디드로가 말했던 '수공업 작업실'이 깊은 곳으로 억압되고 뒤로 물러난 장소에 대한 메타포가 되었던 것처럼 진행된다. 이 장소에서는 오늘날 '경험적이고 수공업적인' 앎이 정신분석학 이론이나 '학회'가 이 앎에 대해 알아낸 담론을 능가한다. 자신의 환자들에 대해 그리고 다른 모든 타인들에 대해, 정신분석가는 자주 다음과 같이 말한다. "어디선가로부터 그들은 그것을 알고 있다"고. 그런데 "어디선가"란 대체 어디인가? 그들의 실천, 즉 몸짓, 행실, 말하거나 걷는 방식 등이 그 답을 알고 있다. 어떤 지식이 거기에 있다. 그렇다면 그건 누구의 것인가? 과학성에 관련된 모든 의미가 만반의 준비를 하고 완전히 무의식 쪽으로 이동해간 것처럼 보인다. 따라서 의식에는 오직 이 지식의 파편들과 결과인 책략과 전술(이것들은 과거에 '기예'를 특징지었던 것과 유사하다)만 남았다는 것은 대단히 분명하고 엄중한 사실이다. 이런 상황의 반전을 통해, 성찰하지 않고 말하지 않는 것, 즉 **알려지지 않은 것, 무언의 것이 합리적인 것이** 된다. 반면 '밝게 해명된' 의식은 이 지식에 관한 '부적절한' 언어가 될 뿐이다.

하지만 이 역전은 지식과 담론의 배치를 변화시키는 것 이상으로 의식의 특권을 겨냥하고 있다. 무의식의 작업실에서와 마찬가지로 수공예 '작업실'에서도, 밝게 해명된 담론을 능가하는 근본적이고도 근원적인 지식이 존재한다. 하지만 이 지식에는 고유한 문화가 결핍되어 있다. [정신]분석가는 무의식에 관한 지식에, 그리고 '기예'에 관한 지식에, 그것에 '고유한' 단어들 및 '동의어들' 간의 구분의 가능성을 부여한다. 지식의 우물 깊숙한 곳에서 은밀하게 살아가는 것에 관해, 이론은 '과학적' 언어의 백주대낮에 그것의 일부에 대해 '성찰한다'. 의식의 역사적 화신이나 지식의 연속적 정의에도 불구하고, 두 개의 구별되는 용어들의 결합이 3세기에 걸쳐 끊임없이 이어져 오고 있다. 즉 지시적이고 '교양 없는' 앎과, 불투명한 자기 근원과 반대되는 표상을 빛 안에서 만들어내는 설명적 담론의 결합. 후자의 설명적 담론이 바로 '이론'이다. 이 '이론'이라는 단어는 '보다/보게 하다' 혹은 '숙고하다'라는 고대적이고 고전적인 의미(theôrein)를 간직하고 있다. 그것은 '밝게 해명된다'. 지식을 객관화하는 언어와 전문기술에서 점진적으로 분리되었다는 점에서 그것은 근원적 지식이라 할 수 있는데, 이 근원적 지식은 주체에게 한 가지 지성이 된다. 이 지성은 제대로 정의되지 못했고, 정의된다 해도 미학적인 것과 인지적인 것 그리고 반사적인 것의 체제들 사이에서 동요하는 중립적인 용어들(육감, 요령, 취향, 판단, 직관 등을 가지고 있다)로 정의될 뿐이었다. 마치 '노하우'가 파악할 수 없는 지식의 원리로 환원되듯이 말이다.

사유의 기예: 칸트

칸트에게서 특이한 점은, 취향에 관한 그의 초기 저작에서부터 판단력 비판 쪽으로 관심사가 변경되었던 그의 연구 과정 동안, 그가 실행의 기예(Kunst)와 과학(Wissenschaft)의 관계, 또는 기술(Technik)과 이론(Theorie)의 관계에 대해 다루었다는 점이다.[19] 취향에서 판단력으로 이어지는 이 여정중에 그는 예술과 조우했다. 그것은 지식에서 벗어나는 실천적 앎과 미학적 형식을 이해하는 데 중요한 요인이다. 칸트는 거기서 그가 '논리적 감지력'(logische Takt)이라 불렀던 것을 천재적으로 찾아냈다. 미학의 궤도 속에 새겨진 실행의 기예는, 사유의 '비논리적' 조건인 판단력의 지표 아래 위치해 있다.[20] '작동성'과 '성찰' 간의 전통적인 이율배반은, 사유의 뿌리에서 **기예**를 식별해내면서 판단력을 이론과 실천 사이의 '중간항(Mittelglied)'으로 만드는 관점을 통해 해결된다. 이 사유의 기예는 이 둘의 종합적 통일성을 이룬다.

칸트의 이 예시들은 일상적 실천들과 분명히 연관되어 있다. "판단력은 오성悟性을 능가한다. ……하녀가 입어야 할 복장에 대해 판단하는 능력, 혹은 어느 한 건축물에 걸맞은 품위와 목적을 거스르지 않을 장식품을 판단하는 능력이 이에 해당한다."[21] 판단은 오직 하나의 사회적 '관습'(암묵적 계약들로 짠 그물망의 탄력적 균형)에 관련해서만 내려지는 것이 아니라, 보다 일반적으로 수많은 요소들 간의 **관계**에 관련해서 내려진다. 그리고 판단은 이 관계가 또다른 요소와 **적절한** 연관을 맺음으로써 새로운 전체를 실질적으로 창조해내는 행위 속에서만 존재한다. 마치 우리가 붉은색이나 황토색을 그림에 덧입히면서, 그 그림을 완전히 지워버리는 대신 변화시키는 것처럼 말이다. 기존의 균형을 또다른 균형으로 변화시키는 것이 이 기예의 특징이 될 것이다.

이것을 분명히 보여주기 위해 칸트는 담론의 일반 권한을 끌어온다. 그런데 이 권한은 실은 국지적이고 구체적일 수밖에 없는 것이다. 칸트는 다음과 같이 썼다. 나의 고향에서(in meinen Gegenden, 즉 나의 지역에서, 나의 '조국'에서) '보통의 인간der gemeine Mann'은, 줄타기 곡예사Seiltänzer가 기예의 지배를 받는 반면 마술사Taschenpieler는 지식의 지배를 받는다(만일 당신이 [마술의] 트릭을 안다면 그것을 할 수 있다)고 말한다.[22] 줄타기 곡예는 매 걸음마다 **균형**을 새로 만들어내면서 시시각각 그 균형을 유지하는 것이다. 이는 결코 획득할 수 없는 관계를 유지하는 것으로, 쉼없는 발명은 그것을 '보존하는' 것처럼 보이면서 갱신하는 것이다. 실행의 기예를 사용하는 사람이 균형을 해치지 않고 계속 수정해가며 스스로 그 균형의 일부가 되는데, 실행의 기예는 이처럼 놀랄 만한 방식으로 정의된다. 이미 존재하고 있는 조화로부터 새로운 전체를 만들어내고 구성 요소들의 변동에도 형식적 관계를 유지할 수 있는 이 능력으로, 실행의 기예는 예술의 생산에 가까이 다가가게 된다. 이는 실천적 경험 속에 있는 취향의 끝없는 창의력이라 할 수 있을 것이다.

하지만 이 기예는 또한, 과학적 작업 그 자체 속에서 규칙이나 모델의 필연적인 적용에 종속되지 않고, 최종적으로는 프로이트가 말했듯 '감지력의 문제(eine Sache des Takts)'로 남아 있는 것을 가리킨다.[23] 이 점에 대해 재론할 때 프로이트는 그 진단, 즉 실천의 중재 속에서 다양한 요소들 간의 관계나 균형의 원인에 대해 묻는 판단력의 문제를 염두에 두고 있었다. 칸트와 마찬가지로 프로이트에게 판단력이란, 계발할 순 있지만 배울 수는 없는 자율적 능력에 관한 것이다. 칸트가 말하길, "판단력의 결핍은 본래 사람들이 어리석음이라고 부르는 것으로, 이 악덕에는 약도 없다."[24] 이 악덕은 다른 이들보다 과학자에게 더 큰 피해를 입힌다.

따라서 인식하는 오성과 욕구하는 이성 사이에 있는 이 판단력은 상상하고 이해하는 것에 관한 형식적 '조정'이고 주관적 '균형'이다. 이 판단력은 **쾌락**의 형식을 가지는데, 이는 외재성이 아닌 수행 방식과 관련된 것이다. 판단력은 상상력과 오성 사이의 조화에 관한 **보편적** 원칙의 **실제적인** 경험을 가능하게 만든다. 이는 **감각**Sinn이지만 '공통적'이다. 즉 이는 공통감각[상식]Gemeinsinn 혹은 판단력이다. 지식들 사이의 이데올로기적 구분 및 사회적 위계화를 거부하는 테제에 관한 세부사항을 길게 논하지 않아도, 우리는 적어도 이 감지력이 자유(**도덕적**), 창조(**미학적**), 행위(**실천적**)를 한꺼번에 묶는다는 사실은 기억해둘 수 있다. 이 세 가지 요소들은 일상적 전술에 관한 현대판 사례라 할 수 있는 '딴짓하기'에 관한 설명 속에서 이미 나온 것들이다.[25]

우리는 윤리적이고 시적인 행위에 투자된 이 판단력에 관한 선례들을 고대의 종교적 경험의 언저리에서 찾아야 한다. 이 종교적 경험은 또한 '감지력'이고, 특별한 실천들에서 '조화'를 파악하고 창조하는 것이며, 무한히 연속되는 구체적 행위들을 통한 연결하기 religare(묶다) 혹은 조율하기와 같은 윤리적, 시적 행위이다. 뉴먼 역시 그 속에서 '감지력'을 식별해낼 것이다. '줄타기'의 종교적 기예에 열려 있던 균형을 유난히 제한하기 시작했던 일련의 역사적 변화에 의해, 미학적 실천이 그것[종교적 기예]을 점차 대체해갔고, 미학적 실천 그 자체는 점차 작동성과 과학성에서 고립되었다. 예를 들어 슐라이어마허에서 가다머에 이르기까지 미학적 실천은, '해석학적' 전통이 객관적 과학에 대한 비판을 계속하기 위해 끊임없이 호소하는 주변적 경험이 될 정도였다. 당시 정세(바흐의 기예에서부터 프랑스혁명의 기예까지)가 도운 천재성 덕분에 칸트는 하나의 교차점에 위치하게 되었다. 여기에서는 구체적인 종교적 행위의 윤리적, 미학적 형식이 여전히 지속되고 있고(그것의 교조적 내용은 사라진 반면에), 예술적 창조는 도덕적이고 전문기술적인 행위의 의미를 여전히 가지고 있다. 칸트에게서 이미 '취미의 비판'과 '풍속의 형이상학' 사이에서 동요했던 이 전이적 혼합은, 일상적 노하우의 미학적, 윤리적, 실천적 성격을 분석하기 위한 토대가 되는 근대적 준거를 제공한다.

칸트는 프랑스혁명이 한창이던 무렵(1793년 9월), 『베를린 월보月報, *Berlinische Monatsschrift*』에 출간된 통찰력 있는 한 텍스트에서 "그것은 이론적으로는 옳지만, 실천적으로는 쓸모없다."[26]라는 '공통의 격언'과 관련해서 감지력을 규정하기 위해 노력했다. 이론적으로 중요한 이 텍스트는 격언을 제목 및 대상으로 삼고 있으며, 기자들의 용어를 사용하고 있다(사람들은 이것을 칸트의 '대중적 작업'이라고 불렀다). 이 텍스트는 크리스티안 가르베의 이의제기(1792년)에 대한 칸트의 답변 이후, 다시 프리드리히 겐츠(1793년 12월)와 아우구스트 빌헬름 레베르크(1794년 2월)의 텍스트가 동일한 잡지에서 속담에 관한 논평을 이어갔던 논쟁 속에 개입했다. 이 '말해진 것'은 격언,

즉 속담(지혜)이자 선고(판단)이자 신탁(지식을 허가하는 말)이다. 그런데 속담이 성스러운 텍스트의 한 구절(격언)이 갖는 철학적 적합성을 부여받는 것과, 속담이 탈무드나 코란, 성경과 같은 고대 출판물들처럼 자기 주변 이론가들의 주석학적 지식을 동원하는 것은 프랑스혁명의 효과 때문인가?[27] 속담을 둘러싼 이 철학적 논쟁은 또한 율법학자들 사이에서 전해지는 [말 못 하는] 아이가 말하게 되는 복음서 이야기 혹은 세 살 난 영리한 아이[28]라는 대중적 주제를 환기시킨다. 하지만 이제 여기서 문제가 되는 것은 더이상 아이도 아니고 노인도 아니며(마치 칸트의 번역가가 그의 통념Gemeinspruch이란 단어를 '옛 속담'으로 번역해 제시했던 것처럼), 아무나, 그리고 모든 사람, 즉 '공통의' '보통의(gemein)' 인간이다. 이 인간에 의해 말해진 것은 다시 한번 지식인들에게 질문을 제기했고 그들의 주석이 급증하게 만들었다.

이 공통의 '말해진 것'은 원칙을 단언하지 않는다. 그것은 사실을 확인할 뿐이다. 그런데 칸트는 이 사실을 실천가가 이론에 대해 기울인 불충분한 관심의 징후로, 혹은 이론가 그 자신에게서의 이론의 불충분한 발전의 징후로 해석한다. "이론이 실제 실천에서 그다지 잘(noch wenig) 작동하지 못할 때, 그것은 이론만의 잘못이 아니다. 반대로 사람들이 경험에서 배워야 할 이론이 충분치 못하기(nicht genug) 때문이다."[29] 주어진 예들이 무엇이건 간에(우리는 거기서 불화에 관한 전통적인 문제를 다시 발견한다), 칸트는 자신의 논거를 삼막극의 연극 작품으로 조직했다. 이 극에서 평범한 사람은 세 가지 인물(사업가, 정치가, 세계 시민)의 형상으로 번갈아가면서 나타난다. 이 세 인물은 세 명의 철학자(가르베, 홉스, 모제스 멘델스존)과 비교되고, 도덕, 헌법, 국제질서와 관련된 문제들을 차례차례 분석할 수 있게 해준다. 여기에서 이 변이형들보다 중요한 것은 판단력 속에 있는 능력들 간의 형식적 조화이다. 판단은 과학적 담론이나 개별적 전문기술이나 예술적 표현에 국한될 수 없는 것이다. 그것은 사유의 기예이다. 이 기예를 일상적으로 실천하는 것은 이론만큼 이나 큰 흥미를 돋운다. 줄타기 곡예사의 행동처럼, 그것[사유의 기예]은 윤리적, 미학적, 실천적 가치를 갖는다. 따라서 기예가, 이론의 이름으로 실천들을 다루는 담론(예컨대 푸코나 부르디외의 담론)을 조직하는 것은 전혀 놀랍지 않다. 하지만 거기에서 그다지 칸트적이지 않은 문제가 제기된다. 이것은 말하기 기예 혹은 이론을 만드는 기예가 될 수 있을 뿐 아니라 이 기예에 관한 이론도 될 수 있는 담론, 즉 기억과 실천이 될 수 있는, 요컨대 감지력에 관한 이야기가 될 수 있는 담론에 관한 문제이다.

제6장 이야기들의 시간

말해질 수도 '가르쳐질 수도' 없고 '실천되어야만' 하는 무엇인가가 이 실천들 주위에서 올라갔다 내려갔다 하며 맴돌면서 계속해서 빠져나간다. 칸트*가 판단력 혹은 감지력에 관련해서 생각했던 것도 이와 같다. 그는 그 문제를 실천과 이성에 비하여 '선험적' 수준에 놓았지만(이성의 '빛'과 비교했을 때 지시적 기능을 하는 나머지의 지위에 놓지는 않고), 우리에게 그것의 언어가 무엇이 될지는 분명히 가르쳐주지 않았다. 이 주제에 관해서 그는 공통의 격언이나 '보통의' 인간이 하는 말을 인용한다. 여전히 법률적인 (그리고 이미 민족학적인) 이 과정은 타인으로 하여금 주석에 제공된 단편을 말하도록 만든다. 대중적 '신탁'(격언Spruch)은 이 기예에 대해 말해야 하고, 해석은 이

* 칸트의 제3비판인 감정에 대한 탐구가 『판단력비판』이다. 이때 판단력은 규정적 판단력과 반성적 판단력으로 구분된다. 전자는 특수를 보편에 맞추어 시행하는 판단력으로 법률적 판단력(여기에서는 판단력)에 해당되고, 후자는 규정이나 법칙 없이 자체 내에서 판단할 수밖에 없는 것으로 예술적 판단력이나 미적 판단(여기에서의 직관)을 말한다.

'말해진 것'에 대해 설명할 것이다. 분명히 거기서 담론은 이 발언을 진지하게 고려할 것이다(하지만 담론은 이 발언을 실천에 대해 오해의 소지가 있는 것으로 간주하지 않는다). 하지만 이 담론은, 평가하는 관찰자로써 거리를 두고 떨어져 저멀리 위치한다. 이는 타인이 자신의 기예에 대해 말하는 것에 관한 말하기이지, 직접적으로 이 기예에 대한 말하기가 아니니다. 만일 우리가 이 '기예'는 실천되는 것만이 가능하다고 간주한다면, 그리고 이것이 자신의 실행 밖에서는 기술되지 못한다면, 언어 또한 실천이 되어야만 한다. 이것이 바로 말하기의 기예가 될 것이다. 그리고 여기서 실행의 기예가 작동한다. 칸트는 이 실행의 기예에서 사유의 기예를 발견했다. 다른 말로 하자면, 그것은 이야기가 될 것이다. 만일 말하기의 기예가 그 자체로 실행의 기예이자 사유의 기예라면, 그것은 실천이자 동시에 이론이 될 수 있다.

말하기의 기예

선행연구들은 이 방향으로 향하고 있다. 나는 여기에서 후천적으로 획득한 지식과 가설을 구별한다.

1. 우선 사실은 지시적이다. 실행의 방식들은, 이론이 그 스스로를 대상으로 하는 행동들만 가리키지는 않는다. 실행의 방식들은 또한 자기 자신의 구성도 조직한다. 푸코의 '절차들', 부르디외의 '전략들', 그리고 좀더 일반적으로 말해서 전술들은 이론적 창조의 외부에 존재하기는커녕, 그 입구에서 작동 영역을 만들어내고, 이 영역 내부에서 이론의 생산이 전개된다. 이런 식으로 해서 우리는 다른 영역임에도 불구하고 '일상어'에 관한 비트겐슈타인의 입장과 결합하게 된다.[1]

2. 이론이 절차들 — 이론을 끌어낸 원인이자, 이론이 대상으로 삼는 절차들 — 과 맺는 관계를 명확히 설명하기 위해, 한 가지 가능성

이 제공된다. 그것은 바로 이야기로 된 담론이다. 실천들의 서사화는 자기 고유의 절차와 전술들을 가진, 텍스트적 '실행의 방식들'이다. (더 위로 거슬러올라가지는 말고) 마르크스와 프로이트 이래로, 이에 관련된 권위 있는 사례들이 많이 있다. 게다가 푸코는 오직 '이야기'만 쓰겠다고 선언했다. 그리고 부르디외는 이야기를 전위前衛로 만들었고, 자기 체계의 준거로 삼았다. 많은 작업들에서, 서사성은 일반적 지시(제목), 여러 장들 중 하나('사례' 분석, '생활사', 혹은 집단 분석), 혹은 부주제(인용된 단편, 인터뷰, '말해진 것' 등) 등의 형식으로 지적 담론 속에 스며들어 있다. 서사성은 지적 담론의 여기저기에서 출몰한다. 그런데 우리는 서사성의 과학적 정당성을 인정해야 하는 것이 아닐까? 즉 이 서사성을 담론에서 제거할 수 없는 나머지라거나 제거해야 하는 것으로 보는 대신에 서사성이 담론에서 필수적인 기능을 가지고 있고, 이야기의 이론은 (실천들의 이론의 결과이자 동시에 조건으로서) 실천들의 이론과 분리 불가능하다고 가정하면서 말이다.

이는 분명, 근대 과학이 존재한 이래로 일상적 실천들의 동물원이 된 소설의 이론적 가치를 인정하는 것이 될 것이다. 그리고 이는 특히 오래전부터 늘 실천들에 대해 이야기해온 전통적인 몸짓(그리고 무훈시une geste이기도 하다)에 '과학적' 중요성을 되돌려주는 것이다. 이런 경우, 대중적 설화는 과학적 담론에 단지 다뤄야 할, 텍스트로 된 대상만을 제공하는 것이 아니라 하나의 전형을 제공한다. 대중적 설화는 더이상, 그것이 말하는 것에 대해 알지 못하고, 그것에 대해 아는 분석 앞에서/분석을 통해서 인용되기만 하는 문헌 자료로서의 지위를 갖지 않는다. 반대로 그것[대중적 설화]은 '말할 줄 아는 지식'으로, 자신이 다루는 대상에 맞춰 조정되고, 그렇게 해서 그것은 더이상 지식의 타자가 아니다. 그것은 [자신이 말하는 것에 대해] 아는 담론의 변이형이자, 이론에 관련해서는 권위자가 된다. 이렇게 해서 우리는 '말하기의 기예'를 '실행의 기예'에 이어주는, 교체와 공모, 절차들의 상동 관계, 사회적 착종 등을 이해할 수 있게 될 것이다. 예컨대 동일한 실천들이 때로는 말의 영역 속에서, 때로는 몸짓의 영역 속에서 발생할 것이다. 이 실천들은 이 영역에서 저 영역으로 움직이겠지만, 이곳에서나 저곳에서 동일하게 술책에 능하고 정교하다. 그리고 이 실천들은, 예를 들면 노동에서 사교 모임으로, 요리에서 전설 및 잡담으로, 경험된 이야기의 책략에서 구전된 이야기의 책략으로 계속 이어간다.

이 서사성은 고전주의 시대의 『묘사』로 환원되지 않는가? 그러나 한 가지 근본적인 차이가 그 둘을 갈라놓는다. 즉 이야기 속에서 중요한 것은 더이상 '현실'에 더 가깝게 맞춰가는 것(전문기술적 작용 등)이 아니라, 텍스트가 전시하는 '실재'를 통해 텍스트가 신빙성을 얻게 만드는 것이다. 이와 반대로, 구전된 이야기는 픽션의 공간을 만들어낸다. 역사는 '실재'에서 멀어져 있고, 혹은 오히려 현재의 정세에서 벗어나 있는 체한다. 즉 "옛날 옛적에……"로 시작하는 허구인 이야기의 형태를 띤다. 따라서 이야기는 '수'을 묘사하기보다는 오히려 수를 쓴다. 칸트가 인용했던 주제를 다시 가져와서 말하자면, 이야기는 그 자체로 곡예사의 동작이자 균형을 유지하려 아슬아슬한 재주를 부리는 몸짓으로, 여기에는 상황(시간, 공간)과 화자話者 자신이 관여한다. 그리고 또한 전체를 이동시키면서 말해진 것을 다듬고 정돈하고 '배치시킬 줄' 아는 방법, 즉 '직관의 일'이 관여한다.

당연히 이야기의 내용이 있지만, 그 내용 역시 수를 쓰는 기예에 속한다. 그것은 기회를 붙잡고 불시에 균형을 다시 잡기 위해, 과거('예전에 언젠가', '옛날에')를 통한, 혹은 인용('말해진 것', 속담)을 통한 우회이다. 거기에서 담론은 그 담론이 제시하는 것보다는, 담론이 작용하는 방식을 통해서 더 많이 특징지어진다. 마찬가지로 우리는 담론이 말하는 것 이외의 것에 귀기울일 수 있어야 한다. 즉 담론은 대상을 만들어내는 것이 아니라 효과를 만들어내는 것이다. 담론은 묘사가 아니라 서사이다. 그것이 바로 말하기의 기예이다. 대중은 거기에 속지 않는다. 대중은 '트릭'(트릭을 쓰기 위해서는 아는 것으로 충분하다)에서, 그리고 또한 새로운 계시/대중화(끝없이 알아야 하는 것)에서 기예를 구별해낸다. 마치 칸트가 참고했던 모든 보통 사람들(그렇다면 칸트 그 자신은 어디에 있는가?)이 마술사와 줄타기 곡예사를 쉽사리 구별하는 것처럼 말이다. 서사 속의 무언가가, 반드시 알아야 하는 것의 질서 혹은 아는 것으로 충분한 것의 질서를 벗어나고, 그 특징들로 인해 그것은 전술의 스타일에 속하게 된다.

이 기예를 푸코에게서 발견하기는 쉬울 것이다. 즉 중단, 인용, 생략, 환유의 기예이자, 정세(시사문제와 대중)와 기회(인식론적, 정치적)의 기예, 요컨대 픽션 이야기들을 가지고 '수'를 쓰는 기예 등이 발견된다. 푸코의 논의 속에서 유효한 가치가 있는 것은 그의 박식함(어쨌거나 그의 박식함은 경이롭다)이 아니라, 사유 및 실행의 기예인 바로 이 말하기의 기예이다. 가장 섬세한 수사학의 절차들을 가지고, 그리고 그림으로 보여주는 듯한 묘사(전형적인 '이야기')와 분석적 묘사(이론적 구별)를 지적으로 번갈아 사용하면서, 푸코는 그가 대상으로 삼았던 대중에 관해 분명한 효과를 발휘했다. 또한 그가 차례로 침투해 들어갔던 영역들을 이동시켰고, 전체의 새로운 '배열'을 만들어냈다. 그런데 이 서사의 기예는 역사 서술식 '묘사'를 가지고 타자를 속이고, 그것의 법칙을 다른 것으로 대체하지는 않은 채 수정한다. 이 기예는 자기 고유의 담론을 가지고 있지 않다. 그것은 그 스스로 말하지 않는다. 그것은 비장소의 실천이다. 포르트fort? 다da? 거기 있지만 또한 거기 없는 것이다. 이 기예는 실제로는 박학한 지식과 분류법을 조작하면서도, 이것들 뒤에 숨어 있는 척한다. 기록학자로 가장한 춤꾼. 니체의 웃음은 역사가의 텍스트를 관통한다.

이야기가 전술들과 맺는 관계를 파악하기 위해서는 그것에 관한 더욱 명료한 과학적 모델, 즉 실천들의 이론이 실천들에 대해 이야기하는 방식을 자신의 형식으로 삼는 과학적 모델을 찾아내야 한다.

수에 대해 이야기하기: 마르셀 드티엔

역사학자이면서 또한 인류학자인 마르셀 드티엔은 고심 끝에 이야기를 하기로 결정했다. 그는 그리스 역사를, 그것 자체가 아닌 다른 것의 이름으로 다루려고 선택한 것은 아니다. 그는 그리스 역사를 지식의 대상이자 또한 우리가 알아야 하는 대상처럼, 즉 과학적 탐구를 통해 숨겨진 '미스터리'의 의미가 밝혀질 동굴처럼 만드는 단절을 거부했다. 그는 이 모든 역사의 뒤편에 비밀이 있으며 이 비밀을 서서히 밝혀내는 것이 그에게 해석의 자리라는 고유한 역할을 부여해줄 것이라고 가정하지 않았다. 설화, 이야기, 시와 논설문 등은 드티엔에게 이미 실천들이다. 그것들은 그것들이 실행하는 바를 정확하게 말한다. 그것들은 그것들이 의미하는 몸짓이다. 그것들에 주석, 즉 그것들이 알지 못한 채 표현하고 있는 것에 대해 설명하는 주석을 달 필요도 없고, 또한 그것들이 무엇에 대한 메타포인지 궁금해할 필요도 없다. 그것들은 작동 과정의 망을 형성하는데, 이 망을 이루는 수많은 인물들은 행동 양식과 훌륭한 수를 잘 보여준다.

마치 체스 게임 — 체스 게임의 패와, 규칙, 승부 등은 문학의 층위에서 크게 증가할 수 있을 것이다 — 에서처럼 이 텍스트적 실천의 공간 속에서 드티엔은 이미 수도 없이 실행되었던 기교를 예술가적 감각으로 인식했다(과거의 수를 복기하는 것은 모든 체스 경기에서 핵심적이다). 그런데 그는 이를 인식했을 뿐 아니라 직접 스스로 이 게임을 했고, 그는 이 레퍼토리를 가지고 다른 수를 뒀다. 즉 그는 자기 차례에 이야기를 한다. 그는 이 전술가적 몸짓들을 재인용한다. 이 몸짓들이 말하는 것에 대해 말할 수 있는 것은, 그 담론들 말고 다른 것은 없다. 그것들이 '말하고자 하는' 것이 무엇인지 궁금한가? 나는 그것들에 대해 다시 이야기할 것이다. 소나타의 의미에 관해 질문하는 사람에게 우리는 베토벤이 그것을 재연再演했다고 답할 수 있을 뿐이다. J. 구디가 분석했던 대로 구전口傳 낭송에 대해서도 마찬가지일 것이다. 즉 그것은 청중 및 상황에 '조화롭게 만드는' 기예를 가지고, 형식적 작동의 영향과 조합에 대해 다시 말하는 한 가지 방식이다.[2]

이야기는 실천을 표현하지 않는다. 이야기는 움직임에 대해 말하는 데 그치지 않는다. 이야기는 그것을 **실행한다**. 마치 우리가 움직이기 시작하면 그 움직임을 이해하게 되는 것과 같다. 드티엔은 바로 그런 방식으로 했다. 그는 "옛날 옛적에……"로 시작되는 그리스 역사를 낭송하면서 그리스식 실천들에 대해 말한다. 『아도니스의 정원』『향기로운 표범』『죽임당한 디오니소스』『희생의 요리』 등은 실천하는 이야기꾼에게서 나온 우화들이다.[3] 그는 고대 그리스의 이야기를 우리 시대의 무대 위에서 실연하면서 그리스적 기교의 흔적을 좇았다. 드티엔은 한 가지 기예 덕분에 박물관 관리가 초래할 변조로부터 그것들을 보호할 수 있었다. 과거에는 역사 서술이 이 기예를 오랫동안 매우 중요한 것으로 간주했었지만 이후에는 그것을 잃어버렸고, 나중에 인류학이 『신화학』에서부터 『말하기의 민족지학』을 거쳐 그것의 중요성을 타 문화권에서 다시 발견하게 되었다.[4] 이것은 바로 역사를 이야기하는 기예이다. 그것은 역사 서술이 과거에 직접 실행하는 것과, 인류학이 오늘날 생소한 대상으로 복원시키는 것 사이에서 작동한다. 이 둘 사이에서 이야기하는 즐거움이 과학적 타당성을 발견한다. 낭송하는 사람은 자신이 이야기하는 우화들의 경쾌한 움직임을 갖는다. 그는 이 우화들로 온갖 기교를 부리고 우회를 사용하며, 이렇게 함으로써 사유의 기예를 행한다. 체스의 기사 말처럼 그는 역사(아리아드네의 실이자 실천들의 형식적 게임)가 그리는 '곡선의' 움직임과 함께 문학이라는 거대한 체스판을 가로지른다. 바로 그렇게 하면서 그는 마치 피아니스트가 곡을 연주하듯 우화들을 '해석한다'. 그는 여기서 그리스식 사유의 기예가 특징적으로 작용하는 두 가지 '형상'을 특권화하면서 우화들을 해석한다. 이 두 가지 형상은 춤과 전쟁으로, 이야기의 글쓰기가 사용하는 바로 그 형상들이다.

드티엔은 장 피에르 베르낭과 함께 그리스인들의 '메티스'에 대한 책, 『지성의 책략』을 집필했다.[5] 이 책은 일련의 이야기들이며, 언제나 '실천 속에 잠겨 있는' 지성의 형식을 다룬다. 이 지성 속에서는 '육감, 명민함, 예측, 정신의 유연성, 가장하기, 능수능란함, 세심한 주의, 시의적절함에 대한 감각, 다양한 솜씨, 오랜 시간에 걸쳐 획득한 경험' 등이 서로 결합한다.[6] 그리스적 사유는 이미지로부터 구축되었는데, 메티스에는 이 이미지가(그리고 이론이) 결여되어 있다. 하지만 그것은 헬레니즘 시대의 처음부터 끝까지 지속되는 놀랄 만한 '영속성'을 가지고 있다. 그리고 우리는 메티스의 '요령, 꾀바름, 계략' 등으로 인해, 그리고 노하우에서부터 책략에 이르기까지 메티스가 포괄하는 행위의 넓은 스펙트럼으로 인해, 메티스는 일상적 전술들과 유사하다고 할 수 있다.

이 분석에서 세 가지 요소가 내 시선을 끈다. 왜냐하면 이 요소들은 메티스를 다른 행위들로부터 아주 분명하게 구별해주기 때문이고, 또한 이 요소들이 메티스에 대해 말하는 이야기들도 역시 특징짓기 때문이기도 하다. 메티스는 '기회', 변장, 역설적인 비가시성과 함께 삼중의 관계를 맺는다. 한편으로 메티스는 '적당한 때'(카이로스)를 기대하고 노린다. 이것이 바로 시간의 실천이다. 다른 한편, 메티스는 가면과 메타포를 증식시킨다. 이것은 고유한 장소의 변질이다. 마지막으로, 메티스는 자신이 만든 것 속에서 소멸되듯이 자신의 행동 바로 그 속에서 사라진다. 마치 자신을 비춰주는 거울이 없는 것처럼, 메티스는 자기 자신의 이미지를 갖지 않는다. 메티스의 이 특징들을 이야기도 동일하게 갖고 있다고 간주할 수 있다. 따라서 이 특징들은 드티엔과 베르낭에게 하나의 '보완책'이 될 수 있을 것이다. (즉 만일 이야기하기의 서사성이 메티스와 같은 무엇이라면, 그들이 분석하는 실천적 지성의 형식과 그들이 그것을 분석하는 방식 사이에는 분명히 이론적 관계가 있을 것이다.

기억의 기예와 기회

메티스는 자신이 개입하는 힘의 관계 속에서 '절대적 무기'로, 이는 제우스가 다른 신들에 대한 패권을 가질 수 있게 해주었다. 이는 경제의 원리이다. 즉 최소한의 힘으로 최대한의 결과를 얻는 것이다. 그리고 우리는 이 원리가 미학적인 것도 결정한다는 것을 알고 있다. 수단을 줄임으로써 결과를 증대시키는 것은, 여러 다른 이유에서 실행의 기예, 말하기와 그림 그리기 및 노래하기의 시적 기예를 동시에 조직하는 법칙이다.

이 경제적 관계는 메티스의 원동력을 가리킨다기보다는 오히려 그것의 골조를 이룬다. 출발(더 작은 힘)에서부터 마지막(더 큰 결과)까지 작동 과정을 이끄는 '기교' 혹은 방향 전환은 우선 어떤 한 지식의 매개를 내포한다. 그런데 이 지식은, 지식 획득의 지속성과 끝나지 않는 개별적 앎의 총체라는 형식을 띠고 있다. 텍스트들은 그것이 '나이'의 문제라고 말한다. 즉 그것들은 '노인의 경험'을 '젊은이의 경솔함'에 대립시킨다. 이 지식은 이질적인 수많은 순간과 사물들로 이루어져 있다. 그것은 일반적이고 추상적인 언표를 갖고 있지 않고 또한 고유한 장소도 갖고 있지 않다. 그것은 기억[7]이다. 그리고 이 기억에 대한 앎들은 그것을 획득한 시간과 분리될 수 없고, 그것에서 개별성들을 하나씩 제시한다. 기억은 수많은 사건들로부터 깨우침을 얻는다. 그런데 기억은 이 사건들을 소유하지는 않고(이 사건들 각각은 모두 지나갔고, 장소는 사라졌고 시간은 파편이 되어버렸다) 다만 그것들 사이를 순환할 뿐이다. 그리고 또한 기억은 선례의 혹은 가능한 개별성들을 조합해보면서 '미래의 여러 길들'을 따져보고 예측한다.[8] 이런 식으로 지속성이 힘들 간의 관계 속에 개입하고 이 관계를 변화시킬 것이다. 사실 메티스는 축적된 시간에 의해 실행된다. 이 축적된 시간은 메티스에 우호적인 데 반해 장소의 구성은 메티스에게 불리하게 작용한다. 하지만 메티스의 기억은 다음의 순간까지,

즉 시간의 지속성 속에 묻혀 있지 않고 시간과 관련된 방식을 통해 '적당한 때'에 스스로 드러나 보이는 순간까지는 감춰진 상태로 존재한다(이 기억은 위치를 확인할 수 있는 장소를 갖지 않는다). 이 기억의 섬광은 기회 속에서 번쩍인다.

메티스가 가진 능력, 즉 과거의 경험을 누적하고 가능성의 목록을 작성하는 능력으로 인해, 백과사전처럼 다방면에 박식해진 기회는 이 모든 지식을 매우 얇은 책 속에 집어넣는다. 기회는 최대한의 지식을 최소한의 시간 속에 집약시킨다. 가장 작은 인쇄물, 즉 상황을 탈바꿈하는 단 하나의 행동으로 축소된 이 구체적인 백과사전은 현자의 돌과 유사하다. 게다가 그것은 주변과 중심 사이에 동일성이라는 논리적 테마를 상기시킨다. 하지만 여기에서 확장은 지속성을, 집중은 순간을 의미한다. 공간을 시간으로 변화시킴으로써, 수많은 경험으로 불확정적인 주변과 그 경험들을 집약하는 일시적 순간 사이의 시간적 일치는 기회에 관한 이론적 모델이 될 것이다.

이 첫번째 요소들을 가지고 우리는 '순서', 즉 그것의 출발점(I) — 더 적은 힘 — 에서부터 그것의 종착점(IV) — 더 큰 결과 — 에 이르는 순서를 다음과 같이 도식적으로 표상할 수 있다.

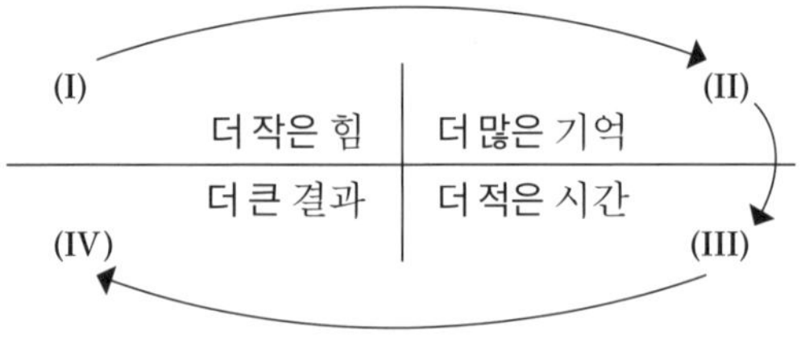

(I)에서 힘은 감소한다. (II)에서 지식-기억은 증가한다. (III)에서 시간은 감소한다. (IV)에서 결과는 증가한다. 이 상승과 감소는 반비례로 변화한다. 그리고 우리는 다음과 같은 관계를 확인할 수 있다.

- (IV)에서부터 (II)에 이르기까지, 힘이 더 작을수록, 지식-기억은 더 많이 필요하다.

- (II)에서부터 (III)에 이르기까지, 지식-기억이 더 많을수록, 시간은 더 적게 필요할 것이다.

- (III)에서부터 (IV)에 이르기까지, 시간이 더 적을수록, 결과는 더 커진다.

우리에게 친근한 '대중적' 이야기들 속에서와 마찬가지로 기회는 모든 일상적 실천 속에서 대단히 중요한 매듭이다. 우리는 기회에 관한 이 기본적 개요에 대해 오랜 시간 충분히 논의하면서 명확히 정의해야 한다. 그렇지만 기회는 정세 및 작동 과정에서 분리될 수 없기 때문에 기회에 대해 정의는 계속해서 어긋난다. 이는 그것[기회]을 만들어내는 '순서'에서 떼어낼 수 있는 것이 아니다. 기회는 일련의 요소들 가운데 포함되며 그것들 간의 관계를 뒤틀리게 만든다. 거기서 기회는, 질적으로 이질적인 차원들의 접근으로 인해 상황 속에서 발생된 비틀림으로 표현된다. 이는 역경이나 자가당착의 반대가 아니다. 이 '꼬인' 과정은, 위에서 언급한 반비례 관계를 그 지표로 갖는다. 그리고 이 반비례 관계는, 거울 효과(반전反轉, 만곡, 축소 혹은 확대) 혹은 원근법 효과(멀면 멀수록 그만큼 더 작아진다)를 통해 하나의 그림 속에 상이한 공간들을 병치시킬 수 있게 해주는 비례 및 왜곡과 비교될 만한 것이다. 그런데 기회가 스며드는 일련의 연속 속에서 일어나는, 타율적 차원들의 병치는 시간과 공간, 혹은 상황과 행동 등에 연관되어 있다. 그리고 이 병치는, 파스칼에게서 나타나는 상이한 '질서들'을 연결시키는 관계들과 유사한 반비례 관계로 특징지어지고, 다음과 같은 유형을 띤다. 즉 눈에 덜 띌수록 그만큼 더 많이 존재하고, 호의로 특권을 더 많이 받을수록 양적으로는 그만큼 더 적다.[9] '비틀린' 관계 및 연속적 뒤집기에 의해, 다른 무엇인가로의 질적인 전이가 발생한다.

반비례 관계가 이어주는 질적인 차이들 가운데 나는 적어도 두 가지 종류의 차이를 기억해둘 것이다. 이것들은, 자신이 속해 있는 연속적 계열과 다른 두 가지 해석을 요구한다.

1) 공간과 시간의 차이는 계열적 연속성을 야기한다. 즉 최초의 장소의 구성(I)에서 기억의 세계(II)는 '좋은 순간'(III)에 개입하고 공간의 변화(IV)를 초래한다. 차이에 관한 이 유형에 따르면, 계열은 공간 조직을 자신의 시작과 끝으로 취한다. 거기에서 시간은 시작과 끝 사이의 것, 즉 낯선 것이다. 이 낯선 것은 다른 곳에서 돌발적으로 나타난 것으로, 장소들의 한 가지 상태가 다음 상태로 변해가는 이행의 과정을 만들어낸다. 요약하자면, 두 개의 '균형' 사이에 시간이 난입하는 셈이다.

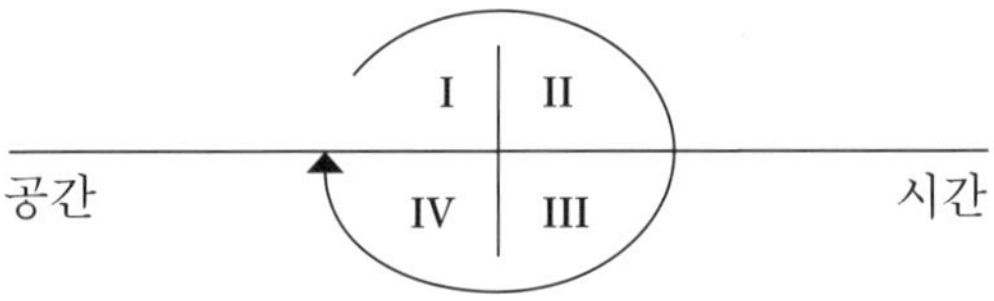

2) 확실히 자리를 정립한 존재(상태)와 실행(생산과 변형) 간의 차이가 첫번째 종류의 차이와 결합한다. 게다가 이 [존재와 실행 간의] 차이는 가시적인 것과 비가시적인 것 간의 대립에 정확하게 상응하는 것은 아니지만 이 대립 위에서 작동한다. 이 축에 따르면 우리는 다음과 같은 계열적 연속성을 가지게 된다. 즉 가시적인 권력의 확립(I)과 비가시적인 기억의 획득(II)이 주어졌다고 할 때, 기억의 일회적 행동(III)은 기존에 이미 정립된 질서 속에 가시적 영향을 미친다(IV). 이 계열의 첫번째 부분은 두 가지 사실적 상황으로 구성되고, 여기에서 비가시적 지식은 가시적 권력을 벗어난다. 그런 다음 작동 가능한 부분이 나온다. 존재/실행의 사이클과 가시/비가시의 사이클을 구별하기 위해 우리는 다음과 같은 도식을 가진다.

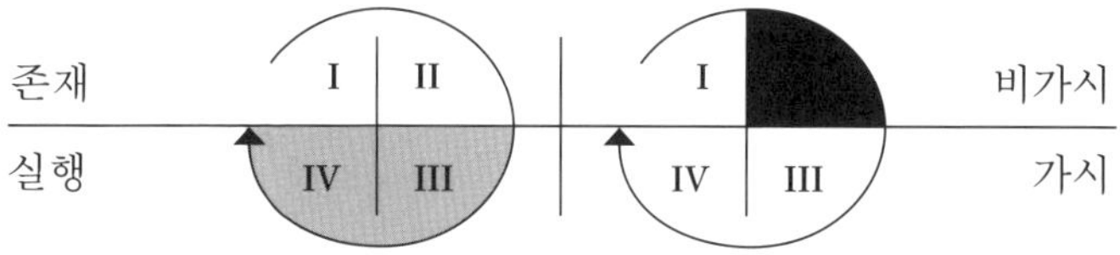

이 요소들의 요점을 간추린 표는 다음과 같다.

	(I) 장소	(II) 기억	(III) 카이로스	(IV) 결과
시간		+	+	
실행하다			+	+
드러나다	+		+	+

기억은 공간의 변형을 매개한다. 기억은 '적절한 순간'(카이로스)의 형식으로 무언가를 창설해내는 단절을 만들어낸다. 그것의 낯섦 덕분에 장소의 법칙을 위반하는 것이 가능해진다. 불가사의하고 고정되어 있지 않은 비밀에서 벗어나 '수'는 국지적 질서를 수정한다. 이 계열의 목적은 따라서 가시적 조직을 변형시키는 작동이다. 하지만 이 변화를 위해서는, 다른 법칙을 따르고 공간 소유권의 분배에서 기습적으로 뭔가를 가로채는 시간의 비가시적인 자원을 조건으로 요구한다.

이 도식은 수많은 이야기들 속에서 발견된다. 그것은 이야기의 최소 단위가 될 수도 있을 것이다. 그것은 적절한 순간에 상황을 뒤집는 기억 속에서 희극적 형식을 띨 수 있다. 예를 들면, "하지만…… 당신은 내 아버지입니다! — 세상에, 내 딸아!"와 같은 방식으로 말이다. 이는 인물들의 공간적 배치가 고려하지 못했던 시간이 다시 돌아오면서 발생한 갑작스러운 변화이다. 이것은 탐정물 형식을 띠는데, 여기서 과거는 시간을 거슬러올라가면서 기존의 위계적 질서의 사실들을 뒤집어엎는다. "그렇다면 바로 그가 살인자이군요!" 그리고 여기에 기적의 구조도 결합한다. 다른 시간으로부터, 타자인 시간으로부터, 기억 — 개별적 행위들에 관한 소리 없는 백과사전 — 의 특성을 가진 이 '신'이 출현한다. 종교적 이야기 속에서 이 신의 형상은, 장소는 갖지 못했지만 시간을 가진("조금만 더 인내하거라!") 이들의 '대중적' 기억을 대단히 정확하게 표상한다. 기존 질서를 바꿀 수 들이 발생할 수 있고 또 발생해야 하는 곳, 즉 낯선 세계에 대한 의지는 다양한 모습으로 반복된다. 그런데 이 모든 다양한 모습들은, 상징과 서술의 투영을 통해 확대된 그림자가 될 수 있을 뿐이다. 그리고 이 그림자에는, 기회를 붙잡고 기억을 장소 변형의 수단으로 만들 수 있는 매일의 실천이 드리워져 있다.

이제 핵심적인 마지막 사항을 찾아보아야 한다. 즉 시간은 조직된 공간과 어떻게 유기적으로 결합되는가? 시간은 어떻게 기회의 형식으로 '돌파'해내는가? 요컨대 이미 하나의 전체를 형성하고 있는, 공간에 대한 기억의 착상이란 어떤 것인가? 이는 곡예사가 균형을 잡기 위한 재주를 부리는 순간이자 전술적인 순간, 즉 기예의 순간이다. 그런데 이 기억의 착상은 기억-지식에 의해 결정되지도, 국한되지도 않는다. 기회는 '붙잡는' 것이지, 창조하는 것이 아니다. 기회를 제공하는 것은 정세, 즉 외부의 상황이다. 여기서 훌륭한 통찰력은 외부의 상황이 한 가지 이상의 세부사항을 이용해 구축해낼 새롭고 유리한 전체의 모습을 인식할 줄 안다. 한번 더 터치하면 '좋아'질 것이다. 실천적 '조화'가 완성되기에는, 별것 아닌 아주 작은 것, 무언가에서 떨어져나온 파편, 상황 속에서 중요한 것이 되는 나머지, 즉 기억이라는 비가시적 보물이 제공해줄 것이 빠져 있다. 그런데 이 [기억의] 깊은 곳에서 끄집어내야 하는 조각은 외부에서 부과된 배치 속에 끼어들 수 있을 뿐인데, 이렇게 조각이 끼어듦으로써 이 배치는 불안정하고 조작된 조화 상태로 바뀔 수 있다. 실천적 형식 아래에서 기억은 완벽하게 준비된 조직, 즉 자신이 그 속에 끼어들어가 정착할 만한 조직을 갖지 않는다. 기억은, 발생된 상황, 즉 뜻밖의 사건에 따라 동원된다. 그리고 기억은 이 뜻밖의 사건을 기회로 바꾸는 데 능숙하다. 기억은 오직 우연한 만남 속에 그리고 타자 속에 머무른다.

오로지 다른 새의 둥지에 알을 낳는 새처럼, 기억은 제 것이 아닌 장소에서 생산한다. 기억은 자신의 형식과 착상을 낯선 상황으로부터 받아들인다. 비록 기억의 내용(누락된 세부사항)은 자기 자신에게서 온다 할지라도 말이다. 기억의 동원은 **왜곡**과 분리 불가능하다. 게다가 기억은 왜곡될 — 이동 가능하고 유동적이며 고정된 자리를 갖지 않을 — 수 있는 능력으로부터 개입할 수 있는 힘을 취한다. 그리고 기억의 영속적 특성은 다음과 같다. 즉 기억은 **타자**(상황)**로부터 태어나, 타자를 잊어버리면서** 형성된다(그리고 자신의 '자본'도 형성한다). 이는 이중의 왜곡이다. 우선 무언가에 의해 영향을 받았을 때 작동하는 기억 그 자체에 대한 왜곡이 있다. 두번째는 기억의 대상에 대한 왜곡이다. 즉 오직 대상이 사라졌을 때만 기억된다. 이 이중의 왜곡이 불가능할 때 기억은 쇠퇴한다. 반면 기억은 기억에 종속되지 않는 사건들로 구성되고, 현재에 생소한 어떤 것을 생산해내야 하거나 생산해낼 것이라는 기대와 연관되어 있다. 과거의 성유물함도, 쓰레기통도 아닌 기억은, 가능성들을 믿는 것으로, 그리고 이 가능성들을 노리며 매복한 상태로 조심스럽게 기다리는 것으로 존속한다.

공간 조작을 위한 전쟁의 '기예'와 유사한, 시간 속의 기억의 '기예'는 타자의 장소를 소유하지는 않으면서 그 장소에 항상 존재할 수 있는 능력, 왜곡에 의해 소멸되지는 않으면서 이 왜곡을 이용할 수 있는 능력을 키운다. 이 힘은 (비록 그 이야기가 권력이 될 수 있다 할지라도) 권력은 아니다. 이 힘은 오히려 **권위**라는 이름을 얻었다. 이것은 집단 혹은 개인의 기억으로부터 '뽑아낸' 것으로, 뒤집기, 질서 혹은 장소의 변화, 다른 것으로의 이행, 실천 혹은 담론의 '메타포'*를 '허락하는'(가능한 것으로 만드는) 것이다. 이런 이유에서 수많은 민중 전통에서 '권위들'에 대한 아주 은밀한 조종이 발생한다. 기억은 다른 곳으로부터 유래하고, 자신으로부터 벗어나 있으며, 이동한다. 기억의 기예가 가진 전술들은, 기억 바로 그것과, 그리고 기억의 불안한 익숙함을 보여준다. 끝으로 나는 이 절차들 중 일상의 연속적 전개 속에서 특별히 기회를 조직해내는 몇 가지를 강조하고 싶다. 예를 들면, 왜곡의 움직임과 개체성의 환유적 실천, 당황하게 만드는 '교활한' 유동성(이는 본질적으로는 일반적인 효과에 불과하다) 등이 그 절차에 해당된다.

1) 실제 기억은 다양한 **변형**의 움직임에 의해 조절된다. 그 이유는 기억이 외부적 사정에 의해 특징지어지고 연속적인 과시적 표시와 타자의 문신을 모으는 것으로 구성되기 때문만이 아니라, 이 보이지 않는 글쓰기[즉 기억]는 오직 새로운 상황에서만 '회상되기' 때문이다. 회상의 방식은 기록의 방식과 유사하다. 게다가 아마 기억은 단지 타자에 의한 '회상' 혹은 호출에 불과한 것일 수도 있다. 그리고 기억의 각인은, 그것을 알지 못한 채 이미 항상 왜곡되어 있는 몸 위에 덮어씌우듯 그려질 것이다. 이 비밀스럽고 본래적인 글쓰기는, 터치가 그것에 닿는 곳에서 점차 밖으로 '흘러나올 것이다.' 마치 손으로 건반을 누르면 피아노가 소리를 '내는 것'처럼, 기억은 상황에 따라 움직인다. 기억은 타자의 감각이다. 마찬가지로 고유한 장소가 자율성을 획득할 때 기억은 위축되는 반면, 기억은 관계와 함께 발전한다(사랑에 빠져 있을 때처럼 '전통적' 사회 속에서). 기억은 기록하는 것 이상으로 반응한다. 즉 기억이 자신의 유동적인 취약함을 잃고, 더이상 새로운 모습으로 변형되지 못하고 오로지 최초의 응답을 반

* 메타포는 어원적으로 '이동하다' '옮기다' 등의 뜻을 가지고 있다.

복하기만 할 수밖에 없는 순간까지 반응한다.

반응하는 이 변형 시스템은, 전체 상황에 끼어드는 데 수반되는 감지력을 매 순간 만들어낸다. 재빠르게 포착된 기회는, 터치가 응답으로 변화되는 것, 즉 예견되지 않은 뜻밖의 일이 '역전'되는 것 그 자체가 될 것이다. 사건이 기록하는 것은, 그것이 제아무리 곧바로 사라지는 신속한 것이라 할지라도, 방향이 전환되고, 말 혹은 몸짓으로 잽싸게 되돌아간다. 임기응변의 민첩함과 적절함은, 순간에 관한 의존관계에서, 그리고 경계심에서 분리할 수 없다. 즉 순간에 대항하여 스스로를 방어하기 위한 고유의 장소가 적으면 적을수록, 민첩함과 적절함은 더욱더 많이 순간에 대한 의존관계와 경계심을 강조한다.

2) 이 응답은 **단수형**이다. 이 응답이 만들어진 전체 속에서 이 응답은 단지, 상황을 뒤집을 수 있을 만큼 잘 조정된, 하나의 디테일 — 하나의 몸짓, 하나의 단어 — 일 뿐이다. 하지만 기억이 다른 어떤 것을 공급해줄 수 있는가? 기억은 특수한 조각과 파편으로 이루어져 있다. 하나의 디테일, 수많은 디테일, 이것이 바로 추억이다.

어둠에서 분리되어 뚜렷하게 드러나는 순간 이 추억들 각각은 전체와 연관되어 있다. 그런데 추억은 이 전체를 가지지는 못한다. 각각의 추억은 이 전체와 관련하여 하나의 환유로서 빛을 발한다. 그림에는 단지 달콤한 상처인, 깊이 팬 멍자국만 남아 있다. 신체에는 시선의 이 윤기, 혹은 곱실거리는 머리카락 사이에서 드러나는 흰빛의 감촉만 남아 있다. 이 특징들은 지시사적 효과를 가진다. 저 멀리서 몸을 구부린 채 지나간 이 녀석…… 어디서 올라오는지 알 수조차 없는 이 냄새…… 끌로 조각한 디테일들, 강렬한 특이성들은 마치 기회에 개입하듯이 기억 속에서도 이미 작동하고 있다. 동일한 직관이 여기저기서 행사된다. 그리고 동일한 관계 — 구체적 디테일과 정세 사이의 관계 — 의 기예가 여기에서는 사건의 흔적처럼 암시되고 저기서는 일치 혹은 '조화'의 생산에 의해 수행된다.

3) 가장 기이한 것은 아마 기억의 **유동성**일 것이다. 이 기억 속에

서 디테일들은 결코 그 자체로 존재하지 않는다. 디테일들은 바로 그런 식으로 빠져나가기 때문에 사물이 아니다. 디테일들은 자신이 망각한 전체도 역시 제공하기 때문에 단편도 아니다. 디테일들은 그 자체로서 충분하지 않기 때문에 총체성도 아니다. 각각의 디테일은 다른 디테일들을 왜곡시키기 때문에 안정되어 있지도 않다. 유동하는 비장소의 이 '공간'은 사이버네틱스 세계의 능란함을 갖고 있다. 이 공간은 아마도 실행의 기예의 모델 혹은 메티스의 모델을 구성할 것이다. (하지만 이 언급은 우리가 몰랐던 것들을 참조하고, 설명적이기보다는 지시적이다.) 기회를 붙잡으면서, 이 모델은 권력이 배분되는 장소 속에서 끊임없이 예기치 못한 시간의 적절성을 복구한다.

이야기들

디테일은 구조의 작동과 균형을 변화시키지만, 그럼에도 디테일이 침입하는 구조 속에서 모든 것은 똑같아 보인다. 기억을 그것의 '사회적 틀'[10] 속에 집어넣는 현대의 과학적 분석, 혹은 기억을 장소들의 구성으로 능숙하게 변화시켰고 그렇게 함으로써 시간을 통제 가능한 공간으로 탈바꿈시키는 근대식 변화를[11] 예비했던 중세 성직자의 전문기술은 기억의 우회를 잊어버렸거나 거부했다. 비록 현대의 과학적 분석 혹은 중세 성직자의 전문기술이 어떤 절차를 통해서 혹은 어떤 정당한 전략적 이유에서, 기회(이 조심성 없는 순간, 이 위험한 것)가 지적 담론의 공간화에 의해 통제되었는지 설명하는 데 지대한 관심을 표현하고 있긴 하지만 말이다. 고유한 장소의 구축인 과학적 글쓰기는 순간적인 시간을 관찰 가능하고 이해할 수 있는 시스템의 정상 상태로 즉시 데려간다. 그렇게 해서 이제 더이상 뜻밖의 일이란 일어나지 않는다. 장소들의 보존은 이 고약한 기교들을 제거해버린다.

하지만 그것들은 되돌아온다. 은밀하고 조용히 과학적 행위 그 자체 속으로만 되돌아올 뿐만 아니라,[12] 담론을 갖지 않는다고 해서 존재하지 않는 것은 결코 아닌 매일의 실천들 속으로만 되돌아올 뿐만 아니라, 수다스럽고 일상적이며 교묘한 이야기들 속으로도 되돌아온다. 이 속에서 기교들을 인식하기 위해서는, 그것의 반복적 구조 혹은 형식을 검토(어쨌든 이 역시 필수적인 작업이다)하는 걸로 만족하지 않는 것으로 충분하다. 기억의 기예에 관한 모든 특성들이 눈에 띄는 바로 그곳에서 한 가지 노하우가 작동한다. 한 가지 예만 들겠다. 잘 알려져 있고 따라서 분류 가능한 한 이야기 속의 '상황' 디테일은 그 영향력을 뒤집어놓을 수 있다. 이야기를 '낭송하는 것'은, 이야기의 적절한 상투어 속에 숨어 있는 **추가적인** 요소를 이용하는 것이다. 자신의 받침대 역할을 하는 틀 속에 갇힌 '아무것도 아닌 것'은 이 상투적 관념이 다른 결과들을 만들어내게 한다. 귀 있는 자는 들을지어다. 섬세한 귀는 **말해진 것** 속에서, 지금 여기에서의 **말하기 행위**가 표출하는 차이점을 구분해낼 줄 안다. 섬세한 귀는 또한 이야기꾼의 교활한 솜씨에 주의를 기울이는 데 싫증내지 않는다.

집단적 전설 혹은 일상적 대화의 이야기들을 기회로 바꾸고, 또한 많은 부분 수사학의 지배를 받는 문체에 대해 좀더 정확하게 살펴보아야 할 것이다.[13] 하지만 이미 우리는 실행의 방식들에 대해 이야기하는 기예 속에서 이 실행의 방식들 그 자체가 작동한다는 것을 출발점의 가설로 삼을 수 있다. 프랑수아즈 프롱티시뒤크루[14]가 적절하게 잘 말했듯 드티엔과 베르낭은 '미로로 된 지성'을 가지고 스스로 이야기꾼이 되었다는 사실은 이에 대한 본보기가 된다. 이야기의 이 담론적 실천은 이야기의 기예이자 동시에 담론이다.

사실상 이 모두는 대단히 오래된 이야기이다. 정확하게는 곡예사라 하기 어려운 노년의 아리스토텔레스는 담론들 중 가장 미로같이 복잡하고 가장 섬세한 담론 속에서 길을 잃는 것을 좋아했다. 그는 **메티스**의 나이가 되었다. "내가 더 고독하고 고립될수록, 나는 더욱 더 이야기를 좋아하게 되었다."[15] 그는 그 이유를 감탄할 만큼 훌륭하게 설명했다. 즉 노년의 프로이트가 그랬듯, 이는 조화를 만들어내는 직관에 대해 전문가가 보내는 찬사, 뜻밖의 사건을 통해 그것을 실행하는 기예에 대해 보내는 찬사였다. "신화를 사랑하는 사람은 어떤 의미에서는 지혜를 사랑하는 사람이다. 왜냐하면 신화는 놀라움들로 이루어져 있기 때문이다."[16]

3

공간의 실천

제7장 도시에서 걷기

구경꾼 혹은 보행자

세계무역센터의 110층에서 맨해튼을 보는 것. 바람에 의해 이리저리 뒤섞이는 안개 아래에서, 바다 한가운데의 바다, 도시-섬이 월가街의 마천루를 일으켜세우고, 그리니치빌리지에서 움푹 꺼졌다가, 미드타운의 빌딩 능선을 다시 높이 일으키고, 센트럴파크에서 잠잠해졌다가, 마침내 할렘 저 너머에서는 하얗게 포말이 이는 듯 보인다. 수직선들의 넘실거림. 그것의 동요는 어느 한순간 환영에 의해 멈춘다. 눈앞에서 거대한 덩어리의 움직임이 중지한다. 그 덩어리는 질감의 조직으로 변형된다. 이 위에서 야망과 타락의 극단, 인종과 스타일의 거친 대립, 어제 만들어졌지만 벌써 쓰레기통으로 변해버린 빌딩들과 공간을 차단하는 오늘날의 도시 건설 사이의 대조 등이 동시에 발생한다. 로마와 달리 뉴욕은 자신의 과거를 이용하는 동시에 늙어가는 기예를 결코 배우지 못했다. 이미 갖고 있는 것을 내버리고 미래에 도전하는 행위 속에서 뉴욕의 현재는 시시각각 발명된다. 뉴욕은 기념비적인 부조물로 된 절정에 이른 장소들로 구성된 도시다. 관객은 거기서 황홀한 세계를 읽을 수 있다. 옛날에는 신비주의적 구성과 작은 모형으로만 개괄적인 윤곽이 드러났었던 역의 일치coincidatio oppositorum가 뉴욕에서는 건축의 형태로 뚜렷이 나타난다. 콘크리트, 강철, 유리 등으로 된 이 무대에서, 차가운 물이 두 개의 대양(대서양과 아메리카 대륙)을 나눈다. 지구에서 가장 높은 이 글자들[빌딩]은 소비와 생산 속의 거대한 과잉의 수사학을 구성한다.[1]

이와 같은 우주를 읽는 황홀은 지식의 어떤 에로티시즘에 결부되어 있을까? 그것을 맹렬하게 즐기기 위해 나는 '전체를 보는' 즐거움, 위로 불쑥 솟아 있을 즐거움, 인간이 만든 텍스트 중 가장 터무니없이 거대한 것을 한데 모아 더해버리는 즐거움은 어디서 생겨난 것인지 궁금해진다.

세계무역센터의 꼭대기에 올라가 있는 것은, 도시의 지배력에서 풀려나는 것이다. 익명의 법칙에 따라 거리들은 신체를 계속해서 포위하지만, 신체는 더이상 이 거리들에 얽매이지 않는다. 움직이거나 혹은 움직이게 만들어진 신체는 또한 각양각색의 온갖 소음이나 뉴욕의 신경질적인 교통에 의해서 지배되지도 않는다. 저 위에 올라간 사람은, 저자 혹은 관람객의 정체성을 모두 탈취하고 뒤섞어버리는 대중으로부터 벗어난다. 이 바다 위의 이카로스는 끝도 없고 유동하는 미로로 된 다이달로스의 거리들을 무시할 수 있다. 이카로스의 비상은 그를 구경꾼으로 만든다. 비상함으로써 그는 거리를 둘 수 있게 된다. 비상은, 우리를 매혹하는 세계, 우리가 '사로잡혀' 있던 이 세계를 우리의 눈 밑에 있는 텍스트로 만든다. 비상은 그 텍스트를 읽을 수 있게 해주고, 태양의 눈, 신의 시선이 될 수 있게 해준다. 시각적, 영지주의적 충동의 증대. 오로지 바로 이 뷰포인트가 되는 것, 이것이 바로 지식의 픽션이다.

그런 다음에는 반드시 군중이 왕래하는 어두운 공간으로 떨어질 것이다. 그런데 이 군중은 위에서는 보이는데, 아래에서는 보이지 않는다. 이카로스의 추락. 110층에 걸린 벽보가 마치 스핑크스처럼,

잠시 견자見者로 변한 보행자에게 수수께끼를 낸다. 위에 있을 때 아래로 내려가기란 어렵다.

도시를 보려는 의지는 그 의지를 충족시켜줄 방법들에 선행해 있다. 중세 혹은 르네상스기 그림들은, 그때까지는 아직 결코 존재하지 않았던 원근법에 따라 눈으로 본 도시의 모습을 보여주고 있다.[2] 이 그림들은 도시를 상공에서 바라보는 것을 발명했고, 또한 그리고 이것이 가능하게 해준 도시의 파노라마도 동시에 발명했다. 이 픽션은 중세의 관객을 이미 천상의 눈으로 만들었다. 이 픽션은 신들을 만들어냈다. 기술의 절차들이 '전지적 시선의 권력'[3]을 조직해낸 이후 상황은 다르게 바뀌었는가? 과거의 화가들이 상상했던 전체를 다 보는 눈은 현재 우리의 현실 속에서 살아남았다. 이와 동일한 시각적 충동이 오늘날 건축적 생산물들을 사용하는 이들을 사로잡고 있다. 이 충동이 과거에는 그림으로 그려지는 데 그쳤던 유토피아를 오늘날에는 실제로 구현해낸다. 맨해튼의 뱃머리에 있는 420미터짜리 이 고층건물은 픽션을 계속 만들어내고 있다. 이 픽션은 독자들을 만들어내고, 도시의 복잡성을 해석 가능한 것으로 바꾸고, 도시의 불투명한 유동성을 붙들어 꼼짝 못하는 투명한 텍스트로 고정시킨다.

우리 눈앞에 있는 거대한 질감의 조직은 표상이 아닌 다른 것, 즉 시각적 가공물인가? 그것은 공간 정비사, 도시계획가, 지도 제작 전문가 등이 일종의 거리두기인 투영법을 통해 만들어낸 복제품과 유사한 것이다. 도시-파노라마는 '이론적'(즉 시각적) 시뮬라크르, 즉 한마디로 그림이다. 그리고 이 그림이 가능하기 위해서는, 실천들에 대한 망각과 무지라는 조건이 필요하다. 이 픽션이 만들어내는 구경꾼 신은 슈레버의 신처럼 시체만을 알고 있다.[4] 이 구경꾼 신은 매일의 행동들이 난해하게 뒤얽힌 데서 벗어나서 그것들과 자신이 무관한 낯선 것처럼 만들어야 한다.

반면 '아래로부터', 즉 가시성이 멈추는 문턱에서부터, 도시의 일상적 실천가들이 삶을 영위한다. 도시의 일상적 실천가들은 걷는 사람들Wandersmänner로, 걷기는 도시 경험의 기초적인 형태가 된다. 걷는 사람들의 신체는, 그들이 읽을 수는 없지만 그들이 쓴 도시 '텍스트'의 충만하고 섬세한 부분에 복종한다. 이 실천가들은 보이지 않는 공간을 이용한다. 그들은 이 공간에 대해, 마치 사랑에 빠진 신체와 신체 사이에서만큼이나 맹목적인 지식을 가진다. 이 뒤얽힘 속에서 서로 만나게 되는 길들은 이해 가능성에서 벗어나 있다. 마치 여러 명의 작가들이 자신의 것이라고 주장하는 요소로 구성된 공인되지 않은 시처럼 말이다. 모든 것은 마치 사람들이 살고 있는 도시를 조직하는 실천들의 특징이 맹목성인 것처럼 진행된다.[5] 이 글쓰기들은 점점 전개되어가고 교차되어가고, 이 글쓰기들의 조직망은 복합적 이야기를 구성해낸다. 이 이야기는 저자도, 관객도 없고, 여정들의 조각과 공간의 왜곡으로 만들어진다. 표상에 비해본다면 이 이야기는 일상적으로, 부정不定의 상태로, 타자로 남아 있다.

눈의 상상적 총체화를 벗어나는 일상의 기묘함이 있다. 이 일상의 기묘함은 결코 표면에 드러나지 않는다. 혹은 그것이 드러나는 표면은 오직 상한치, 가시성 위로 자신의 윤곽이 드러나는 가장자리일 뿐이다. 이 전체 속에서 나는 시각적, 파놉티콘적, 이론적 구성들의 '기하학적'이거나 '지리학적' 공간과는 상관없는 낯선 실천들을 찾아내고 싶다. 이 공간의 실천들은, **작동 과정**의('실행의 방식들'의) 특수한 형식에, '또다른 공간성'[6](공간의 '인류학적', 시적, 신화적 경험)과, 사람들이 살고 있는 도시의 **맹목적이고 불투명한** 유동성 등과 관련되어 있다. 이렇게 해서 **이동목축** 도시 혹은 메타포 도시는, 계획적으로 만들어진 해석 가능한 도시의 확실한 텍스트 속으로 슬그머니 끼어든다.

1. 도시의 개념에서 도시적 실천들로

세계무역센터는 서구 도시계획이 만들어낸 건축물들 중 가장 기념비적일 뿐이다. 시각적 지식의 아토피아-유토피아atopie-utopie는 오래전부터 도시의 밀집지역에서 발생한 모순들을 극복하고 그것들을 유기적으로 연결시키려는 기획을 가지고 있다. 이는 인간의 수집품 혹은 축적물이 점차 증가해가는 것을 관리하는 것과 관련되어 있다. 에라스무스는 "도시는 거대한 수도원이다"라고 말했다. 원근법적 시각과 미래학적 시각은 이중의 투사, 불투명한 과거와 불확실한 미래를 다루기 쉬운 평면으로 투사하는 것을 구성한다. 이 두 시각은 도시의 사실을 도시의 개념으로 변모시키기(16세기 이래로부터?) 시작했다. 도시의 개념 그 자체가 역사History의 형태를 뚜렷이 드러내기 한참 전에, 이 개념은 도시의 사실을 도시계획의 합리성에 속한 하나의 단위처럼 다룰 수 있다고 가정했다. 도시와 개념의 연합은 이 둘을 결코 동일시하지는 않고, 이 둘의 점진적 공생관계를 만들어낸다. 따라서 도시를 계획한다는 것은, 실재의 다원성 자체를 사유하는 것이자 동시에 이 다원성의 사유에 실효성을 부여하는 것을 의미한다. 이는 유기적으로 구성하는 것을 아는 것이자, 그것을 할 수 있는 것이다.

조작적 개념?

유토피아적이고 도시계획적인 담론[7]이 창시한 '도시'는 삼중의 작동 가능성에 의해 규정된다.

1. 고유한 공간의 생산. 합리적 조직은 따라서 자신을 위태롭게 만들 수 있는 물리적, 정신적, 정치적인 모든 폐해를 물리쳐야 한다.

2. 파악하기 어려운 전통의 완고한 저항을, 비시간 혹은 공시적 시스템으로 대체하는 것. 모든 데이터들을 단조롭게 만듦으로써 가능해진 일의적인 과학적 전략들은 사용자의 전술들을 대체해야 한다. 사용자의 전술들은 '기회'를 가지고 요령을 부리고, 가시성의 오

류라 할 사건-덫을 통해 역사의 불투명함을 도처에서 다시 끌어들인다.

3. 마지막으로, 익명적이자 보편적인 주체, 즉 도시 그 자체의 창조. 실질적인 다양한 주체들, 예컨대 그룹, 협회, 개인 등에 분산되어 할당되었던 모든 기능과 술어들을 도시의 정치적 모델, 예컨대 홉스의 국가 같은 것에 점차 부여할 수 있다. 이렇게 해서 고유명사로서 '도시La ville'는, 안정되고 고립되어 있으며 서로 결합되어 있는 유한한 수의 특성들로부터 공간을 구상하고 구축할 수 있는 능력을 제공한다.

'사변적이고' 분류하는[8] 작동 과정들이 조직하는 이 장소에서, 관리는 제거와 결합한다. 한편으로는 도치와 이동, 축적 등을 통해 도시의 부분과 기능을 분화하고 재배정한다. 다른 한편으로는 처리할 수 없는 것, 즉 기능주의적 관리 관점에서의 '쓰레기'(비정상, 일탈, 질병, 죽음 등)를 폐기한다. 확실히 진보는 관리의 순환 속에서 쓰레기의 비중이 다시 커지게 만들었고, (건강, 안전 등의) 결핍 상태 그 자체를 질서의 망을 더욱 조밀하게 만드는 방법으로 변형시킨다. 하지만 사실 진보는 그것이 목표하는 것에 반대되는 결과들을 끊임없이 만들어낸다. 예를 들자면, 이윤의 시스템은 손실을 낳는다. 시스템 바깥에서는 비참, 시스템 내부에서는 낭비 등의 다양한 형태로 나타나는 이 손실은 계속해서 생산을 '소비'로 도치시킨다. 뿐만 아니라 도시의 합리화는 전략적 담론 속에서, 즉 최후에는 도시가 파괴되어야 한다는 필연성 혹은 가설에 근거한 예측 속에서 도시의 신화화를 야기한다.[9] 마지막으로, 진보(시간)를 우선시하는 기능주의적 조직은 자신의 가능성의 조건, 즉 공간 그 자체를 잊어버리게 만든다. 그래서 공간은 과학적, 정치적 공학의 맹점이 되었다. 이런 식으로 개념-도시la Ville-concept가 기능한다. 개념-도시는 변화와 전유의 장소, 중재의 대상이지만, 새로운 속성들로 끊임없이 풍부해져가는 주체이기도 하다. 개념-도시는 근대성의 기계 설비이자 동시에 영웅인 셈이다.

이 개념의 화신化身이 무엇이었든지 간에 오늘날에는 다음의 사실을 인정해야 한다. 즉 담론 속에서 도시가 사회경제적, 정치적 전략들에게 거의 신화적이고 총괄적인 지표로 사용된다면, 도시적 삶은 도시계획이 축출했던 것이 점차 다시 활력을 띠도록 내버려둔다는 사실을 인정해야 한다. 권력의 언어는 '도시화된다'. 하지만 도시는, 파놉티콘적 권력의 바깥에서 서로 상쇄되고 결합되는 모순적인 움직임들의 영향 아래 있다. 도시는 정치 전설에서 주된 주제가 되었지만, 그것은 더이상 프로그래밍되고 통제되는 작동 과정의 장은 아니다. 도시를 이데올로기화하는 담론 아래에서, 이해할 수 있는 정체성도 없고, 파악도 불가능하고, 합리적 투명성도 없고, 따라서 관리가 불가능한 힘들의 결합과 술책이 증식한다.

실천들의 귀환

개념-도시는 점차 손상된다. 이것은 말하자면, 개념-도시를 창시했던 이성 및 그 전문가들을 고통스럽게 만드는 질병이 또한 도시 구성원들의 질병이라는 것을 의미하는가? 아마 도시는, 도시를 조직해갔던 절차들과 동시에 훼손되었을 것이다. 하지만 여기서 우리는 우리의 분석을 신중히 경계해야 한다. 지식의 수행자들은 언제나 세계가 그들의 이데올로기와 자리를 위태롭게 하는 변화에 의해 위협받고 있다고 가정한다. 그들은 그들 이론이 가진 불행을 불행의 이론으로 탈바꿈시켜버린다. 그들이, 자신의 방황을 '파국'으로 변모시킬 때, 그들이 민중을 자신들 담론의 '공포' 속에 가두고자 할 때, 그들은 여전히 옳다고 할 수 있을까?

(더이상 진보가 아니라 파국에 대해서 말하는) [담론의] 내용을 전도시키면서 자기 특권을 유지하는 담론의 장 속에 머물러 있기보다는, 우리는 다른 방식을 시도해볼 수 있다. 이 다른 방식은, 복잡하고 특이하며 세균의 움직임과 같은 미세한 형태의 실천들을 분석하는 것이다. 도시계획 시스템은 이 실천들을 관리하거나 제거해야

했지만, 이 실천들은 사라지지 않고 살아남았다. 우리가 시도해볼 수 있는 다른 방식은, 파놉티콘적 관리에 의해 통제되거나 제거되는 것과는 거리가 먼 절차들이 증식해가는 것을 지켜보는 것이다. 이 절차들은 급증하는 비합법성 속에서 강화되고, 감시망 속에 슬며시 끼어들어 확장되며, 해석하긴 어렵지만 일상의 조절 메커니즘과 은밀한 창조성을 구성할 만큼 안정되어 있는 전술들에 따라 결합된다. 한편 오늘날 제멋대로 작동하고 있는 관찰 조직의 담론과 장치들은 이 일상의 조절 메커니즘과 은밀한 창조성을 숨기기만 할 뿐이다.

이 방식은 미셸 푸코가 권력 구조에 대해 행했던 분석의 속편처럼 보일 수도 있겠지만, 그것과 상반된 것처럼 보일 수도 있을 것이다. 푸코는 이 분석을 절차와 장치들 쪽으로 이동시켰다. 이때 절차와 장치들은 '부차적 도구들'을 의미한다. 이 도구들은 '세부사항들'을 조직하는 것만으로도 인간의 다양성을 '규율' 사회로 변환시킬 수 있고, 학습, 건강, 법, 군대 혹은 노동에 관련된 모든 일탈을 관리하고 구별하고 분류하고 위계화할 수 있다.[10] 대부분의 경우 '아주 작은 규율의 이 책략들', 즉 '부차적이지만 무결점의' 메커니즘은 절차들과 공간이 맺는 관계에서 자신의 효력을 이끌어낸다. 그리고 이 책략들은 절차들과 공간을 '조작자'로 만들기 위해 재분배한다. 그런데 사람들은 규율을 작동시키기도 하고 또 규율을 가지고 장난을 치기도 하는데, 이런 측면에서 볼 때, 규율 공간을 생산해내는 이 도구들에는 어떤 공간의 실천들이 상응한다고 할 수 있을까? 관리의 집합적 방식과 재전유의 개인적 방식 사이에 있는 모순의 현재적 국면 속에서, 만일 공간의 실천들이 실제로 사회적 삶을 결정짓는 조건들을 만들어낸다는 사실을 받아들인다면 이 질문은 더욱더 본질적이라 할 수 있다. 나는 저항적이고 요령을 피우고 고집스러우며 다양한 모습을 가진, 규율을 벗어나지만 규율이 행사되는 장을 벗어나지는 않는 몇 가지 절차들을 주의깊게 살펴보고자 한다. 그리고 이 절차들은 일상적 실천들과 경험된 공간 및 도시의 불안을 유발하는 익숙함 등에 관한 이론으로 도달할 것이다.

2. 잃어버린 발걸음들의 화법

"발걸음으로 여신을 알아본다."
—베르길리우스,『아이네이스』, Ⅰ, 405.

역사는 발걸음들과 함께 지면에서 시작된다. 발걸음들은 무수히 많지만, 연속적 배열을 이루지는 않는다. 우리는 그것을 셀 수 없다. 왜냐하면 이 발걸음들 각각은 질적 성질, 즉 촉각적 파악과 운동감각적 체화의 스타일을 가지기 때문이다. 발걸음들의 우글거리는 군집은 무수한 개체성들의 집단이다. 발걸음의 움직임은 공간을 다듬는다. 발걸음의 움직임은 장소를 짠다. 이런 점에서 볼 때 보행자의 운동성은 "실재 시스템들" 중 한 가지를 형성하는 셈이다. "이 실재 시스템들의 존재는 실질적으로 도시를 형성"하긴 하지만 "어떠한 물리적 저장고"도 가지고 있지 않다.[11] 보행자의 운동성은 그 위치가 정해지지 않는다. 그것은 공간 안에 위치지어지지 않고 공간화한다. 이 운동성은, 중국어 화자가 손가락으로 손바닥에 그린 글씨들보다 용기 속에 넣기가 더욱 어렵다.

분명히 천천히 전진해가는 과정은, 그것의 흔적(여기서는 깊이 새겨진 흔적, 저기에서는 옅은 흔적)과 여정(저기가 아니라 여기를 통해 지나가는 여정)을 전사轉寫하는 방식으로 도시의 지도 위로 옮길 수 있다. 그러나 굵거나 가는 이 곡선들은 마치 단어들처럼, 지나가버린 것의 부재를 가리킬 뿐이다. 여정을 도면으로 기록하는 것은 존재했었던 것, 즉 지나가는 행위 그 자체를 잃어버린다. 길을 걷고 이리저리 방황하고 '아이쇼핑'을 하는 작동 과정, 다시 말해 보행자의 행동은 점들로 바뀐다. 이 점들은 평면도 위에서 총괄적이면서 가역적인 성질을 띤 선을 만든다. 그것은 우리가 투영면投影面의 비시간 속에 놓여 있는 유물만을 파악할 수 있게 해준다. 가시적인 보행자의 행동은, 자신의 가시성을 가능케 해주었던 작동 과정을 비가시적인 것으로 만드는 결과를 낳는다. 이 고정 작업은 망각의 과정들을 구성한다. 흔적은 실천을 대체한다. 흔적은 지리학적 시스템이 가진 (왕성한) 특성, 즉 행동을 눈으로 읽을 수 있는 것으로 변모시키는 힘을 표현한다. 하지만 거기서 흔적은 세계에 존재하는 방식을 망각하게 만든다.

보행의 발화

말하는 행위와 비교함으로써 우리는 한 걸음 더 나아갈 수 있다.[12] 즉 우리는 이해할 수 있는 것의 가장자리에서 저 건너편에 있는 접근 불가한 것을 목표로 삼으면서, 그림으로 표상하는 것을 비판하는 데만 머무르지 않을 수 있다. 발화 행위(speech act)가 언어 혹은 말로 표현된 언표에 속하는 것처럼, 걷기 행위는 도시 시스템에 속한다.[13] 가장 기본적인 수준에서 걷기 행위는 실제로 삼중의 〈발화〉 작용을 한다. 첫째, (화자가 언어를 전유하고 수용하는 것처럼) 걷기 행위는 보행자가 지형학적 시스템을 **전유**하는 과정이다. 둘째, (말의 행위가 언어의 유성有聲 실현인 것처럼) 걷기 행위는 장소의 공간적 **실현**이다. 마지막으로 (말로 하는 발화가 〈담화〉이고, 화자의 〈맞은편에 타자를 배치하고〉, 쌍방의 대화자들 사이에 계약이 발효되도록 만드는 것처럼) 걷기 행위는 분화된 위치들 간의 **관계**, 즉 움직임의 형식으로 된 실용적 〈계약〉을 포함한다.[14] 따라서 걷기는 발화 공간이라고 첫번째 정의를 내릴 수 있는 것처럼 보인다.

게다가 우리는 이 문제설정을, 글쓰기 행위가 글로 쓰인 것과 맺는 관계, 그리고 또 〈터치〉하는 행위(붓의 몸짓과 무훈시)가 제작된 그림(형태, 색깔 등)과 맺는 관계 등으로 바꿔 생각하며 확장시킬 수 있을 것이다. 구두로 하는 의사소통 영역에 한정되어 있는 발화 행위는, 다양한 응용 가능성들 중 한 가지에 불과할 것이다. 그리고 그것의 언어적 양태는, 시스템 속에서 사용된 형식들과 이 시스템의 사용법 사이의 대단히 일반적인 구별, 즉 '동일한 것들'이 상반된 관점에서 고려되기 때문에 발생한 두 개의 '상이한 세계들' 사이의 대단히 일반적인 구별에 대한 최초의 포착이 될 뿐이다.

이 측면에서 볼 때 보행의 발화는, 공간 시스템에서 즉각적으로 자신을 구별시켜주는 세 가지 특성, 즉 현재, 불연속성, '의례'를 제시한다.

우선 공간적 질서가 가능성(예컨대 통행 가능한 공간을 통해서)과 금지(앞으로 나가는 것을 막는 벽을 통해서)의 집합을 조직하는 것이 사실이라면, 걷는 사람은 이 가능성이나 금지사항들 중 몇 가지를 현실화할 것이다. 즉 걷는 사람은 그것들을 눈에 뜨이도록 만드는 만큼 그것들이 실제로 존재하도록 만든다. 그는 또한 그것들의 위치를 옮기고, 다른 것들을 만들어낸다. 왜냐하면 지름길, 표류, 즉흥적인 걷기 등은 공간적 요소들을 특권화하거나 변화시키고 혹은 그냥 내버려두기 때문이다. 이런 식으로 찰리 채플린은 지팡이의 가능성을 다양하게 만들었다. 즉 그는 똑같은 것을 가지고 다른 것들을 만들어냈고, 사물에 부여된 사용법의 한계를 넘어섰다. 마찬가지로 걷는 사람은 각각의 공간적 기표를 다른 것으로 변형시킨다. 그리고 만일 한편으로 그가 기성 질서가 고정시켜둔 가능성들 중 몇 가지만을 실제적인 것으로 만든다면(그는 저기가 아니라 오직 여기에만 갈 수 있다), 그리고 다른 한편으로 그가 가능성의 숫자(지름길이나 우회로를 만듦으로써)와 금지의 숫자(정상적인 길 혹은 반드시 통과해야 하는 길을 피하는 것)를 증대시킨다면, 그는 결국 선택을 하는 셈이다. "도시의 사용자는 언표의 조각들을 비밀리에 현실화하기 위해 그것들을 가려낸다."[15]

이런 식으로 그는 공간적 '언어'의 기표들 속에서 선별 작업을 함으로써, 혹은 그것을 활용해서 기표들을 변경함으로써 불연속성을 창조한다. 그는 어떤 장소들을 불활성 혹은 소멸에 처하도록 만든다. 그리고 다른 장소들을 가지고서 '예외적이고' '우발적이며' 혹은 비합법적인 공간의 '추이'를 만들어낸다.

발화의 틀 속에서 걷는 사람은 자신의 위치에 따라 먼 곳과 가까운 곳, 여기와 저기를 구성한다. 구두로 하는 의사소통에서 여기, 저기 등의 부사는 화자의 발화 행위 상황[16]에 대한 지표가 된다. 이는 언어 발화와 보행 발화 사이의 평행 관계를 더욱 견고하게 만드는 일치이다. 우리는 이 사실에 덧붙여 걷기에 반드시 필요한 전제가 되고 또한 '나'에 의한 공간의 현재적 전유를 지시해주는 위치를 가늠하는 일(여기-저기)은 '나'와 관련된 타자를 데려와 정착시키고 따라서 장소들 간의 결합 혹은 분리 관계를 새로 만들어내는 기능을 가진다는 것을 말해야 한다. 나는 특히 그것의 '의례적' 측면을 강조할 것이다. 그것은 관계를 맺고 유지하거나 혹은 단절시키는 용어들, 예컨대 "저기요!" 혹은 "그래, 그래" 등이 갖는 기능을 의미한다.[17] 그리고 말리놉스키와 로만 야콥슨은 이 기능을 따로 떼어내 다루었다. 다른 이들을 뒤따라가기도 하고 앞서가기도 하는 걷기는 환경의 유동적인 유기적 구성, 연속적인 의례적 **토포스들**을 창조해낸다. 만일 소통을 보증하기 위한 노력으로서의 이 의례적 기능이 '아이들이 습득해야 하는 최초의 구두 기능'인 것처럼 지저귀는 새들의 언어도 이미 특징지어주고 있다면, 이것[의례적 기능]은 정보를 제공하는 화술에 앞서 혹은 그와 병행하여, 뛰기도 하고 네 발로 기어가며, 춤추고, 무거운 혹은 가벼운 발걸음으로 산책한다는 것은 놀라운 일이 아니다. 마치 메아리치는 미로 속의 연속적인 '저기요!'처럼 말이다.

우리는 지도 위로 옮김으로써 드러나는 보행의 발화가 갖는 여러 양태들을 분석할 수 있을 것이다. 즉 우리는 보행의 발화가 진리값(필연적인 것, 불가능한 것, 가능한 것, 우발적인 것 등 '명제의 진위를 결정하는 논리' 양태), 지식의 가치(확실한 것, 배제된 것, 납득할 수 있는 것, 이론의 여지가 있는 것 등 '인식' 양태), 그리고 마지막으로 실행 의무에 관련된 가치(의무적인 것, 금지된 것, 허가된 것, 선택적인 것 등 '의무를 나타내는' 양태)에 영향을 미치면서 이 여정들(혹은 '언표들')과 맺는 관계의 유형들에 대해 분석할 수 있을 것이다.[18] 걷기는 자신이 '말하는' 경로를 분명하게 표명하고, 수상히 여기고, 위태롭게 하고, 위반하고, 존중한다. 이 모든 양태들은, 때와 여정 및 걷는 사람에 따라 강도가 달라지고, 발걸음마다 변화하고 균형적으로 배분되며 연속적으로 작동한다. 이 발화의 작동은 무한히 다양하다. 따라서 우리는 그것들을 그림으로 된 흔적으로 환원할 수 없다.

걷기의 수사학

행인들이 길을 걸어가는 것은 일련의 기교와 우회를 보여주는데, 이것들은 '표현 방식tournures' 혹은 '문채'와 유사하다. 즉 걷기의 수사학이 존재하는 것이다. 문장을 '우회적으로 표현하는' 기예는, 길을 걷는 사람이 자신이 가는 길의 여정을 우회하는 기예에 해당한다. 일상어[19]와 마찬가지로 이 기예는 **스타일**과 **사용법**을 전제로 하고 준비한다. 스타일은 "상징적 차원에서…… 한 인간이 세계에 존재하는 근본적 방식을 표명하는 언어학적 구조"[20]를 명시한다. 그리고 그것은 특이한 것이라는 의미를 내포한다. 사용법은 의사소통 시스템을 사실로서 드러나게 만들어주는 사회적 현상을 규정한다. 그리고 이것은 규범과 관련되어 있다. 스타일과 사용법, 이 둘은 모두 '실행의 방식'(말하는 방식, 걷는 방식 등)을 목표로 하고 있다. 하지만 하나는 상징적인 것의 특수한 취급으로서, 다른 하나는 규칙의 요소로서 그것['실행의 방식']을 목표로 한다. 이 둘은 사용법의 스타일, 즉 존재의 방식과 실행의 방식을 형성하기 위해 서로 교차한다.[21]

우리는 '거주하는 수사학'이라는 개념을 도입함으로써 수사학에 의해 분류된 '전의'*가 장소를 전유하는 방식을 분석하는 데 가설과 모델을 제공해준다고 가정할 수 있다. 이 개념은 알랭 메담[22]에 의해 개척되었고 실비 오스트로베츠키[23]와 장프랑수아 오고야르[24]에 의해 체계화된 것으로, 대단히 다양하게 적용 가능한 개념이다. 내가 보기에 두 가지 가정이 이 적용의 타당성을 결정한다. 첫째, 우리는 공간의 실천 역시 기존 질서의 기초가 되는 요소들을 다루는 것에 해당한다고 가정한다. 둘째 우리는 공간의 실천이 수사학의 전의처럼, 도시계획 시스템에 의해 규정된 일종의 '글자 그대로의 의미'와의 편차라고 가정한다. 말의 수식과 걷기의 수식 사이에는 상동 관계가 있을 것이다(그리고 걷기의 수식들 가운데에서 우리는 무용의 수식을 가지고 양식화된 선별 작업을 할 수 있을 것이다). 이 둘은 모두 분리 가능한 단위들을 대상으로 하는 '처리' 혹은 작동으로 구성된다.[25] 또한 둘은 모두 마치 움직이는 대상이 사진에 찍힌 상像을 흐릿하고 여러 개로 보이게 만드는 것과 같은 방식으로, 의미를 애매함으로 돌리고 빗겨나가게 만드는 '모호한 배치'로 구성된다.[26] 이 두 가지 방식으로 [둘 사이의] 유사성이 수용된다. 나는 도시계획가와 건축가의 기하학적 공간은, 문법학자와 언어학자가 구축한 '본래의 의미'에 비견될 만하다는 사실을 덧붙일 것이다. 문법학자와 언어학자는 '본래의 의미'를 구축함으로써 '비유적 의미'의 파생물들이 참조할, 정상적이고 규범적인 수준을 소유할 수 있게 된다. 그런데 사실 (수식 없는) '본래의 의미'는 언어 혹은 보행의 일상적 사용 속에서는 찾아보기 힘든 것이다. 그것은 단지 그 자체로 특별한 용법, 즉 학문의 메타언어적 사용에 의해 생산된 픽션일 뿐이다. 그리고 학문은 바로 이 구별로 인해 독특한 것이 된다.[27]

걷는 행위는 공간 구조를 능숙하게 다룬다. 공간 구조가 제아무리 파놉티콘 구조로 되어 있다고 할지라도 말이다. 걷는 행위는 공간 구조와 무관하지도 않고(걷는 행위는 공간 구조가 아닌 다른 곳에서 일어나지 않는다), 일치하지도 않는다(걷는 행위는 자기 정체성을

* 수사학에서 전의. 어구가 본래의 뜻과 달리 쓰이는 기법. 은유, 환유, 제유 따위.

공간 구조에서 얻지 않는다). 걷는 행위는 공간 구조 속에 모호함과 애매함을 만들어낸다. 그것은 수많은 자신의 준거와 인용(즉 사회적 모델, 문화의 쓰임새, 개인적 요인 등)을 그 속에 끼워넣는다. 공간 구조 속에서 걷는 행위 그 자체는 연속적인 만남과 상황들의 결과이다. 연속적인 만남과 상황들은 걷는 행위를 끊임없이 변하게 만들고 이 행위를 타자의 상징으로 만드는데, 이는 마치 갑자기 나타나 자기가 가는 길을 가로막고 유혹하는 행상인과 같다. 이 다양한 측면들은 수사학을 새로 만들어내고, 심지어 수사학을 정의내리기까지 한다.

공간의 실천들에 관한 이야기를 통해 이 '일상적 표현의 근대적 기예'[28]에 대해 분석하면서, 오고야르는 특히 제유법과 연사생략이라는 두 가지 근본적인 문채를 간파해냈다. 나는 이것[제유법과 연사생략]의 중요성이 두 개의 보완적인 중심점으로부터 이 실천들의 형식을 잘 드러내 보인다고 생각한다. 제유법은 '여러 뜻을 가진 단어에서 일부분만을 가리키는 의미로 단어를 사용하는 것'이다.[29] 무엇보다도 **제유법**은 일부분을 포함하고 있는 전체 대신 일부분을 들어 전체에 대해 말하는 것이다. 이런 식으로 '나는 그토록 귀중한 두뇌의 운명을 알지 못한다'라는 표현 속에서 '두뇌'는 '인간'을 의미한다. 마찬가지로 벽돌 오두막이나 작은 언덕 따위는 길을 가는 여정의 이야기 속에서 공원을 의미한다. **연사생략**은 한 문장에서 혹은 문장들 사이에서 연결하는 단어들, 즉 접속사와 부사 등을 없애는 것이다. 마찬가지로 걷기에서 연사생략이란 자신이 걸어온 공간을 선택하고 분할하는 것이다. 그것은 자신이 걸어온 공간의 연결 부분과 그것이 빠뜨린 전체를 건너뛴다. 이런 관점에서 볼 때 걷기란 건너뛰기, 폴짝 뛰기, 혹은 어린아이처럼 '한 발로 깡충 뛰기'를 계속하는 것이다. 그것은 결합된 장소들의 생략을 실천한다.

사실 이 두 가지 걷기의 수사는 서로가 서로를 참조한다. 제유법은 공간의 한 가지 요소를 확장함으로써 그것이 '더 큰' 역할(전체)을 수행하고 전체를 대체하도록 만든다(상점의 유리 진열장에 전시되어 판매중인 자전거나 가구는 한 거리 전체 혹은 한 구역에 비견될 만하다). 연사생략은 생략을 통해 '더 작은' 것을 만들고, 공간적 연속체 속에 결핍을 드러내고, 거기서 오직 선택된 부분들, 즉 유물들만 붙잡아둔다. 제유법은 단편들로 전체를 대체하고(더 큰 것 대신 더 작은 것), 연사생략은 접속사와 연속적으로 나오는 결과절을 제거함으로써 단편들을 서로 떼어놓는다(무언가가 있던 자리에 아무것도 없음). 제유법은 밀도를 조밀하게 만든다. 즉 그것은 디테일을 확대하고 전체를 축소시킨다. 연사생략은 절단한다. 즉 그것은 연속성을 해체하고 있음직해 보이는 것의 현실성을 없앤다. 이런 식으로 실천들에 의해 가공되고 뒤집어진 공간은, 과장된 특이성들로, 분리된 작은 섬들로 변한다.[30] 과장, 수축, 파편화 등의 수사학적 작업으로, (병치된 인용들로 구성된) 문집의 형식, 그리고 (공백, 오류, 암시 등과 관련된) 생략의 형식을 띤 공간 프레이징이 만들어진다. 걷기의 수식들은, '연결되고' 동시적이며 일관되고 총체화하는 공간의 테크놀로지 시스템을, 신화의 구조를 가진 여정들로 대체한다. 여기서 신화라는 단어가 적어도 구체적인 존재의 장소/비장소(혹은 기원)에 연관된 담론, 공통의 말해진 것들 속에서 뽑아낸 요소들을 가지고 변조해낸 이야기, 암시적이고 단편적인 이야기 — 이 이야기의 틈은 자신이 상징하는 사회적 실천들과 딱 맞물린다 — 를 의미한다면 말이다.

공간 스타일의 변형에서, 수식은 몸짓이다. 혹은 릴케가 말했던 대로, 움직이는 '몸짓의 나무들'이다. 이 나무들은 의학-교육학 기관의 경직되어 있고 기계적인 영토조차 움직이게 만든다. 여기서 발육이 늦은 아이들이 자신들의 '공간 이야기'를 가지고 놀거나 춤출 수 있는 다락방을 가질 수 있다.[31] 이 몸짓의 나무들은 모든 곳을 동요시킨다. 이 나무들이 만든 숲은 거리를 헤집고 다닌다. 이 숲은 무대를 변화시키지만, 이미지를 통해 한 가지 장소로 고정될 수 없다. 그런데도 반드시 설명이 필요하다면, 그것은 부유하는 이미지가 될 것이다. 예컨대 목소리를 높이지 않은 채 절규하고 있는, 도시 지하도에 그려진 노르스름한 초록색과 코발트색의 캘리그래피, 문자와 숫자로 '수를 놓는' 태깅, 스프레이로 채색된 폭력의 완벽한 행위, 글자로 표기된 시바 여신Çivas, 춤추는 그래프이다. 지하철 열차의 거대한 소리는, 순간적으로 나타났다 사라지는 이 부유하는 이미지들을 동반한다. 이것은 뉴욕의 그라피티다.

만일 몸짓의 숲이 거리에 나타나는 것이 사실이라면, 그것의 움직임은 그림으로 고정되지도 않고 그 움직임의 의미도 역시 텍스트 속에 한정될 수 없다. 그것의 수사학적 이동은 도시계획의 분석적이고 일관된 본래의 의미를 앗아가고 거기서 추방시킨다. 이는 대중들에 의해 만들어진 '의미의 방황'[32]이다. 대중들은 도시의 어떤 지역은 사라지게 만들고, 또다른 곳은 두드러져 보이게 만든다. 그리고 도시를 뒤틀고 파편화하며, 도시의 부동의 질서에서 벗어나게 만든다.

3. 신화: '걷게 만드는' 것

이 움직임의 수사들(제유법, 생략 등)은 '무의식의 상징'과 '담론 속에서 표명된 주체성의 전형적인 몇 가지 절차들'을 동시에 특징짓는다.[33] '담론'[34]과 꿈[35] 사이의 유사성은 동일한 '문체적 기법'의 사용에서 기인한다. 그래서 이 유사성은 보행 실천들도 역시 포함한다. 프로이트에서부터 에밀 방브니스트에 이르는 '오래된 전의의 목록'은 처음 두 개의 표현의 특색에 관한 수사학에 적합한 목록을 제공해주는데, 이는 세번째에도 마찬가지로 적용될 수 있다. 이 세 개의 영역 사이에 상관관계가 있다면, 그것은 발화가 이 세 개의 영역에서 주조를 이루고 있기 때문만은 아니다. 그것은 오히려 발화가 담론으로(언어로 표현되거나 꿈으로 상상된 것, 혹은 걷는 것으로) 전개되는 것은 그것이 나온 **장소**(즉 기원)와 그것이 생산해낸 **비장소**(즉 '지나가는' 방식) 사이의 관계 속에서 조직되기 때문이다.

이런 관점에서 언어의 형성과 보행 과정을 서로 비교한 다음 우리는 꿈의 형상 쪽으로 그것들의 방향을 전환시킬 수 있다. 혹은 우리는 적어도 이 반대쪽에서, 공간의 실천에서 꿈의 장소와 분리될 수 없는 것을 찾아낼 수 있다. 걷는다는 것은 자리가 없다는 것이다. 그것은 자기 고유의 것을 추구하는 것과 부재의 상태가 무한히 지속되는 과정이다. 도시를 재조립하고 배가시키는 방랑은, 도시 자체를 장소가 결여된 거대한 사회적 경험으로 만든다. 그리고 이 경험은 사실 셀 수 없이 많고 미세한 추방(이동과 걷기)으로 잘게 쪼개져 있고, 도시 조직을 창조해내면서 뒤얽히게 하는 이 다수의 집단이동의 교류와 교차에 의해 상쇄된다. 그리고 마지막으로 이 경험은 장소가 되지 못하고 이름뿐인 도시라는 기호 아래에 위치한다. 이 장소가 제공한 정체성은, 도시인들 사이의 지위와 수익에서의 불평등에도 불구하고, 거기에는 고작 행인들의 운집, 사람들의 왕래에 의해 형성된 주거지역, 고유한 특성처럼 보이는 것들에 의한 제자리걸음, 비장소 혹은 꿈의 장소가 들러붙어 있는 임차 공간의 세계가 존재하는 만큼, 더욱더 상징적인 것이 된다(즉 명명된다).

이름과 상징

공간의 실천들이 이 부재의 상태와 맺고 있는 관계는 분명히 '고유'명사에 대한 움직임이자 '고유'명사와 함께하는 움직임을 통해 표시될 수 있다. 걷기의 의미가 단어의 의미와 맺는 관계는 명백하게 반대되는 두 가지 종류의 움직임을 배치한다. 그중 하나는 외부성의 움직임(걷기는 밖으로 나가는 것이다)이고 다른 하나는 내부적 움직임(기표의 항구성 아래 있는 유동성)이다. 걷기는 사실 의미론적 향성向性에 따른다. 걷기는 그 의미가 불분명한 명명命名에 의해 이끌리거나 밀쳐지는 반면, 도시는 많은 경우 '사막'으로 변화한다. 이 사막에서 비상식적이고 심지어 무시무시한 것은 더이상 그림자의 형태를 취하지 않고, 마치 장 주네의 연극에서처럼 무자비한 빛이 된다. 기술관료제 권력이 도처에서 만들어내는 이 빛은 도시 거주민을 감시(무엇에 대한 감시인지는 알 수 없다) 아래에 두고, 모호함 없는 도시 텍스트를 생산해낸다. "도시는 우리를 자신의 시선 아래에 붙잡아둔다. 우리는 이를 현기증을 느끼지 않고 견딜 수는 없다"라고 루앙에 사는 한 사람이 말했다.[36] 낯선 이성에 의해 난폭하게 빛이 밝혀진 공간 속에서, 고유명사는 숨겨진 친숙한 의미들의 저장소를 판다. 고유명사는 '의미를 만든다'. 다른 말로 하자면 고유명사는, 우리의 여정에 예측 불가능한 의미를 (혹은 방향을) 부여하면서 그 여정의 방향을 전환시키는 호출이나 소명과 같은 방식으로 움직임들을 이끌어간다. 이 고유명사는 장소들 속에 비장소를 만들어낸다. 그것은 장소를 통로로 바꾼다.

세브르시에 거주하는 한 친구가, 다른 동네에 사는 자기 어머니를 보러 갈 때, 파리의 생페르가와 세브르가 쪽으로 표류한다.* 비록 그는 인식하지는 못하지만 이 거리의 이름들은 그의 발걸음이 구성하는 한 가지 문장을 진술한다. 번호들(예를 들어 112번가, 혹은 생샤를가 9번지)도 역시 우리의 여정을 자석처럼 끌어당긴다. 마치 그것들이 꿈에서 떠나지 않는 것처럼 말이다. 또다른 한 친구는 이름이 붙어 있어서 호출이나 분류의 방식으로 어떤 순서나 신원을 그녀에게 '알려주는' 거리들을 자기도 알지 못한 채 피해 다닌다. 그래서 그녀는 이름도, 의미도 없는 길들 쪽으로 도망친다. 이것도 역시 고유명사가 걷기에 영향을 미치는 한 가지 경우가 된다. 하지만 이때는 고유명사가 부정적 방식으로, 즉 그쪽으로 걷는 것을 피하도록 만들면서 영향을 미친다.

그렇다면 이 고유명사들은 무엇을 말해주고 있는 걸까? 도시의 표면을 위계화하고 의미론적으로 질서를 부여하는, 별자리처

* 어머니를 보러 가는데 아버지père라는 단어가 포함된 생페르[성부聖父]가 쪽으로, 자기가 살고 있는 도시의 이름 세브르Sèvres와 똑같은 이름의 세브르가 쪽으로 간다는 말.

럼 배열된 이 단어들은 연대기적으로 정리하고 역사적으로 정당화하는 작업을 한다. 이 단어들(보레고Borrégo, 보차리스Botzaris, 부겡빌Bougainville……)은 마치 더이상 사용되지 않는 낡은 동전들처럼 점차 거기에 각인되어 있던 가치를 상실한다. 하지만 그 단어들이 가진, 무엇인가를 알려주는 능력은 그 단어들의 최초의 정의를 뛰어넘는다. **생페르**Saints-Pères, **코랑탱 셀통**Corentin Celton, **플라스 루즈**Place Rouge 등의 단어들은, 이 길을 걸어가는 행인들이 여기에 부여한 다의적인 의미를 스스로 가지게 된다. 이 단어들은 자신들이 정의했어야 하는 장소들에서부터 떨어져 있고, 행인들의 여정에 상상의 만남의 장소 역할을 한다. 그리고 이 단어들은 원래의 의미와 무관하지만, 행인들이 의식하거나 의식하지 못하는 이유로, 이 상상의 만남의 장소를 메타포로 규정한다. 실제 장소와 동떨어진 이 이상한 지명들은, 정지된 '의미들'의 흐릿한 지리학처럼 도시 상공을 감돌고, 거기서 물리적 산책을 조종한다. **플라스 드 레투알**Place de l'Etoile, **콩코르드**Concorde, **프와소니에**Poissonnière 등…… 이 별자리는 통행을 매개한다. 마치 별들이 사람들의 여정을 인도하는 것처럼 말이다. "콩코르드광장은 존재하지 않는다. 그것은 하나의 관념일 뿐이다"라고 말라파르테가 말했다.[37] 그러나 그것은 하나의 '관념' 이상이다. 고유명사들이 사용하는 마법의 힘들을 제대로 고려하려면 좀더 다양한 비교가 필요할 것이다. 여행자들의 손에 쥐어진 채 운반되는 이 마법의 힘들은 여행자들을 인도하고 그들을 아름답게 만든다.

행위와 발걸음을 연결하고 의미와 방향을 새롭게 개척하면서, 이 단어들은 자신들에게 처음 부여된 의미를 도려내고 마모시키는 것에 기반하여 작동한다. 이 단어들은 최초의 의미를 비우고 다른 의미가 들어와 점유할 수 있는 공간이 된다. 이 단어들의 풍요로운 미결정성은, 의미의 고갈을 중개하면서, 금지되거나 허용된 글자 그대로의 의미의 지리학에 시적인 두번째 지리학을 연결하는 기능을 가진다. 이 단어들은 순환의 역사적, 기능주의적 질서 속에 또다른 여정을 끼워넣는다. 걷기는 이 단어들을 뒤쫓는다. "나는 이 거대한 빈 공간을 아름다운 이름으로 가득 채운다."[38] 사람들을 걷게 만드는 것은 의미의 유물들이고, 가끔은 의미의 부스러기, 혹은 거대한 야망에서 역류한 잔해이다.[39] 아무것도 아닌 것 혹은 거의 아무것도 아닌 것이 발걸음의 방향을 잡고 그것들을 모아서 상징으로 만든다. 이는 분명히 '고유'명사가 되기를 멈춘 이름들이다.

이러한 상징화의 핵심에서, 공간적 실천과 의미화 실천 사이의 관계에 관한 세 가지 구별되는(하지만 결합된) 기능들 — **믿을 만한 것, 기억할 만한 것, 본래적인 것** — 의 윤곽이 잡힌다. 이 기능들은 공간적 전유를 '허가하는' 것(혹은 가능하게 만들거나 믿을 만한 것으로 만드는 것), 후퇴하여 침묵하는 기억으로부터 되풀이되는 것(혹은 회상하는 것), 구조화되어 있으면서 무언의(in-fans) 기원이 계속 흔적을 남기는 것을 가리킨다. 이 세 가지 상징적 장치들은, 도시계획의 치밀한 체계에서 벗어나는 방식으로, 도시에 관한/도시의 담론(전설, 추억, 꿈)의 토포스들을 조직한다. 우리는 그것들을 고유명사의 기능 속에서 이미 확인할 수 있었다. 즉 이 장치들은, 그것들이 한 가지 단어로 감싸둔 장소를 거주할 수 있는 곳 혹은 믿을 만한 곳으로 만든다(분류하는 힘에서 벗어나면서 이 장치들은 다른 것을 '허용하는' 힘을 획득한다). 이 장치들은, 몸짓과 작동하는 신체 속에 감춰진 채 여전히 움직이는 유령(사라졌다고 가정되는 망자)을 상기시키거나 불러낸다. 그리고 그 장치들은 명명함으로써, 다시 말해 타자(역사)로부터 나온 명령을 강요함으로, 타자로부터 자신을 분리하면서 기능주의적 정체성을 변화시킴으로, 그것[그 장치들]은 바로 그 장소에서 침식을 일으키거나 혹은 타자의 법이 거기에 파놓는 비장소를 만들어낸다.

믿을 만한 것과 기억할 만한 것: 거주 가능성

사람들이 믿게끔 만드는 담론은 그것이 엄중히 명하는 것을 못하게 하거나 혹은 그것이 약속한 것을 결코 주지 않는 담론이다. 그런데 이것은 오직 표면상으로만 역설이다. 그 담론은 결코 공백을 표현하거나 결핍을 서술하지는 않고 오히려 이것들을 만들어낸다. 그리고 그 담론은 공백에게 자리를 내준다. 바로 이런 식으로 그것은 틈을 낸다. 그것은 명확하게 결정되어 있는 장소의 시스템 속에서 움직임을 '허용해준다'. 그것은 분석적이면서 정체성들을 분류하는 바둑판식 배열 속에서 움직임의 공간(활동 공간Spielraum)을 생산하는 것을 '허가한다'. 그것은 거주 가능하게 만든다. 이런 점에서 나는 그것을 '로컬의 권한'이라고 지칭한다. 이는 시스템의 결함이다. 이 결함은 장소들에 의미를 가득 채워 포화상태가 되게 만들고, 그것이 '숨을 쉴 수 없을' 정도까지 그 장소들을 축소시킨다. 따라서 징후적 경향을 띤 기능주의적 전체주의(그것이 만든 놀이나 축제의 프로그램도 여기에 포함된다)는 이 로컬의 권한을 제거하고자 한다. 왜냐하면 로컬의 권한은 시스템의 일의성을 위태롭게 만들기 때문이다. 기능주의적 전체주의는 그것이 아주 분명하게 미신이라 부르는 것을 공격한다. 미신은 필요를 넘어서는 의미론적 층으로, 그것은 '추가로' '초과하여'[40] 끼어들고, 전문기술가적 이성과 재정적 수익의 옹호자들이 자신들을 위해 마련해둔 영역의 일부를 과거 혹은 시적인 것 속에서 포기한다.

사실상 고유명사는 이미 '로컬의 권한' 혹은 '미신'이다. 그래서 우리는 그것들을 숫자로 대체할 수 있다. 즉 오페라Opéra는 없고 073만 있을 뿐이다.* 칼바도스Calvados는 없고 14가 있을 뿐이다.** 우리는 과잉의 혹은 추가된 거주자들처럼 도시 공간을 떠나지 않는 이야기와 전설들에 대해서도 마찬가지로 말할 수 있다. 그것들은 과학기술 구조의 유일한 논리를 가지고 하는 마녀 사냥의 대상이다. 하지만 이

* 프랑스에서 전화번호가 세 자리 숫자로 되어 있던 시절에 오페라의 전화번호는 073번이었다.

** 프랑스의 바스 노르망디 지역의 도시 칼바도스는 우편번호가 14이다.

절멸(나무와 숲, 전설들이 살고 있는 후미진 곳을 절멸시키는 것과 마찬가지로)[41]은 도시를 '유예 상태의 상징'[42]으로 만든다. 그래서 거주할 만한 도시는 무효가 된다. 노르망디 루엉Rouen시에 사는 한 여성이 말했듯, 여기에는 "내 집을 제외하고는 아무 특별한 곳이 없다. 그게 다다. ……아무것도 없다." 아무것도 '특별한 것'이 없다. 특기할 만한 것도, 추억이나 우화를 통해 드러날 것도, 타자에 의해 각인된 것도 없다. 일시적으로 전설이 틈입할 수 있도록 구멍이 많이 나 있고 또 그림자가 스며드는, 집이라는 동굴만이 믿을 만한 것으로 남아 있다. 또다른 도시의 거주자가 말했듯, 이것[집]을 제외하고는 '더이상 어떤 것도 믿을 수 없는 장소들'만 있을 뿐이다.[43]

장소들이 제공하는, 다채로운 침묵을 창고에 가둬놓고 말 없는 이야기를 곳간에 넣어둘 수 있는 가능성을 통해서만, 혹은 창고나 곳간을 도처에 만들 수 있는 능력을 통해서만, 로컬의 전설(legenda: 읽어야 하고 또한 우리가 읽을 수 있는 것)은 출입을 위한 통로와 방법, 즉 거주 가능성의 공간을 허용해준다. 전진하기와 여행은 분명, 외출 혹은 왕복 행위를 대체한다. 그런데 외출이나 왕복 행위는 과거에는 전설이 보증해주었지만, 오늘날에는 장소에 이 전설이 결여되어 있다. 물리적 순환은 과거 혹은 오늘날의 '미신'의 순회하는 기능을 갖는다. (걷기처럼) 여행은, 타자에게 공간을 열어줄 수 있는 전설의 대체물이다. 여행이라는 것이 일종의 방향 전환을 통한 '내 기억 속의 사막 탐험', 멀리 떨어진 곳을 우회함으로써 가까이 있는 이국적인 것으로 되돌아오는 것, 유물과 전설의 '발견'('순식간에 사라지는 프랑스 시골 풍경' '음악과 시의 파편들'),[44] 요컨대 '자신의 고향에서 뿌리 뽑히는 것'(하이데거) 같은 것을 만들어내지 않는다면, 무엇을 만들어낸단 말인가? 보행자의 망명이 만들어내는 것은 분명 수많은 전설들일 것이다. 이 전설들은 현재 근접한 장소에는 결여되어 있다. 즉 그것은 하나의 픽션으로, 꿈이나 보행자의 수사학과 마찬가지로 이동과 응축의 결과가 되는 이중의 특성을 가진다.[45] 따라서 우리는 당연하게도 이 의미 작용의 실천(전설을 이야기하다)이 갖는 중요성을 마치 공간 발명의 실천처럼 측정할 수 있다.

이런 관점에서 볼 때, 그것들[의미작용의 실천들]의 내용은 무엇인가를 폭로한다. 그리고 그 내용물을 조직하는 원칙은 더욱더 그러하다. 장소의 이야기들은 브리콜라주이다. 그것들은 세계의 잔해들로 이루어져 있다. 비록 '미신'의 문학적 형식과 행위소의 개요가, 30년 이상 그 구조와 수단에 대해 충분히 분석된 안정된 모델에 부합한다 할지라도, 그 [미신의] 재료('표명'에 관한 모든 수사학적 디테일)는 지명指名, 분류, 영웅적이거나 희극적인 술어 등에서 나온 잔해에 의해, 즉 분산된 의미론적 장소의 단편들에 의해 제공된다. 이질적이고 심지어 상반된 듯 보이는 이 요소들이 이야기의 동질적 형식을 충족시킨다. 기존의 틀, 강제된 질서 속에 추가적인 것과 다른 것(다른 곳에서 온 디테일과 과잉)이 슬그머니 끼어든다. 이런 식으로 우리는 공간의 실천들이 기존에 구축되어 있는 질서와 맺는 관계 그 자체를 알 수 있게 된다. 표면적으로 이 질서는 여기저기에서 의미의 생략과 일탈, 유출에 의해 점이 생기고 구멍이 뚫려 있다. 즉 그것은 어떤 것들은 흘려보내고 어떤 것들은 걸러내는 여과기 같은 질서이다.

이야기를 구성하는 언어로 된 유물들은 잊어버린 이야기 및 이해하기 어려운 행위들과 결부되어 있다. 그리고 이 유물들은 콜라주 형식으로 병렬되어 있는데, 이 형식 속에서 그것들 간의 관계는 고려되지 않고 따라서 상징적 전체를 만들어낸다.[46] 이 유물들은 공백으로 서로 연결된다. 따라서 이 유물들은 텍스트의 구조화된 공간 속에서, 반反텍스트, 위장과 실종의 효과, 지하실이나 수풀과 같은 다른 풍경으로의 이동 가능성 등을 만들어낸다. '오 육중한 것, 오 복잡한 것.'[47] 이야기들이 터준 확산의 과정에 의해, 이야기들은 풍문에 대립된다. 왜냐하면 풍문은 언제나 명령형의 구조를 띠고, 무언가를 창설해내기 때문이다. 그리고 사람들이 무언가를 믿게 만드는 것을 사람들이 무언가를 실행하게 만드는 것에 덧붙임으로써 질서를 강화시키는 공통의 움직임을 창출해내는 공간 균등화의 결과이기 때문이다. 이야기는 다양화하고, 풍문은 전체화한다. 이 둘 사이에는 항상 진동이 있다면, 오늘날에는 오히려 계층 구조가 있는 것처럼 보인다. 이야기는 개인의 소유가 되고, 거리나 가정 혹은 개인의 후미진 구석으로 빠져들어간다. 반면 미디어가 퍼뜨리는 풍문은, 익명의 법칙에서 핵심 단어이자 모든 고유명사들의 대체물인 도시의 형상 아래 모든 것을 가리고, 자신에게 저항하는 잘못을 저지르는 미신을 없애거나 그것과 싸운다.

이야기들의 분산은 이미 기억할 만한 것의 분산을 가리킨다. 사실 기억은 반反박물관이다. 왜냐하면 기억은 어느 한 위치에 국한할 수 없는 것이기 때문이다. 그것의 파편들은 전설 속에서 나온다. 거기서 사물과 단어들도 속이 비어 무의미해져 있다. 걷기, 먹기, 잠자기 등의 일상적 행위들 속에서처럼, 과거는 거기서 잠들어 있다. 그리고 거기서 과거의 혁명도 잠자고 있다. 추억은, 말이 없는 우리의 역사 속의 잠자는 숲속의 미녀를 어느 순간 깨워주는, 지나가는 어느 멋진 왕자님일 뿐이다. "여기는 예전에 빵집이었어." "바로 저기에 뒤뷔 어머니가 살고 계셨어." 사람들이 살았던 장소는 마치 부재의 현존과 같다는 사실은 여기서 우리를 사로잡는다. 눈에 드러나는 것은 더이상 거기 존재하지 않는 것을 가리킨다. "보세요. 여기는 예전에 ……이었습니다", 하지만 그것은 이제 더이상 보이지 않는다. 지시사들은 눈에 보이는 것의, 눈에 보이지 않는 특성들에 대해 말해준다. 장소를 구성하는 분할된 층들 사이의 일련의 이동과 영향, 그리고 이 흔들거리는 두꺼운 층들 위에서의 움직임, 이것이 바로 장소에 대한 정의이다.

"추억은 우리를 거기에 묶어둔다. ……그것은 개인적인 것으로 다른 이의 관심을 끌지 못한다. 그러나 그럼에도 불구하고 추억은 어느 한 마을의 정기를 만들어낸다."[48] 조용히 숨어 있는 온갖 유령이 출몰하지 않는 장소는 없다. 그리고 우리는 그것을 '불러낼 수'도 있고 그러지 못할 수도 있다. 우리는 유령이 출몰하는 장소에서만 살 수 있을 뿐이다. 이것은 파놉티콘을 역전시키는 도식이다. 쇼세당탱가에 있는 어느 한 건물 지하에 2세기 전부터 격리되어 보관된, 과거 노트르담을 장식했던 장엄한 고딕식 조각품들이 바로 그렇다.[49] 조각난 이 '유령들'은 자신들이 보는 것 이상으로 말하지 않는다. 그것은 입을 다물고 있는 지식이다. 알려져 있지만 말해지지 않은 것에 관한 암시만 '우리 사이'를 지나갈 뿐이다.

장소는 단편적이고 후퇴한 이야기이며, 타자의 해석에서 벗어나 재빠르게 지나간 과거이다. 그리고 장소는 펼쳐질 수 있긴 하지만 오히려 대기중인 이야기처럼 거기에 있으면서 수수께끼 상태로 남아 있는 축적된 시간이고, 신체의 고통과 기쁨 속에 낭종이 된 상징작용이다. "나는 여기 있는 것이 좋다."[50] 섬광처럼 자취를 남기는 찰나의 순간에 언어로부터 멀리 떨어져 있는 이 행복이 곧 공간의 실천이다.

유년기와 장소의 메타포

> "메타포는 본래 이 사물을 지시하는 이름을 다른 사물로 이동시키는 것이다."
> —아리스토텔레스, 『시학』, 1457b.

기억할 수 있는 것은 그 장소를 꿈에서 볼 수 있는 것이다. 이미 팔림프세스트 같은 이 장소에서 주체성은 부재와 연결되어 있다. 부재는 주체성을 존재로 구성하고 그것이 '거기에 존재하도록', 다자인 Dasein[현존재]이 되도록 만든다. 하지만 우리가 보았듯, 이 거기에 존재한다는 것은 공간의 실천으로만, 즉 다른 것으로 이동하는 방식으로만 작동할 수 있다. 우리는 거기서 다양한 메타포로 되어 있는, 즉 아이에게서 발견되는 어머니의 신체와의 분리 경험과 같은 결정적이고 본래적인 경험의 반복을 식별해내야 한다. 거기서 공간의 가능성 및 주체가 공간 속에 자기 위치를 확정('모든 곳에 존재하는 것이 아니다')할 수 있는 가능성이 나오기 시작한다. 프로이트가 자신의 한 살 반짜리 손자의 놀이, 즉 만족스러운 오오오 소리와 함께 포르트('저쪽' '갔다', 혹은 '할 수 없었다' 등을 뜻하는)를 외치면서 실패를 멀리 던졌다가, 기뻐하며 다('여기' '왔다'를 뜻하는)[51]라고 외치면서 그 실패의 끝을 다시 잡아당기는 놀이를 관찰하면서 이 모체 경험에 대해 분석했던 것을 다시 언급할 필요는 없다. 다만 우리는 어머니의 신체 — 실패는 어머니 신체의 대체물이다 — 속의 미분화 상태로부터 (험난하며 동시에 만족스러운) 떼어놓는 경험을 기억하는 것으로 충분하다. 어머니의 외출(어머니가 사라지면 그다음 아이는 실패를 사라지게 만든다)은 부재의 토대 위에서 위치를 정할 수 있게 하고 외재성을 구축한다. 이 즐거운 조작은 어머니를 대체하는 사물을 '떠나게 만들고', 자기 자신을 사라지게 만들며(어머니를 대체하는 사물과 자신을 동일시 한다는 점에서), 타자 없이(타자가 없기 때문에) 거기에 존재하지만 사라진 것과 함께 필연적인 관계 속에 존재할 수 있게 해준다. 이 조작은 '본원적인 공간의 구조'이다.

아마 우리는 이 분화에 관해, 어머니로부터 남아로 판정된 태아를 분리시키는 명명에까지 거슬러올라갈 수 있을 것이다. (그렇다면 이때부터 공간과 맺는 또다른 관계 속에 들어가는 여아의 경우는 어떠한가?) 그리고 아이가 거울 앞에서 자신을 하나(전체화할 수 있는 그)로 인식하지만 그것은 다른 것(그것, 그가 자신과 동일시하는 하나의 이미지)일 뿐인,[52] 이 최초의 놀이, '즐거운 활동'에서 중요한 것은 바로 '공간의 사로잡기' 과정이다. 공간의 사로잡기는, 다른 것으로의 이동을 존재의 법칙 및 장소의 법칙처럼 새기는 것이다. 공간을 실천한다는 것은 따라서 유년기의 환희에 가득차 있는 조용한 경험을 반복하는 것이다. 즉 그것은 장소 속에서 다른 것이 되는 것이고 다른 것으로 이동해가는 것이다.

이런 식으로 해서 프로이트가 어머니 대지를 밟는 것과 비교했던 걷기가 시작된다.[53] 자기 자신과의 이 관계는 장소의 내적 변화(장소의 층들 사이의 관계) 혹은 장소(순회와 여행의 장소)에 쌓여 있는 이야기들이 보행자에 의해 펼쳐지는 것을 지배한다. 유년기는 공간의 실천을 결정하고, 그 이후에는 그 영향을 확장시켜가며, 사적이고 공적인 공간들을 확산시키고 범람하게 만든다. 그리고 그 공간들의 눈에 보이는 표면을 해체하고, 도시계획에 따라 만들어진 도시 속에 '메타포' 도시 혹은 이동중인 도시를 만들어낸다. 칸딘스키가 바로 이런 도시를 꿈꾸었다. "건축의 온갖 규칙에 따라 지어졌지만, 계산을 벗어나는 힘에 의해 갑작스레 흔들리는 대도시."[54]

제8장 선박과 감옥

이동식 감금. 기차의 객차 안에서 부동의 상태로, 움직이지 않는 사물들이 미끄러지듯 달려가는 것을 보는 것. 어떤 일이 벌어지고 있는가? 객차 안에서도 그리고 바깥에서도 아무것도 움직이지 않는다.

부동의 여행자는 객차의 바둑판 배열 속에 자리를 잡고 있으며 번호를 부여받고 관리되고 있다. 이는 합리적 유토피아의 완벽한 실현이다. 감시와 먹을거리가 "차표 검사하겠습니다." (……) "샌드위치 있습니다, 맥주, 커피도 있습니다"라는 말과 함께 이 칸 저 칸으로 움직인다. 오직 화장실만이 폐쇄된 시스템 속에 탈주의 가능성을 열어준다. 화장실은 과거 유토피아에서 정사情事와 하수구가 그랬듯, 연인들의 환상, 병자들의 탈출구, 어린아이들의 탈출("쉬 마려워!")을 위한 비정상적인 구석진 장소다. 그러나 무절제에 내버려진 이 오류를 제외하면, 모든 것이 소구역으로 나누어져 관리된다. 합리화된 세포만이 움직인다. 분류하는 파놉티콘 권력의 인큐베이터, 질서의 생산을 가능케 해주는 감금의 모듈, 폐쇄되고 자율적인 섬나라와 같은 특성, 이것이 바로 공간을 가로지를 수 있고 어느 한 지역에 뿌리내리는 데서 벗어나 독립할 수 있게 해줄 수 있다.

[객차] 내부에는 질서의 부동성이 있다. 여기서는 휴식과 몽상이 지배한다. 여기서 우리가 할 것은 아무것도 없고, 우리는 이성의 상태 속에 있다. 여기서 각 사물은 헤겔의 『법철학』에서처럼 자기 자리에 놓여 있다. 각 존재는 군대식으로 정렬된 페이지 위에 인쇄된 글씨처럼 놓여 있다. 조직의 시스템이자 이성의 평온 상태인 이 질서는, 텍스트에 대해서와 마찬가지로 기차의 객차에 대해서도 이동의 조건이 된다.

외부에는 또다른 부동성, 즉 사물들의 부동성이 있다. 즉 우뚝 솟은 산, 넓게 펼쳐져 있는 초목, 우리의 시선을 끄는 마을, 빌딩 기둥들, 붉은 석양 속의 도시의 검은 실루엣, 밤바다에서 반짝거리는 빛 등은 우리의 이야기를 앞서거나 뒤선다. 기차는 뒤러의 멜랑콜리아, 즉 세계에 관한 사색적 경험을 보편화한다. 이는, 초연히 완전무결한 상태로 거기에 존재하고 또한 아무 이유 없이 우리를 떠나 사라지는 사물들 바깥에 존재하는 것이다. 이는, 이 사물들을 빼앗긴 채로, 그것들의 덧없고 고요한 낯섦에 당혹한 채로 존재하는 것이다. 포기 가운데의 경탄. 그러나 그럼에도 불구하고 이 사물들은 움직이지 않는다. 이 사물들이 움직인다면 그것은, 매 순간 일군의 움직임들 사이에서 관점의 변화가 야기하는 움직임뿐이다. 다시 말해 눈속임으로서의 변화일 뿐이다. 나와 마찬가지로 사물들도 자리를 바꾸지 않고, 오직 시각만이 이 고정된 사물들이 그들 사이에 맺는 관계를 지속적으로 파기하고 또다시 회복시킨다.

내부의 부동성과 외부의 부동성 사이에 한 가지 착각이 끼어든다. 이것은 부동성들의 견고함을 뒤집어엎는 가느다란 면도칼이다. 교착어법이 창유리와 철로를 통해 실행된다. 이것은 여행하는 빅토르 위고라 할 쥘 베른의 두 가지 테마가 된다. 첫째 노틸러스Nautilus호*의 현창舷窓은 관찰자의 오락가락하는 감정들과 바다 현실의 유동성 사이에 있는 투명한 휴지休止를 나타낸다. 둘째, 철로는 직선으로 공간을 가로지르고 땅의 고요한 속성을 탈주의 빠른 속도로 변형시킨다. 창은 보는 것을 허용해주는 것이고, 철로는 횡단하는 것을 허용해주는 것이다. 이것들은 분리의 두 가지 보충적 형태이다. 첫번째는 관람자의 거리를 만들어준다. 즉 "너는 만져서는 안 된다. 네가 더 많이 보면 볼수록 너는 덜 붙잡게 될 것이다." 눈이 움직이는 폭이 클수록 손에 쥐고 있는 것은 더 많이 빼앗긴다. 두번째는 무한정으로 이동의 명령을 내린다. 즉 이는 끝없이 이어진 단 하나의 선으로 쓰인, 명령이다. "가라, 떠나라, 여기는 네 고향이 아니다, 저기도 아니다." 이는 분리의 명령법으로, 모든 고유한 장소를 떠나고 자기 발판을 잃음으로써, 시각적이고 추상적인 공간 지배에 대한 대가로 치르도록 강제한다.

유리창과 철로는 한편으로는 화자로 추정되는 여행자의 내면을, 다른 한편으로는 담론 없이 사물로 구성된 존재의 힘, 즉 외부적 침묵의 힘을 나누어 배치한다. 그런데 역설적인 것은 유리창 뒤에서 거리를 두고 있는 이 사물들의 침묵이다. 즉 이 사물들의 침묵은 멀리서 우리의 기억이 말하도록 만들거나 그림자로부터 우리가 가진 비밀의 몽상을 끄집어낸다. 기표소 같은 이 객차 공간은 분리와 함께 사유를 만들어낸다. 유리와 철은 사색 혹은 영적 인식을 만들어낸다. 우리 내면의 이야기가 가진 낯선 우화와 생소한 풍경이 싹트기 위해서는 이 사물들에서 벗어나는 단절, 하지만 이 사물들을 없애지는 않는 단절이 반드시 필요하다.

분할은 잡음을 만들어내는 유일한 것이다. 분할이 전진하고 두 개의 순서가 뒤바뀐 침묵을 만들어냄에 따라, 단절은 박자에 맞춰 두드리고 휘파람소리를 내며 신음한다. 철로의 고동, 차창의 진동이 있다. 이는 공간들이 그 경계의 소실점에서 서로 마찰하는 것이다. 이

* 노틸러스란 원래 앵무조개를 의미하는 단어인데, 오래전부터 잠수함의 이름으로 쓰였다. 1870년 쥘 베른은 노틸러스 호를 소재로 공상과학소설 『해저 2만리』를 발표했다.

접합은 장소를 갖지 않는다. 그것은 지나가는 비명소리와 순간적인 소음으로 표출된다. 눈에 보이지 않는 경계는 소리로 들을 수 있을 뿐이고, 마침내는 서로 뒤섞이고 만다. 이처럼 자신이 지나간 점들을 전멸시키는 갈라진 틈은 대단히 연속적이다.

어쨌거나 이 시끄러운 소리는, 이 소리의 효과들과 마찬가지로, 여행자들과 자연 양쪽에서 행위를 제거한 데 대한 책임을 지는 원칙을 알려준다. 즉 그것은 기계다. 연극 무대 장치들처럼 눈에 보이지 않는 이 기관차의 원동력은 자기 노동에서 발생하는 모든 울림을 멀리서부터 조직한다. 비록 눈에 잘 띄지 않고 간접적인 상태로 있다 할지라도, 이것의 오케스트라는 무엇이 역사를 만드는지 가르쳐주고, 또한 소문이 그렇듯 역사가 여전히 존재하고 있음을 보증해준다. 그리고 우연적인 것도 역시 존재한다. 바로 이 시스템의 모터로부터 진동, 제동, 뜻밖의 일이 발생한다. 사건들의 잔여물은, 눈에 띄지 않고 독자적인 행위자의 소관이다. 이 행위자는, 질서를 어지럽히는 갑작스러운 기적들에 의해, 혹은 그의 규칙적인 투덜거림에 의해 식별된다. 첫번째 모터인 기계는 고독한 신으로, 여기서부터 모든 행위가 발생한다. 관람객과 존재 사이의 분리를 조작해내는 이 기계는 또한 그것들을 유기적으로 결합하기도 한다. 그리고 이 기계는 그것들 사이에서 움직이는 상징이고sym-bole,* 지칠 줄 모르는 기어 장치이며, 움직이지 않는 것들 사이의 관계에 변화를 만들어내는 것이다.

감옥과 선박. 쥘 베른의 배나 잠수함의 유사물인 기차의 객차는 몽상과 기술을 결합시킨다. '사색적인 것'이 기계 한가운데로 되돌아와 자리를 잡는다. 여행의 기간 동안 서로 반대되는 것들이 동시에 발생한다. 이것은 아주 기이한 순간으로, 이때 사회는 관람자와 공간의 위반자를 만들어낸다. 이들은 객차의 벌집 구멍 같은 후광 속에

* 상징symbol은 어원상 '함께'라는 의미의 sym과 '맞추다/던지다'라는 의미의 bol이 결합된 단어이다. 간단히 말해 상징은 '짝을 맞추어보다'라는 의미이다.

자리잡은, 성스럽고 지극한 축복을 받은 자들이다. 게으름과 사유의 장소, (일과 가정, 거의 눈에 띄지 않는 폭력) 두 가지 사회적 만남의 장소들 사이에 있는 천국 같은 배 위에서 비정형의 전례식이 열린다. 그리고 여기에는 듣는 이 없는 기도(이 많은 여행자들의 꿈은 대체 누구에게 보내지는 것인가?)가 끼어든다. 여기에 모인 사람들은 더 이상 교조적 질서의 위계에 복종하지 않는다. 반면 이들은 자유주의적 원자론의 무언의 합리화인 기술관료주의 규율의 망에 의해 조직된다.

늘 그렇듯 거기에 들어가기 위해서는, 즉 하늘나라의 지극한 행복의 역사적 문턱을 넘어가기 위해서는 값을 지불해야 했다. 지불해야 하는 값이 있는 곳에 역사가 있다. 휴식은 이 세금을 치름으로써만 얻어지는 것이다. 기차를 타고 행복을 누리는 사람들은 비행기를 탄 사람들에 비해 한층 더 겸손하다. 더 많은 돈을 지불한 비행기를 탄 사람들에게는 더 추상적이고(풍경이 하얗게 변하는 것과 영화로 촬영된 세계 같은 시뮬라크르), 더 완벽한 지위(공중 박물관 속에 고정된 조각상의 지위)가 부여되지만, 이 지위는 [속도의] 과속에 영향을 받는다. 이 과속은 우리에게서 점차 멀어지고 있는 것을 바라보는 즐거움('멜랑콜리한' 즐거움)이 감소되는 벌칙을 준다.

마찬가지로 늘 그렇듯 우리는 다시 떠나야 한다. 왜냐하면 실낙원만 있을 뿐이기 때문이다. 종착역은 환상의 끝인가? 그것은 정거장 에어로크 속의 일시적 일탈이 만드는 또하나의 문턱이다. 열을 뿜어내며 멈춰 선 열차의 철골덩어리를 감싸안으면서 역사는 다시 시작한다. 기관차 검사원은 망치 소리로 바퀴의 균열을 찾아내고, 짐꾼은 꾸러미를 들어올리며, 검표원은 돌아다닌다. 챙 달린 모자와 유니폼은 군중 속에 노동의 질서망을 구축한다. 반면 여행객-몽상가들의 물결은, 놀랍도록 기대감에 차 있거나 정의를 수호하는 재판관의 얼굴로 구성된 그물 속으로 흘러든다. 분노의 함성. 호출. 즐거움. 기차역의 유동적 세계 속에서 멈춰 선 기계는 무언의 우상, 실패한 신의 무력함으로 인해, 거의 몰상식해 보일 만큼 거대한 모습으로 나타난다.

각 사람은 자신에게 정해져 있는 장소, 사무실 혹은 작업장으로 되돌아간다. 휴가를 위한 여행객의 감금은 끝이 났다. 직장에서의 타협, 불투명함, 종속 등이, 감옥 속의 행복한 공상을 대체한다. 레일과 창유리를 박탈당한 관람객을 내모는 현실과 함께, 육탄전이 다시 시작된다. 유리와 철로 둘러싸여 있었기 때문에 자기 자신이 흠이 없다고 믿을 수 있었던 여행하는 고결한 영혼을 지닌 인간의 모험 이야기는 끝이 났다.

제9장 공간 이야기

"인류를 창조한 것은 바로 서사이다."
—피에르 자네, 『기억의 진화와 시간 개념』, 1928, 261쪽.

오늘날 아테네에서 대중교통은 메타포라이metaphorai라고 불린다. 일을 하러 가거나 집으로 돌아갈 때 사람들은 '메타포', 즉 버스나 기차를 탄다. 이야기들도 이 멋진 이름을 가질 수 있을 것이다. 매일 이야기들은 장소들을 통과하고 조직한다. 이야기들은 장소들을 선택하고 그것들을 연결시키며, 그것들로 문장이나 경로를 만들어낸다. 이것이 바로 공간의 여정이다.

이런 관점에서 서사 구조는 공간적 통사론의 가치를 갖는다고 할 수 있다. 서사 구조는 일련의 코드와 질서 잡히고 통제된 지휘하에 공간의 변화(혹은 순환)를 조절한다. 이때 공간의 변화는, 선형적이거나 서로 뒤얽힌 일련의 배열 구조를 가진 장소들의 모양새를 띤 이야기에 의해 실행된 것이다. 예컨대 우리는 여기(파리)서 저기(몽타르지)에 간다, 이곳(방)은 다른 곳(꿈 혹은 추억)을 포함한다. 게다가 행위자(이방인, 도시인, 유령)에 의해 묘사되었거나 상징으로 표현된 이 장소들은, 여기서 저리로 이끌고 가는 통행의 유형을 밝혀주는 '양태들'을 통해 다소 촘촘하거나 손쉬운 방식으로 서로 연결된다. 예를 들어 일시적 기착은 지식에 관련된 '인식론적' 양태를 띨 수도 있고("여기가 레퓌블리크 광장인지는 분명하지 않다"), 혹은 존재에 관련된 '명제의 참과 거짓을 결정하는 논리적' 양태를 띨 수도 있다("낙원은 있을 수 없는 종점이다"). 혹은 해야만 하는 일과 관련된 '의무' 양태를 띨 수도 있다("이 지점에서 당신은 저리로 지나가야 합니다")…… 다른 수많은 기호들 가운데서 이 기호들은 일상적이거나 문학적인 이야기들이 어떤 종류의 미묘한 복잡성을 가지고 우리의 대중교통, 즉 메타포라이가 되는지를 개괄적으로 보여줄 뿐이다.

모든 이야기는 여행 이야기, 즉 공간의 실천이다. 이런 이유에서 모든 이야기는 일상적 전술들과 관련이 있으며 동시에 이 전술의 일부가 된다. 다시 말해 이야기는, 공간적 지시의 기초적 요소들("오른쪽에 있습니다" "왼쪽으로 가세요"), 즉 발걸음 하나하나가 이어 써 내려가는 이야기의 시작에서부터, 매일의 '새로운 소식들'("내가 빵집에서 누구를 만났는지 맞춰볼래?")이나 텔레비전 '뉴스'(〈테헤란: 점점 더 고립되어가는 호메이니〉), '전설'(가난한 집의 신데렐라), 구술된 이야기들(이상한 나라 혹은 다소 오래전 과거에 관한 추억이나 소설)에 이르기까지, 일상적 전술들의 일부가 된다. 행위의 지리학을 만들어내고 동시에 질서의 공통된 장소 속에서 표류하는 이 서술된 모험들은 단순히 보행자의 진술과 걷기의 수사학에 대한 '보충'에 그치지 않는다. 즉 이 모험들은 그것들을 언어의 영역 속으로 자리를 이동시키고 순서를 바꾸는 데 만족하지 않는다. 실제로 이 모험들은 걷기를 조직한다. 이 모험들은 발걸음이 여행을 실현하기 전에 혹은 실현하는 동안에 여행을 제작한다.

메타포들 — (마치 우리가 곡선을 하나 '그리는 것처럼') 메타포들이 '그리는' 이동을 통해 장소를 조직하는 말해진 것과 이야기된 것들 — 의 증식에는 어떤 종류의 분석이 적합할까? (공간 시스템에 관련된 것은 제외하고) 공간화하는 **작동 과정들**과 관련된 연구들만 고려한다 해도, 방법론과 범주를 제공해주는 작업들은 대단히 많다. 가장 최신의 연구들 가운데 우리는 특별히, 공간의 의미론('처격 주어 locative subject'와 '공간적 표현들'에 관한 존 라이온스),[1] 지각의 심리언어학('위치 결정의 가설'에 관한 조지 밀러와 필립 존슨라이어드),[2] 장소 묘사의 사회언어학(예를 들면 윌리엄 라보브),[3] '영토'를 조직하는 태도에 관한 현상학(예를 들면 알버트 E. 쉐플렌과 노먼 애쉬크래프트),[4] 담화 속의 위치 결정 지표에 관한 '민속방법론'(예를 들면 A. 세글로프),[5] 문화를 공간의 메타언어처럼 고려하는 기호학(예를 들면 타르투학파, 그중에서도 특히 유리 로트만, B. A. 우스펜스키)[6] 등을 참고하는 연구들에 주목할 수 있다. 과거에 언어학 시스템이 고려된 이후에 언어의 실행에 관련된 의미 작용의 실천들이 고려되었던 것처럼, 오늘날에는 공간 질서의 코드와 분류의 검토 이후에 공간화 실천들이 관심을 끌고 있다. 그리고 우리의 연구는, 구조에서 행위로 넘어가는 분석의 이 '두번째' 시기에 속해 있다. 그렇지만 나는 엄청나게 광대한 이 전체 속에서 오직 **서사적 행위**만을 고려할 것이다. 서사적 행위들은 공간을 조직하는 실천들 중 몇 가지 기초적인 형식들, 예컨대 '지도'와 '여정'의 양극성, 경계 짓기 혹은 '토지 경계 획정'의 절차들, '발화의 집약'(즉 담론 속의 신체의 지표) 등을 명확히 볼 수 있게 해준다.

'공간'과 '장소'

처음에 나는 공간과 장소 사이에 경계를 지어줄 구별을 제시했다. 장소란 여러 요소들을 공존의 관계 속에 배열시키는 질서(그것이 어떤 질서이든 간에)이다. 따라서 여기에서는 두 가지 사물이 동일한 장소에 존재할 수 있는 가능성은 배제된다. 여기에는 '고유 재산'의 법칙이 군림하고 있는 것이다. 즉 고려되고 있는 요소들은 서로가 서로의 옆에 있고, 각 요소는 '고유하고' 구별되는 한 장소에 위치해 있다. 그리고 이 각 요소는 이 장소의 경계를 정한다. 장소란 여러 위치들이 순간적으로 만들어내는 지형地形이다. 그것은 안정성에 대한 암시를 내포한다.

그리고 우리가 방향의 벡터와 속력, 시간 변수 등을 고려할 때부터 **공간**이 존재하게 된다. 공간은 움직이는 것들의 교차이다. 공간은 어떤 의미로는 거기서[그 공간에서] 전개되는 움직임 전체에 의해 활기를 띠게 된다. 공간이란, 공간의 방위를 정하고 공간의 상황을 상세히 드러내주며 공간에 시간적 성격을 부여하는 작용 과정을 통해 생산된 결과이다. 그리고 또한 공간으로 하여금 충돌하는 프로그램들이나 임시적인 근접성의 다기능적 통일체로 기능하도록 이끄는 작용 과정을 통해 생산된 결과이다. 이런 점에서 장소에 비해 공간은, 한 단어가 말해졌을 때 그 단어가 변화하는 것, 즉 그 단어를 발화하는 행위의 모호함 속에서 이해되고, 다양한 협약들에 속하는 한 가지 용어로 변신되고, 현재의(혹은 시간의) 행위처럼 가정되고, 연속적으로 다가오는 시간들에서 기인한 변화로 수정될 때, 그 단어가 변화된 결과물이 될 것이다. 따라서 장소와 달리 공간은 일의성도, '고유 재산'의 안정성도 갖지 않는다.

요약하자면 **공간은 실천된 장소**이다. 이처럼 도시계획에 의해 기하학적으로 정의된 거리는 보행자들에 의해 공간으로 변형된다. 마찬가지로 독서는, 기호들의 시스템 — 즉 글로 쓰인 것 — 이 구축하는 장소의 실천에 의해 생산된 공간이다.

메를로퐁티는 이미 "기하학적" 공간("동질적이고 등방성을 띤 공간성"으로 우리가 말하고 있는 "장소"와 유사한 것)으로부터, 그가 '인류학적 공간'이라 불렀던 또다른 '공간성'을 구별해냈다. 이 구별은 독창적 문제설정에서 나온 것이었다. "기하학적" 일의성으로부터, 공간의 형식하에서 주어진 "바깥"의 경험을 분리하고자 하는 것을 목표로 했던 이 문제설정에서 볼 때 "공간은 실존적이고" "존재는 공간적이다". 이 경험은 세계에 대한 관계이다. 몽상과 지각 속에서, 이를테면 그것들이 구별되기 이전에, 이 경험은 "환경과의 관계 속에 위치가 정해진 존재 — 즉 "존재의 방향"과 분리될 수 없는 욕망에 의해 위치가 정해지고 풍경의 공간 속에 심어진 존재 — 로서, 우리 존재와 동일한 본질적 구조"를 잘 보여준다. 이런 관점에서 볼 때 "서로 다른 공간적 경험들이 있는 만큼 공간도 존재한다."[7] 관점이란 세계에 존재하는 것의 '현상학'에 의해 결정된다.

이 경험의 윤곽을 뚜렷하게 만들어주는 매일의 실천들에 대한 검토 속에서, '장소'와 '공간'의 대립은 이야기들 속의 두 가지 결정을 가리킬 것이다. 그중 하나는 대상들에 의한 결정인데, 이 대상들은 결국에는 죽음의 **거기 존재함**, 즉 '장소'의 법칙으로 환원될 수 있는 것들이다(서구에서는 조약돌에서 시체에 이르기까지 생기가 없는 신체는 언제나 하나의 장소를 만들고 그것으로 무덤의 형상을 만드는 것처럼 보인다). 다른 하나는 **작동**에 의한 결정으로, 이는 돌멩이, 나무, 혹은 인간 존재에 할당되어서 역사적 **주체들**의 행동을 통해 '공간'을 명확히 하는 것이다(움직임은 언제나 공간의 생산을 조건 짓고 그것을 역사와 연관시키는 것처럼 보인다). 이 두 개의 결정들 사이에는 통로가 있다. 이는 마치 장소의 법을 위반하는 죄를 지은 경계 위반자 영웅들을 사형시키고(풍경 속에 놓고), 그의 무덤으로 그 장소를 복구하는 방식이다. 혹은 그와 반대로, 생기 없는 사물들(탁자, 숲, 주변부 역할을 맡은 사람 등)이 깨어나, 안정성에서 벗어나고 자신들이 놓여 있던 장소를 자신에게 낯선 공간으로 탈바꿈시키는 방식이다.

따라서 이야기들은 끊임없이 장소를 공간으로, 혹은 공간을 장소로 변형시키는 작업을 실행한다. 이야기들은 또한 장소와 공간이 서로 맺고 있는 변화하는 관계들의 움직임을 조직한다. 이 움직임들은 그 수가 셀 수 없이 많다. 그리고 이 움직임들은 부동의 질서, 거의 광물학적이라 할 만한 질서의 확립에서부터(마치 이동촬영처럼 파노라마를 편력하는 담론 그 자체를 제외하고는 어떠한 것도 거기서 움직이지 않는다), 가속이 붙은 채로 공간을 증식시키는 연속적 행위들(추리소설이나 대중적 설화들 속에서처럼. 그렇지만 공간화하는 이 열광이 텍스트적 장소에 의해 한정된다는 사실에는 변함이 없다)에 이르기까지 넓은 스펙트럼을 가지고 있다. 이 모든 이야기들에 관한 유형학은 장소의 동일시와 공간의 실행이란 측면에서 가능할 것이다. 하지만 여기에서 이 구별되는 작동들이 결합되는 양상을 알아내기 위해서는 분석의 기준과 범주가 필요한데, 이는 가장 기초적인 여행 이야기로 우리를 데려가는 필연적인 것이다.

여정과 지도

장소들에 관한 구술 묘사들, 예컨대 집에 관한 서술이나 거리에 관한 이야기 등은 최초의 거대한 자료에 해당한다. C. 린드와 W. 라보브는 뉴욕 아파트 거주자들이 제공한 묘사를 아주 정밀하게 분석하면서 두 가지 구별되는 유형을 발견했다. 그들은 이중 하나를 '지도'라고, 다른 하나를 '여정'이라고 이름 붙였다. 첫번째 유형은 "부엌 옆에는 딸들의 방이 있다"는 식이다. 두번째 유형은 "오른쪽으로 돌면 거실이야"라는 식이다. 그런데 뉴요커들의 자료집 속에는, 묘사를 했던 이들 중 오직 3퍼센트만이 '지도' 유형에 속했다. 따라서 나머지 대다수는 '여정' 유형에 속한다. 예컨대 "작은 문이 있을 텐데 그리로 들어가" 라는 식이다. 이 묘사들은 주로 **작동**에 관한 표현들로 이루어져 있고, "각각의 방에 어떻게 들어가는지"를 보여준다. 이 두번째 유형과 관련하여 저자들은 코스 혹은 '여정'은 "우리가 각각의 방에 들어가는 길들 중 최단 경로 세트를 제공하는" 발화 행위라고 밝혔다. 그리고 '길(path)'은 벡터 — 그것이 '정지 상태이건'("오른쪽에" "당신 앞에" 등), '변동하는 것이건'("왼쪽으로 돌면" 등) — 의 형식을 가진 단위들의 세트라고 밝혔다.[8]

다시 말해 묘사는, 보다(장소들의 질서에 대한 지식) 혹은 가다(공간화하는 행동들)라는 양자택일의 용어들 사이에서 진동한다. 묘사는 그림("거기에는 ……이 있다")을 보여주거나 혹은 움직임("안으로 들어간다, 길을 건넌다, 방향을 튼다……")을 조직할 것이다. 이 두 가지 가설 사이에서 뉴요커 서술자들의 선택은 주로 두번째를 우선시하고 있다.

린드와 라보브의 연구(이 연구는 주로 '자연어'가 따르는 사회적 협약과 상호작용의 규칙들을 대상으로 하는데, 이 문제는 우리가 나중에 다시 다루게 될 것이다)를 잠시 한쪽으로 치워놓고, 나는 이 뉴요커들의 이 이야기 및 그와 유사한 이야기들[9]을 통해 '여정'을 지시하는 것들과 '지도'를 지시하는 것들 사이의 관계를 명확히 부각시키고 싶다. 특히 하나의 동일한 묘사 속에서 그 둘이 공존하고 있는 경우에 말이다. 실행하다가 대단히 뚜렷하게 지배적인 일상어 속에서 실행하다와 보다 사이의 동위 관계는 어떤 것인가? 이 문제는 결국 이 일상적 서사를 기초로 하며, 여정(작동의 담론적 연속)과 지도(관찰을 총괄하는 평면화) 사이의 관계, 즉 공간에 관한 상징적이고 인류학적인 두 가지 언어 사이의 관계에 관한 것이다. 이것은 경험의 두 가지 축이다. 우리는'일상적' 문화에서 과학적 담론으로 넘어가는 것처럼 보인다.

아파트나 거리에 관한 이야기들 속에서, 공간 혹은 '여정'의 조작이 지배적이다. 이런 형식으로 묘사하는(형식의 묘사가) 이들이 서사의 전체 스타일을 결정하는 경우가 대단히 자주 일어난다. 그리고 혹시 다른 형식[지도의 형식]이 개입할 때면 그것은 첫번째 형식에 의해 조건지어지거나, 전제가 되는 의미를 갖는다. 지도의 조건이 되는 여정들의 예를 든다면, "만일 당신이 오른쪽으로 돌면, 거기에는 ……가 있다", 혹은 이와 비슷하게 "직진하다보면 당신은 ……을 볼 수 있을 것이다" 등이 있겠다.

이 두 경우에서 '실행하다'는 '보다'를 가능하게 해주고 있다. 그런데 우리는 이와 마찬가지로 여정이 장소의 지시를 필요로 하는 경우도 들 수 있다. 예컨대 "거기에는 문이 하나 있는데, 너는 그다음 문으로 가라"와 같은 것이 이에 해당된다. 지도의 한 가지 요소는 여정의 전제가 된다. 여정에 대한 묘사가 지배적인 서사 조직은 따라서 지도와 같은 종류의 묘사들에 의해 점철된다. 그런데 이때 지도와 같은 종류의 묘사들은 여정을 통해 획득된 결과("너는 ……을 본다")를 지시해주거나, 혹은 그것이 자신의 한계("벽이 있다")나 가능성("문이 있다"), 의무사항("일방통행로가 있다")으로 가정하는 데이터를 지시해주는 기능을 한다. 공간화하는 작동 과정들의 연쇄는, 그것이 생산해낸 것(장소들의 재현)이나 그것이 함축하는 것(국지적 질서)에 대한 언급들로 얼룩져 있다. 이렇게 해서 우리는 여행 이야기의 구조를 갖게 된다. 즉 걷기와 몸짓에 대한 이야기들은, 이 이야기들의 결과이자 이 이야기들을 가능하게 해주는 장소들에 대한 '인용'을 통해 그 경계가 표시된다.

이런 관점으로부터 우리는 일상적 이야기들 속의 '여정'과 '지도'의 결합을, 5세기 전부터 그것들이 서로 뒤얽혀 있다가 공간에 대한 문학적이고 과학적인 표상들 속에서 차츰 분리되어왔던 방식과 비교할 수 있다. 특히 만일 우리가 현재의 지리학적 형식으로서 '지도'를 받아들인다면, 근대 과학 담론의 탄생 시기(15~17세기)에 지도는 지도의 가능성의 조건이었던 여정으로부터 분리되어 서서히 벗어나게 되는 것을 볼 수 있다. 최초의 중세시기 지도들은, 실행의 단계들(지나쳐야 하는 마을, 멈춰야 하는 마을, 숙박해야 하는 마을, 기도해야 하는 마을)과 시간 혹은 날짜, 즉 걷는 시간으로 표시된 거리에 대한 언급이 포함된, 직선으로 그려진 여정의 흔적들(특히 순례를 목표로 하는 수행의 표시들)로만 이루어져 있다.[10] 이 각각의 최초의 지도들은 행동을 명령하는 각서이다. 사람들이 실행해야 하는 여정은 거기서 대단히 중요하다. 여정은 지도의 모든 요소들을 총괄한다. 마치 오늘날 가야 하는 길에 대한 묘사가, 장소들에 대한 인용과 함께 도시를 가로지르는 발걸음의 움직임을 종이 위에 급하게 대충 그린 그림을 수반하는 것처럼 말이다. 즉 "스무 걸음 직진하다가 왼쪽으로 도세요, 그다음에 다시 사십 걸음 가세요……"와 같은 방식으로 말이다. 그림은 공간화하는 실천들을 결합시킨다. 마치 일본인들에게 '주소록'[11]처럼 사용되는, 도시의 길들을 나타내는 지도, 즉 몸짓의 기예와 발걸음의 이야기처럼 말이다. 혹은 토토미후아카스Totomihuacas들의 집단이주를 도면으로 묘사하고 있는 15세기 아즈텍의 경이로운 지도처럼 말이다. 즉 이 도면은 '도로'의 도면이 아니라(사실 도로는 있지도 않았다) '걷기 일지'의 형태로 된, 규칙적 간격으로 벌어져 있는 발자국과 여행중에 발생한 연속적 사건들(식사, 전투, 강을 건너거나 산을 넘는 것)에 대한 그림으로 점철되어 있다. 이 도면은 '지리학 지도'가 아니라 '역사책'인 셈이다.[12]

15세기부터 17세기 사이에 지도는 점차 자율적인 것이 되어갔다. 아마 오랫동안 지도를 채우고 있었던 '서사적' 그림(배, 동물, 온갖 종류의 인물)의 확산은, 지리학적 지도 제작을 가능하게 해준 여러 작동 과정들(여행, 전쟁, 건축, 정치, 상업적 작동 과정들)을 가리키는 기능을 여전히 가지고 있을 것이다.[13] '삽화' 혹은 텍스트의 도상圖像 주해와 전혀 다른 이 형상화는 이야기의 단편들처럼, 지도 위에 역사적 과정들(지도는 이 역사적 과정들의 결과이다)을 표시한다. 이런 식으로 바다 위에 그려져 있는 돛을 단 범선은, 해안선을 표상할 수 있게 해준 해양 탐험에 대해 말해준다. 그것은 '여정' 형식의 묘사에 상응하는 것이다. 하지만 지도는 점차 이 그림들을 누르고 승리한다. 지도는 이 그림들의 공간을 점령한다. 지도는 점차 지도의 생산을 가능하게 했던 실천들을 그림으로 형상화하는 것을 없얘기 시작한다. 이것은 유클리드기하학 그리고 그다음에는 도형 기하학에 의해 변형되고, 추상적 장소들의 형식적 집합체로 구성된 '극장'(사람들은 아틀라스 지도책을 이렇게 부른다)이다. 이 극장에서는 동일한 투영의 시스템이 두 가지 상이한 요소들을 결합시킨다. 즉 전통이 제공한 데이터들(예를 들면 프톨레마이오스의 『지리학』)과 항해사들로부터 나온 데이터들(예를 들면 해안 지도)이 그것이다. 동일한 구상 속에서 지도는 이질적인 장소들, 즉 전통에 의해 **공인된** 장소들과 관찰에 의해 **생산된** 장소들을 대조한다. 하지만 여기서 핵심적인 것은 전자의 장소들을 가정하고 후자의 장소들을 조건지으면서 한쪽에서 다른 쪽으로의 이동을 보장해주는 여정들이 지워진다는 것이다. 지도는 모든 것을 총괄하는 무대이다. 여기에서는 잡다한 기원에서 나온 여러 요소들이 지리학적 지식의 '상태'를 보여주는 그림을 형성하기 위해 집결하고 있다. 그리고 이 지도는 마치 극장의 무대 뒤편에서처럼, 자신의 전후에서 작동 과정 — 지도는 이 작동 과정의 결과 혹은 가능성이다 — 을 몰아낸다. 지도는 이제 홀로 머문다. 여정에 대해 묘사해주는 것은 사라져버렸다.

일상적 문화의 공간 이야기 속에서 인식 가능한 조직은 따라서, 지리학적 장소 시스템을 격리시켰던 작업에 의해 뒤집어졌다. 두 가지 묘사들 사이의 차이는 실천들의 존재 혹은 부재 속에 확실하게 고정되어 있지는 않다(실천들은 어디에서나 작동중이다). 반면 이 차이는, 지식의 **산물들을 전시하는** 고유한 장소들로 이루어진 지도는 **이해할 수 있는** 결과들의 그림을 형성한다는 사실 속에 있다. 반면 공간 이야기들은, '자기 고유의' 장소가 아닌 강제된 장소라도 그 속에서 장소를 '주무르는' 것을 허용해주는 작동 과정을 보여준다. 마치 자기 아파트의 방들에 대해 어떤 한 여성이 "우리는 방들을 주무를 수 있다"라고 말했던 것처럼 말이다.[14] 대중적 설화에서부터 집에 관한 묘사에까지 '실행하기'의 고조(그리고 그에 따른 발화의 고조)는, 다양한 형식이 될 수 있다는 특징을 가진 강요된 질서의 장소들(과거의 우주에서부터 현대의 영세 임대아파트에 이르기까지)에서 여정에 대해 서술하는 이야기들을 고무시킨다.

(우리가 집에만 머무른다면) "아무것도 할 수 없는" 너무 작은 방에서부터 "무엇으로든 사용될 수 있는"[15] 사라져버린 전설 속의 다락방에까지 확장되는 미리 정립되어 있는 지리학에 관해, 일상적 이야기들은 어쨌거나 우리가 거기서 제작하고 그것을 가지고 실행할 수 있는 것에 대해 들려준다. 이것이 바로 공간의 수법이다.

경계짓기

이야기는 장소들에 대한 작동 과정이고, 또한 경계를 정하는 것에 관한 권위 있는 이동 재판소의 일상적 역할을 수행하기도 한다. 언제나 그렇듯 이 역할은, 그것이 법 담론에 의해 명백히 밝혀지고 배가될 때 주로 암시적으로 나타난다. 전통적으로 훌륭한 조서調書의 언어에 따르면 과거의 사법관은 '분쟁중인' 경계에 대해 당사자들이 말하는 모순되는 진술들을 '듣기' 위해 '사건 현장에 갔다'(출장과 법적 메타포). 그들의 '중간 판결'은 우리가 말했듯 '경계짓기의 작동 과정'이었다. 재판소 서기가 양피지 위에 정성껏 써놓은 이 중간 판결은 결국 메타-이야기에 다름아니다. 그리고 양피지 위에 이렇게 글을 쓰는 것은 종종 경계선을 긋는 그림으로 확장된다(혹은 시작된다?). 이 중간 판결은 각각의 당사자들이 제시하는 반대되는 이야기들을 합쳤다(이것은 여러 가지 이본들을 대조하는 서기의 일이다). "뮐라티에 씨는 우리에게 자신의 할아버지가 이 사과나무를 자기 밭의 가장자리에 심었다고 증언한다. ……장피에르는 우리에게 부베 씨가 자신과 형 앙드레가 공동으로 소유한 땅에 두엄 더미를 두고 있다는 사실을 상기시켰다……"와 같은 방식으로 말이다. 장소들의 계보학, 땅의 전설. 고증본의 유사물인 사법관의 서술은 여러 다양한 판본들을 조정한다. 그것은 '최초의' 이야기들(뮐라티에 씨의 이야기, 장 피에르의 이야기, 그리고 많은 다른 이야기들)로부터 '작성된다'. 최초의 이야기들은 **공간적 법제**의 기능을 이미 내포하고 있는데, 그것은 이 이야기들이 '몸짓' 혹은 행동에 관한 담론(사과나무를 심는 것, 두엄 더미를 유지하는 것)을 통해 땅을 고정시키고 분배하기 때문이다.

서술적 협정이자 이야기들의 편집물인 '경계짓기의 작동 과정'은 과거의 이야기들에서 뽑아내어 '변조한' 단편들로 구성된다. 이런 의미에서 이 경계짓기의 작동 과정은 신화의 형성을 해명해주는 셈이다. 왜냐하면 이 작동 과정도 역시 공간을 설립하고 유기적으로 구성하는 기능을 갖기 때문이다. 이 작동 과정은, 기록 보관소 구석에 보존되어 있는 다소 확장된 사회적, 문화적 영역을 조직하는 행위인 여행에 관한 거대한 참고문헌을 구성한다. 하지만 이 참고문헌은, 공간들을 구성하고 확인하고 대조하고 공간들의 경계를 이동시키며 끝나지 않는 일을 계속하는 구술 서사의 아주 작은 일부(논쟁의 중심에 놓인 일부)만을 재현할 뿐이다.

피에르 자네[16]가 말했던 대로 이야기의 '안내'는, 공간성의 분석에 대단히 풍요로운 영역을 제공해준다. 거기서 제기되는 문제들 가운데, 크기(확장성), 방향(진로), 친근성(동형어 관계) 등에 관련된 문제들을 구별해내야 한다. 나는 기본적이면서 문자 그대로 '근본적인' 문제인 경계 결정 그 자체와 관계있는 몇 가지 측면들만 다룰 것이다. 즉 이는 공간을 구조화하는 공간 분할에 관한 것이다. 사실 모든 것은 공간의 움직임을 가능하게 해주는 분화를 가리킨다. 주체를 자신의 외부성으로부터 분리시키는 구별에서부터, 대상들의 위치를 정하는 분할에 이르기까지, (벽에서부터 시작해서 구축되는) 주거 환경에서부터 (지리적으로 '다른 곳' 혹은 우주론에서의 '내세'의 확립 위에서 구성되는) 여행에 이르기까지, 그리고 농촌 풍경의 기능에서처럼 도시 네트워크의 기능 속에서, 경계들의 결정이 조직하지 않는 공간성은 존재하지 않는다.

이 조직 속에서 이야기는 결정적 역할을 한다. 분명 이야기는 '묘사한다'. 하지만 '모든 묘사는 [의미의] 고정 이상의 것으로', 그것은 '문화적으로 창조적인 행위이다'.[17] 전체 상황들이 결합했을 때, 묘사는 분배하는 능력과 수행적 힘까지도 갖고 있다(묘사는 자신이 말하는 것을 실행한다). 따라서 묘사는 공간을 세우는 토대가 되는 것이다. 역으로 이야기가 사라진 (혹은 이야기가 박물관 속에 진열된 사물들처럼 그 지위가 손상된) 곳에서는 공간도 상실된다. (때로는 도시에서 때로는 시골에서 확인할 수 있듯이) 서사를 박탈당한 그룹 혹은 개인은 고유의 형태가 없고 불분명하며 어두운 전체성에 관한, 불안하고 운명론적인 경험 쪽으로 후퇴해간다. 우리는 경계의 결정 속에서 이야기의 역할을 고려함으로써, 거기서 경계의 수립과 이동 및 초월을 **허가해주는** 근본적 기능을 발견할 수 있다. 또한 그 결과로 담론의 닫힌 영역 속에서 기능하는, 이야기를 일종의 '크로스워드'의 바둑판무늬(공간의 동적 배치)로 만드는 것처럼 서로 교차하는 두 가지 움직임(경계 놓기와 경계 넘기)의 대립을 인식할 수 있다. 이 바둑판무늬에서 **경계**와 **다리**는 핵심적인 서사의 형태처럼 보인다.

1. **행위의 무대를 만들기**. 이야기는 우선 허가의 기능, 혹은 좀더 정확하게 말하자면 **설립**의 기능을 갖는다. 그리고 엄밀히 말하자면 이 기능은 법적인 것, 즉 법률이나 재판에 관련된 것은 아니다. 이 기능은 오히려 조르주 뒤메질이 인도유럽어에서 '[어떤 장소에] 놓다'라는 의미의 어근 dhe 및 이 어근이 산스크리트어(dhatu)와 라틴어(fas)로 파생된 것을 분석했던 것에 해당된다. 뒤메질은 다음과 같이 썼다. "**파스**Fas는 비가시적 세계 속의 신비주의적 토대이다. 이것이 없이는, **법**ius[인권]이 명령하거나 허가해주는 모든 행동, 그리고 좀더 일반적으로는 모든 인간의 행동이 불분명하고 위험하고 심지어 치명적인 것이 되고 만다. **파스**는 **법**처럼 분석되거나 궤변이 될 가능성이 없다. 그리고 그것은 그 명사의 어미가 변화되는 것 이상으로

상세하게 나뉘지 않는다." 토대가 있거나 혹은 없다. 즉 파스가 존재하거나 파스가 존재하지 않는다. "어느 한 시간, 어느 한 장소는 그것들이 인간의 행동에 이 필수적인 토대를 제공하느냐, 제공하지 않느냐에 따라 길하거나, 불길하다고 말해진다."[18]

고대인도(여기에서 동일한 인물이 다양한 역할들을 순서대로 번갈아가면서 담당했다)에서와 달리, 인도-유럽의 서구 사회 속에서 이 기능은 특정 제도들 속에서 분할되었다. '서구의 창조물', 즉 자기 고유한 의례는 로마에서 전문 사제단인 페티알리스fetiales에 의해 수행되는 파스에 상응한다. 그것은 전쟁 선포, 군사 파견, 다른 나라와 맺은 동맹 등, "이방 민족에 대한 로마의 모든 행위의 시작점에서" 이루어진다. 이는 원심성을 가진 세 가지 단계로 된 움직임으로서 첫째는 내부이지만 국경 근처에서 이루어진 것, 둘째는 국경 위에서 이루어지는 것, 셋째는 외국에서 이뤄지는 움직임이다. 의례적 행위는 모든 시민적 혹은 군사적 행위에 앞서 실행되는데, 그 이유는 이 행위가 정치나 전쟁에 관련된 일에 필수적인 영역을 창조해내는 것을 목표로 삼기 때문이다. 따라서 이는 또한 배상의 요구이다. 즉 이는 토대를 세우는 최초의 행위를 탈환하고 반복하는 것이자, 새로운 기획을 정당화할 수 있는 계보학을 낭송하고 인용하는 것이며, 동시에 전투, 협정, 정복의 시작점에서 성공을 예언하고 약속하는 것이다. 실제 공연에 앞서 이루어지는 일반적인 리허설과 마찬가지로, 의례, 즉 몸짓으로 된 서사가 역사의 실행에 앞서 이루어진다. 페티알리스들이 한 바퀴 돌거나 '행진하는 것'은 어느 한 공간을 열어주고, 경계를 넘어가는 위험을 무릅써야 하는 군사, 외교, 상업 활동에 토대를 보장해준다. 이런 식으로 『베다』에서 비슈누Visnu는 "자신의 발자국으로 인드라의 전쟁 행위가 전개될 공간의 영역을 열어주었다". 이것이 바로 창설이다. 이것은 사람들이 착수할 행위에 "공간을 제공하고", 이 행위에 "기반" 혹은 "무대"로 사용되는 "장을 만들어낸다".[19]

이것이 바로 이야기의 첫번째 역할이다. 그것은 실제 행위들에 정당성의 무대를 열어준다. 그것은 우발적이고 위험 부담이 있는 사회적 실천들을 허가해주는 장을 마련해준다. 하지만 그것은 로마식 배치를 통해 조심스럽게 분리해낸 기능과는 세 가지 측면에서 차이가 있다. 즉 그것은 분산되고(더이상 유일하지 않고), 축소되고(더이상 국가적 규모가 아니고), 다기능적(더이상 전문화되지 않은) 형식으로 파스를 보장해준다. **분산되었다**는 것은, 사회적 환경의 다양화 때문만이 아니라 오히려 정당화하는 '준거들' 사이에서 증가해가는 이질성(혹은 점점 더 바깥으로 드러나는 이질성) 때문이다. 영토의 '신성'을 축출하는 것, 이야기의 정령이 깃든 장소를 폐쇄하는 것, 정당성을 박탈당한 중립적 영역을 확장하는 것 등은, 경계와 전유를 조직하는 서사들이 파편화되고 점차 희미하게 사라지는 것을 가리킨다. (그럼에도 불구하고 역사책이나 텔레비전 뉴스 등을 통한 공식적 역사 서술은 모든 사람들이 국가 공간을 신뢰하도록 만들고자 애쓴다.) **축소되었다**는 것은, 사회경제적 측면에서 기술관료제화의 진행이 '가족사' '생활사' 혹은 온갖 정신분석학적 서사를 증대시키면서 파스 혹은 네파스nefas의 움직임을 가족이나 개인 단위로 귀착시켰기 때문이다. (이 개별적 이야기들에서 점차 벗어나, 맹목적 소문으로 변해버린 공식적 정당화는 그럼에도 불구하고 계속 존속하고 있고, 계급 충돌이나 인종 갈등 속에서 야만적인 방식으로 다시 나타난다.) 끝으로 **다기능적**이라는 것은, 수많은 미시이야기들의 혼합은 이 이야기들에 여러 가지 기능을 부여하는데, 이 기능은 이야기가 유통되고 있는 집단이 원하는 대로 그 방향을 바꾼다는 것을 가리킨다. 그렇지만 이 다기능성은 서사성에 관계된 근원을 건드리지는 않는다. 행위의 장을 창조하는 고대의 의례는, 우리 존재의 불분명한 경계 주변에 심어진 이야기들의 '파편'으로 식별된다. 땅속에 묻힌 이 조각들은 '전기傳記적' 이야기를 자신도 모르는 채 진술하고 있으며 이 이야기의 공간을 마련한다.

서사적 행위는 비록 그것이 더이상 단일한 것이 아니라 다양한 형식으로 되어 있다고 할지라도, 이방인과의 관계와 경계가 문제가 되는 곳에서는 계속해서 펼쳐진다. 산산조각나서 분산되어 있는 이 서사적 행위는 경계를 정하는 작업을 끊임없이 시행한다. 서사적 행위는 또한, 여러 가지 기획들을 '허가해주고' 또 그 기획들에 앞서 존재하는 파스를 움직이게 만든다. 로마의 페티알리스들과 마찬가지로, 이야기들은 사회적 실천들 앞에서 '행진하고', 그럼으로써 이 사회적 실천들에게 장을 열어준다. 결정과 법적 수단들 그 자체는 단지 나중에 올 뿐이다. 그것들은 마치 로마의 법적ius 행위나 진술들처럼, 각자에게서 식별되는 행동의 범위들을 조정하면서[20] 그 자체로 행위의 일부, 즉 파스가 '토대'를 제공하는 행위의 일부가 되었다. 적절한 규칙들에 따라 사법관의 '중간 판결'은, 가족이나 지역의 이야기, 관습적이거나 직업적인 '몸짓', 여정과 풍경의 '낭송'으로 이루어져 있는 수많은 구술 서사에 의해 이미 창조되고 확산된 일군의 이질적 공간들 속에서 발생한다. 사법관의 중간 판결은 이 행위의 무대를 창조해내지는 않고, 그것을 구성하고 조작한다. 사법관의 중간 판결은, 사법관이 '경청하고' 대조하고 위계화해야 서사적 권위를 전제로 한다. 조절 작업을 하는 판단에 앞서, 무엇인가를 설립하는 이야기가 존재한다.

2. 경계와 다리. 이야기는 경계와 다리 사이의 관계, 즉 (합법적) 공간과 이 공간의 (낯선) 외부성 사이의 관계가 나타내는 모순에 의해 활기를 띠게 된다. 이것을 고려하기 위해 우리는 기초적 단위들을 다시 살펴보는 것이 좋을 것이다. 형태론은 (지금 여기서 우리 주제가 아니기 때문에) 차치하고, 화용론의 관점, 좀더 정확하게 말하자면 '프로그램'이나 우리가 공간을 전유할 수 있게 해주는 일련의 실천들을 규정하는 통사론의 관점 속에서, 우리는 밀러와 존슨라이어드가 '지역région'이라 불렀던 기초 단위에 대해 그들이 내린 정의를 출발점으로 삼을 수 있을 것이다. 그들은 '지역'이 행위의 프로그램들 간의 만남이라고 했다. 따라서 '지역'은 상호작용에 의해 만들어진

공간이다.[21] 그리고 그에 따라, 동일한 장소 속에서 프로그램들 간의 만남 혹은 상호작용이 생기면 생기는 만큼 '지역'도 더 많이 생겨나게 된다. 그리고 공간을 결정하는 것은 이원적이며 조작적이며, 따라서 발화의 문제설정 속에서는 '중간 판결'의 소송과 연관되어 있기도 하다.

그로 인해 각 경계와 그것의 유동성 사이의 역동적인 모순이 생긴다. 한편으로 이야기는 경계들을 놓는 데 싫증을 내지 않는다. 이야기는 경계를 증가시키는데, 그것은 등장인물 — 사물, 동물, 인간 — 들 사이의 상호작용과 관련해서이다. 즉 행위자는 술어(좋은, 술책을 쓴, 야심에 찬, 어리석은 등)와 움직임(앞으로 나가다, 벗어나다, 망명을 떠나다, 되돌아가다 등)을 공유하는 것과 동시에 장소도 역시 공유한다. 행위자의 점진적 점유(이야기가 진행되는 중에 술어의 획득)와 연속적 자리 이동(내부적이거나 외부적인 움직임) 사이의 만남의 지점들에 의해 경계가 그어진다. 경계는 점점 더 복잡해지는 분화의 네트워크와 공간의 조합을 구축하기 위해, 재화와 가능한 기능을 역학적으로 배분하는 것으로부터 생성된다. 경계는 만남에서부터 기인된 구별의 작업 결과이다. 따라서 무경계의 어둠 속에서 신체는, 그들 간의 성교나 전쟁을 통한 '터치'가 신체에 새겨지는 바로 거기에서만 서로 구별된다. 이는 경계의 패러독스이다. 즉 접촉에 의해 만들어진, 두 신체들 사이를 가르는 차이점은 또한 공통점이기도 하다. 결합과 분리는 서로 떼어놓을 수 없다. 접촉중인 두 신체들 중 어느 것이 이 둘을 구별할 수 있는 경계를 소유하고 있는가? 이쪽도 저쪽도 아니다. 다시 말하자면, 아무도 소유하지 못하는 것이다?

이것은 경계의 이론적이면서 실질적인 문제이다. 경계는 누구에게 속해 있는가? 강, 벽 혹은 나무 등은 경계를 이룬다. 이것은 지도의 도면이 결국 전제로 하는 비장소의 특징을 갖지 않는다. 이것은 중개자의 역할을 가진다. 경계가 말하도록 만드는 서술도 역시 마찬가지다. 예컨대, 늑대가 나온 숲이 “멈춰!”라고 말한다. 강이 악어를 보여주면서 “서!”라고 말한다. 하지만 이 행위자는, 그가 경계의 대변자라는 이유 하나만으로, 분리를 만들어내는 것처럼 소통도 만들어낸다. 게다가 그는 다른 곳에서 와서 그를 가로질러 가는 것에 대해 말함으로써 가장자리를 만들 뿐이다. 그는 그것을 분명하게 진술한다. 그는 또한 통로이기도 하다. 이야기 속에서 경계는 마치 제3자처럼 기능한다. 경계는 ‘둘 사이’이고, 크리스티안 모르겐슈테른이 ‘울타리Zaun’에 관한 아이러니하면서 놀랄 만한 시에서 쓴 표현을 인용하자면 ‘둘 사이 공간Zwischenraum’이다. 이 시는 ‘공간Raum’과 ‘……을 통해 보다hindurchzuschaun’라는 단어로 운율을 맞추고 있다. 이것은 어느 한 격자 울타리(Lattenzaun, 널빤지로 둘러싸인 담장)의 이야기이다.

> Es war einmal ein Lattenzaun
> mit Zwischenraum, hindurchzuschaun
> 옛날옛날에 격자 울타리가 하나 있었다.
> 거기에는 저편을 볼 수 있는 간격이 있었다.

제3의 장소이자 상호작용과 시선의 교류가 있는 경계는 마치 공백, 즉 교환과 만남의 서사적 상징과 같다. 거기로 지나가다가, 한 건축가가 거기에 저택을 짓기 위해서 갑작스럽게 ‘둘 사이 공간’을 점거했다.

> Ein Architekt, der dieses sah,
> stand eines Abends plötzlich da—
> und nahm den Zwischenraum heraus
> und baute draus ein grosses Haus.
> 한 건축가가 어느 날 저녁 갑자기 그리로 다가와,

그 간격을 독점해버렸다.
거대한 저택을 짓기 위해.

빈 공간은 가득찼고, 둘 사이 공간은 건축물이 세워진 장소로 변했다. 그다음은 말할 필요도 없다. 원로원은 이 건축물을 '떠맡았고'(법이 거기에 정착했다), 그 건축가는 아프리카 혹은 아메리카로 도망쳤다.

Draum zog ihn der Senat auch ein.
Der Architekt jedoch entfloh
nach Afri-od-Ameriko.[22]
그다음에는 원로원이 그것을 점거해버렸다.
그 건축가는 도망쳤다.
아프리카나 아메리카에까지.

울타리를 견고하게 세우고, '둘 사이 공간'을 가득 채우며 건축하는 것, 이는 건축가의 욕구이다. 그리고 또한 건축가의 헛된 꿈이기도 하다. 왜냐하면 그는 알지 못한 채 장소들에 관한 정책적 동결상태에서 일을 했고, 그가 자신이 완수한 작업을 확인할 수 있을 때 그가 할 수 있는 것은 법의 세력권에서 멀리 도망치는 것뿐이었기 때문이다. 반대로 이야기는 자신의 상호작용의 내력을 통해 '모호함의 논리'에 특권을 부여한다. 이야기는 국경을 교차점으로, 강을 다리로 '변모시킨다'. 이야기는 사실 도치와 장소 이동에 대해 들려준다. 예를 들면 다음과 같다. 닫히는 문은 분명히 열 수 있는 것이다. 강은 통행을 가능하게 한다. 나무는 전진하는 발걸음을 따라 늘어서 있다. 격자 울타리는 틈들이 모인 집합으로, 시선이 여기를 슬그머니 통과해간다.

모든 곳에 다리의 모호함이 있다. 다리는 처음에는 섬나라들을 결합시켰다가 그다음에는 대립시킨다. 다리는 섬나라들을 구별하기도 하고 그것들을 위태롭게 만들기도 한다. 다리는 유폐에서 해방시켜주기도 하고, 자율성을 허물어뜨리기도 한다. 예를 들면 1972년 라포스와 프로망틴 사이에 다리가 건설되기 전에, 건설되는 동안에, 그리고 건설된 후에, 느와무티에섬 사람들의 이야기 속에서 다리는 가장 중요하고 양면성을 띤 역할로 등장했다.[23] 주로 고유명사, 숨겨져 있는 패러독스, 이야기의 생략, 풀어야 하는 수수께끼 등이 개괄하고 있는 장소와 일상적 전설에 관한 수많은 기억들에서 다리는 이중생활을 계속 이어가고 있다. 퐁타무송Pont-à-Mousson, 퐁토드메르Pont-Audemer, 퐁차라Pontcharra, 퐁샤토Pontchâteau, 퐁크루아Pont-Croix, 퐁드보브와쟁Pont-de-Beauvoisin, 퐁드라르슈Pont-de-l'Arche, 퐁드루와드Pont-de-Roide, 퐁드디아블Pont-de-Diable, 퐁티외Ponthieu 등이 이에 해당된다.*

그리고 히에로니무스 보스가 자신의 공간 수정을 발명했던 그림 속 곳곳에서 다리는 합당하게 악마적인 것을 가리키기도 한다.[24] 즉 경계를 위반하고 장소의 법에 복종하지 않는 다리는 출발, 어느 한 나라에 대한 침략, 정복하는 권력의 야심, 혹은 망명자의 탈출 등 질서에 대한 '배반'을 나타낸다. 하지만 이와 동시에 다리는 길을 잃고 방황하는 외딴곳을 길들이고, 경계 내부에서 통제되었던 낯선 것을 경계 밖에 내버려두거나 거기서 다시 나타나게 하기도 한다. 그리고 다리는 경계 저편에 은신해 있던 타자성에 객관성(즉 표현과 표상)을 부여하기도 한다. 그 결과로 여행자는 다리를 다시 건너거나 울타리 안으로 되돌아오면서, 거기서 다른 곳을 다시 발견한다. 처음 여행을 떠날 때 여행자는 이 다른 곳을 추구했지만, 나중에 다시 되돌아오면서는 이것을 기피하게 된다. 경계 내부에서 이방인은 이미 거기에 존재하고, 이국정취나 기억의 안식, 불안하게 하는 친숙함이 된다. 모든 일은 마치 경계를 결정하는 것 그 자체가 자기 내부를 타

* 이것들은 모두 프랑스의 행정 구역(코뮌)을 가리키는데, 모두 다리pont라는 단어를 포함하고 있다.

자에게 열어주는 다리였던 것처럼 진행된다.

범죄?

지도가 재단한 것 위에서 이야기가 횡단한다. 이야기는 '디에게시스 diégèse'이다. 그리스어로 서사를 지칭할 때 '디에게시스'라고 한다. 그것은 경과를 만들어내고(그것은 '인도한다'), 그것은 무엇인가를 가로질러 간다(그것은 '위반한다'). 그것이 밟고 지나가는 작동 공간은 움직임들로 이루어진다. 즉 그것은 형상들의 변형과 관련된 **위상** 공간이지, 장소들을 규정하는 일반 **공리** 공간이 아니다. 경계는 거기에서 양면성을 띤 방식으로만 그어진다. 경계는 이중 게임을 주도한다. 경계는 자신이 말한 것과 반대로 행한다. 경계는 자신이 바깥으로 내몰았던 것처럼 보이는 이방인에게 자리를 내준다. 혹은 경계가 정지 지점을 표시할 때, 이방인은 멈추지 않고 오히려 프로그램들 간의 다양한 만남을 뒤따라간다. 경계짓기는 이동 가능한 경계들이자 경계들의 이동이며, 또한 **메타포라이**이기도 하다.

공간을 조직하는 서사들 속에서, 경계짓기는 그리스의 **크소아논**, 즉 재주꾼 다이달로스가 만든 소형 조각상들과 같은 역할을 하는 것처럼 보인다. 다이달로스처럼 영리한 이 조각상들은 그들 스스로 자리를 이동함으로써만(그리고 경계를 이동시킴으로써만) 경계를 표시할 수 있었다. 이 정보원들은 공간의 만곡과 움직임을 직선으로 된 기호로 표시해두었다. 따라서 그것들의 분류 작업은, 기둥과 말뚝 혹은 원주 등에 의해 확립된 분할과는 전적으로 다르다. 이 [기둥, 말뚝, 원주에 의한] 후자의 분할은 땅에 뿌리를 내리고 장소의 질서를 구성하고 그 윤곽을 분명하게 드러냈다.[25] 이것도 역시 이동 가능한 경계들이었다. 오늘날 경계짓기의 서사적 작동 과정은 경계 획정이라는 이름으로 고정시키는 행위를 통해 세력권을 정하는데, 이때

이 작동 과정은 과거의 수수께끼 같은 묘사들을 대체했다. 미슐레는 이미 그것에 대해 이야기했다. 즉 고대 그리스 로마 시대 말기에 올림포스의 위대한 신들로 이루어진 귀족 집단이 몰락해가면서, "토착 신들의 무리, 그 고장에서의 삶과 긴밀하게 어울려 살면서 많은 밭과 숲, 산, 샘 근처에서 여전히 방대하게 터를 잡고 있는 신들의 천민 집단을" 결코 자신의 추락 속으로 휩쓸어가지 않았다. "떡갈나무 한가운데, 시원하게 흐르는 깊은 개울에 살던 이 신들은 그곳을 떠날 수 없었다. ……그렇다면 그들은 어디에 있는가? 사막일까, 광야일까, 숲속일까? 모두 맞다. 하지만 그들은 주로 집안에 있다. 그들은 가장 친밀한 가정생활의 습관 속에 착 달라붙어 있다."[26] 그리고 그들은 또한 우리의 거리와 우리의 아파트 안에 있다. 그들은 아마 서사성 및 **범죄적** 형식의 서사성에 대한 민첩한 증인이 될 뿐이다. 그들이 자신의 이름을 바꾼다고 해도(모든 권력은 지명과 관련된 것으로, 권력은 이름을 붙이면서 장소의 질서를 창출해낸다), 다양하고 은밀하고 유동적인 이 힘을 조금도 손상시키지 않는다. 이 힘은, 그들에게 이름을 붙여주고 또 새로운 이름을 붙여주기도 하는 거대 역사의 변화를 피해 살아남는다.

만일 범죄자가 오직 자리를 이동함으로써만 존재한다면, 만일 그가 자신이 피하려 하고 빗나가게 만드는 법의 여백이 아니라 법의 틈 속에 산다는 특이성을 가진다면, 만일 그가 **상태**보다는 **여정**에 더 큰 특권을 부여하는 특징을 가진다면, 이야기는 범죄자라 할 수 있겠다. 사회가 주체나 집단에게 공간에 대한 기대와 상징적 출구를 더이상 제공하지 않는 곳에서, 규율에 대한 복종이나 불법적 일탈, 즉 다양한 형태의 감옥과 바깥에서의 방랑 외에 다른 대안이 존재하지 않는 곳에서, 사회적 범죄는 이야기를 문자 그대로 받아들이고 이야기를 물리적 존재의 원칙으로 만드는 데 있다. 그와 반대로 이야기는 따로 떼어 보존해둔 일종의 범죄이다. 이 범죄는 전통적 사회(고대, 중세 등)에는 어울리지 않는다. 그러나 확고하긴 하지만 비판적이고 무례한 이 장소의 유동성을 증대하게 내버려둘 만큼 유연하기도 한 질서와 양립할 수도 있다. 그리고 상난스러웠다가 나중에는 위협적인 것이 되기도 하는 이 유동성은 일상적 서사의 미생물 같은 형식에서부터 과거의 카니발 행사에까지 확장된다.[27]

이제 우리는 자연스럽게 이 범죄적 서사성이 한 사회 속에서 어떤 실질적 변화를 만들어내는지 살펴보아야 할 것이다. 어쨌거나 우리는 공간에 관련해서 이 범죄가 질서의 텍스트 속에 신체를 새기는 것과 함께 시작된다는 것은 이미 말할 수 있다. 움직이고 몸짓을 하며 걷고 쾌락을 느끼는 신체의 불투명성은, 다른 곳에 대해 여기를, '낯섦'에 대해 '친숙함'을 무한히 조직하는 것이다. 최소의 단계에서 볼 때 공간 이야기는 구어, 즉 장소들을 분배하는 언어 시스템이라 할 수 있다. 즉 이 시스템이 '발화의 초점화'를 통해, 그리고 그것을 실천하는 행위를 통해 분명하게 표현되는 범위 내에서 말이다. 이것은 '프록세믹스'의 대상이다.[28] 기억의 조직 속에서 그것의 표시를 찾아내기 전에, 여기에서는 이 초점화하는 발화와 함께 공간이 실천된 장소처럼 다시 나타난다는 사실을 상기하는 것으로 충분하다.

4

언어의 사용

제10장 경전의 경제학

"오직 입에서 입으로 전해지며 전진하는 말,
전설과 노래만이 폐쇄된 국가에서 사람들을 살 수 있게 해준다."
—니콜라이 그룬트비[1]

덴마크의 시인이자 선구자인 니콜라이 그룬트비가 걸어간 여정은 '살아 있는 말(det levende ord)', 구술성의 성배를 찾아 가는 길이다. 그룬트비에 헌사를 바치는 것은 오늘날 과거 뮤즈들이 했던 대로, 잃어버렸지만 다시 우리의 '경전의' 사회로 되돌아오는 이 목소리를 탐색하는 것을 허용한다. 나는 언어 속에서 신체가 가지는 이 빈약한 효과들, 즉 '근대성'(17세기와 18세기) 이래로 글쓰기라는 이름하에 임명되었던 경제학의 의기양양한 정복에 의해 점차 우리에게서 멀어져버린 다양한 목소리들을 듣고자 애썼다. 내 주제는 구술성이라 할 수 있는데, 이것은 3세기 혹은 4세기에 걸친 서구의 작업에 의해 변화되었다. 우리는 그룬트비(혹은 미슐레)가 했던 대로, 우리 마을의 성문 뒤편과 시골 근교에 시적이고 '이교도적인' 광대한 목초지가 있고 여기에서는 여전히 노래, 신화, 민중folklighed[2](이 단어는 번역이 불가능하다. 왜냐하면 불어에서 이 단어에 해당하는 '대중성popularité'은 사용되면서 점차 처음에 가졌던 의미가 사라졌기 때문이다. 이 단어는, '민족성'이 '민족'과 관련된 것과 유사하게 '민중'과 관련된 것이다)의 점차 확산되는 웅성거리는 소리를 들을 수 있다는 사실을 더 이상 믿지 못한다. 이 목소리들은 경전 시스템으로 되돌아가고, 이 시스템의 내부에서만 소리가 들릴 뿐이다. 이 목소리들은 반대쪽으로 춤추듯 지나간다.

인쇄술이 가능하게 만들어준 '재생산'과 분리될 수 없는 과정, 즉 근대 '규율'을 위한 경전 장치의 설치는 ('부르주아'에 대한) '민중'의 고립과 (문자로 표현된 것에 대한) '목소리'의 고립이라는 이중적 고립을 동반했다. 그리고 여기서 경제, 행정 권력에서 대단히 멀리 떨어져 있는 '민중은 말한다'라는 확신이 발생했다. 말이란 것은 매혹적이다가도 위험한 것이 되고, 독자적인 것이기도 했다가 (과격한 순간적인 침입에도 불구하고) 사라져버리기도 한다. 그리고 말은 억압을 통해 '민중의 목소리'가 되기도 한다. 이 목소리는 향수와 통제의 대상이 되고, 특히 학교라는 수단을 통해 말을 글쓰기에 다시 연결시키려는 대대적인 캠페인의 대상이 된다. 따라서 오늘날 말은 온갖 방법을 통해 '녹음되고' 표준화되고 어디에서나 들을 수 있는 것이 되었다. 그런데 말이 한번 '취입되기만 하면', 즉 라디오나 텔레비전 혹은 음반 등 미디어로 전파되기만 하면, 그것은 전파 기술에 의해 '일소된다'. 말이 침투하는 곳에서, 말, 즉 신체의 웅성거리는 소리는 종종 미디어에 의해 생산/재생산된 것에 대한 모방이 된다. 즉 말은 자신의 인공물에 대한 복제품이 되는 것이다.

따라서 최근의 서구 역사에 의해 식민화되고 동시에 신화화된 이 목소리를 찾아 떠나는 것은 무익하다. 게다가 '순수한' 목소리란 존재하지도 않는다. 왜냐하면 목소리는 언제나 (가족적, 사회적) 시스템에 의해 규정되고, 수신됨으로써 코드화되기 때문이다. 비록 각 그룹의 목소리가 쉽사리 인식될 수 있는 소리의 풍경 — 음역 — 을 이룬다 해도, 방언(억양)은 언어 속에서 마치 향수처럼 자신의 흔적을 표시한다. 어떤 특별한 목소리가 눈에 보이지 않는 손이 연주하는 악기처럼, 그것을 듣는 청자 집단을 어루만지거나 혹은 신경질나게 만들면서 무수한 다른 목소리들과 구별된다 해도, 현존하는 소리들 사이에 고유한 단일성은 존재하지 않는다. 그리고 발화 행위는 언어를 말함으로써 이 존재하는 여러 소리들에 언어를 부여한다. 따라서 우리는 이 모든 소리들을 '신의 음성Voix', 고유한 '문화', 혹은 대타자라는 기호 아래 집결시키려는 상상을 그만둬야 할 것이다. 구술성은 오히려 끝없이 이어지는 듯한 태피스트리와 같은 경전 경제학의 네트워크 속에 슬그머니 끼어든다. 마치 자신이 태피스트리를 이루는 한 가닥 실인 것처럼 말이다.

경전 경제학 그리고 이것의 역사적 도입, 이것이 가진 규칙과 성공의 도구들을 분석함으로써, 우리가 가진 위대한 율법서 속에 음성이 침투해 들어간 흔적을 찾아내는 작업을 시작하는 것이 적절할 것이다. 그런데 이 분석 작업은 엄청나게 거대한 프로그램이기 때문에 나는 간단한 스케치로 이것을 대신할 것이다! 나는 단지 글쓰기와 구술성 사이의 분리가 우리 사회에 만들어낸 역사적 지형을 드러내고, 이 분리가 가져온 몇 가지 결과들을 보여주고 또 수행해야 하는 과제의 형식을 취하고 있는 현재의 변화를 몇 가지 지적하고자 한다.

내가 글쓰기와 구술성을 참조할 때, 나는 이 두 개 상반된 용어들이 제3자에 의해 극복 가능한 대립 관계 혹은 전복 가능한 위계 관계에 있는 것으로 가정하고 있지 않음을 처음부터 명확히 할 것이다. 이 '형이상학적 대립들'(글쓰기 vs. 구술성, 언어 vs. 말 등) 가운데 하나로 되돌아가는 것은 결코 용인되지 않는다. 자크 데리다는 이 형이상학적 대립들에 대해 "그것들은 차이에 선행하여 존재하는 것으로 가정되는 가치 혹은 의미의 존재를…… 최종 준거로 삼는다"라고 분명하게 말했다.[3] 이 대립을 가정하는 사유 속에서, 이율배반은 유일한 기원(토대를 마련하는 고고학)의 원칙 혹은 최후의 화해(목적론적 개념)의 원칙, 그리고 지시적 단일성에 의해 지탱되는 담론 등을 요구한다. 이와 반대로 나는 이것에 대해 여기에서 자세히 설명하지는 않겠지만, 복수형이 본래적인 것이라고 가정한다. 즉 차이는 자신의 항을 구성하는 요소라는 것, 그리고 언어는 상징적인 것을 통해 분리의 구조화 작업을 영원히 감추는 데 열중한다는 것을 가정한다.

문화 인류학적 관점 속에서 우리는 더욱이 다음의 사항들을 잊지 말아야 할 것이다.

1) 이 '단위들'(예를 들면 글쓰기와 구술성)은, 연속적이면서 서로 포개져 있는 역사적 지형 내부에서 일어나는 상호 구별의 결과이다. 따라서 이 단위들은 역사의 결정에서 분리될 수 없고, 보편적 범주의 지위로 승격될 수도 없다.

2) 이 구별은 한 가지 영역(예컨대 언어) 혹은 한 가지 시스템(예컨대 글쓰기)의 설립과, 이 영역 혹은 시스템이 자신의 외부 혹은 잉여처럼 간주하는 것(말 혹은 구술성) 사이의 관계처럼 나타난다. 이 두 가지 항은, 그들의 정합성(한 가지 항을 정의하는 것은 다른 항은 아직 정의되지 않은 것으로 상정한다)에 대해서도, 혹은 그들의 작동성(생산력이 있고 지배적이며 잘 구성되어 있는 항은 다른 항을 무기력, 피지배, 불투명한 저항의 위치에 지정한다)에 대해서도, 동등하거나 비교될 수 있는 것이 아니다. 따라서 그 두 가지 항들이 기호의 도치를 중개하는 동등한 기능을 한다고 가정하는 것은 불가능하다. 그들 간의 차이는 공통의 층위를 가지지 않은 질적인 차이이다.

글쓰기: '근대의' 신화적 실천

경전의 실천은 자신의 역사를 만들겠다는, 그리고 이를 통해 역사 그 자체를 만들겠다는 서구의 야망이 미치는 모든 영역들을 조금씩 재조직화하면서 최근 4세기 동안 신화적 가치를 획득했다. 나는 여기서 신화라는 말로 분할된 담론을 의미하는데, 이 담론은 한 사회의 이질적 실천들과 연관되며, 또한 이 실천들을 상징적으로 연결시키는 것이다. 근대 서구에서 이 역할을 하는 것은 더이상 공인된 담론이 아니라, 글쓰기라는 하나의 실천으로서의 걷기이다. 이야기되는 것은 이제 더이상 기원이 아니라, 다양한 형태를 띠고 속삭이는, 텍스트를 생산하는 행위 그리고 텍스트로서의 사회를 생산하는 행위이다. '진보'는 경전의 유형으로 되어 있다. 사람들은 매우 다양한 방식으로 '정당한'(과학적, 정치적, 학교 교육 등에 관한) 실천과 반드시 구별되어야 하는 것을 구술성이라고(혹은 구술성 같은 것으로) 정의한다. '구두 표현'은 진보에 이바지하지 않는 것이다. 역으로 '경전'은, 음성과 전통의 주술적 세계에서 분리된 것이다. 서구 문화의 국경(혹은 전선戰線)은 바로 그 분리와 함께 명확히 그려졌다. 우리는 아마 근대성의 정문 위에 걸린 현판에 새겨진 글을 읽을 수 있을 것이다. "여기에서 노동한다는 것은 바로 글을 쓰는 것이다." 혹은 "여기에서 우리는 글로 쓴 것만 이해할 수 있다". 이것이 바로 '서구적인 것'으로 구축된 것의 내적 법칙이다.

그렇다면 글쓰기란 과연 무엇인가? 나는 글쓰기라는 말로, 페이지라는 고유한 공간 위에서 텍스트를 구성하는 구체적 행위를 가리킨다. 그런데 이 텍스트는, 미리 자신과 분리되어 있었던 외재성에 대해 영향력을 가진다. 글쓰기의 기초적 수준에서는 세 가지 요소가 결정적이다.

우선 아무것도 쓰여 있지 않은 백지이다. 이 '고유한' 공간은 주체를 위해 생산 장소의 범위를 정한다. 이는 세계의 모호함의 손아귀에서 벗어난 장소이다. 이것은 주체가 활동의 영역으로부터 물러나 거리를 두고 있을 수 있게 해준다. 이 장소는, 부분적이긴 하지만 통제 가능한 작동 과정에 제공된다. 주체가 세계의 음성에 사로잡혀 있던 전통적 우주 공간 속에 한 가지 구획이 뚜렷하게 드러난다. 한 가지 자율적인 표면이, 자기 자신에게 고유한 실행의 영역을 부여했던 주체의 눈앞에 놓이게 되었다. 이것은 구별을 만들어내는 데카르트적 몸짓으로, 글쓰기의 **장소**를 가지고, **대상** 앞에서 주체의 지배(혹은 고립)를 창출한다. 아무것도 쓰여 있지 않은 백지를 앞에 둔 아이들은 이미 기업가, 도시계획가, 데카르트학파의 철학가의 입장, 즉 자기 고유의 의지를 실행하는 고유하고 구별된 공간을 관리해야 하는 입장에 놓여 있는 셈이다.

다음으로 이곳에 세워진 **텍스트**가 있다. 이 공간 속에서 언어학적 조각들 혹은 재료들은 명쾌한 진술 방법에 따라, 그리고 질서를 만드는 방식으로 다루어진다(가공된다). 유기적으로 연결되어 있는 일련의 작동 과정들(몸짓에 관한 것과 정신적인 것)은 문자 그대로 글쓰기로, 이것은 페이지 위에 단어와 문장 그리고 마지막에는 시스템을 보여주는 여정을 그린다. 다시 말하자면 백지 위에서, 장소를 순회하는 점진적이고 조절된 실천, 즉 걷기가 다른 '세계'의 인공물을 구성한다. 그런데 이 인공물은 획득된 것이 아니라 만들어진 것이다. 생산자적 이성의 모델은 종이의 비장소 위에 쓰인다. 다양한 형식으로, 고유한 공간 위에 세워진 이 텍스트는 근대 서구의 근본적이고 일반화된 유토피아이다.

셋째로 이 구성은 단순히 게임이 아니다. 분명히 모든 사회에서 게임은 실천의 형식이 표상되는 무대이긴 하지만, 그 가능성의 조건은 실질적인 사회적 실천들로부터 분리되어 있다는 점이다. 반대로 한 시스템의 생산물이자 형식화의 공간인 경전 게임은 현실을 **바꾸기 위해** 현실과 구별되었지만, 이 현실을 참고하면서 '의미'를 가지게 된다. 경전 게임은 사회적 실효성을 겨냥한다. 그것은 자신의 외부에서 작동한다. 글쓰기의 실험실은 '전략적' 기능을 갖는다. 즉 전통 혹은 외부에서 얻은 정보가 시스템 내부에서 수집되고 분류되고 뒤얽혀서 기능하거나, 혹은 이 예외적인 장소 속에서 제작된 규칙과 모델이 환경에 영향을 미치거나 그것을 변화시킬 수 있도록 해주는 식으로 기능한다. 페이지라는 이 섬은 기착을 위한 장소로, 여기에서는 산업적 도치가 일어난다. 다시 말해 여기에 들어온 것은 '수취물'이고 여기서 나간 것은 '생산물'이다. 여기에 들어온 사물들은 전통에 비해볼 때 주체의 '수동성'을 나타내는 지표들이고, 여기서 나간 사물들은 대상을 제작할 수 있는 주체의 힘을 표시하는 것이다. 경전의 기획은 자신이 바깥에서 받아들인 것을 내부에서 변형시키거나 보존하고, 외부 공간을 전유하는 도구들을 내부에서 만들어낸다. 이 기획은 자신이 선별해낸 것을 저장하고, 확장 수단을 스스로에게 부여한다. 과거를 축적하는 권력과 세계의 타자성을 자신의 전형에 일치시키는 권력을 결합하면서, 이 기획은 자본주의적이고 정복자적인 것이 된다. 과학 실험실과 산업(마르크스는 산업을 '과학'의 '책'으로 정의했다)[4]은 동일한 도식에 따라 작동한다. 근대 도시도 마찬가지이다. 즉 근대 도시는 외부 인구를 끌어들이고 축적하려는 의지와, 시골을 도시 모델에 맞게 일치시키고자 하는 의지가 실현되는, 두 의지가 외접되는 공간이다.

혁명이라는 이 '근대적' 아이디어도 역시 전체 사회의 수준에서 경전의 기획을 재현한다. 이 사회는 과거에 비해볼 때 스스로 백지가 되고자 하는 야심, 자기 자신에 대해 스스로 쓰려는 야심(즉 스스로 고유한 시스템이 되려는 야심), 자신이 제작해낸 전형으로 역사를 근본적으로 개조하려는 야심을 가지고 있다(이것이 바로 '진보'가 될 것이다). 그리고 이 기획이 실현될 수 있도록, 이 야심은 경제, 행정, 정치 영역에서 경전의 작동을 증대시켜야 할 것이다. 오늘날 이 발전을 위한 문턱은 이미 통과했음을 가리키는 도치를 통해, 경전의 시스템은 자동으로 앞으로 나간다. 즉 이 경전 시스템은 자동으로 움직이는 시스템이 되었고 기술관료주의적인 것이 되었다. 이 시스템은 이것에 대한 통제권을 가지고 있던 주체들을 글쓰기 기계를 작동시키는 사람들로 변모시켰다. 그리고 이 글쓰기 기계는 이 사람들에게 명령하고 이들을 사용한다. 이것이 바로 정보사회의 모습이다.

따라서 지난 3세기 동안, 글쓰기를 배우는 것이 자본주의적이고 정복자적인 사회의 기초를 결정하는 주요한 요인이었다는 데는 이유가 있었다. 이는 그것의 근본적이고 선구자적인 실천이다. 우리가 경전 실천을 통한 근대 어린이 교육의 문제점에 대해 의혹을 제기하기 위해서는, 이 경이로운 발전이 야기한 염려스러운 결과들이 필요했다.

이 구조화하는 실천에 대해 나는 한 가지 사례만을 고려할 텐데, 그 이유는 이 사례가 신화적 가치를 가졌기 때문이다. 이것은 근대 서구 사회가 받아들일 수 있었던 몇 안 되는 신화들 중 한 가지이다(사실 서구 사회는 전통 사회의 신화들을 실천들로 대체했다). 그것은 바로 대니얼 디포의 『로빈슨 크루소』이다. 이 소설은 내가 구별해냈던 세 가지 요소들을 결합시킨다. 즉 고유한 장소를 재단해내는 섬, 주인 주체가 사물들의 시스템을 생산해내는 것, '자연' 세계가 변화하는 것이 세 가지 요소에 해당한다. 이것은 글쓰기에 관한 소설이다. 게다가 디포에게 있어서, 로빈슨이 자신의 섬에 관해 글을 쓴다는 자본주의적이고 정복자적인 작업에 눈을 뜨는 것은 다음과 같은 결심과 함께 시작되었다. 즉 일기를 쓰겠다는 결심, 이를 통해 시간과 사물에 대한 지배의 공간을 확보하겠다는 결심, 그리고 그럼으로써 아무것도 쓰여 있지 않은 백지를 가지고 스스로가 원하는 것을 얼마든지 만들어낼 수 있는 최초의 섬을 만들겠다는 결심이다. 에밀이 읽을 유일한 책으로 이 책을 원했던 루소 이래로, 로빈슨이 음성을 갖지 않은 미래의 전문적인 '근대' 교육자들에게 추천된 인물이자, 동시에 아버지 없는 세상을 만들기 원하는 아이들의 꿈이 된 것은 그리 놀라운 일이 아니다.

근대 신화의 실천인 이 글쓰기를 분석하면서 나는 특히 우리들, 지식인, 아이들, 전문가 그리고 사회 안에서 글쓰기의 혜택을 받은 사람들이 글쓰기에 빚지고 있는 것을 부인하는 것은 결코 아니다. 그리고 사회는 이 글쓰기에서 자신의 힘을 얻는다. 나는 심지어 사회가 글쓰기에서 얻는 이 힘의 원동력을 분명하게 보여줄 두 가지 측면에 대해서도 강조하고 싶다. 이는 내 연구의 주제에 속하는 것이다. 첫 번째 측면은 글쓰기가 식별 가능한 말씀Parole의 상실과 맺은 관계와 관련되어 있고, 두번째 측면은 발화 주체에 의한 언어의 새로운 처리와 관련된 것이다.

우리는 수 세기 동안에 서구 문명이 대문자로 된 글쓰기Ecriture, 즉 성서와 맺은 근본적 관계를 결코 과대평가하지 못할 것이다. 만일 우리가 역사를 단순화시켜 본다면(나는 한 가지 인공물을 만들었는데, 이 모델은 증빙자료가 아니라 그것이 해석되면서 만들어낸 효과들로서 평가된다는 사실을 인지하고 있다), 우리는 '근대' 시기 이전, 즉 16~17세기까지는 성서가 말을 했다고 할 수 있겠다. 신성한 텍스트는 목소리이고, 그것은 사람들을 가르친다(이것이 'documentum'* 의 첫번째 의미다). 그리고 신성한 텍스트는, 독자(사실은 청자)에게 '경청의 의지' — 진리에 이르는 길은 여기에 달려 있다 — 를 기대하는 신의 '말하기의 의지'에서 생겨난 것이다. 그런데 이미 다른 데서 분석했던 이유들로 인해서, 이 말씀이 더이상 들리지 않고, 텍스트의 타락 속에서 그리고 역사의 변천 속에서 말씀이 변절되었다는 것을 점점 알아차리면서 '근대성'이 형성되었다. 우리는 더이상 그 말씀을 들을 수 없다. '진리'는 더이상, 식별 가능한 위대한 메시지에 스스로를 동일시하는 수신인의 주의력에 달려 있지 않다. 진리는 역사적, 비판적, 경제적 작업의 결과가 될 것이다. 그것은 실행의 의지에 속해 있다. 오늘날 변질되고 소멸된 목소리, 즉 이 위대한 우주론적 말씀은 다시 돌아오지 않으리란 것을 우리는 알고 있다. 즉 이 말씀은 시간의 거리를 넘어가지 못했다. 말에 의해 설립된 장소들이 사라지고, 우리가 말로부터 받았다고 믿었던 정체성이 상실되었다. 애도의 일이 남는다. 그때부터 정체성은, 이 상실이 필수적인 것으로 만든 생

* 문서, 증서를 뜻하는 라틴어.

산 및 끝나지 않는 전진에 (혹은 분리와 단절에) 의존하게 되었다. 존재는 실행으로 평가된다.

글쓰기는 점차적으로 혼란에 빠지게 되었다. 또다른 글쓰기가 점차 과학, 지식, 정치의 형태로 나타나기 시작했다. 이것은 더이상 말하는 것이 아니라, 제작되는 것이다. 그런데 이 새로운 글쓰기는 사라져버린 것에 여전히 결속되어 있고, 마치 과거처럼 멀어져버렸지만 여전히 근원이 남아 있는 것에 빚지고 있다. 그리고 이 새로운 글쓰기는 틀림없이 실천, 즉 실행과 이동 — 이것은 자신이 전진해 나가기 위해 가용한 공간을 제공해주는 다른 것에 항상 관계되어 있다 — 에 의해서만 유지되는 정체성의 끝없는 생산이 될 것이다. 그리고 이는, 기독교 문화에 고유한 목소리가 자신의 타자가 되는 한, 그리고 기표(이것이 바로 목소리의 정의 그 자체이다) 속에서 주어진 현재가 과거로 바뀌는 한, 그렇게 될 것이다. 경전 자본주의의 정복은 바로 이 [목소리의] 상실 위에서, 그리고 이 목소리 없이 스스로를 다시 정의하기 위한 '근대' 사회의 거대한 노력 위에서 분명히 드러난다. 혁명의 과업은 이 노력의 중대한 한 가지 결과일 뿐이다. 혁명의 과업은, 그때까지 다른 문명들에게 그들의 종말(이 문명들 중 어떤 것도 신의 죽음 후에 살아남지 못했다)을 의미했던 메시지, 즉 "우리의 신은 더이상 말하지 않는다. 신은 죽었다"라는 메시지와 분리될 수 없다.

글쓰기와 동시에, 언어에 대한 관계도 역시 변화되었다. 이 두 가지는 서로 의존하고 있는데, 오늘날 말이 어떤 형식으로 되돌아오는지를 파악하기 위해서는 언어에 대한 관계를 강조할 필요가 있다. 또다른 한 가지 역사적 개요가 이것에 대해 시사해주는 바가 있다. 근대의 전환점은 우선 17세기에 언표에 대한 평가절하 및 발화 행위에 대한 강조로 특징지어진다. 화자가 확실할 때에는("신이 세상 속에서 말한다"), 그가 진술한 언표, 세계의 '미스터리'를 해독하는 데 관심이 기울여졌다. 하지만 이 확실성이, 자신을 보장해주었던 정치적, 종교적 제도들과 함께 동요하기 시작할 때, 이제 유일한 화자를 대체할 것을 찾을 수 있는 가능성에 대한 의문이 제기된다. 즉 누가 말할 것인가? 그리고 누구에게 말할 것인가? 최초의 화자[신]의 사라짐은 의사소통의 문제, 즉 단순히 더이상 귀로 **들어야 하는** 언어가 아니라 **실행해야 하는** 언어의 문제를 만들어냈다. 점진적으로 분산된 광활한 언어는 울타리도 없고 버팀대도 없는 세계(이 세계는 의심스럽고 사실 같지 않다. 유일무이한 주체는 세계를 자기 것으로 삼아서 그것이 말하도록 만든다)이다. 이 속에서 각각의 개별 담론은, 과거에는 우주를 조직함으로써 개인에게 지정해주었던 장소가 부재하고 있음을, 그리고 그에 따라 언어의 구역을 다루는 고유한 방식을 통해 장소를 재단할 필요가 있음을 증명해준다. 다시 말해서 개인이 **주체**로서 탄생하는 것은 바로 그가 자신의 장소를 잃어버렸기 때문이다. 옛날에 우주론적 언어가 개인에게 지정해준 장소는 '소명' 혹은 세계 질서 속의 배치처럼 이해되었는데, 이것이 이제는 '아무것도 아닌 것', 일종의 공백이 되었다. 그리고 이 '아무것도 아닌 것'은 주체로 하여금 공간을 통제하고, 글쓰기의 생산자인 체할 것을 강요한다.

주체의 이 고립으로부터 언어는, 해독하기보다는 개간해야 하는 밭, 그리고 경작해야 하는 무질서한 자연이 되면서 객관화되었다. 지배적 이데올로기는 전문기술로, 즉 더이상 언어를 **읽는 것**이 아니라 언어를 **실행하는 것**을 자신의 핵심 강령으로 삼는 전문기술로 변화되었다. 언어 그 자체는 제작되고 '글로 쓰여야' 한다. 과학을 구축하는 것, 언어를 구축하는 것, 콩디약이 볼 때 이 둘은 동일한 작업이다. 마치 1790년에 혁명가들에게, 혁명을 수립하는 것은 프랑스 국가의 언어를 만들어내고 알리는 것과 동일했던 것처럼 말이다.[5] 이는 경험된 (전통적인 그리고 개인적인) 신체로부터 거리를 두는 것, 그리고 따라서 민중 속에 있는, 여전히 대지, 장소, 구술성, 혹은 비언어적 과제와 연관된 모든 것으로부터 거리를 두는 것을 의미한다. 언어를 자유롭게 구사할 수 있는 능력은 새로운 '부르주아적' 권력, 즉 언어를 제작함으로써 역사를 만드는 권력을 보증해주고 분리시킨다. 본질적으로 경전과 연관된 이 권력은 '생득적' 특권, 즉 귀족들의 특권에 대해서만 의문을 제기하는 것은 아니다. 이것은 또한 사회경제적 계급 격상의 규칙을 결정하고, 언어를 자유롭게 구사하지 못하는 이들을 자기 규범에 따라 지배하고 관리하고 혹은 선택한다. 글쓰기는 사회적 위계화의 원리가 되었다. 이 원리가 과거에는 부르주아에게 특권을 주었다면 오늘날에는 기술관료에게 특권을 준다. 글쓰기는, 언어(수사학 혹은 수학)를 자신의 생산 도구로 만들 수 있는 지배계급이 조직한 교육의 법칙처럼 작동한다. 여기에서 다시 한번 로빈슨 크루소가 상황을 분명하게 보여준다. 즉 글쓰기의 주체는 주인이 되고, 언어가 아닌 다른 도구를 가진 노동자는 프라이데이가 될 것이다.

신체에 새겨진 법

이 역사적 변화는, 글쓰기를 통해 사회를 구조화하는 모든 조직을 변화시키지는 않는다. 이 변화는 이 조직에 대한 다른 사용을 가능하게 한다. 이는 조직에 대한 또다른 사용법이고, 상이한 기능이다. 따라서 이 새로운 사용법의 설립을, 글쓰기의 법 아래에 신체(사회체 혹은 개인의 신체)를 위치시키려 애쓰는 아주 오래된 작업과 다시 연결시켜야 한다. 이 작업은, 근대성 속에서 글쓰기가 취했던 역사적 형태에 앞서 존재하고 있었고 그것보다 오래 살아남을 것이다. 또 이 작업은 이 역사적 형태 위에 겹쳐 있고, 그것을 연속되는 고고학 — 우리는 이 고고학에 어떤 이름과 지위를 부여해야 할지 알지 못한다 — 으로 규정한다. 여기서 작동하는 것은 신체에 대한 법의 관계이다. 그리고 이 신체는 그 자체로, 이 신체에 대해 글로 쓰는 것에 의해 정의되고 한정되고 분명해진다.

신체 위에 표기되지 않는 법은 없다. 법은 신체에 대한 영향력을 갖고 있다. 집단에서 분리 가능한 개인이라는 생각 그 자체는 신체 — 형법적 정의에 따라 징벌로 자국을 남겨야 하는 신체, 그리고 혼례법에서 집단들 사이의 합의에 따라 가격을 매겨야 하는 신체 — 를 가져야 하는 필요성과 함께 만들어졌다. 탄생에서부터 죽음까지, 법은 신체를 자신의 텍스트로 만들기 위해 신체를 '붙잡는다'. 모든 종류의 입문(의례적 입문, 학교 교육에 의한 입문 등)을 통해, 법은 신체를 율법판으로, 규칙과 관습의 활인화活人畫로, 사회 질서가 조직한 극장의 배우로 변모시킨다. 그리고 칸트와 헤겔이 보기에, 사형제도가 없이는 법이 존재하지 않는다. 즉 극단적인 경우에 신체가 자기 스스로의 파괴를 통해 문자와 규범의 절대성에 대해 서명하지 않는다면 법은 존재하지 않는다는 것이다. 이는 이론의 여지가 있는 주장이다. 그렇지만 이것이 무엇이 되었건 간에, 끊임없이 법이 신체 위에 기입된다는 사실에는 변함이 없다. 법은 주체들의 피부로 만들어진 양피지 위에 새겨진다. 법은 이 양피지를 법률집으로 구성한다. 법은 그것을 자신의 책으로 만든다. 이 글쓰기는 두 가지 보충적인 작동을 실행한다. 즉 이 작동을 통해 살아 있는 존재는 '텍스트가 되고', 규칙들의 기표로 바뀐다(텍스트화). 그리고 다른 한편으로는 사회의 이성 혹은 로고스는 '육신이 된다'(화신化身).

모든 전통은 다음과 같은 이야기를 한다. 즉 하인의 피부는 양피지로, 주인의 손이 그 위에 글을 쓴다. 이런 식으로 『실수 연발』에서 노예인 드로미오는 자신의 주인 에페서스의 안티폴루스에게 "내 피부가 양피지라면, 그리고 당신이 내게 갈긴 한 방이 잉크라면……"[6] 이라고 말했다. 이런 식으로 셰익스피어는 글쓰기의 최초의 장소와, 법이 자신에게 종속된 대상을 '요절냄으로써' 이 대상과 맺는 지배 관계를 가리켰다. 법의 권력을 포함한 모든 권력은 우선 그것에 종속된 대상들의 등 위에 그려진다. 지식도 마찬가지이다. 이런 식으로 서구 민족학은, 그에게 타자의 신체를 제공해주는 공간 위에 글로 쓰인다. 우리는 따라서 양피지와 종이가 우리의 피부를 대신했다는 것, 그리고 좋은 시절에는 양피지와 종이가 우리의 피부를 대체하면서 이 피부 주변에 보호막을 형성했다는 것을 가정할 수 있을 것이다. 책은 신체의 메타포일 뿐이다. 하지만 위기의 순간에는, 법에게 종이는 충분하지 못하고, 법은 다시금 신체 위에 그려진다. 인쇄된 텍스트는 우리의 신체 위에 인쇄된 모든 것, 즉 (붉게 달궈진 쇠로 찍은) 이름Nom과 법Loi의 낙인을 가리킨다. 그리고 인쇄된 텍스트는 마침내 신체 위에 인쇄된 것을 고통 그리고/혹은 즐거움으로 변화시킴으로써, 이것을 대타자Autre의 상징, **말해진 것, 호명된 것, 명명된 것**으로 만든다. 책의 형식을 띤 무대는, 우리가 식별할 수 없는 것에 대한 글쓰기가 되는 존재의 경험(사랑에 빠진 경험이면서 또한 사회적이기도 한 경험)을 재현한다. "내 신체는, 네가 너 말고는 아무도 해독할 수 없는 기표를 쓸 그래프에 지나지 않는다. 그렇다면 신체를 너의 기호로 바꾸는 법, 너는 대체 누구냐?" 집단의 법에 의해 [자기 신체 위에] 글자가 새겨지는 고통은 이상하게도 어떤 즐거움을 겸하고 있다. 즉 인식되는 즐거움(그렇지만 우리는 누구에 의해 인식되는지는 알 수 없다), 사회적 언어 속에서 식별되고 이해될 수 있는 말이 되는 즐거움, 익명의 텍스트의 조각으로 변하는 즐거움, 소유한 사람도 작가도 없는 상징 속에 기입되는 즐거움이다. 인쇄물 각각은, 타자의 법에 의해 글자가 쓰인 신체의 이 양면적인 경험을 되풀이한다. 경우에 따라 인쇄물은 이 양면적 경험에 관한 낡고 오래된 메타포, 즉 더 이상 신체화된 글쓰기 위에서 작동하지 않는 메타포가 된다. 혹은 인쇄물을 읽으면서 아주 오래전부터 인쇄되어 있었던 잘 알려지지 않은 텍스트의 흉터를 독자가 신체 위에서 건드릴 때면, 인쇄물은 이 양면적 경험에 대한 생생한 기억이 되기도 한다.[7]

법이 신체 위에 글자로 쓰이기 위해서는, 이 둘[법과 신체]의 관계를 매개해주는 장치가 필요하다. 스캐러피케이션(난절법亂切法), 문신, 원시적 입문을 위한 도구에서부터 사법기관의 도구에 이르기까지, 이 도구들은 신체 위에서 작동한다. 과거에는 그것이 규석으로 만든 칼이나 바늘이었다면, 오늘날에는 경찰 곤봉에서부터 수갑 및 법정의 피고인석 등이 있다. 이 도구들은, 법의 힘을 그것의 대상에게 새기기 위해, 대상에 문신을 그려넣음으로써 그를 통해 규칙을 보여주기 위해, 그리고 규범을 눈으로 볼 수 있게 해주는 [법의] '사본'을 만들기 위해 마련된 물건들의 컬렉션을 구성한다. 그리고 이 컬렉션은 둘 사이 공간을 만든다. 즉 그것은 법의 테두리를 치고(무장시켜서 보호한다), 육신을 겨냥한다(거기에 자국을 남기기 위해). 공격적 경계로서, 이 컬렉션은 사회적 공간을 조직한다. 즉 이것은 텍스트와 신체를 분리하지만, 텍스트의 '픽션'을 신체에 의해 재생산되고 실현되는 모델로 만들어줄 행위들을 허용함으로써 그 둘을 서로 결합시키기도 한다.

글쓰기를 위한 이 한 벌의 도구들은 분리 가능하다. 우리는 이것을 저장소나 박물관 안에 따로 보관해둔다. 그것은 사용 전후에 수집될 수 있다. 그것은 거기에 사용을 위해 대기중이거나 혹은 사용 후 잔재처럼 남아 있다. 이 단단한 사물들은, 여전히 막연하고 잘 알려져 있지 않은 신체 위에서 사용 가능하고, 이 사물들이 '적용'을 허가했던 법이 아닌 다른 법을 위해서도 재활용 가능하다. 반짝이는 철 혹은 강철, 고밀도의 나무, 인쇄된 글씨처럼 배열된 견고하고 모호한 상징물, 곡선이나 직선으로 된 둔기 혹은 포위를 위한 도구 등, 신체를 쥐어짜고 다시 일으켜세우고 절단하고 절개하고 유폐하기 위해 만들어진 이 물건들은 괴기한 진열대 위에 펼쳐져 있다. 이것들은 유보된 사법권의 움직임을 보여주고, 낙인을 찍어야 하지만 부재하고 있는 신체의 일부분을 본을 떠서 형상을 만든다. 변화하는 법과 사라져가는 사람들 사이에서 이 항구적 도구들의 컬렉션은 공간을 점거하고, 한편으로는 상징적 코퍼스를, 다른 한편으로는 육체의 존재를 나타내는 네트워크와 골격을 형성한다. 이 한 벌의 도구들이 (마치 해골의 작은 뼈들처럼) 얼마나 많이 분산되어 있든지 간에, 그것은 규칙과 신체 — 신체 역시 유동적이다 — 사이의 관계를 단단한 점선으로 표시한다. 분리된 조각들로 된 이것은 법의 글쓰기 기계, 즉 사회적 분절에 관한 기계 시스템이다.

한 신체에서 다른 신체로

이 기계류는 개별적인 신체를 사회체로 변화시킨다. 이것은 이 신체들이 법의 텍스트를 생산하도록 만든다. 또다른 기계류가 이 첫번째 기계류와 병행하면서 이를 이중으로 만든다. 그런데 이것은 이제 더 이상 법적인 유형이 아니라, 의학적이거나 외과적인 유형을 띤다. 이것은 집단적인 '치료'가 아니라 개별적인 '치료'에 사용된다. 이 기계류가 다루는 신체는 집단으로부터 구별된다. 오랫동안 사회적 통일성의 '구성요소'(팔, 다리 혹은 머리)이거나, 혹은 우주의 '정신'과 힘이 교차하는 장소에 불과했던 신체는 서서히 자신의 질병과 균형, 일탈 및 자기 고유한 비정상성을 갖춘 전체로서 분명하게 드러나기 시작했다. 사람들이 화학이나 원자 물리학에서 물질을 '분리하듯이' 이 개별적 신체가 '분리되기' 위해서는, 그리고 이 개별적 신체가 정치적, 천상의 질서를 축소한 것('소우주'[8])처럼 여겨졌던 과도기 이후에 사회의 기초 단위가 되기 위해서는, 15세기에서 18세기에 이르는 기나긴 역사가 필요했다. 준거의 단위가 점차 사회체가 아닌 개별적 신체가 될 때, 그리고 의학 정치의 통치(개인들에 대한 복지, 관리, 대의의 통치)가 법적 정치의 통치의 뒤를 잇기 시작할 때 사회문화적 가설들은 변화하기 시작한다.

개인주의적이고 의학적인 분할은 자기 고유의 '신체' 공간의 경계를 그린다. 이 자기 고유의 신체 공간에서는 요소들 간의 결합 및 교환의 법칙이 분석될 수 있어야 한다. 17세기에서 18세기까지, 신체 속의 움직이는 신체의 물리학이라는 이 생각이 의학[9]을 사로잡고 있었고, 이 과학적 모델은 19세기에 열역학과 화학의 준거에 의해 교체되었다. 이는 충동, 압박, 균형의 변화, 그리고 온갖 종류의 조작에 의해 관계를 맺게 된 서로 다른 요소들의 역학에 관한 꿈이다. 신체의 오페라. 즉 펌프, 풀무, 필터, 지레 등으로 된 복잡한 이 기계류[신체]에서, 액체는 순환하고 기관들은 서로 어우러진다.[10] [신체의] 각각의 부분들과 이 부분들의 작동의 일치는, 인공적인 요소들로 하여금 망가지거나 결함을 드러내는 요소들을 대체할 수 있게 해주고, 심지어는 자동인형 같은 신체를 구축할 수 있게 해준다. 이런 식으로 신체는 수리된다. 그것은 단련된다. 그것은 심지어 제조된다. 따라서 정형외과적 기계들과 수술 도구들 세트는, 분해, 수리, 분할, 대체, 제거, 추가, 교정, 재건될 수 있는 것에 상응하는 방식으로 확산된다. 이 도구들의 네트워크는 더 복잡해지고 확장된다. 그것은 화학 치료법과 사이버네틱스 모델로의 이행에도 불구하고 오늘날에도 여전히 그 자리에 머물고 있다. 날카롭게 단련된 수많은 강철은 신체의 기계화가 제공한 수많은 가능성에 부합한다.

그런데 이러한 도구들이 급증하면서 그것이 가진 기능도 바뀌었을까? 사용법을 바꿔가면서, 법의 '적용'에서 외과적, 정형외과적 치료법의 적용으로 이행해가면서, 이 도구 장치는 법의 이름으로 신체에 자국을 남기거나 신체를 형성하는 기능을 계속 가지고 있다. 만일 (과학적, 이데올로기적, 신화적인) **텍스트 코퍼스**가 변화한다면, 만일 신체가 우주와 관련해 자율성을 가지게 되고 기계 조립의 형태를 띠게 된다면, 텍스트 코퍼스를 신체에 결합시키는 임무는 여전히 남아 있을 것이다. 그런데 분명 이 임무는 가능한 역할들이 증대함으로써 더욱 두드러져 보이게 되고, 언제나 신체 위에 텍스트를 쓰는 것, 즉 지식의 육화를 통해서 정의된다. 이는 기계 장비의 항구성, 즉 육신을 사회 속의 신체로 만드는 창조 행위에 끝없이 제공되는 도구들, 즉 육신을 자르고 죄고 본뜨는 데는 강력한 이 도구들은, 대단히 이상한 기능적 관성 상태에 있다.

강철과 니켈로 된 이 사물들은 어떤 한 가지 필요(혹은 운명?)를 가리키고 있는 것 같다. 이 필요는, 철로써 육신 속에 법을 밀어넣고, 도구를 가지고 글자를 기입해둔 육신만을 문화 속에서 허용하거나 신체로 인정하는 것이다. 비록 19세기 초에 의학 이데올로기의 상황이 서서히 역전되기 시작하고, 주로 제거의 치료법(나쁜 것은 잉여의 것, 즉 무언가 더 많이 혹은 과도하게 덧붙여진 것으로, 이것은 사혈瀉血, 배출 등을 통해 신체로부터 제거해야 한다)이 첨가의 치료법(나쁜 것은 부족한 것, 결핍된 것으로, 약물이나 지지물을 통해 보충되어야 한다)에 의해 대체될 때에도, **도구**의 장치는 과거의 것을 대신하는 사회적 지식의 새로운 텍스트를 신체 위에 쓰는 역할을 계속 수행해간다. 이는 마치 『유형지에서』 속에서, 죄수의 신체에 새기는 판결문은 바뀔 수 있다 해도, 이를 새기는 도구인 써레는 언제나 동일하게 남아 있는 것과 마찬가지이다.

카프카의 전설적인 기계는 시간이 흐를수록 폭력성이 줄어든 모습을 띠게 되었다. 그리고 이 기계는 『유형지에서』의 증인이, 대타자의 글쓰기에 의해 상처를 입고 죽어가는 사람의 눈에서 감지했던 궁극적 희열을 더이상 유발하지 못하게 되었다. 이 시스템을 분석함으로써 우리는 적어도 신체를 텍스트의 인쇄판으로 만드는 기계의 이형들과 체제를 알아낼 수 있다. 그리고 또한 자신이 새겨져 있는 인쇄판에서는 정작 독해가 불가능한 이 글쓰기가 과연 어떤 독자를 위해 마련된 것인지 자문할 수 있게 된다.

육화의 도구

17세기에 법률가들과 마찬가지로 청교도 개혁가들을, 의사, 정확히 말하자면 **내과의사**Physicians[11]라 불리는 이들의 지식 쪽으로 데려갔던 사회적 움직임으로부터 한 가지 거대한 야심이 다시 분출해나왔다.

이 야심은 역사를 어떤 한 가지 텍스트로부터 다시 만들고자 하는 것이었다. 부패한 사회와 몰락하는 교회의 한가운데에서 성서는 모델을 제공함으로써 사회와 교회를 재편성하고자 했는데, 이것이 바로 개혁의 신화이다. 기독교 서구의 원천뿐만 아니라 세계의 원천으로 되돌아가는 것은 로고스에 신체를 부여하고, 다시 한번 그러나 이전과 다른 방식으로 "말씀이 육신이 되게" 함으로써 로고스를 육화하는 기원을 찾기 위한 것이다. 르네상스 시기에 이 신화의 여러 이형들이 도처에서 발견된다. 이 이형들은 차례로 유토피아적, 철학적, 과학적, 정치적, 종교적 신념을 가지고 있다. 이는 이성이 세계를 설립하거나 복원할 수 있어야 한다는 신념이고, 이제 더이상 감춰져 있는 질서 혹은 숨어 있는 창조자의 비밀을 해독하는 것이 핵심이 아니라 야만적이고 타락한 사회의 신체 위에 글을 쓰기 위해 질서를 생산하는 것이 중요하다고 보는 신념이다. 글쓰기는 역사를 재건하고 억제하고 교육하기 위해, 역사에 대한 권리를 획득한다.[12] 글쓰기는, 문자의 중개로 생득적 특권[귀족의 특권] — 이 특권은 세계는 그 자체로 정당하다는 가설과 연관되어 있다 — 을 대체한 '부르주아'의 수중에 든 권력이 되었다. 글쓰기는 확신을 갖고 과학이 되고 정치가 된다. 글쓰기는 곧 '계몽되고' 혁명적인 가정, 즉 이론은 자연에 새겨지면서 자연을 변형시킬 것이라는 가정으로 변하게 된다. 미신을 믿는 민중 혹은 주술에 사로잡힌 지역의 비합리성 속에서 글쓰기는 자르고 절단하는 폭력이 된다.

인쇄는 글쓰기를 통해 신체 위의 텍스트 분절을 나타낸다. 우리가 생각한 질서(구상된 텍스트)는 신체로(책으로) 생산된다. 이 신체(책)는 세계의 비일관성을 관통하여, 포석과 길, 합리성의 네트워크를 만들면서 질서(구상된 텍스트)를 반복한다. 이 절차는 더욱 증가할 것이다. 그것은 살아 있는 것들 그 자체를 질서의 인쇄물로 변형시키는, 아주 잘 관리된 전문기술들에 대한 메타포일 뿐이다. 하지만 근본적 사고는 책이 된 로고스에, 그리고 계몽주의기에 역사를 개혁할 것으로 가정되었던 책들에 이미 존재하고 있었다. 이 근본적 사고는, 18세기에서부터 19세기까지 증가했던 '헌법'을 자신의 상징으로 삼을 수 있을 것이다. 이 헌법은 텍스트에, 공적 혹은 사적 신체에 '적용 가능한' 지위, 그 신체를 정의하고 그럼으로써 실효성을 가지게 되는 지위를 부여했다.

이런 신화적이고 개혁적인 거대한 열정은 이 열정을 특징짓는 세 가지 항으로 작용한다. 첫번째는 모델 혹은 '픽션', 즉 **텍스트**이다. 두번째는 그것의 적용 수단 혹은 글쓰기의 수단, 즉 도구이다. 세번째는 모델의 육화이자 동시에 매체가 되는 재료이다. 즉 이것은 자연이고, 주로 글쓰기가 **신체**로 변화시키는 **육신**을 가리킨다. 사회적 담론이 이 신체를 정의하는 데 맞춰 도구를 이용해서 신체를 그에 부합시키는 것, 변화는 바로 이런 식으로 일어난다. 경제적 교환 규칙이나 공통의 전설 이야기와 지식의 창조물이 보여주는 이 교환 규칙의 다양한 이형들에 의해 전파되는 규범적 사고에서부터 변화가 일어난다. 처음에는 법처럼 행동하는 '상징적' 시스템에 의해 야기된, 그리고 신체의 표상(극장) 혹은 우화('말해진 것')에 의해 야기된 픽션이 있다. 이 신체는 **계약**의 기표(용어)처럼 상정된다. 이 담론적 이미지는, 과거에는 '육신'으로 지칭되었던 **미지의** '실재'에 관해 알려줄 것이다. 픽션에서부터, 이 픽션에 신체를 부여해줄 미지의 것으로의 이행이 일어난다. 그리고 이 이행은, 형성하고 순응해야 하는 데 대한 신체의 예측 불가능한 저항들이 증가시키고 다양화시키는 도구들에 의해 일어난다. 신체에 관해 말해진 것들 그리고/혹은 통합 모델로 기능하는 신체에 관한 지식 각각을 불가해한 물질적 현실에 맞추고 적용시키기 위해서는, 기기의 무한한 세분화가 필요하다. 그리고 이 현실의 복잡한 조직은, 그것에 저항하면서 개입하려 함과 동시에 서서히 드러난다. 따라서 도구와 육신 사이에는 하나의 움직임이 있다. 이 움직임은, 한편으로는 픽션 속의 변화(지식의 교정)에 의해 표출되고, 또다른 한편으로는 신체적 차이에서 발생하는 고통, 즉 분명하게 표현할 수 없고 생각조차 한 적 없는 고통의 절규로 표출된다.

처음에는 장인의 생산물이었다가, 나중에는 공업의 생산물이 된 이 도구들은, 이 도구들이 제공하는 이미지, 즉 텅 빈 중심이고 사회적 소통에 관한 순수한 기표이며 '아무것도 아닌 것'인 이미지 주변에서 증식한다. 그리고 이 도구들은, 미로 같이 복잡한 신체 속으로의 침투가 강제하고 생산해낸 교활한 지식, 절단하는 굴곡, 구멍을 뚫는 책략, 날카로운 우회 등을 구체적으로 표현한다. 이런 식으로 이 도구들은, 자신들이 이 탐험으로부터 가지고 돌아온 지식에 관한 금속성을 띤 어휘가 된다. 신체의 고통에 의해 획득된 실험적 지식의 수수께끼는 그 자체로 정복의 지도 및 판화로 변화된다. 이 모든 도구들 중 썩지 않는 영웅들, 즉 절단되거나 연장되고 분해되거나 다시 조립된 육신은 고귀한 사실들을 이야기해준다. 삶 혹은 유행의 시기 동안 육신은 도구의 행위를 설명해준다. 육신은 도구의 행위에 관한, 순회하거나 일시적으로 지나가는 인간의 이야기들이다.

하지만 만일 '자연'이 이 모델에 외부적인 것으로 가정된다면, 만일 '재료'가 정보를 제공하고 개혁하는 작동 과정과 구별된다면, 오직 이럴 때에만 이 장치들은 도구적 가치를 가진다. 이러한 종류의 글쓰기에는 외부가 필수적이다. 새겨야 하는 텍스트와, 이 텍스트를 역사화 하는 신체 사이의 분리가 없다면, 시스템은 더이상 작동하지 않는다. 그리고 이 둘 사이의 구별을 가져오는 것이 바로 도구들이다. 이 도구들은 단절을 표시한다. 그런데 이 단절 없이는 모든 것이 분산된 글쓰기, 픽션과 시뮬라크르의 경계 없는 조합이 되거나, 혹은 그 반대로 자연적 힘과 리비도적 충동, 본능적 흐름의 연속체가 된다. 글쓰기의 조작자인 이 도구들은 또한 글쓰기의 수호자이기도 하다. 이 도구들은, 글쓰기의 경계를 정하는 특권, 교육시켜야 하는 신체로부터 글쓰기를 구별하는 특권을 옹호한다. 도구들의 네트워크는, 자신이 만들어내는 텍스트적 발화 사례 앞에서 존재론적 준거(혹은 '실재')를 유지시켜준다. 그런데 이 방벽은 조금씩 부서진다.

기구들은 점점 용도가 변경되거나 추방되고 현대 질서 속에서 거의 시대착오적이라 할 정도가 되어서 점차 사라진다. 마침내 서로 뒤섞인 글쓰기와 기계류는 이 현대 질서 속에서 유전자 코드[13]에 의해 알려진 프로그래밍된 매트릭스의 예측 불가능한 양태가 된다. 그리고 이 질서 속에서는, 과거에 글쓰기에 종속되었던 '물질적' 현실에 관해서는 오직 (고통에 의한 혹은 즐거움에 의한) 절규만 남아 있을 것이다. 즉 시뮬라시옹의 불명확한 조합 속에서 들리는 이상한 목소리만 남아 있을 것이다.

사실 사유 가능한 것을 조직하는 자신의 (신화적) 능력을 상실하면서, 텍스트와 도구 및 신체 등의 세 가지 성분으로 이루어진 시스템은 감춰진 비밀처럼 남게 된다. 이 시스템은 사이버네틱스의 과학성의 관점에서 볼 때에는 비합법적이지만 계속 살아남는다. 단편적으로 분할된 이 시스템은 다른 여러 시스템들 위에 쌓인다. 인식론적 지형들은 새로운 질서의 출현에 의해 결코 대체되지 않고, 현재의 근본을 만들기 위해 중첩된 층을 이룬다. 도구 시스템의 유물과 공동空洞이 도처에 존재한다. 마치 제국의 정복 및 제국의 체제를 상징적으로 만든 후에, 왕정복고 시대 내내 프랑스의 네트워크와 핵심부를 계속해서 구축했던 반급 장교들처럼 말이다. 도구들은 겉으로는 화려한 풍채를 띤다. 하지만 그것들은 더이상 사용되지 않는 기계류의 제국에 의해 버려진 반급 장교들을 계속 만들어낸다. 이 기구들의 집합은 기억해야 하는 폐허로서의 지위와 일상의 강렬한 행위 사이에서 진동한다. 그것은 이미 은퇴했지만(박물관) 여전히 일하고 있는(수많은 보조적 일자리에서의 활동) 사물들의 중간층을 형성한다.[14] 화장실에서부터 가장 발전된 실험실에 이르기까지, 장인의 작업실에서부터 수술실에 이르기까지, 이 개미 같은 노동을 위한 수많은 영역이 존재한다. 다른 시대의 산물인 이 영역들은 어쨌거나 우리 시대 한가운데서도 빠른 속도로 증식해가고 있다. 우리에게 신체에 관해 알려주는 기발한 제품 혹은 외과용 메스처럼 말이다.

표상의 기계류

두 개의 주요 작동 과정이 그것[도구]들의 역할을 특징짓는다. 한 가지는 우선 과도하거나 병들거나 흉한 요소를 신체에서 **제거하는** 것을, 혹은 결여된 것을 신체에 **덧붙이는** 것을 목표로 한다. 도구들은 이런 식으로 자신들이 실행한 행동(절단하다, 벗기다, 제거하다 등, 혹은 삽입하다, 설치하다, 붙이다, 덮다, 배합하다, 꿰매다, 연결하다 등)에 따라 구별된다. 뭔가가 모자라거나 훼손된 신체 기관을 대체하는 도구들(심장 밸브와 조절 장치, 관절 보철 기구, 골절된 대퇴골에 이식한 고정못, 인공 홍채, 작은 뼈의 대체물 등)도 마찬가지로 행위를 기준으로 구별된다.

[신체의] 밖에서 혹은 안에서 이 도구들은 과잉 혹은 결핍을 교정한다. 그런데 무엇을 교정한다는 것인가? 다리털을 뽑는 것이나 속눈썹을 그리는 것, 머리카락을 자르거나 다시 심는 것과 관련해서, 분리해내거나 첨가하는 이 행동은 **한 가지 코드**를 가리킨다. 이 행동은 신체를 규범 속에 붙잡아둔다. 이런 점에서 의상 그 자체는 도구처럼 간주될 수 있다. 이 도구 덕분에 사회적 법칙은 신체 및 신체의 일부분에 대해 영향력을 확보하고, 마치 군사 훈련에서와 마찬가지로 유행의 변화에 따라 그것들을 조절하고 훈련시킬 수 있다. 코르셋처럼 자동차 역시 이 신체와 신체의 일부분을 자세 표본에 딱 들어맞게 일치시킨다. 이는 바른 자세를 위한 정형외과적, 행위 교정 도구이다. 전통에 의해 선별되어 각 사회의 시장에서 판매되는 식품들도 역시 마찬가지로 신체에 영양을 공급하면서 신체의 형상을 만든다. 음식물은 신체에, 신분증의 효력을 갖는 체형과 활력을 부과한다. 안경, 담배, 신발 등은 자기 식으로 신체의 '초상화'를 개조한다 …… 이 기계류에 의해 사회는 살아 있는 사람들로 표상되고 이 사람들을 자신의 표상으로 만들 수 있는데, 이 기계류의 한계는 어디에 있는가? 수많은 법률의 도구 아래에 놓여 있는 이 무른 신체들에서 무엇인가

를 이동시키고 교정하고 덧붙이고 제거하는 이 규율장치[15]는 어디에서 멈추는가? 사실대로 말하자면 이 신체들은 오직 이 규범들을 따랐을 때에만 신체가 될 수 있다. 따라서, 혹은 그러하다면 사회적 상징의 도구들에 의해, 글로 쓰이고 개조되고 계발되고 식별되지 않는 무엇인가가 신체에 있을 때에는 어떻게 되는가? 아마 이 지칠 줄 모르는 글쓰기의 극한에는, 즉 실수로 글쓰기에 얼룩을 내는 곳에는 절규만 있을지도 모른다. 이 절규는 도망치고, 글쓰기에서 빠져나간다. 최초의 절규부터 마지막에까지, 그것과 다른 무엇인가가 뜻하지 않게 나타난다. 이것은 유아, 귀신 들린 여자, 광인 혹은 병자에게 있는 신체의 차이이다. 이 차이는 말을 하지 못하는 것in-fans*이 되었다가 버릇없는 것이 되기도 했다가 견디기 힘든 것이 되기도 한다. 이것은 [샹탈 애커만의 영화] 〈잔느 딜망〉에 나오는 아기 혹은 [마르그리트 뒤라스의 영화] 〈인디아 송〉에 나오는 부영사가 울부짖는 소리처럼 '예의바른 행실'이 결여된 것이다.

제거하거나 덧붙이는 이 첫번째 작동 과정은 따라서, 신체로 하여금 규범을 말하게 하는 좀더 일반적인 또다른 작동 과정의 필연적인 파생물이 될 뿐이다. 우리가 이미 보았듯, 이 작업은 사회적 언어를 '깨닫고réalise'(이 용어의 영어식 의미에 따라), 이 언어에 실질적인 효력을 제공한다. 이것은 신체가 질서를 한 자씩 더듬더듬 읽게 하려고 신체를 '기계로 만드는', 대단히 중대한 임무이다.[16] 신체에 의한 법의 명료화를 실행하는 데 있어서 자유주의 경제는 전체주의만큼 효과적이다. 자유주의 경제는 전체주의와 다른 방법에 따라 처리할 뿐이다. 전체주의가 그러했듯 권력의 유일한 인두로 집단에 낙인을 찍기 위해 이 집단을 내리누르는 것 대신, 자유주의 경제는 우선 그룹을 개인들로 분열시키고, 사회경제적이고 문화적인 계약의 규칙(혹

* 영어로 젖먹이 아이를 뜻하는 infant는 라틴어에서 부정의 의미를 가진 접두어 in과 말하기라는 의미를 가진 fans가 합해져서 만들어진 단어다. 즉 말을 하지 못한다는 의미다.

은 '방식')에 개별적인 단위들이 순응하게 만드는 촘촘한 교환망을 증대시킨다. 이 경우에서든 저 경우에서든 우리는 그것이 어떻게 작동하는지 자문할 수 있다. 어떤 욕망 혹은 어떤 필요가 우리를 이끌어서, 우리 신체를 신원을 식별하는 법loi identificatrice의 상징으로 만들게 하는가? 이 질문에 대답하는 가설들은 또다른 방식으로, 도구들이 우리의 유아적 '본성'과 사회적 담론 능력을 이어주는 관계의 힘을 보여준다.

담론의 **신뢰성**은 우선 신자들을 움직이게 만드는 것이다. 이 신뢰성은 충실한 신자들을 생산해낸다. 믿게 만드는 것, 이것은 실행하게 만드는 것이다. 하지만 이상한 순환논리로 인해, 움직이게 만드는, 즉 글을 쓰고 신체를 기계로 만드는 능력은 분명히 무엇인가를 믿게 만드는 것이기도 하다. 법은 이미 신체와 함께, 신체 위에 적용되고, 물리적 실천으로 '육화되었다'. 따라서 법은 신체에 의해 신뢰를 얻을 수 있고, 법이 '실재'의 이름으로 말한다는 것을 [사람들로 하여금] 믿게 만들 수 있다. 법은 "이 텍스트는 현실Réalité 그 자체가 당신에게 받아쓰게 한 것이다"라고 말함으로써 스스로 믿을 만한 것이 된다. 우리는 우리가 실재라고 가정하는 것을 믿는다. 하지만 이 '실재'는 믿음에 의해 담론에 배정된 것이고, 이 믿음은 실재에게 법이 새겨진 신체를 부여한다. 사람들이 법을 믿고 준수하게 만들기 위해서, 법은 신체의 '투자금', 육화의 자본을 끝없이 필요로 한다. 따라서 법은 이미 글로 쓰여 있는 것 때문에, 즉 증인이자 순교자 혹은 법을 다른 이들에게 신뢰성 있는 것으로 만들어주는 여러 사례들 때문에 글로 새겨진다. 이런 식으로 해서 법은 다음과 같이 법의 주체에게 부과된다. "고대인들은 법을 준수했다" "다른 사람들은 그것을 믿었고 실행했다" 혹은 "너도 역시 이미 네 신체에 내 서명을 지니고 있다"와 같은 방식으로 말이다.

다시 말해 규범적 **담론**은 오직 다음과 같은 경우에만 '작동한다'. 즉 그것이 이미 실재에 잘 연결되어 있으면서 자신의 이름으로 이야기하는 텍스트인 이야기가 되었을 때만, 즉 이야기로 만들어지고 역사화되고 신체에 의해 말해지는 법이 되었을 때만 작동한다. 담론을 이야기로 만드는 것은, 스스로를 믿게 만들면서 계속 이야기를 생산해내기 위해 전제되는 지식이다. 그리고 도구는 담론에서 이야기로의 이행을 보장해준다. 즉 법에 신체를 맞추면서 법을 육화하고 법이 실재 그 자체에 의해 이야기된다는 신용을 법에 가져다주는 개입을 통해서 이 이행을 보장해준다. 입문의례에서부터 고문에 이르기까지 모든 사회적 정통성은 도구를 사용한다. 그렇게 함으로써 사회적 정통성은 역사의 형식을 스스로에게 부여하고 신체에 의해 진술된 담론에 결부된 신뢰성을 생산할 수 있게 된다.

또다른 역학 관계가 첫번째 역학 관계를 보다 완전하게 만들어주고 그것과 뒤얽힌다. 이것은 살아 있는 자들을 기호로 만들고 담론 속에서 하나의 의미의 단위로 혹은 하나의 정체성으로 변할 수 있는 수단을 발견하게끔 부추긴다. 분산되고 불투명한 이 육신으로부터, 터무니없고 흐릿한 이 삶으로부터, 단어의 투명함으로 마침내 이행해가며 다른 이들이 읽을 수 있고 인용할 수 있는 언어의 조각, 즉 하나의 이름이 되는 것. 이 열정은 자기 육신을 억제하는 도구로 무장한 고행자를, 혹은 언어를 가지고 같은 것을 하는 철학자를, 헤겔이 말했던 대로 '무모하게' 사로잡고 있다. 하지만 이것에 관한 증인이 누구인지는 상관없다. 즉 삶을 대가로 치르면서까지 이름을 가지기를 혹은 마침내 이름이 되기를 갈망하는 자라면, 부름받은 자로 남아 있기를, 말해진 것으로 변신하기를 갈망하는 자라면 말이다. 이렇게 신체가 텍스트화된 것은 법이 육화된 것에 부합한다. 신체의 텍스트화는 법의 육화를 지탱해주고 심지어 그것의 근거를 제공해주는 것처럼 보이며, 어떤 경우에서든 그것에 봉사한다. 왜냐하면 법은 신체를 사용하기 때문이다. "나에게 네 신체를 다오, 그러면 내가 네게 의미를 주겠다. 내가 너를 내 담론의 이름과 단어가 되게 하겠다." 이 두 가지 문제설정은 서로를 지탱해주고 있다. 그리고 법이 막연한 욕망,

즉 육신을 영광스러운 신체와 바꾸려는 욕망, 글자로 표기되고자 하는 욕망(이것이 비록 치명적이라 할지라도), 공인된 단어로 변화되고자 하는 욕망에 근거하고 있지 않다면, 아마도 법은 어떠한 권력도 갖지 못했을 것이다. 여기에서 다시 한번, 기호가 되고자 하는 이 열정을 가로막는 것은 오직 절규, 즉 신체 속에서 지명된 자의 법에서 벗어난 것의 일탈 혹은 황홀경, 반란 혹은 도피뿐이다.

쾌락이나 고통의 절규를 제외한 이 모든 경험은 제도에 의해 수집된다. 황홀경에 의해 방향이 엇나가거나 해체되지 않은 이 모든 경험은 '검열관의 사랑'[17]에 의해 포착되고, 법의 담론에 의해 수집되고 사용된다. 이 모든 경험은 한 방향으로 유도되고 제어장치가 장착되어 있다. 그것은 사회 시스템에 의해 글자로 기입되었다. 아마 우리는 절규 옆에서 경전 도구의 명령에 의해 '개조되지' 않은 것을 찾아야 할 것이다.

'독신 기계'

우리는 로빈슨 크루소의 고된 섬나라가 18세기 하늘에 표시해둔 새로운 경전 실천의 개시와, 경이로운 기계의 재현과 같은 이 새로운 실천의 일반화를 비교할 수 있을 것이다. 그리고 이 기계들의 형상은 1910년~1914년경 알프레드 자리(『초남성超男性』, 1902; 『포스트롤 박사의 행동과 의견』, 1911), 레몽 루셀(『아프리카의 인상』, 1910; 『로쿠스 솔루스』, 1914), 마르셀 뒤샹(〈큰 유리: 그녀의 독신자들에 의해 발가벗겨진 신부, 조차도〉, 1911~1925), 프란츠 카프카(『유형지에서』, 1914) 등의 작품들 속에서 출현했다.[18] 이는 자기 자신을 영원히 기계로 만들고 오직 자기 자신만을 대면할 수밖에 없는 글쓰기 작동 과정 속의 유폐 신화를 보여준다. 픽션, 그림으로 그려진 창문, 유리-거울을 통하지 않고는 출구가 없다. 글자로 표기된 것 말고 다른 틈새나 찢어진 부분은 없다. 이것은 벌거벗겨지거나 고문당하는 것에 대한 희극이고, 의미가 상실되어 떨어지는 '자동기술' 이야기, 분해된 얼굴의 연극적 황폐함이다. 이 작품들은 비현실적인 것을 가지고 있다. 그 이유는 이 작품들이 언어의 경계 지역에서 나타나게 할 수 있는 실재의 흐릿함 때문이 아니라, 시뮬라크르를 생산해내는 배치와 다른 것의 부재가 맺는 관계 때문이다. 소설적이고 도상적인 이 픽션들은, 글쓰기에는 입구도 출구도 없고 오직 작품 양산을 위한 끝없는 움직임만 있다는 것을 이야기 해준다. 만일 모든 사건이 하나의 출구 혹은 입구라면, 신화는 사건 혹은 일어나지 않은 사건의 비장소에 대해 말해준다. 언어를 생산하는 기계는 이야기를 제거하고, 실재의 외설성에서 떨어져나오고, 다른 '독신자'와 어떠한 관계도 맺지 않은 채 완전무결한 채로 존재한다.

프로이트의 용어를 인용하자면 이것은 '이론적 픽션'이다. 프로이트는 1900년에 이미, 낮에는 전진하고 밤에는 후진하며 꿈을 제작하는 일종의 독신 기계를 보여주었다.[19] 이론적 픽션은 언어 속에 글로 기입된다. 이것은 고향도 없고 신체도 없으며, 치명적인 추방 혹은 불가능한 탈출에 대한 목록을 가지고 있다. 고독한 기계는 죽음의 에로스를 작동하게 만들지만, 애도(다른 것은 없다)의 의례는 부재자의 무덤에서 희극이 된다. 그래프 혹은 언어로 된 작동 과정의 영역 안에는 죽음이란 없다. 신체를 사형시키거나 분리시키는 '단죄'는 여전히 문학적인 것처럼 보인다. 상처를 입히고 고문하고 죽이면서 단죄는 페이지 안에서 일어난다. 독신생활은 경전적이다. 실린더, 고막, 폐허, 위로 솟은 용수철 등으로 변한, '유리' 위에 그려진 인물들은 — 유리 위에 원근법적으로 재현된 인물들은 뒤에(유리는 창문이다) 그리고 앞에(유리는 거울이다) 위치한 사물들과 뒤섞인다 —, 회화-유리-거울(드라이어 양[20]의 시골 별장 서재에 설치되었던 뒤샹의 〈큰 유리: 그녀의 독신자들에 의해 발가벗겨진 신부, 조차도〉) 속에서 단순히 작품 주제의 분산을 보여줄 뿐만 아니라, 투명한 쇼윈도가 보증하는 소통의 속임수도 역시 보여준다. 이는 우스꽝스러운 언어의 비극이다. 즉 시각적 효과에 의해 뒤섞여버린 이 여러 요소들은 서로 정합적이지도 않고 공통적이지도 않다는 것이다. 관객의 우연한 시선이 그 요소들을 이어주긴 하지만 그것들을 서로 유기적으로 결합시키지는 않는다. 기계적으로 조직된 결합에 의해 '발가벗겨진' 신부는 결코 실재 혹은 의미와 결혼하지 않았다.

분명히 부재하는 타자에 대한 욕망인 에로티시즘은 생산 기계가 움직이게는 만들 수 있다. 하지만 그것은 거기에 결코 존재하지 않는 무언인가를, 그리고 몰래 훔쳐보는 자의 시선을 강박적으로 만드는 무언가를 겨냥하고 있다. 그런데 이 몰래 훔쳐보는 자의 시선은, 유리-거울 속에 제공된 혹은 거부된 사물들 한가운데서 움직이는 [거울에 비친] 자신의 분신에 의해 포착된다. 거기서 구경꾼은 포착될 수 없는 것 속에 자신이 분산되어 있음을 깨닫게 된다. 마르셀 뒤샹의 유리에 그려진 그림은, 오로지 독신자로 존재할 이 몰래 훔쳐보는 자들에 의해, 혹은 이들을 위해, 발가벗겨진 것에 대한 눈속임을 보여준다. 시각은 부재하는 소통에 대해 드러내거나 혹은 그것을 방해한다. 다른 독신 기계들도 마찬가지로 작동한다. 즉 그것들도 역시 성性을 자신의 기계적 이미지와 동일시하면서, 그리고 섹슈얼리티를 착시와 동일시하면서 작동한다. 이런 식으로 알프레드 자리의 『낮과 밤』 속에서, 군대 장식 한가운데에서 유리로 둘러싸인 여인, 즉 네레이데스섬을 둘러싸고 있는 유리벽 위에 비문이 하나 걸려 있다. 이것은 "유리를 통과해 자신의 분신을 열정적으로 포옹하는 사람"에 대해 말한다. "유리는 어느 한순간 살아 움직이고 성sexe이 된다. 그리고 존재와 이미지는 벽을 통과해 서로 사랑한다."[21] 이 "음탕한 유리의 섬"에서는, 기계류는 포옹할 때마다 모조품에 불과한 성을 만들어낸다. 이런 식으로 '만 마일dix mille milles'*에서 창유리는 기차의 객차 안에

* 알프레드 자리, 『초남성』의 한 챕터.

갇혀 있는 여성과, 이 기차와 달리기 시합을 하듯이 자전거를 타고 있는 남성들을 분리시킨다.

신화의 일부분인 이 비-희극tragi-comédies은 소통을 불가능한 것으로 인식한다. 언어는 이 소통에 관한 약속이자 동시에 환상이다. 또다시 시학은 이론을 앞질러간다. 그리고 이때부터 성찰도 이런 방향 속에서 앞으로 전진해간다. 라캉에게서 '라랑그lalangue'라는 범주는, 말하기를 결합의 불가능성("성관계는 없다")에 결부시키고, 또한 언어의 가능성 그 자체를 언어가 생산한다고 가정되는 소통의 불가능성에 결부시킨다. 어느 한 언어학자는 "철학자의 언어가 상호적 앎의 불가능성의 장소인 것처럼, 라랑그는 성관계의 불가능성의 장소이다"[22]라고 부언했다. 욕망하는 주체들 사이에는, 그들 간의 소통을 대체하는 언어를 사랑할 가능성만 남아 있다. 구별되었다가 다시 조합된 조각들(마치 언표들처럼)로 만들어졌고 자신의 메커니즘을 작동시킴으로써 독신자의 나르시시즘의 논리를 개발하는 이 기계가 제공하는 것은 바로 언어의 모델이다.

"이제 중요한 것은, 단어들의 가장 비밀스러운 속성들 속에서 그것들의 의미를 왜곡시킬 정도까지, 그리고 마침내 용어와 사람들이 이 용어 속에서 습관적으로 인식하는 표현적 내용 사이의 완전한 불일치를 선고할 정도까지, 단어들의 의미를 철저하게 **파헤치고**, 그것들을 가지고 노는 것이다."[23] 그때부터 중요한 것은 더이상 **말해진 것**(내용)도, **말하기**(행위)도 아니라 **변화**이고, 또한 이 변화를 증대시키는 여전히 생각지도 못했던 장치들의 발명이다.[24]

따라서 '실재'가 가공되고 전파되기 위해서 텍스트 속으로 들어오는 것처럼 보였던 시대는 지나갔다. 글쓰기가 사물들의 폭력과 사랑을 나누고 사물들을 이성의 질서 속에 위치시키는 것처럼 보였던 시대는 지나갔다. 진실주의vérisme는 겉치레에 속하고, 극장은 진실임직한 것에 속한다. 에밀 졸라 이후에 자리, 루셀, 뒤샹 등이 나타났다. 즉 불가능한 타자에 관한, 그리고 자기 메커니즘이나 고독한 발기에 넘겨진 글쓰기에 관한 '이론적 픽션'이 나타났다. 텍스트는 자기 고유의 죽음을 흉내내고, 죽음을 하찮은 것으로 뒤바꿔버린다. 우아한 시체cadavre exquis*라 할 글쓰기에 이제 더이상 어떠한 존경도 바쳐지지 않는다. 글쓰기는 실재의 헛된 성사, 즉 글쓰기는 과거의 공리들에 대항하는 웃음의 공간일 뿐이다. 아이러니하면서 세심한 애도의 작업이 거기서 전개된다.

대니얼 디포의 정복자적 글쓰기들 중 주요 작품들은 평판이 좋지 않다. 즉 백지는 단지 유리일 뿐인데, 여기에서 표상은 그것이 배제했던 것에 의해 이끌린다. 자기 자신 속에 유폐된 채 쓰인 텍스트는 자신을 가능케 해주었던 지시대상을 상실한다. 팽창주의의 유용성은, 상징화하는 생식 외에는 다른 종류의 생식도, 아내도, 본능도, 타자도 갖지 않은 독신자 돈 주앙이나 '홀아비'의 '생식력 없는 무상無償'으로 도치된다. 글쓰기는 여기서 '글자 기입-섬', 로쿠스 솔루스, '유형지'가 된다. 즉 불가능한 것에 의해 사로잡힌 고된 꿈이다. 그런데 이 꿈은 자신이 이 불가능한 것에게 혹은 이 불가능한 것에 대해 '말하고 있다'고 생각한다.

이처럼 글쓰기에 관한 근대 신화를 발가벗김으로써, 독신 기계는 조롱하는 듯이 신성모독적인 것이 된다. 독신 기계는, 사물들의 현실을 텍스트 위에 명확히 진술하고 이 현실을 개선하고자 하는 서구의 야망을 공격한다. 독신 기계는 존재(내용, 의미)의 겉치레를 벗긴다. 이 존재의 겉치레는 4세기에 걸친 부르주아의 글쓰기에 의해 문자와 숫자의 권력으로 변화된 성서의 신성한 비밀이었다. 아마 이 반反-신화는 우리의 역사보다 여전히 앞서 있을 것이다. 비록 과학적 확신의 약화, 학생들의 집단적 '권태', 혹은 행정 담론의 점진적 메타포화에 의해 이 반-신화가 사실임이 여러모로 확인되고 있긴 하지만. 아마 그것은 급성장하고 있는 기술관료주의화 '옆에', 그저 하얀

* 초현실주의자들의 기법. 한 사람이 그림이나 문장의 일부를 만들면 다른 사람이 나머지를 완성시키는 놀이.

조약돌처럼, 지시적 패러독스처럼 놓여 있을 것이다.

제11장 목소리의 인용

"목소리…… 순식간에 지나간 요정"[1]
— G. 코사르, 『연설과 노래』, 1675.

로빈슨 크루소는 이미 어떻게 하나의 균열이 자신의 경전 제국에 들어왔는가를 보여주었다. 잠시 동안 그의 기획이 섬 가장자리로 되돌아온 어느 한 부재자에 의해 중단되고 사로잡혔다. 그것은 '해변에 찍힌 사람의 맨발 자국(the print)'이었다. 경계짓기의 불안정성이 드러났다. 즉 경계가 이방인에게 넘어간 것이다. 페이지의 가장자리에서 눈에 보이지 않는 유령(an apparition)의 흔적이, 자본주의적 체계적인 노동이 건설해놓은 질서를 깨뜨린 것이다. 이 흔적은 로빈슨에게 "광적인 생각(fluttering thoughts)" "기묘한 생각(whimsies)" "공포(terror)"를 불러일으켰다.[2] 이 부르주아 정복자는, 사실 아무것도 지시해주지 않는 이 (야생의) 단서에 의해 그 스스로 '정신이 나간' 야생의 사람으로 변했다. 그는 미친 것 같았다. 그는 꿈을 꾸었는데,

그것은 악몽이었다. 그는 위대한 시계공*에 의해 통치되는 세계에서 확신을 잃어버렸다. 그의 논거가 그를 저버렸다. 그에게 의미의 역할을 해주었던 생산적 금욕에서 내쫓긴 그는, 미지의 사람을 잡아먹으려는 식인종의 욕망 혹은 자기 자신이 잡아먹힐 것이라는 두려움에 사로잡혀 지옥 같은 나날을 보내야 했다.

글자가 쓰여 있는 페이지 위에 얼룩이 나타났다. 마치 장소의 권위인 책 위에 어린아이가 글자를 휘갈겨 쓴 것처럼 말이다. 언어 속에 오류가 끼어든다. 전유된 영토는, 거기에 존재하지 않고 일어나지 않은 무언가(마치 신화처럼)의 흔적으로 변질된다.[3] 로빈슨은 그가 볼 수 있는 가능성을 가지게 될 때, 즉 결핍의 단서를 손으로 잡을 수 있는 존재 혹은 눈에 보이는 사물 — 프라이데이 — 로 대체할 수 있는 가능성을 가지게 될 때, 지배할 수 있는 권력을 되찾게 될 것이다. 이렇게 해서 그는 다시금 자신의 질서 속에 놓이게 될 것이다. 무질서는 지나갔거나 지나가는 사물의 징표에 의해, 지나가는 중의 '거의 아무것도 아닌 것'에 의해 발생한다. 잡아먹으려는 충동과 잡아먹힌다는 공포 사이에서 흔들리는 폭력은, 안트베르펜의 하데비치를 따라 '부재의 존재'라 이름 붙일 수 있는 것에서부터 나온다. 여기에서 타자는, 로빈슨이 글로 써둔 시스템 아래 숨겨져 있을지도 모르는 시스템을 구축하지 못한다. 섬은 마치 팔림프세스트처럼, 시스템 위에 포개져 있는 동일한 유형의 질서를 통해 은폐된 시스템을 드러내고 해독하고 판독할 수 있는 그런 것이 아니다. 자신의 흔적을 남기고 빠르게 지나가는 것은 자기 고유한 텍스트를 갖지 않는다. 이 고유한 텍스트는 소유자 담론에 의해서만 말해지는 것으로, 오직 자기 자리

* 19세기 영국에서 윌리엄 페일리 목사에 의해 태동한 지적설계론에서 사용하는 용어. 지적설계론은 찰스 다윈의 진화론에 묻혀 과학계에서는 사장됐지만, 조지 워싱턴, 토머스 제퍼슨 등 초기 미국 정치가들에게 수용되면서 명맥을 이어갔다. 이들은 '위대한 설계자Great Designer' '위대한 시계공Great Clockmaker' 등의 용어를 사용하며, 생명의 탄생에는 어떤 지적 설계가 있음을 주장했다.

에만 머물 수 있다. 차이는 오직 로빈슨 그 자신의 해석 섬망증(꿈과 '기묘한 생각')만을 언어로 가질 수 있다.

1719년에 출간된 이 소설은 이미 비장소(해안가를 침범한 흔적)와 글쓰기의 장 속에 목소리처럼 끼어들게 될 것의 환상적 양태(해석의 광기)를 가리키고 있다. 비록 대니얼 디포는, 신체에 의한 언어의 표시인 목소리 그 자체가 아니라, 신체의 한 조각(맨발)으로 텍스트에 조용한 표시를 남기려고 했지만 말이다. 이미 한 가지 이름이 이 형식과 양태들에게 부여되었다. 즉 로빈슨은 이 형식과 양태들이 무엇인가 '야생의' 것에 속한다고 말했다. 다른 곳에서든 여기서든 명명한다는 것은 현실에 대한 '그림'은 아니다. 그것은 그가 발화하는 것을 조직하는 수행적 행위이다. 마치 우리가 누군가에게 작별의 뜻을 표시하듯이, 명명하는 것도 '표시한다'. 명명하는 것은 스스로가 말한 것을 실행하고, 스스로가 선언했던 야만성을 구축한다. 사람들이 이단이라고 명명하면서 파문하는 것처럼, '야생적'이라는 이름은 경전 경제 체계가 자기 바깥에 위치시켰던 것을 창조해내면서 동시에 정의한다. 게다가 그것은 즉시 자신의 특수한 술어를 부여받는다. 예를 들어 야생적인 것은 일시적으로 지나간다는 것. 야생적인 것은 (얼룩이나 오류 등에 의해) 표시되긴 하지만, 글로 쓰이지는 않는다는 것. 그리고 그는 장소를 변질시키긴 하지만(장소의 질서를 깨뜨리긴 하지만), 어떠한 장소도 창설하지는 않는다.

대니얼 디포에 의해 창조된 '이론적 픽션'은 이런 방식으로 글쓰기에 연관된 타자성의 형식을 보여준다. 이 형식은 자신의 정체성을 목소리에 강요할 것이다. 왜냐하면 나중에 프라이데이가 나타났을 때 그는 기나긴 역사가 약속된 양자택일을 따라야 할 것이기 때문이다. 이 양자택일은, 절규하는 것(교육학적 혹은 정신의학적 '치료'의 해석과 수정을 바라는 '야생의' 상처) 혹은 자신의 신체를 지배적 언어의 실현 수단으로 만드는 것(명령을 실행하는 온순한 신체는 '자기 주인의 목소리'가 되면서, 이성을 육화하고 발화의 대체물이 되는 지위, 즉 더이상 행위가 아니라 타자가 '말한 것'을 **실행하는** 것이 되는 지위를 수용한다) 사이에서 이루어진다. 그리고 목소리는 자기 차례가 되었을 때 텍스트 속에 흔적처럼, 즉 신체의 효과 혹은 환유, G. 코사르의 '요정'과 같이 지나가는 인용처럼 스며들 것이다. 즉 **순식간에 지나간 요정**, 덧없이 사라지는 여행자, 조심성 없는 유령, 경전 경제 체계 속의 '이교도적이거나' '야생적인' 무의지적 기억, 상이한 전통에서 오는 불안한 소음, 끝없이 해석을 생산해내는 구실pré-texte*처럼 말이다.

우리는 유폐 상태에서 벗어난다는 사실이 구술성에 부과한 역사적 형식들 중 몇 가지를 밝혀야 할 것이다. 목소리는 경제적 적확성과 효율성의 이유로 배제되었기 때문에, 그것은 주로 **인용**의 형태를 입고 나타나게 된다. 글로 쓰인 것의 장 속에서 인용은, 로빈슨의 섬에 나타난 맨발의 흔적에 상응하는 것이다. 경전 문화 속에서 인용은 해석의 효과들(인용은 텍스트를 생산할 수 있게 해준다)을 왜곡의 효과들(인용은 텍스트의 질서를 깨뜨린다)에 결합한다. 인용은 두 가지 극점 사이에서 움직인다. 그리고 이 극점들은 각각 두 가지 극단적인 모습을 특징짓는다. 그중 하나는 **인용-구실**로, 이것은 권위자처럼 작동하는 구전 전통 속에서 선별해낸 유물들을 가지고 텍스트(주석 혹은 분석처럼 가정되는)를 만드는 데 사용되는 것이다. 다른 하나는 **인용-무의지적 기억**이다. 구조를 만드는 기능을 하지만 문자에 의해 억압되었던 구술적 관계들이 (목소리의 파편처럼) 단편적이고 기이하게 되돌아옴으로써 언어 속에 인용-무의지적 기억의 흔적을 남긴다. 이 한계들을 벗어나서는 더이상 목소리가 문제되지 않는 것처럼 보인다. 첫번째 경우에 인용은 담론이 증식할 수 있는 수단이 되고, 두번째 경우에 인용은 담론을 벗어나고 담론을 재단한다.

* prétexte는 구실, 핑계를 뜻하는 단어다. 어원으로는 '미리 짜놓은 직물'이라는 뜻이다.

나는 이 두 가지 [인용의] 변이형들만 다룰 텐데, 그중 하나는 '우화의 과학'(18세기에 [인용에] 아주 자주 붙여졌던 이름)이라고, 다른 하나는 '목소리의 귀환과 문체'라고 부를 수 있을 것이다. (봄철 제비처럼 목소리의 귀환은 수사학에서의 문체나 전의처럼 섬세한 양태와 절차들을 수반한다. 그것은 또한 빈 공간을 불법 점거하는 여정, 마르그리트 뒤라스가 말했던 '목소리를 위한 영화', 그리고 덧없는 여행 ―"짧은 산책을 하고 떠난다"― 의 형태를 띤다.) 이 두 가지 형태를 개략적으로 그려보는 것은, 아직도 목소리에게 말하기 방식을 남겨주는 근간의 몇 가지 측면들을 분명히 하면서 구술 실천들을 검토하기 위한 예비적 단계가 될 것이다.

위치가 바뀐 발화

한 가지 일반적 문제설정이 이 형태들을 관통하고 규정한다. 그리고 이 형태들을 도입하기 위해서 이 문제설정은 상기될 필요가 있다. 나는 언어학적 측면에서 이 문제에 착수할 것이다. 이 관점에서 볼 때, 로빈슨은 발화, 즉 '말하기 행위'의 문제를 역사적으로 변화시키는 데 참여했고 또 이것을 참고하고 있다. 화자와 그의 정체성에 관한 문제는, 말해졌고 또 말하는 것으로 가정되었던 세계가 풍화되면서 점차 첨예한 문제가 되었다. 즉 모든 개별적 발화의 근거를 제공하는 신성한 말하는 자[신]가 더이상 존재하지 않을 때 누가 말하는가? 이 문제는 겉보기에는, 경전의 생산에 의해 보장되고 조절되는 자리를 주체에게 제공해준 시스템을 통해 해결되었다.[4] 자유주의 경제 속에서는 서로 동떨어진 개별적 경쟁 활동들이 보편적 합리성에 기여하는 것으로 추정되었다. 그리고 이 체제 속에 글을 쓰는 노동 행위는 생산물과 작가를 동시에 태어나게 했다. 그때부터 원칙상 이 산업의 작업장 속에서는 더이상 목소리를 필요로 하지 않게 된다. 고전주의 시기의 첫번째 과업은 자연상태로부터 해방되어 있으면서 자연을 변형시키기(이 행위는, 일기 혹은 '이성의 책'을 쓰면서 자신의 기획을 만들어간 로빈슨의 행위에 의해 상징적인 것이 되었다) 위한 과학적이고 전문기술적인 '언어'를 형성하는 것이다. 이 고전주의 시기 동안 각각의 '글쓰기' 시스템들은, 이 자율적 도구가 가능케 해준 세계 정복을 확신했던 '부르주아' 생산자들을 의심의 여지 없는 상태에 두었다.

새로운 왕이 강해지기 시작했다. 이는 개인 주체이자 파악하기 어려운 주인이다. 과거 신이 자신이 만든 작품과 '분리되어' 있고 기원을 통해 정의되었던 특권을 가졌는데, 이제 이 특권은 계몽된 문화의 인간에게 양도되었다. 분명히 유대기독교를 잇는 부르주아 후계자들은 자신의 신이 가진 속성들 가운데 몇 가지를 선별해냈다. 즉 새로운 신은 글을 쓰지만 말을 하지는 않는다. 그리고 그는 글의 작가이지만 대담 속에 신체적으로 붙잡아둘 수는 없다. 발화의 불안정성은 따라서 오늘날 의사소통의 문제로 다시 나타나기 전까지는 선험적으로 해결되어왔다. '진보'의 깃발 아래서 객관적인 일정표의 제작을 증대시킨 것은, 그것의 주창자들의 자전적 이야기처럼 간주될 수 있을 것이다. 즉 그들의 업적이 그들 자신에 대해 이야기해준다. 그리고 스스로 이루어져가는 역사가 바로 그들의 역사가 된다. 그런데 이것은 이중의 단절을 통해서 가능하다. 즉 한편으로는 작동 과정의 단절, 즉 권력과 지식의 주체를 따로 떼어내는 단절이 있다. 또다른 한편으로는 자연을 고갈되지 않는 샘, 즉 거기서 생산물을 끝없이 끌어낼 수 있는 샘의 지위로만 환원시키는 단절이 있다. 고독 속에서 이 새로운 창조자들이 누리는 면제의 특권, 그리고 그들의 탐험에 바쳐진 자연의 무기력. 이 두 가지 역사적 가설은 주인들(그들은 말하지 않는다)과 세계(이것도 역시 더는 말하지 않는다) 사이의 말을 통한 소통을 단절시켰다. 그리고 이 두 가지 가설은 지난 3세기 동안 과도하게 중시된 노동이 그들 간의 관계를 매개해주고, 인간-신을 만들고 세계를 개혁하면서 새 역사의 중심적이고 은밀한 전략이 될 수 있게 만들었다.

그럼에도 불구하고 노동에 의해 원칙상 제거되었던 질문이 다시 제기되었다. 즉 누가 말하는가? 누구에게 말하는가? 그러나 이 질문은, 생산의 수단이자 결과로 변해버린 글쓰기의 바깥에서 다시 나타난다. 이 질문은 경전의 기획이 확장하면서 도달하게 된 경계의 저 너머로부터 와서 그 옆에서 다시 떠오른다. 다른 '무엇인가가' 여전히 말하고 있다. 이것은 주인들의 눈에는 다양한 비非노동의 형상들(야만인, 광인, 어린아이, 심지어 여성까지)로 나타난다. 그런 다음에 이것은 문자로 쓰인 것에서 추방된 민중Peuple의 목소리 혹은 절규의 모습으로 나타나, 앞에서 언급한 이 형상들을 다시 되풀이해서 보여준다. 그리고 좀더 지난 후에는 무의식의 징후 아래에서, 부르주아와 '지식인'이 그들이 알지 못한 채 계속 '말하게' 할 언어가 나타난다. 바로 이렇게 해서 말하기 행위가 다시 살아나고 또 유지된다. 그리고 이것은 마치 사회문화적 경제의 지배로부터, 이성의 조직으로부터, 학교 교육의 영향력으로부터, 엘리트의 권력으로부터, 그리고 마침내는 계몽된 의식의 통제로부터 '벗어나는' 방식으로 살아나고 유지된다.

이 이질적인 발화의 형식 각각에 과학적이고 사회적인 결집, 즉 문명을 전파하는 식민지 개척, 정신의학, 교육학, 민중 교육, 정신분석 등, 해방된 영역들에서 글쓰기를 복원하는 것이 상응한다. 하지만 여기서 중요한 것은 무엇보다 이 모든 재정복들에 출발점(그리고 소실점)의 역할을 하는 한 가지 사실이다. 즉 이것은 말하기(발화)와 실행하기(쓰기)가 중심에서 벗어난다는 것이다. 우리가 이야기하고 있는 이 장소는 경전의 기획 외부에 있다. 언표들의 시스템이 만들어지는 장소 바깥에서, 발화가 불시에 나타난다. 한편으로 우리는 이 발화가 어디에서 유래하는지 알지 못한다. 그리고 다른 한편으로 우리는 권력을 진술하는 이 발화가 어떻게 말할 수 있는지 점점 더 이해하지 못하게 된다.

이 이분법의 첫번째 희생은 분명 수사학이었을 것이다. 수사학은 말을 가지고, 타자의 의지에 따라 작동하고 지지와 계약을 수립하며 사회적 실천들을 조직하거나 수정하고 따라서 역사를 가공하는 방법으로 만들고자 했다. 수사학은 과학의 영역에서 점점 더 배척되었다. 그리고 수사학이 전설들이 잘 자라는 곳 옆에 있다면, 또 프로이트가 무의식의 '말하기'가 되돌아오는 추방되고 비생산적인 꿈의 영역 속에서 수사학을 복구했다면 그것은 우연이 아니다. 이미 18세기에 전문기술(혹은 과학)과 오페라 사이의 점점 더 커져가는 대립 속에서,[5] 혹은 좀더 특징적으로는 자음(글자로 쓰인 이성)과 모음(신체의 독특한 효과인 호흡)[6] 사이의 언어학적 구별 속에서 그 흔적을 찾아볼 수 있는 이 분리는, 마침내 소쉬르가 '랑그'와 '파롤' 사이에 단절을 이뤄내면서 자신의 과학적 지위와 정당성을 획득한 것처럼 보였다. 이런 방식으로 『일반언어학 강의』의 '최초의 테제'(루이 옐름슬레우)는 '개인적인 것'에서 '사회적인 것'을 분리해내고, '부차적이고 다소 우발적인 것'에서 '본질적인 것'을 분리해냈다.[7] 이 테제는 또한 "**랑그**는 오직 **파롤**을 지배하기 위해서만 존재한다"[8]는 것을 가정한다. 이 테제(이것 역시 소쉬르의 '제1원칙', 즉 기호의 자의성에 종속된다)를 명확히 해주고 또 공시적인 것을 특정 사실과 대립시키는 파생명제들은, 소쉬르가 과학적인 것으로 승격시키면서 일반화했던 전통을 가리킨다. 이 전통은 2세기 동안 경전이 수행해야 하는 임무의 전제로, 언표(쓰기가 가능한 대상)와 발화(말하기 행위) 사이의 분열을 조직해왔던 것이다. 그런데 또하나의 이데올로기적 전통이 있는데, 사실 이것도 역시 소쉬르의 분석 속에 존재한다. 이것은 파롤의 '창의성'을 '랑그의 시스템'에 대립시키는 것이다.[9]

발화는, 그것이 비록 위치가 바뀌고 따로 떼어져 있다 해도, 그리고 잔해로 남아 있다 해도, 언표들의 시스템에서 분리될 수는 없다. 이 재결합에 관한 두 가지 사회역사적 형식들만 고려해도, 우리는 '목소리'를 통제하기 위한 글쓰기의 작업(글쓰기는 결코 목소리가 될 수 없다. 그렇지만 목소리 없이는 글쓰기가 존재할 수 없다)과, 알아보기(이해하기) 힘든 목소리의 귀환(목소리는 언표들에 무늬를 새기고, 언어의 집을 마치 이방인들처럼 상상력으로 가로지른다)을 구별할 수 있다.

우화의 과학

우리는 우선 **우화의 과학**을 검토하면서, 말 — 야생적, 종교적, 광적, 유아적, 대중적 말 — 에 관한 모든 지적, 엘리트적 해석학들을 대상으로 삼는다. 즉 이 해석학들이 2세기 전부터 민족학, '종교 과학', 정신분석학, 교육학, 그리고 권위 있는 언어 속에 '민중의 목소리'를 끌어들이려는 정치적, 역사 서술적 절차 등을 통해 만들어졌던 그대로를 대상으로 삼는다. 그리고 이것은 과거의 혹은 이국적 '우화들'에 대한 18세기의 '해석들'에서부터, '산체스네 아이들'에게 '목소리를 [발언권을] 주고' 수많은 '인생 이야기'[10]의 출발점이 되었던 오스카 루이스의 선구적인 작업에 이르는 광대한 영역이다. 이 새로운 '이종학들hétérologies'(혹은 타자에 관한 학문)의 공통점은 **목소리를 글로 쓰겠다는** 의도이다. 멀리서 오는 말하는 목소리는 텍스트 속에서 자리를 찾아야 한다. 이런 식으로 야생의 구술은 민족학 담론 속에 문자로 기입되어야 할 것이다. 마찬가지로 '신화'와 종교적 '우화'(『백과전서』가 말했던 대로)의 '천재성'은 박식한 지식 속에 문자로 기입되어야 한다. 그리고 '민중의 목소리'는 미슐레의 역사 서술 속에 문자로 기입되어야 한다. 멀리 있지만 우리가 소리를 들을 수 있는 것은, 자신의 생산물을 읽고자 하는 서구적 욕망에 부합하는 텍스트로 변하게 될 것이다.

이종학은 두 가지 조건 위에서 작동하는 것처럼 보인다. 그중 하나는 '우화'로 정의되는 대상이고, 다른 하나는 번역이라는 도구이다. 타자(야생적, 종교적, 광적, 유아적, 대중적)의 입장을 '우화'로 정의 내리는 것은, 단순히 그것을 '말하는 것(fari)'에 동일시하는 것일 뿐만 아니라, 또한 자신이 뭘 말하는지 '알지 못하는' 말에 동일시하는 것이기도 하다. 개화되고 박식한 분석은, 진지한 우화에서 핵심은 야생의 신화 속에서, 신자의 교리 속에서, 아이의 재잘거림 속에서, 꿈 같은 단어 속에서, 민중적 격언 속에서 표현된다고 전제한다. 그리고 또 이 분석은, 이 말들이 자기가 말했던 핵심적인 것에 대해 알지 못한다는 것 역시 전제로 한다. '우화'는 따라서 [의미로] 가득찬 말인데, 우화가 '암묵적으로' 말했던 것이 '명백해지기' 위해서는 학자의 주해가 필요하다. 이 책략을 통해 연구는 연구의 목적 그 자체 속에서 [연구의] 필요성과 자리를 미리 부여받는다. 이 연구는 언제나, 우화의 말하기를 침식시키는 비非지식 안에서 해석의 위치를 탐지할 수 있다고 확신한다. 낯선 목소리는 먼 곳에서 온다. 이 먼 곳과의 거리는, 목소리의 감춰진(무의식적) 진리와 그것의 현현의 유혹을 가르는 간극으로 은밀하게 변화되었다. 이렇게 해서 경전 작업의 지배는, 그것의 역사적 산물인 '우화'의 구조에 의해 법적으로 정당화된다.

이 지배가 법적인 지배에서 사실상의 지배로 가기 위해서는 한 가지 도구, 즉 **번역**이 필요하다. 이것은 여러 세대를 거치면서 점차 개선된 도구이다. 이 도구는 한 가지 언어에서 다른 언어로 넘어가는 것, 외재성을 내재성으로 양도하면서 외재성을 제거하는 것, 목소리에서 나온 엉뚱하고 이상한 '소음'을 '메시지'(경전적, 생산된 것, '이해되는 것')로 변화시키는 것 등을 가능하게 해준다. 우리가 다시 한 번 옐름슬레우에게서 확인할 수 있듯이, 이것은 "일상의 자연어" 속에 있는 모든 종류의 언어(도상 언어, 몸짓 언어, 음성 언어)가 "번역 가능하다"고 가정한다. 이 전제로부터, 분석은 모든 종류의 표현들을, 개별적 영역 속에서 구상되었지만 "불특정적이고" "보편적인 특성"을 지니고 있다고 여겨지는 형식으로 환원시킬 수 있다.[11] 그때부터 다음과 같은 연속적 작동 과정은 정당한 것이 된다. 이 작동 과정에는 말로 된 표현을 글자로 옮겨 쓰기, 우화를 언어학적 시스템처럼 이해하는 모델의 구축, 이 모델이 텍스트로 변화된 것에 대해 작동함으로써 그 결과로 발생한 의미의 생산 등이 포함된다. 그런데 마치 '우화'처럼 제공되었던 재료를 글자로 쓰여 읽을 수 있는 문화적 생산물로 변화시키는 공장식 노동의 각 단계를 모두 고려하는 것은 불가능하다. 나는 단지 말로 된 것을 글자로 옮겨 쓰는 것의 중요성만을 강조할 것이다. 글자로 옮겨 쓰기는 일상적으로 행해지는 실천이자, 확실한 것으로 간주되는 실천이다. 말을 문자로 대체하면서 — 대중적 전설의 옮겨 쓰기는 바로 이런 식으로 이루어졌다 — 이 옮겨 쓰기 실천은, 글로 작성된 문헌을 분석함으로써 나온 글로 된 생산물은 구전 문학과 관련되어 있다는 것을 믿을 수 있게 해준다.

이 책략들은 경전의 작동이 성공할 것을 사전에 보장해주었다. 그렇지만 이 책략들이 가능하려면 한 가지 이상한 사실을 조건으로 가지고 있어야 한다. 소위 정밀과학의 발전은 한 영역의 자율성에 복종한다. 그런데 이 정밀과학과 달리 '이종학적' 과학은 타자를 거쳐서만 결과를 생산해낸다. 그것은 '성적sexuel' 과정에 따라 진척된다. 이 성적 과정은 타자가 뜻밖에 도래하는 것을 마치 그들의 진보에 필수적인 우회처럼 가정하는 것이다. 우리가 여기서 채택한 관점에서 보자면, 이는 구술은 영원히 외재성으로 남아 있고 이 외재성 없이는 글쓰기가 작동하지 않는다는 사실로 표현된다. 목소리는 사람들이 글을 쓰게 만든다. 미슐레의 역사 서술이 '민중의 목소리'와 맺은 관계가 바로 이런 것이다. 그럼에도 미슐레는 자신은 결코 [민중이] 말하게 만들지는 못했다고 했다. 혹은 프로이트의 정신분석학적 글쓰기가 자기 환자인 도라의 쾌락과 맺은 관계가 바로 이런 것이다. 도라는 치료를 위해 말을 주고받는 내내 프로이트의 글쓰기에서 '빠져나갔다'.

민족학에서 교육학까지, 우리는 글쓰기의 보장된 성공은 전적으로 최초의 실패와 결핍에 달려 있음을 확인할 수 있다. 마치 담론이, 담론을 가능하게 해줄 조건이 되는 상실의 결과이자 그것의 은폐로서 구성되는 것처럼. 또한 마치 모든 경전의 정복이 갖는 의미는 이 정복이 부재하는 목소리를 대체하는 생산물들을 증식시키는 데 있다는 것처럼 말이다. 그렇지만 이 정복은 결코 그 부재하는 목소리를 교묘하게 가로채고 그것을 텍스트의 자리로 데려가고 그것을 낯선 것으로 간주해 제거하는 데까지 도달하지는 못한다. 달리 말하자면 근대의 글쓰기는 현존의 장소에 있을 수는 없다. 우리가 이미 보았듯, 경전의 실천은 분명히 현존과 시스템 사이의 간격으로부터 생겨났다. 고대에 말을 했던 글[성서]은 통일성을 가지고 있었는데, 이 속에 균열이 생기면서 경전의 실천이 형성되었다. 경전의 실천은 자기 자신과의 비동일성을 조건으로 갖는다.

모든 '이종학적' 문학은 따라서 이 균열의 결과로 간주될 수 있다. 이종학적 문학은 자신이 구술성을 가지고 무엇을 했는지(즉 그것을 어떻게 변질시켰는지)를 이야기하고, 이와 동시에 어떻게 해서 자신이 목소리로부터 변질되었고 목소리를 통해 변질된 채로 남아 있는지 이야기한다. 이처럼 텍스트들은 글쓰기 속에서 변질된 목소리에 대해 말한다. 그리고 이 목소리는 자신이 가진 극복할 수 없는 차이를 통해 글쓰기를 필수적인 것으로 만든다. 이 문학 속에서 우리는 '인용되면서'(재판에서처럼) 동시에 변질된 목소리, 즉 대상 그 자체('우화') 속에서 지워지고 사라져버린 목소리의 첫번째 모습을 보게 된다. 그리고 이종학적 문학은 이 목소리를 경전으로 제작할 수 있게 해준다. 하지만 이종학적 글쓰기의 이 '성적' 기능, 결코 완전하게 작동하지는 못하는 이 기능은 목소리를 에로틱한 것으로 변화시킨다. 즉 자신의 '대상'에 대한 접근 불가능성이 바로 목소리를 생산하게 만든다.

신체가 내는 소리

나는 이렇게 형성된 목소리로부터 또다른 근대적 형상, 즉 '신체의 목소리'를 구별한다. 이 또다른 장면에 관해서는 오페라가 한 가지 예를 제공해준다. 오페라는 경전 모델이 18세기에 사회적 실천과 전문기술을 조직해감에 따라 점차적으로 설립되었다. 목소리를 위한 공간인 오페라는 발화로 하여금 말하도록 내버려두었다. 발화는 자신의 전성기 동안 언표들로부터 떨어져나왔고, 통사론에 기생하며 혼란을 일으키고, 관객들 속에서 언어를 갖지 못한 신체의 장소를 해치거나 즐겁게 만들었다. 베르디의 〈맥베스〉에 나오는, 레이디 맥베스의 실성한 듯한 피날레 아리아가 바로 그러하다. 처음에는 목소리가 오케스트라에 의해 뒷받침되면서 흘러가다가, 곧 오케스트라가 멈추고 목소리는 혼자가 되었다가, 그다음에 꽤 긴 시간 동안 멜로디의 만곡이 진행된 다음, 목소리는 천천히 궤도에서 이탈하여 방황하다가 마침내 침묵 속에서 사라진다. 다른 여러 가지 중에서 목소리는 담론을 찢고, 담론 속에 괄호를 치고 탈선한다.

근대의 무대 위에서 말의 궤적은, 보편성의 의미가 침투할 수 없는 신체만큼이나 독특하다. 우리는 또한 마르그리트 뒤라스가 '목소리의 영화'를 제안했던 방식으로만 이 궤적을 (과거의 목소리나 '영혼'처럼) '상기시킬' 수 있을 것이다. "여성의 목소리들…… 그것들은 밤의 공간으로부터, 마치 허공 위에 매달린 높은 발코니로부터, 모든 것으로부터 온다. 그것들은 욕망에 의해 연결되어 있다. 그리고 분열된다. ……우리를 모르는 체한다. 다른 사람들이 [그 목소리를] 들을 수 있다는 사실을 알지 못한다." 그녀는 파괴된다라고 했다. "글쓰기가 멈췄다."[12]

이 목소리들을 다시 듣는 것, 이렇게 해서 청각의 공간을 창조하는 것, 질 들뢰즈의 『안티 오이디푸스』에서부터 장프랑수아 리오타르의 『리비도 경제학』에 이르기까지 철학마저도 여기에 열중했다.

이것은 정신분석학을 변화시키는 전복이다. 즉 정신분석학은 '꿈의 과학'이었지만, 이제는 말하는 목소리가 신체의 어두운 동굴 속에 가져온 변화를 경험하는 것으로 이행한다. 문학 텍스트는, 하나의 의미로 환원되지 않는 소리들이 움직이는 깊고 모호한 장소로 바뀌면서 수정된다. 순식간에 사라지는 말로 된 풍문들이 순환하는 다원적 신체는 해체된 글쓰기, 즉 '목소리를 위한 무대'가 된다. 이 해체된 글쓰기는 충동을 기호로 환원하는 것을 불가능하게 만든다. 그것은 모리스 오하나가 했던 대로 "뒤섞인 12개의 목소리를 위한 절규"를 창조하는 것을 목표로 한다. 따라서 우리는 변질되고 변질시키는 목소리가 아니라면 그것이 무엇인지 더이상 알지 못한다.

사실 학문적 글쓰기 속에서 그것은 목소리의 귀환에 다름아니다. 이 목소리를 통해 사회체는 인용, 단편적 문장, '단어들'의 음색, 사물들이 내는 소리로 '말한다'. P. J. 엘리아스는 "바로 그렇게 내 부모님은 말한다" "내 아버지는 바로 그렇게 말한다"라고 했다.[13] 즉 이는 언표들의 파편에 결합되어 있는 소리의 마법인 것이다. 목소리의 조각들로 분산된 횡설수설하는 말은, 소리로 다시 변하는 단어들을 포함하고 있다. 예를 들어 마리잔Marie-Jeanne은 "몇몇 단어들이 그녀의 입과 귀에서 내는 소리 때문에 그 단어들을 사용하는 걸 좋아할 것이다."[14] 혹은 단어가 되는 소리들을 좋아할 것이다. 마치 솔방울 장난감jouet-pomme de pin인 '소나무 돼지cochon de pin'가 바닥에서 튀어오르면서 내는 '소리'처럼 말이다.[15*] 혹은 라임, 아이들이 술래잡기할 때 숫자를 세면서 부르는 노래, 지비디와 자바다오, 의미는 사라지고 기억만 남아 있는 소리나는 음악상자 등을 좋아할 것이다.

디비둡, 디비디

* 솔방울pomme de pin은 단어 그대로 해석하면 소나무pin의 감자pomme인데, 이것을 말장난으로 소나무 돼지cohcon de pin로 만든 것이다.

여기 들어온 강아지
디비듑 디비딘
자전거 위에 고양이
디비듑 디비두
둘 사이에 생쥐.[16]

소리로 된 인용을 통해 일상생활에 끊임없이 출몰하는 유령과 전설을 통해서, 신체의 전통이 유지된다. 신체의 전통은 귀에 들리긴 하지만 눈에 보이지는 않는다.

이것은 사실 신체에 대한 어렴풋한 기억이다. 이 신체는 일상어 속에 뿌리를 내리고 있으며, 기호의 숲속에 놓인 하얀 조약돌처럼 일상어의 경계를 표시해주는 것이다. 결국 이것은 사랑에 빠진 경험이다. 인용된 조각들의 시적인 소리들은, 해설도 달리지 않았고 번역되지도 못한 채, 매일의 산문 속에 새겨져 남아 있다. 무엇인가가 접촉했을 때 신체에서 생기는 반향은 마치 '신음소리'와 시끄러운 사랑의 소리, 텍스트를 산산조각내는 고함소리와 같이 어디에나 '있다'. 신체에서 생기는 반향은, 언표의 통합 조직 속에 있는 발화의 오류라 할 만한 이런 소리들을 자기 주변에서 확산시킨다. 이것은 발기, 말로 형용할 수 없는 고통 혹은 눈물의 언어적 유사물이다. 즉 그것은 언어 없는 목소리이다. 그리고 그것은, 타자의 목소리에 빚지거나 사랑에 빠진 말하기에 제공하는 공간을 더이상 갖지 못했을 때, 무엇인가를 기억하고 있는 불가해한 신체로부터 흘러나오는 발화이다. 절규와 눈물. 이것은 불시에 나타난 것의 실어증적 발화이다. 우리는 이것이 어디서부터(어떤 모호한 채무 관계 혹은 신체의 글쓰기에서) 왔는지, 어떻게 왔는지 알지 못하고, 타자의 목소리 없이 이것이 어떻게 말해질 수 있는지도 알지 못한다.

맥락 없는 목소리의 이 오류, 신체의 '외설적' 인용, 언어를 기다리는 소음 등은, 미지의 질서에 은밀하게 연관된 '무질서'에 의해, 타자가 존재하고 있음을 증명하는 듯 보인다. 그리고 동시에 이것들은, 자신이 남겨둔 흔적들을 자기 고유의 신체로 변화시키는 불가능한 현존의 기대에 대해서도 끝없이 이야기한다(이 속삭임은 멈추지 않는다). 목소리의 인용은 일상적 산문 속에 자기 흔적을 남긴다. 그리고 이 일상적 산문은 이 목소리 인용의 결과를, 언표 혹은 행동으로, 만들어낼 수 있을 뿐이다.

제12장 읽기: 밀렵하기

"단어들의 의미를 이번에 확실하게 고정시키는 것,
이것이 바로 공포가 원하는 바이다."
—장프랑수아 리오타르, 『이교도의 기초』

최근 앨빈 토플러가 대중의 예술 소비가 낳은 인류의 '새로운 종'의 탄생을 예견했다. 형성중인 이 새로운 종은 미디어 방목장 한가운데에서 노마드처럼 이동하고 탐욕스러우며, '자기 이동성'이라는 변별적 특징을 가진다.[1] 이 새로운 종은 과거의 노마디즘으로 되돌아갈 것이다. 하지만 이제부터는 인공 숲과 대초원에서 사냥할 것이다.

어쨌거나 이 선지적 분석은 '예술'을 소비하는 군중만을 대상으로 하고 있다. 그런데 1974년 12월[2] 문화부에서 수행한 조사는 얼마나 엘리트들만 이 생산물의 혜택을 누리고 있는지를 잘 보여준다. 1967년(그보다 앞서 국립통계경제연구소INSEE가 수행한 조사가 진행된 시기) 이래로, 문화의 집 설립 및 개발에 투자된 공공 기금은 프랑스인들 사이의 문화적 불평등을 더욱 심화시켰다. 공공 기금은 표현과 상징화의 장소를 증가시켰지만, 실제로 거기서 득을 본 것은 그와 동일한 계층[엘리트들]이다. 따라서 돈과 마찬가지로 문화는 "오직 부자들에게만 다가간다". 대부분의 사람들은 결코 이 예술의 정원 속을 거닐지 못한다. 그렇지만 이들은 매스미디어의 네트워크 속에 자리를 잡고 모여든다. 예를 들면 (10명의 프랑스인들 중 9명이 소비하는) 텔레비전, (10명의 프랑스인들 중 8명이 소비하는) 출판물, (10명의 프랑스인들 중 7명 — 1978년 가을 조사에 따르면 그중 2명은 많이 읽고 5명은 매우 많이 읽는다고 답변했다 — 이 소비하는)[3] 책 등이 이 네트워크에 해당한다. 따라서 우리는 노마디즘 대신 유폐 혹은 '축소'를 발견하게 될 것이다. 팽창적 배치에 의해 조직된 소비는, 매스미디어라는 공간 정복자들의 증대하는 유동성 덕분에 점점 더 움직임이 마비되고 '처치된', 맹목적인 행위처럼 보일 수도 있다. 소비자들은 꼼짝하지 않고 고정되어 있고 매스미디어는 계속 순환한다. 군중에게는 오직 시스템이 각 사람에게 분배해준 시뮬라크르의 할당량을 뜯어먹을 자유만이 남아 있을 것이다.

이것이 바로 내가 반대하고자 하는 생각이다. 소비자들에 대한 기존의 표상도 역시 수용될 수 없다.

책을 통한 '정보'의 이데올로기

일반적으로 '대중'에 대한 이 이미지는 공공연하게 드러나지는 않는다. 그렇긴 해도 이 이미지는 인구 구성원에 관해 **정보를 주는,*** 다시 말해 사회적 실천들에 '형태를 부여하는' '생산자들'이 가지고 있는 주장 속에 내포되어 있긴 하다. 매스미디어의 통속화/통속성에 반대하는 항의 그 자체는 주로 유사한 교육학적 주장의 영향을 받는다.

* 'informer'는 '정보를 주다'라는 뜻 외에 '형태를 부여하다'라는 뜻도 가진다.

즉 엘리트는 자기 고유의 문화적 모델이 정신 교육과 감성 고양 등을 위해 민중에게 필수적이라고 믿게 된다. 또한 '수준 낮은' 삼류 신문이나 텔레비전에 의해 언짢아진 엘리트는 항상, 대중은 엘리트가 부과한 생산물에 의해 빚어진다고 가정한다. 바로 이것이 '소비' 행위에 관해 오인하는 것이다. 우리는 '동화된다'는 것이 당연히 우리가 흡수하는 것과 우리가 '유사해진다'는 것을 의미하지, 우리가 흡수하는 그것을 우리 존재와 '유사하게 만드는' 것, 그것을 우리 것으로 만드는 것, 그것을 전유하거나 재전유하는 것 등을 의미하는 건 아니라고 생각한다. 이 두 가지 가능한 의미들 사이에서 한 가지를 반드시 선택해야 한다. 이 선택은 우선은 "옛날 옛적에……"로 시작하는 이야기의 이름으로 이루어지는데, 우리는 이 이야기의 지평을 개괄적으로 그려봐야 한다.

18세기에 계몽주의 이데올로기는 책이 사회를 개혁할 수 있기를, 그리고 학교 교육의 대중화가 생활 습관과 관습을 변화시키기를 원했다. 그리고 엘리트의 생산물들이 영토 전체에 보급될 때, 그가 나라 전체를 개조할 힘을 가지게 되기를 원했다. 이 교육Education의 신화는[4] 소비 이론을 문화 정책의 구조 속에 새겨넣었다. 분명히 그것이 동원했던 기술적, 경제적 발전의 논리를 통해, 문화 정책은 오늘의 현행 시스템에까지 이르렀다. 그런데 이 시스템은 '계몽'을 널리 전파시킬 궁리만 했던 과거의 이데올로기를 역전시킨다. 이제 보급 수단들은 전파된 아이디어들보다 우세해진다. 매체는 메시지를 대체한다. 학교 교육 조직이 지지해준 '교육학적' 절차들은, 2세기 동안 이 절차들을 개선해왔던 교육 전문가 '집단'을 불필요한 것으로 취급하거나 무력하게 만들 정도로 발전해왔다. 오늘날 이 교육학적 절차들은, 모든 시민 그리고 특히 시민 개개인을 관리하고자 했던 과거의 꿈을 실현시키면서, 계몽주의의 학교 제도와 신념 및 궁극적 목적을 점차 허물어뜨리는 장치를 만들어냈다. 요컨대 모든 것이 교육 속에서 이루어지게 된다. 마치 교육의 전문기술적 배치의 형식이, 이 형식을 가능한 것으로 만들어주었고 그때부터 자신의 사회적 유용성을 상실하게 된 내용 그 자체를 제거하면서, 터무니없을 정도로 실현되었던 것처럼 말이다. 하지만 이 변화의 시간 내내 '경전' 시스템을 통한 사회의 생산이라는 아이디어는 다음과 같은 확신을 그 필연적 결과로 가지게 되었다. 즉 다소간 반대 의견에 부딪히긴 했지만 어쨌든 대중은 글로 쓰인 것(언어로 된 것이든 도상으로 된 것이든)에 의해 빚어진다는 확신, 대중은 자신이 받아들인 것과 유사해져간다는 확신, 그리고 마지막으로 대중은 자신에게 부여된 텍스트에 의해, 그리고 이 텍스트처럼 새겨진다는 확신이다.

과거에 이 텍스트는 교과서였다. 오늘날 이 텍스트는 사회 그 자체이다. 그것은 도시계획, 산업, 상업, 혹은 텔레비전 프로그램 등의 형식을 띤다. 하지만 교과서의 고고학에서 매스미디어의 기술관료주의로 넘어가게 만든 변화는 소비에 고유한 수동성의 가설, 분명히 다시 논의해야 하는 이 가설을 흔들어놓지는 못했다. 그 변화는 오히려 이 가설을 더욱 견고하게 만들었다. 즉 규격화된 교육의 대대적인 도입은 전통적 도제 수업의 특징인 상호주체적 관계를 불가능한 것으로 혹은 비가시적인 것으로 만들었다. 따라서 '정보를 제공하는' 기술자는 기업의 체계화에 의해, 전문성의 좁은 틀 속에 틀어박혀서 정보의 사용자들에 대해 점점 더 알지 못하는 무지한 공무원으로 변화되었다. 생산주의적 논리 그 자체는 생산자들을 서로 떼어놓으면서 이들이 소비자들에게는 창조성이 없다고 가정하도록 이끌었다. 이 시스템에 의해 발생한 상호적 맹목의 상태는 마침내, 생산자 혹은 소비자 양쪽 모두가 진취성은 오직 전문기술적 실험실 내에만 있다고 믿게 만들어버렸다. 이 규율 관리 시스템의 배치가 행사하는 억압에 관한 분석마저도, 수동적이고 '정보를 받기만 하고', 처치되고, 낙인찍히고, 아무런 역사적 역할도 맡지 않는 대중을 여전히 전제로 하고 있다.

생산의 효율성은 소비의 관성을 내포한다. 그것은 용기容器로서의 소비라는 이데올로기를 만들어낸다. 계급 이데올로기 및 전문기술적 맹목의 결과인 이 전설은, 작가, 교육가, 혁명가 등, 한마디로 '생산자들'에게 특권을 부여하고 이들을 다른 이들로부터 구별시키는 시스템에 필수적인 것이다. 우리는 '작가'의 기획에 따라 고안되고 (자연스럽게) 더욱 확고해진 모습 그대로의 '소비'를 거부하면서 다음과 같은 기회를 가질 수 있다. 즉 창조적 행위가 없다고 거부된 곳에서 창조적 행위를 발견해낼 기회, 그리고 나라 전체에 대한 '정보를 제공하면서' 역사를 만든다는, (실질적이지만 특이한) 어느 한 가지 생산의 터무니없는 주장을 상대화할 기회를 가질 수 있다.

평가절하된 행위: 독서

독서는 소비의 한 가지 부분적인 측면에 불과하지만 동시에 근본적이다. 사회는 점점 더 글자로 기록되며, 사물들을 변모시키는 권력 및 경전적(과학적, 경제적, 정치적) 모델로부터 구조를 재편할 수 있는 권력에 의해 조직된다. 그리고 이 사회는 복합적인 '텍스트들'(행정적, 도시적, 산업적 텍스트 등)로 점차 변화한다. 이 사회 속에서, 우리는 생산-소비의 2항식을 그것에 대해 알려주면서 좀더 일반적인 대응물인 글쓰기-독서의 2항식으로 대체할 수 있다. 폐쇄된 영역에서 우선 실행되었던 경전의 작동 덕에 역사를 다시 만들겠다는 의지(개혁주의적, 과학적, 혁명적, 교육적 의지의 순서대로)가 창출해낸 권력은, 읽기와 쓰기 사이의 중대한 분할을 파생물로 가지게 된다.

프랑수아 퓌레는 "근대화, 근대성, 그것은 글쓰기다"라고 말했다. 글쓰기의 일반화는 실제로, 추상적인 법으로 관습을 교체하고, 전통적 권위를 국가로 대체했으며, 그리고 개인에게 유리하도록 집단을 해체했다. 그런데 이 변화는 두 가지 구별되는 요소들, 즉 문자와 말의 '혼혈'의 형태로 일어났다. 퓌레와 자크 오주프의 최신 연구는 실제로 학교 교육이 덜 보급된 프랑스에 존재했던, "주로 여자아이들을 대상으로 교회와 가족이 마련한, 독서에 중점을 둔 광범한 반半문자 교육"[5]을 보여주었다. 오직 학교만이 읽기와 쓰기의 두 가지 능력을 결합시킬 수 있었다. 하지만 이것들은 여전히 허술하게 연결되어 있었다. 사실 이 둘은 과거 19세기 전까지 오랫동안 분리되어 있었다. 오늘날 학교 교육을 받은 성인의 삶은 대단히 빠르게 많은 경우 '읽기만 하는 것'과 쓰기를 분리시킨다. 우리는 또한 독서가 쓰기와 결합한 바로 그곳에서, 독서가 앞으로 나아가는 자신만의 길에 관해 의문해보아야 할 것이다.

이해의 심리언어학에 할애된 연구들[6]은 독서 속에서 '어휘 관련 행위'와 '문자 관련 행위'를 구별한다. 이 연구들은 취학 아동이 문자 해독을 배운 덕분에 읽기를 배우는 것이 아니라, 문자 해독을 배우는 것과 **동시에** 읽기를 배운다는 사실을 보여준다. 의미를 읽는 것과 문자를 해독하는 것은 서로 교차하고 있긴 하지만 두 개의 상이한 행위이다. 다시 말해 듣기와 구술 전통을 통해 획득된 문화적 기억만이 의미론적 질문의 전략들을 가능하게 해주고 그것들을 점점 풍요롭게 만들어준다. 그리고 글로 쓰인 것을 해독하는 것은 의미론적 질문의 전략들에 대한 기대를 다듬고 분명하게 만들고 혹은 수정한다. 아이의 독서에서부터 과학자의 독서에 이르기까지 독서는 구술 소통에 의해 예고되고 가능해진다. 그런데 이 구술 소통은 텍스트가 절대 인용하지 않는, 다양한 형태의 '권위'이다. 따라서 모든 것은 마치, 구술 전승에 연관된 기대(무엇인가에 기대를 걸다) 혹은 예상(가설을 만들다)의 형식을 취하는 의미의 구축이 최초의 덩어리인 것처럼 진행된다. 그래프 재료의 해독은 이 최초의 덩어리를 점차 다듬고, 무효화하고, 측정하고, 잘게 잘라 독서가 가능해지도록 한다. 그래프는 예상 속에서 자르고 깊이 파고들 뿐이다.

경전 제국주의하에서 읽기 실천의 자율성을 발굴하는 여러 작업들에도 불구하고, 한 가지 실제 상황이 3세기 이상 지속된 역사에 의해 창조되었다. 현대 문화의 사회적, 기술적 기능은 이 두 개의 행위들을 위계화한다. 글쓰기는 곧 텍스트를 생산하는 것이다. 반면 읽기는 곧 타자로부터 텍스트를 받는 것으로, 그 텍스트에 자기 자리를 표시해두거나 그 텍스트를 근본적으로 변화시키지는 않는다. 이런 관점에서 볼 때 과거에 성직자가, 여자아이나 어머니들에게 건드릴 수 없는 신성한 텍스트[성서]를 쓰는 것은 금지시키면서 이들에게 권고했던 교리 문답서나 성서 읽기는, 오늘날 '소비자들'에게 추천된 텔레비전 프로그램 '읽기'로 연장된다. 즉 오늘날의 소비자들은 타자의, 즉 '문화'의 생산물이 떠오르는 화면 위에 자기 고유한 글쓰기의 흔적을 남길 수는 없다. "독서와 교회 사이에 존재하는 관계"[7]는 독서와 미디어 교회 사이의 관계 속에서 되풀이된다. 이런 방식으로 성직자들에 의한 사회적 텍스트 구성은, 신자들에 의한 그것의 '수용'에 상응하는 것처럼 보인다. 그리고 이 신자들은 언어를 조작造作하는 자[성직자]들이 만들어둔 모델을 재생하는 데 만족하게 될 것이 분명하다.

우리가 문제삼아야 할 것은, 불행하게도 이 노동 분업(이것은 너무 현실적일 뿐이다)이 아니라, 독서를 수동성과 동일시하는 점이다. 사실 읽는다는 것은 자신에게 부과된 시스템(도시 혹은 슈퍼마켓의 확립된 질서와 유사한 텍스트의 시스템) 속에서 편력하는 것이다. 최신 연구들은, "모든 독서는 그것의 대상을 수정한다"[8]는 것, (보르헤스가 이미 말했던 대로) "한 가지 문학이 다른 문학과 다른 것은 텍스트에 의해서라기보다는 오히려 이 문학이 읽히는 방식에 의해서"[9]라는 것, 그리고 마지막으로 말로 혹은 도상으로 된 기호들의 시스템은 독자들이 그것의 의미를 해석해주기를 기다리는 형식들의 저장고라는 것을 보여준다. 따라서 만일 "책이 독자가 만든 결과(구성물)라면",[10] 우리는 독자의 작동 과정을 일종의 **렉시오**lectio, 즉 '독자'의 고유한 생산처럼 간주해야 할 것이다.[11] 독자는 작가의 고유한 자리를 빼앗지도 않고, 작가의 여러 자리 중 단 하나도 빼앗지 않는다. 독자는 텍스트 속에, 이 텍스트들이 '의도'했던 것과 다른 것을 창조해낸다. 독자는 텍스트를 이 텍스트의 기원(잃어버린 기원 혹은 부차적 기원)에서 떼어놓는다. 독자는 텍스트의 단편들을 결합시키고, 무한히 많은 의미를 허용해주는 능력이 조직한 공간 속에서 미지의 어떤 것을 만들어낸다. 이 '읽는' 행위는 문학 비평(독서에 관한 연구들은 언제가 이것을 중시한다)에만, 즉 다시 한번 지식인 계층에만 한정된 행위인가? 혹은 이 행위는 모든 문화적 소비로 확장될 수 있는 것인가? 이것이 바로 역사학, 사회학, 교육학 등이 대답을 제공해야 하는 질문이다.

그러나 불행하게도 독서에 바쳐진 수많은 문학 작품은 이 점에 관해 단편적인 설명들만을 제공하거나, 혹은 문필가의 경험에 속해 있다. 많은 연구들은 주로 독서 교육에 관한 것들이다.[12] 이 연구들은 역사학과 민족학 쪽에서는 좀더 위험을 무릅쓴다. 왜냐하면 아직 분명하게 밝혀지지 않은 모든 종류의 '글쓰기들'(예를 들어 우리는 마치 텍스트를 읽듯 풍경을 '읽는다')을 통해 서서히 이행해가는 실천이 남겨둔 흔적이 없기 때문이다.[13] 사회학에서는 이런 종류의 연구가 좀더 많이 있는데, 이것들은 주로 통계학적 유형의 연구들이다. 즉 이 연구들은 읽기의 작동 과정 그 자체와 그것의 양태들 및 유형학을 분석하기보다는, 사람들이 읽은 대상들, 독자들의 사회적 소속 그리고 자주 방문하는 장소들 사이에 있는 상관관계를 계산하는 경향이 있다.[14]

마지막으로 문학의 영역이 남아 있는데, 이 영역은 오늘날 특히 풍부하다(롤랑 바르트부터 마이클 리파테르 혹은 한스 R. 야우스에 이르기까지). 이는 글쓰기에 의해 다시 한번 특권적 지위를 부여받은, 고도로 전문화된 영역이다. '작가들'은 글쓰기의 기예 및 다시 읽기의 즐거움이 분명하게 표현되는 방향으로 이 '읽기의 기쁨'을 강제로 이동시킨다. 바르트 이전이건 이후건 어쨌거나 거기에서는 창의성과 탈선이 이야기되는데, 이는 '이미 읽은 작품'에 대한 기대와 논쟁, 규범성 등과 함께 작동한다. 그리고 거기서는 이것에 대해 고려할 수 있는 이론적 모델이 이미 구상되기 시작한다.[15] 이 모든 것에도 불구하고 자기 고유의 텍스트를 통해 인간이 걸어간 역사는 여전히 많은 부분 미지의 상태로 남아 있다.

사회적 엘리트의 산물인 '문자 그대로의' 의미

읽는 행위는 우회, 페이지를 넘나드는 표류, 눈의 움직임에 의한 텍스트의 변신과 왜곡, 몇 가지 단어들에서 시작된 상상 혹은 명상의 나래, 군대식으로 정렬된 텍스트의 표면 위에서의 공간의 중첩, 일시적인 움직임 등으로 되어 있다. 이 읽는 행위를 추적하는 분석들의 결과로 언뜻 보기에도 독서 행위로부터 읽을 수 있는 텍스트(책, 이미지 등)를 떼어놓는 분할을 유지할 수 없다는 것이 분명해졌다. 신문이든 프루스트 책이든 간에 텍스트는 오로지 그것의 독자들에 의해서만 의미를 가지게 된다. 텍스트는 독자들과 함께 변한다. 텍스트는 이 텍스트를 벗어나는 지각의 코드에 따라 정돈된다. 텍스트는 오직 독자라는 외부와 맺는 관계 속에서만 텍스트가 된다. 그리고 또한 결합된 두 가지 종류의 '기대'들, 즉 읽을 수 있는 공간(글자를 문자 그대로 해석하는 것)을 조직하려는 기대와 작품의 실행(독서)에 필수적인 과정을 조직하려는 기대 사이의 연관관계 및 책략의 움직임에 의해서만 텍스트가 된다.[16]

이상한 것은, 이 읽는 행위의 원칙이 이미 3세기 전에, 결합과 '암호문'이나 암호로 된 텍스트에 관한 동시대의 작업들과 관련해서 데카르트에 의해 제시되었다는 점이다. "만일 누군가가 평범한 글자들로 작성된 암호를 풀기 위해서, A가 있을 자리 어디에서든지 B를 읽고자 생각하고, B가 있을 자리 어디에서든지 C를 읽고자 한다면,

그리고 이런 식으로 각각의 문자를, 알파벳 순서상 이것 다음에 오는 문자로 대체해가는 방식으로 문자를 읽어간다면, 그는 거기서 어떤 의미를 가진 말을 찾게 되고, 이것이야말로 그가 발견한 암호의 진짜 의미임을 결코 의심하지 않을 것이다. 비록 그 암호를 쓴 사람은 각각의 문자에 다른 의미를 부여하면서 완전히 다른 것을 의도했을 수도 있겠지만 말이다……"[17] 기표들 위에서 결합되어 있는 코드화 과정은 의미를 **만든다**. 이 의미는 저자의 위탁, '의도', 혹은 행위에 의해 결정되지 않는다.

그렇다면 텍스트의 '원의原義'를 결정하고, 나머지로부터 텍스트의 의미론적 자율성을 떼어내며, 그것으로 '작품'의 은밀한 질서를 만들어내는, 중국의 만리장성 같은 작업은 어디에서부터 발생하는가? 텍스트를 언제나 독자가 다다를 수 없는 섬처럼 구성하는 이 방벽은 누가 세우는가? 이 픽션은 소비자들을 예속 상태에 바친다. 왜냐하면 소비자들은, 따로 떼어 둔 보물의 소리 없는 '풍요로움' 앞에서 그것을 알지 못하거나 배반하는 잘못을 항상 저지르기 때문이다. 작품, 즉 의미의 금고 속에 감춰져 있는 '보물'이라는 이 픽션은 분명 독자의 생산성이 아니라 **사회 제도**, 즉 독자와 텍스트의 관계를 중층적으로 결정하는 사회 제도를 자신의 토대로 삼는다.[18] 독서는 어떤 점에서 볼 때 힘의 관계(스승과 학생 사이의, 혹은 생산자와 소비자 사이의 힘의 관계)에 의해 서서히 희미해져간다. 그리고 독서는 이 힘의 도구가 된다. 특권을 누리는 자들에 의한 책의 사용은 책을 비밀로 만들어버린다. 그리고 그들은 이 비밀에 대한 '진정한' 해석자가 된다. 책의 사용은 텍스트와 독자들 사이에 하나의 경계선을 긋고, 이 경계선을 넘기 위해서는 이 공식적인 해석자들만이 통행 허가증을 발급해준다. 공식적인 해석자들은 독서(이것 **또한** 정당하다)를 정통적인 '글자 그대로의 해석'으로 만든다. 그리고 이 '글자 그대로의 해석'은 다른 모든 독서(이것도 마찬가지로 정당하다)를 이교적이거나(텍스트의 의미에 '부합하지' 않는) 무의미한(망각에 내맡겨진)

것일 뿐이라고 깎아내린다. 이런 관점에서 볼 때 '글자 그대로의' 의미는 사회적 권력, 즉 엘리트가 가진 권력의 지표이자 결과이다. 본래 다양한 방식의 독서에 제공된 텍스트는 문화적 병기, 보존된 사냥터, 즉 사회적으로 허가받은 전문가와 지식인의 해석을 '글자 그대로의' 것으로 정당화하는 법의 핑곗거리가 된다.

게다가 텍스트를 통해 독자의 자유를 표명하는 것이 지식인들 사이에서는 용인된다면(바르트 같은 사람만이 이 자유를 가질 수 있다), 학생들(학생들은 스승에 의해 '수용된' 의미 쪽으로 노골적으로 혹은 교묘하게 이끌려간다)이나 대중(대중은 '무엇을 생각해야 하는지'에 대해 조심스럽게 주의를 받는다. 그리고 대중이 생각해내는 것은 하찮은 것, 침묵 속에 놓여 있어야 하는 것으로 여겨진다)에게는 이 자유가 금지된다.

읽기 실천의 현실을 감추거나 혹은 이 현실을 알아보기 어려운 것으로 만드는 것은 사회적 위계이다. 과거에는 성직자와 '신자들' 사이의 사회적 분할을 담당했던 교회가, 독자들로부터 독립되어 있고 주석가들이 보유하고 있다고 가정되는 '글자 그대로의 뜻Lettre'의 지위 속에 성서를 보존했다. 텍스트의 자율성은 제도 내부에서 사회문화적 관계들을 재생산한 것이었고, 제도의 담당자들은 텍스트에서 읽어야 하는 부분을 결정했다. 제도가 쇠퇴하면서, 제도가 감추고 있었던, 텍스트와 독자 사이의 상보성이 나타났다. 마치 제도가 물러나면서 독서에 의해 생산된 무한정으로 많은 다양한 '글쓰기들'을 드러나게 한 것처럼 말이다. 독자의 창조성은, 이 창조성을 통제했던 제도가 쇠퇴함에 따라 증대해간다. 종교개혁 이후로 가시적이게 된 이 과정은 이미 17세기의 사제들을 불안하게 만들었다. 오늘날 스승이나 생산자에 의해 장악된 텍스트를 그것의 독자들로부터 분리시키는 것은 학교, 신문, 텔레비전 등의 사회정치적 장치들이다. 하지만 이 새로운 정통성의 연극적 배경 뒤에는, 이 분리를 위반하는 조용하고 아이러니하거나 시학적인 독자(혹은 텔레비전 시청자)의 행위가 숨어 있다(과거에도 그랬던 것처럼).[19] 이 독자들은 '스승들' 몰래 그리고 사적 영역 속에 내색하지 않는 자기 자신을 보관해둔다.

독서는 따라서 사회적 성층구조(계급 관계)와 시학적 작동 과정(실천을 통해 텍스트를 구성하는 것)이 결합하는 곳에 위치할 것이다. 즉 사회적 위계화는 독자를 엘리트(혹은 반半엘리트)가 배포한 '정보'에 순응하게끔 만든다. 그러나 독서의 작동 과정은 문화적 정통성의 균열 속에 자신의 창의성을 슬그머니 끼워넣으면서 술책을 쓴다. 이 두 가지 이야기 중 한 가지는 '스승들'에게 적합하지 않은 것을 은폐하고 스승들의 눈에 띄지 않게 만든다. 그리고 다른 하나는 그것을 사적 네트워크 속에 분산시킨다. 이 두 가지 이야기들은 모두 독서를 미지의 것으로 만들기 위해 협력한다. 이 미지의 것으로부터, 한편으로는 지배적이며 연극화된 문자적littrée 경험만이 나타나고, 또 다른 한편으로는 물속 깊은 곳에서 나오는 거품처럼, 공통의 시학에 관한 희귀하면서도 단편적인 징후들이 나타난다.

'편재성의 훈련', 이 '무례한 부재'

독자의 자율성은, 독자와 텍스트가 맺고 있는 관계를 중층적으로 결정하는 사회적 관계들의 변화에 달려 있다. 이것은 필수적인 과제이다. 하지만 이 혁신은, 과거의 교육을 규범적 교육으로 대체하면서 새로운 경험을 자기 스스로가 창조해낸다고 주장하는 엘리트의 전체주의가 될 수 있다는 우려가 있다. 만일 이 혁신이 수동성의 경험이 아니라, 은밀하고 억압되어 있긴 하지만 다양한 형태로 된 다른 경험이 이미 존재하고 있다는 사실을 믿지 못한다면 그렇게 될 수 있다는 말이다. 따라서 독서의 정치학은, 오래전부터 유효한 실천들에 대해 묘사하면서 이것들이 정치성을 띠게 만드는 분석 위에서 분명하게 드러나야 할 것이다. 독서의 작동 과정의 몇 가지 측면을 지적하기만 해도 그것이 어떻게 정보의 법칙에서 빠져나가는지 확인할 수 있다.

"나는 읽고 생각한다. ……나의 독서는 따라서 나의 무례한 부재라 할 수 있을 것이다. 독서는 편재성의 훈련이 되는 것일까?"[20] 입문의 경험이라 할 만한 최초의 경험. 즉 읽기란 다른 곳, 즉 그들이 존재하지 않는 곳, 다른 세상에 존재하는 것이다.[21] 이것은 비밀스러운 무대, 즉 우리 마음대로 들어가고 나올 수 있는 그런 장소를 구축하는 것이다. 이것은 기술관료주의의 투명함에, 그리고 이 냉혹한 빛에 종속된 존재 속에, 그림자와 어둠으로 이루어진 모퉁이를 만드는 것이다. 장 주네에게서 이 냉혹한 빛은 사회적 소외의 지옥을 구현하는 것이다. 이와 관련해 마르그리트 뒤라스는 다음과 같이 적어두었다. "아마 우리는 언제나 암흑 속에서 글을 읽을 것이다. ……독서는 밤의 모호함에 속해 있다. 우리가 한낮에, 밖에서 책을 읽는다 해도, 책 주변에는 밤이 내린다."[22]

독자는 마치 무인도의 로빈슨처럼, 세계를 축소하고 대조하는 정원의 생산자이다. 하지만 독자는 또한, 사회와 텍스트의 글자로 된 시스템 속에 다양성과 차이를 도입하는 자기 고유의 사육제에 '사로잡혀 있다'. 따라서 그는 공상적인 작가이다. 그는 그가 창조한 것과 그가 변질시킨 것 사이의 비-장소 속에서 진동하면서 탈영토화된다. 때로는 숲속의 사냥꾼처럼 그는 글자로 쓰인 사냥감을 쫓아가고 그것의 발자취를 추적하며 웃기도 하고 '수'를 쓰기도 한다. 아니면 노름꾼처럼 사냥감의 속임수에 넘어가기도 한다. 때로는 현실의 가공된 안전함을 잃기도 한다. 즉 그의 배회는, 사회라는 체커놀이판 속에 자아를 끼워넣음으로써 제공받는 자신감으로부터 그 자신을 멀어지게 만든다. 그렇다면 실제로 누가 읽고 있는 것인가? 나인가, 혹은 나에게 속한 일부분인가? "이는 진리로서의 자아가 아니라, 파멸의 이 텍스트를 읽고 있는, 자아의 불확실성으로서의 자아이다. 내가 그 텍스트를 읽으면 읽을수록, 나는 그것을 더욱더 이해하지 못하게 되고, 상황은 더욱더 나빠진다."[23]

이것은 공통의 경험이다. 만일 내가 박식한 이들이 제공하는 증거뿐만 아니라, 수량화할 수도 인용할 수도 없는 증거들을 믿는다면 말이다. 『누 되』『라 프랑스 아그리콜』『라미 뒤 부셰』* 등의 남녀 독자들에게도 이 공통의 경험은 동일하게 발견된다. 그것은 일상생활의 아마존 혹은 율리시즈에 의해 통과해가는 공간의 통속화 혹은 전문성이 어느 정도이든지 간에 상관없다.

독자는 여행자이다. 그는, 고유한 장소를 창설하고 경작자를 계승하고(그러나 그는 언어의 밭을 경작한다) 우물을 파고 집을 짓는 저자와는 완전히 다르다. 독자는 타자의 영토 위에서 돌아다니고, 노마드처럼 자신이 글로 쓰지 않은 영역을 가로지르고 밀렵하며 이집트의 재산을 가지기 위해 강탈한다. 글쓰기는 모으고 비축하고, 또한 장소를 구축함으로써 시간에 저항한다. 그리고 재생산의 팽창주의를 통해 자기 생산물을 증가시킨다. 독서는 시간의 마멸(우리는 잊히고, 우리는 잊는다)에 맞서 자신을 보호하지 않고, 자신이 획득한 것을 보관하지 않거나 잘 보관하지 못한다. 그리고 독서가 이루어지는 장소들 각각은 실낙원의 복제물이다.

사실 독서는 장소를 갖지 않는다. 예컨대 바르트는 스탕달의 텍스트 속에서 프루스트를 읽었다.[24] 그리고 텔레비전 시청자는 뉴스의 현지 보도 속에서 자신의 어린 시절의 풍경을 읽는다. 전날 밤에 본 방송에 대해 "그건 막장 드라마였지만 나는 끝까지 봤어"라고 말하는 여성 시청자의 경우, 어떤 장소가 그녀의 마음을 끌었던 것일까? 그녀가 본 이미지의 장소였던 것은 무엇이고, 아닌 것은 무엇인가? 독자의 경우도 이와 마찬가지이다. 즉 그의 장소는 여기 혹은 저기가 아니고, 이것 혹은 저것도 아니다. 대신 이것도 저것도 아닌 것

* 모두 정기간행물들이다. 『누 되』는 47년 창간된 후 지금까지 출간되는 여성 주간지이고, 『라 프랑스 아그리콜』은 농업 관련 주간지, 『라미 뒤 부셰』는 정육 식품 관련 주간지다.

혹은 안이면서 동시에 바깥인 곳이다. 이것과 저것을 뒤섞으면서 이것과 저것을 모두 상실하고, 꼼짝도 하지 않고 누워 있는 텍스트들을 결합시킨다. 독자는 이 누워 있는 텍스트들을 깨우는 사람이자 방문객이지, 결코 그것의 소유자는 아니다. 이런 식으로 독자는 또한 사회적 환경의 법과 마찬가지로 개별적인 각 텍스트의 법을 교묘하게 피해간다.

게임과 책략의 공간

이 행위를 특징짓기 위해 우리는 여러 가지 모델들을 참고할 수 있다. 이 행위는 레비스트로스가 『야생의 사고』에서 분석했던 '브리콜라주'의 형식과 같은 것으로 간주 될 수 있다. 즉 이것은 '상황에서 즉시 얻을 수 있는 수단'으로 만든 준비, '처음 계획과 아무 관련이 없고' '이전에 건축되었다가 파괴된 것에서 나온 잔해'를 다시 조립하는 생산과 같은 것이다.[25] 하지만 레비스트로스의 '신화적 세계'와는 반대로, 이 생산이 사건들을 배열한다고 해도 이 생산이 전체를 형성하지는 않는다. 그것은 시간의 지속 속에 분산되어 있는 '신화'이다. 즉 서로 결합되어 있지 않고, 반복으로, 다양한 쾌락으로, 기억으로, 연속적 지식으로 분산되어 있는 단편적 시간의 연속이다.

우리가 참고할 수 있는 또다른 모델이 있다. 이것은 섬세한 기예로, 이에 관한 이론은 중세 시인과 소설가들에 의해 만들어졌다. 그들은 텍스트 그 자체 속에 그리고 전통적 용어들 속에 새로운 것을 슬그머니 끼워넣었다. 아주 정교하게 만들어진 과정들이 셀 수 없이 많은 차이들을 권위있는 글쓰기 속에 스며들게 한다. 이 권위 있는 글쓰기는 이 차이들에게 틀의 역할을 하지만, 그렇다고 그것들의 움직임을 법의 제약에 복종시키지는 못한다. (글로 쓰인) 고유한 장소를 창조하는 것과 상관없는 이 시학적 책략들은, 수 세기에 걸쳐 지속되다가 현대의 독서에까지 이르렀다. 이 현대의 독서는, 독자가 "흥!" 하는 소리를 내자마자 방향 전환 및 메타포화를 대단히 민첩하게 실천한다.

수용 미학Rezeptionsästhetik과 행위론Handlungstheorie을 위해 서독의 보훔에서 수행된 연구들은 또한, 텍스트의 전술들이 수용자 — 수용자는 극문학(혹은 소설)을 미리 계획된 줄거리처럼 간주한다 — 의 연속적 '기대' 및 가설과 맺는 관계에 관해 다양한 모델을 제공해준다.[26] 이 텍스트적 생산은 이야기가 진전되는 중에 독자의 기대가 독자 자신에게 만들어내도록 하는 것과 연관되어 있다. 이 텍스트 생산의 게임은 분명히 묵직한 개념적 장치와 함께 제시된다. 하지만 이 게임은 독자와 텍스트 사이에, 즉 정통 교리가 순응적이거나 무지한 소비자들로 둘러싸인 조각상 '작품'을 세운 황량한 무대 위에, 춤을 들여온다.

우리는 이 연구들 그리고 다른 연구들을 통해, '무례한 부재'만이 아니라, 전진과 후퇴, 전술, 텍스트와의 게임 등이 특징을 이루는 독서를 향해 나아가게 되었다. 이 독서는 그저 왔다갔다하면서, 사로잡히기도 하고(무엇에 의해 사로잡히는가? 독자에게서 그리고 텍스트 속에서 동시에 깨어나는 것은 무엇인가?), 즐기기도 했다가, 항의하기도 했다가, 달아나기도 한다.

우리는 독서의 이 움직임을, 겉으로 볼 때는 온순하고 조용한 듯하지만 자기 식으로 독서를 흉내내는 신체 그 자체 속에서 되찾아야 할 것이다. 독서를 위한 구석진 '방'은 무의식적 몸짓, 중얼거리기, 틱, 스트레칭, 회전, 이상한 소리, 요컨대 신체의 야생적 조화를 풀어놓는다.[27] 그러나 가장 기초적인 수준에서 볼 때, 3세기 전부터 독서는 눈의 움직임이 되었다. 독서는 예전처럼 소리를 내서 읽는 것도, 근육의 저작 활동도 동반하지 않는다. 높거나 낮은 목소리로 소리를 내지 않고 눈으로만 읽는 것은 수 세기 동안 알려지지 않은 '근대의' 경험이다. 옛날에 독자는 텍스트를 내면화했다. 그는 자기 목소리를 타자의 신체로 만들었다. 그리고 독자는 텍스트의 배우가 되었다. 오늘날 텍스트는 더이상 주체에게 자기의 리듬을 부과하지 않고, 더이상 독자의 목소리를 통해 표현되지 않는다. 신체의 자율성의 조건인 신체의 후퇴는 텍스트와 거리를 두는 것이다. 그것은 독자에게 헤비어스 코퍼스habeas corpus[인신 보호법]*가 된다.

오직 눈의 움직임만 텍스트와 연관되도록 신체가 텍스트로부터 후퇴했기 때문에,[28] 텍스트의 지리학적 구성은 독자의 활동을 점차 덜 조직해낸다. 독서는, 과거에 독서를 결정지었던 토대로부터 해방되었다. 독서는 거기서 떨어져나갔다. 눈의 자율성은 신체와 텍스트 사이의 암묵적 동조 관계를 금지했다. 즉 눈의 자율성은 신체를 경전의 장소로부터 해방시켰고, 문자로 쓰인 것을 하나의 대상으로 만들었으며, 주체의 움직일 수 있는 가능성을 증대시켰다. 속독법이 이것에 관한 한 가지 지표가 될 수 있다.[29] 마치 땅의 조직이 행사하는 제약에 비해볼 때 비행기가 대단히 큰 독립을 허락해주는 것처럼, 속독의 기술은 눈이 문장 위에서 멈추는 횟수를 감소시킴으로써 텍스트를 횡단하는 속도를 높이고, 텍스트의 결정에 관하여 자율성을 허락하며, 주파된 공간을 증대시킨다. 장소들로부터 해방된 독서하는 신체는 자기 움직임에서도 더욱 자유로워진다. 그는 이런 식으로, 각 주체가 가진 능력, 즉 독서를 통해 텍스트를 변환시킬 능력, 단계를 뛰어넘듯 텍스트를 '뛰어넘을' 능력을 갖게 된다.

독자의 무례함을 변호하면서 나는 또다른 측면들을 무시했다. 바르트는 이미 세 가지 유형의 독서를 구별했다. 즉 단어가 주는 즐거움에 집중하는 독서, '기대감에 실신할 듯이' 끝까지 돌진해가는 독서, 글쓰기의 욕망을 기르는 독서가 있다.[30] 이는 각각 관능적 독서, 사냥꾼의 독서, 그리고 입문자의 독서이다. 몽상, 전투, 독학 속에 또 다른 형태의 독서가 있겠지만, 여기에서 우리가 다룰 문제는 아니다.

* [원주] 17세기 영국법의 중심 개념으로, 이는 개인의 자유를 보장해주고, 자의적 구금으로부터 개인을 보호한다.(L. G.)

어쨌거나 독자의 증대된 자율성이 독자를 보호해주지는 않는다. 왜냐하면 매스미디어의 권력은 독자의 상상계까지 점차 확장되기 때문이다. 다시 말해 이 권력은 독자가 텍스트의 그물망 속에 들어가게 내버려두는 자기 자신의 모든 것 — 자신의 두려움, 꿈, 꿈꾸었거나 부족한 권한 등 — 으로 점차 확장되기 때문이다. 바로 거기에서 숫자와 '사실'을 가지고서 해방된 친밀함을 목표로 하는 수사학을 만드는 권력이 작동한다.

하지만 (우리의) 과학적 장치가 그것이 필연적으로 밀접한 관계를 맺게 되는 권력의 환상을 공유하는 데까지 이르더라도, 그리고 과학적 장치가, 팽창주의적인 생산의 승리와 정복에 의해 군중이 변형된다고 가정하는 데까지 이르더라도, 사람들을 바보로 취급해서는 안 된다는 사실을 기억하는 건 언제나 바람직하다.

5

믿음의 방식들

제13장 정치적 신뢰성

"나는 믿다라는 단어를 좋아한다.
보통 우리가 '나는 [무엇인가를] 안다'라고 말할 때
우리는 아는 것이 아니라 믿고 있는 것이다."
—마르셀 뒤샹, 『기호의 뒤샹』(플라마리옹, 1975, 185쪽)

언젠가 레옹 폴리아코프가 말했듯, 유대인이란 교회가 아니라 시너고그에 더이상 가지 않는 프랑스인이다. 하가다Hagada*의 익살스러운 전통 속에 있는 이 농담은, 이제 더이상 계율의 실천을 만들어내지 못하는 과거의 신앙을 보여준다. 정치적 신념도 오늘날 이와 동일한 길을 따르는 것처럼 보인다. 우리는 시위나 회합에 참여하지 않고도, 회비를 내지 않고도, 한마디로 대가를 치르지 않고도, 예전에 그랬던 것처럼 사회주의자가 될 수 있다. '소속'은 동일시보다는 오히려 숭배를 불러일으키는 기능을 하는데, 이것은 오직 우리가 목소리라고 부

* 탈무드 중 비율법적인 윤리적, 종교적인 가르침. 이와 반대로 법적 구속력을 갖는 관습과 율법은 할라카라고 한다.

르는 것, 즉 말의 흔적을 통해서만, 그리고 매년 하는 투표를 통해서만 표시될 수 있을 것이다. '신뢰'의 외관 위에서 존속하는 정당은 과거 신념의 유물을 조심스럽게 조회하고 정당성이라는 허구를 중개하면서 자신의 골칫거리를 적절히 관리할 수 있게 된다. 정당은 여론조사와 통계학을 통해 이 유령 같은 증인들의 인용을 증가시키고, 그들이 지루하게 반복하는 말을 낭송하는 것만 필요할 뿐이다.

꽤 단순한 한 가지 전문기술이 이 신용의 연극을 유지시켜줄 것이다. 여론조사는 '지지자들'을 직접 정당에 가입시키는 것이 아니라, 이들이 다른 데 가입하지 않도록 영향을 미치는 것으로 충분하다. 즉 지지자들이 가진 신념의 에너지가 아니라 그들의 무기력에 영향을 미치는 것으로 충분하다. "만일 당신이 다른 것을 믿는다는 게 거짓이라면, 당신이 여전히 우리 편이라는 것은 사실이다." 따라서 작동 과정의 결과는 어딘가에 가입하지 않은 나머지 사람들을 고려해야 (혹은 믿어야) 한다. 이 결과는 모든 신념의 **약화** 그 자체에 기초하여 결정된다. 왜냐하면 이 나머지 사람들은, [설문조사의] 피질문자들이 과거에 믿었던 것이 썰물처럼 **후퇴했다는** 것과 또한 그들을 다른 곳으로 이끌고 갈 더 강한 신뢰성이 **부재하다는** 것을 동시에 보여주기 때문이다. '목소리'는 떠나지 않는다. 목소리는 거기에 남아 있다. 목소리는 자신이 예전에 존재했던 바로 그곳에서 비활성 상태로 계속 머물고 있지만, 그럼에도 동일한 결과를 만들어내는 원인이 되고 있다. 숫자 셈은 이야기가 된다. 이 픽션은 보르헤스의 **에세 에스트 페르키피**Esse est percipi [존재한다는 것은 지각된다는 것이다]에 대한 한 가지 부록이 될 수 있을 것이다.[1] 이는 숫자가 기록할 수는 없지만 신앙에 영향을 미치는 점진적 변화에 대한 우화이다.

처음에 나는 대략 '신앙'이라는 말로 믿음의 대상(교리, 프로그램 등)이 아니라, 주체들이 어떤 주장에 집중하는 것, 즉 이 주장을 사실이라고 여기면서[2] 그것에 대해 진술하는 **행위**를 가리켰다. 다시 말해 그것은 표명의 내용이 아니라 '양태'를 가리키는 것이다.[3] 그런데 믿음의 능력은 정치 영역 여기저기에서 후퇴하고 있는 것처럼 보인다. 이 능력은 '권위'의 작용을 지탱해주었다. 홉스 이래로 특히 영국의 전통 속에서 정치철학은 이 결합을 근본적인 것으로 간주했었다.[4] 이 관계를 통해 정치는, 종교와 자신의 차이 및 연속성의 관계를 명확하게 보여주었다. 하지만 누군가로 하여금 '믿게 만들려는' 의지 — 제도는 이 의지를 통해 존속한다 — 는 이 두 가지 경우 모두에서, 사랑 그리고/혹은 정체성의 탐색에 대해 보증이 될 만한 것을 제공해주었다.[5] 따라서 우리 사회에서 믿음의 변모, 그리고 이 변화가 야기한 실천들에 관해 질문해보는 것은 대단히 중요하다.

신앙의 평가절하

오랫동안 우리는 신앙의 보존고가 무한하다고 가정해왔다. 우리가 해야 했던 것은 단지 맹신盲信이라는 대양 속에 합리성의 섬들을 만들어내고, 맹신에 대한 비판이 불안정하게 점령한 영역을 구분하고 보호하는 정도였다. 결코 마르지 않는다고 여겨졌던 나머지 영역은 다른 목적과 결말 쪽으로 운반 가능한 것으로 가정되었다. 마치 떨어지는 물이 운송되어 수력 에너지로 사용되는 것처럼 말이다. 사람들은 이 힘을 한 장소에서 다른 장소로 이동시키면서 '사로잡으려' 애를 썼다. 즉 소위 이교도 사회에 자리잡고 있던 이 힘을 기독교 쪽으로 이끌고 가 그것을 떠받치게 했다. 그런 다음 사람들은 이 힘을 교회로부터 군주제 정치 쪽으로 가게 만들었다. 그리고 다시 사람들은 이 힘을 전통적 종교성으로부터 공화국, 국민 교육 및 사회주의 등의 제도 쪽으로 가도록 만들었다. 이 '전향'은 신앙의 에너지를 운반시키면서 이것을 끌어모으는 것이다. 진보라는 새로운 영역 속으로 운반할 수 없거나 아직 운반되지 않은 것은 '미신'처럼 보였다. 군림하는 질서가 사용할 수 있었던 것은 '신념'이라는 가치를 부여받았다. 개발해야 하는 자산이 너무 많았기 때문에 사람들은 그것을 분석해야 할 필요를 잊어버렸다. 캠페인이나 사회운동은 믿음의 에너지를 선한 장소와 (믿어야 하는) 선한 대상에 '위치시킨다'.

그런데 마치 공기나 물처럼 신앙이 점차 오염되어갔다. 저항이 강하지만 다룰 수 있었던 이 추진 에너지는 마침내 고갈되기 시작했다. 이와 동시에 사람들은 자신들이 이 에너지가 어떤 것인지 알지 못한다는 사실을 깨닫게 되었다. 여기서 한 가지 이상한 패러독스가 발생한다. 즉 이데올로기적 내용과 그것을 위해 제공해줘야 하는 제도의 관리에 관해서는 그토록 많은 성찰과 논쟁이 있었지만, 여기에는 믿는다는 행위의 속성에 대한 설명이 수반되지 않았다는 점이다(영국 철학 속의 흄에서부터 H. H. 프라이스, 힌티카, 콰인 등은 예외로 하고). 오늘날에는 더이상 신앙을 조작하고 운반하고 세련되게 만드는 것만으로 충분하지 않고, 신앙이 어떻게 구성되는지에 대해 분석해야 한다. 왜냐하면 사람들은 신앙을 인공적으로 생산해내기를 원하기 때문이다. 그리고 부분적으로 상업 마케팅이나 정치가 그것을 이용한다.[6] 이제 우리가 믿어야 하는 대상은 너무 많아졌지만, 신뢰성은 충분하지 못한 상태가 되었다.

이렇게 해서 한 가지 도치가 일어났다. 과거의 권력들은 자신의 '권위'를 능숙하게 관리했고, 전문기술적, 행정적 기관이 가진 불충분함을 지지자, 충성 및 '정당성'의 시스템으로 보충했다. 그렇지만 이 과거의 권력은 합리화, 즉 통제와 공간 조직화를 통해, 지지자들의 충성심의 변동에 영향을 받지 않게 독립성을 더 확보하고자 했다. 이 작업의 결과로 발전된 우리 사회의 권력들은 모든 사회망을 감시할 수 있을 만큼 빈틈없고 엄정한 처리 방법을 소유하고 있다. 이것은 경찰, 학교, 건강, 안전 등에 관한 '파놉티콘적' 행정 시스템이다.[7] 하지만 이것은 서서히 모든 신뢰성을 상실하게 되었다. 따라서 그것은 점차 더 큰 힘과 더 적은 권위를 갖게 되었다.

전문기술자들은 그것에 대해 그다지 걱정하지 않는다. 그들은 유지와 감시의 장치들을 복합적으로 만들고 확장시키기 위해 열중하고 있다. 그러나 이것은 환상에 불과한 자신감일 뿐이다. 규율의 정밀화가, 주체들이 신앙에 헌신하고 투자하지 않는다는 사실을 상쇄해주지 않는다. 기업에서 노동자들의 의식 약화는 경찰 감시망의 목표이자 구실이고 결과였다. 그런데 노동자들의 의식 약화는 경찰 감시망보다 더 빨리 증대했다. 생산물의 낭비, 시간의 남용, '딴짓하기', 직원들의 이직과 태만 등은, 토요타[8] 공장처럼 이 모든 것을 막기 위해 감옥처럼 변해가는 시스템을 내부로부터 침식시킨다. 관공서에서, 사무실에서, 심지어는 정치적 혹은 종교적 단체 속에서, 장치의 암성癌性 변화는 신념의 소멸에 대한 반응이다. 그것은 또다시 신념의 소멸을 낳는다. 이해관계가 신앙을 대체할 수는 없다.[9]

믿음은 고갈되었다. 아니면 믿음이 미디어나 여가 쪽으로 도피하거나 혹은 휴가를 떠났다. 그러나 그렇다고 그것이 광고, 상업, 유행 등이 붙잡아 처리하려는 대상이 아닌 것은 아니다. 떠나버렸고 사라져버린 이 신앙을 되찾기 위해서 기업들은 자기 식으로 신뢰성의 시뮬라크르들을 제작하기 시작했다. 기업 쉘Shell은 경영진에게 '영감을 주고', 간부와 직원 모두가 채택해야 하는 '가치'라는 신조를 만들었다. 다른 수많은 기업들도 마찬가지다. 비록 이 기업들이 변화에 굼떠 있고 아직도 가족, 집안사람, 지역 따위의 과거 '정신'을 통해 가상의 자본을 얻을 거라 확신하고 있다 하더라도 말이다.

이 장치들 속에 신뢰할 만한 것을 주입하는 데 사용할 만한 재료는 어디에서 구할 수 있는가? 두 가지의 전통적인 보고寶庫가 있는데, 그중 하나는 정치적인 것이고 다른 하나는 종교적인 것이다. 첫번째 정치적인 것의 측면에서 보면, 행정 기관과 관리자 집단을 고도로 발전시킴으로써 운동가들의 신념이 변질되고 쇠퇴해가는 것을 상쇄한다. 이와 반대로 두번째 종교적인 것의 측면에서 보면, 붕괴되거나 쪼그라드는 제도들은, 그것들이 오랜 기간 동안 조장하고 유지하고 통제해왔던 신앙이 사방으로 흩어지는 것을 내버려두고 있다.

고고학. 믿음의 일시적 기착

이 두 가지 신뢰성의 '자산'들이 서로 맺고 있는 관계는 기이하고 오래된 것들이다.

1. 종교성을 활용하는 것은 훨씬 쉬워 보인다. 마케팅 담당 기구들은 과거에는 미신이라며 맹렬하게 반박했던 신앙의 잔재들을 탐욕스럽게 다시 사용한다. 광고는 복음주의적이 되었다. 완만하게 진행되는 교회의 난파가 위협하는 경제적, 사회적 질서를 관리하는 수많은 이들이 있다. 교회의 난파 후에는 '가치'의 잔해들이 남아 있는데, 질서를 관리하는 이들은 이것들에 '최신식'이라는 세례를 주며 이 가치를 자신들의 필요에 맞게 재활용하고자 한다. 신앙은 자신을 운반한 선박들과 함께 침몰하기 전에 재빨리 거기서 벗어나 기업과 행정 기관 속에 상륙했다. 이 유물을 사용하는 이들은 그것을 더이상 믿지 않는다. 그러나 그렇다고 해도 그들은 모든 종류의 '체제 유지 지지자들'과 함께 계속해서 이데올로기적, 금융적인 연합을 형성하고 있다. 이렇게 하는 이유는 역사에서 난파당한 것을 수리하기 위해서, 그리고 교회를 신자 없는 믿음의 박물관으로 만들고, 이렇게 따로 떼어놓음으로써 자유주의적 자본주의가 그것을 마음대로 개발할 수 있게 하기 위해서이다.

이 수리 작업은 어쩌면 잘못된 것일 수 있는 두 가지 전술적 가설 위에서 진행된다. 첫번째 가설은 신앙은 신앙의 대상들에 묶여 있고 이 대상들을 보존함으로써 신앙을 지킨다고 가정한다. 사실 (기호학과 마찬가지로 역사학이 잘 보여주었던 것처럼) 믿음의 투자는 신화에서 신화로, 이데올로기에서 이데올로기로, 언표에서 언표로 넘어간다.[10] 이런 식으로 신앙은 신화에서 물러났고 그것을 손대지 않고 온전히 내버려두었지만 신화는 폐기되고 문서로 변화되었다.[11] 이 일시적 기착중에, 자신이 조금씩 유기했던 영역에 여전히 묶여 있는 신념은, 이 신념을 다른 곳으로 이전시키려는 움직임에 맞서 싸울

만큼 충분히 강하지 못하다. 신념을 여전히 붙들고 있는 대상과, 신념을 다른 곳에 동원하려는 대상 사이에는 등가성이 없다.

또다른 전술은, 신앙은 그것의 최초의 대상들에 계속 묶여 있다고 더이상 가정하지 않고, 대신 그 대상들로부터 인위적으로 분리될 수 있다고 가정한다. 그리고 미디어의 이야기, 여가 생활의 '파라다이스', 은밀한 은신처 혹은 피정 쪽으로 신앙이 흘러가는 것은 중단되거나 그 방향이 바뀔 수 있다고 가정한다. 따라서 우리는 신앙을 교회의 품속으로, 신앙이 떠나버렸던 규율 질서 쪽으로 다시 데려갈 수 있을 거라고 가정한다. 하지만 신념은 자신이 저버렸던 영역 속으로 그렇게 쉽게 되돌아가지 않는다. 그리고 우리는 이 신념을, '믿을 수 없는 것'이 되어버린 행정 기관이나 기업들 쪽으로 쉽사리 되돌려 보낼 수 없다. 일터에 '생기를 불어넣고' '그것의 가치를 회복시킨다고' 주장하는 전례들이 직장의 기능을 변화시키지는 않는다. 마찬가지로 이 전례典禮들은 신자를 만들어내지도 않는다. 대중은 그런 것을 쉽게 믿을 만큼 순진하지 않다. 대중은 이 축제와 시뮬라크르를 재밌어하면서 즐긴다. 하지만 그것들을 '곧이곧대로 받아들이지' 않는다.

2. 정치 조직들은 믿음을 실천하는 장소로서 서서히 교회를 대체해왔다. 따라서 정치 조직들에는, 권력과 종교 사이의 아주 오래되고(전前기독교적인) 아주 '이교도적인' 동맹 관계가 떠나지 않고 있는 듯이 보인다. 모든 것은 마치, 종교적인 것은 자율적 권력(말하자면 '영적 권력')이기를 그치고, 정치적인 것은 다시 종교적인 것이 된 것처럼 진행되었다. 기독교는 믿음의 가시적 대상들(정치적 권위)과 믿음의 비가시적 대상들(신, 영혼 등)이 얽혀 있는 데 대해 단절을 수행했다. 그러나 기독교가 이 구별을 유지할 수 있었던 것은, 오직 고대 문명 말기에 정치가 일시적으로 약화되면서 비게 된 자리에 성직자, 교리, 성사聖事의 권력을 구축함으로써만 가능했다. 11세기와 12세기에 '하나님의 평화'라는 표시 아래에서 교회의 권력은 분쟁중인 시민 권력에게 자신의 '질서'를 부과했다.[12] 그후에 이어서 온 몇

세기 동안에는 왕에게 유리하도록 이 질서가 약화되었다. 17세기에 교회는 군주제를 자신의 모델로, 그리고 자신의 권리로 수용했다. 비록 교회가 여전히 '종교성'을 증거하고 있긴 하지만 말이다. 종교성은 권력을 정당화하고, 권력은 점차 자신의 평판을 위해 이 종교성의 옷을 입는다. 3세기 동안 교회의 권력이 쇠퇴하면서 신앙은 정치 쪽으로 물러갔다. 하지만 교회가 별도로 떼어두고 통제하고 장악했던 성스러운 천상의 가치들이 정치 쪽으로 귀착된 것은 아니다.

정치에서 기독교 종교로, 그리고 이 종교에서 새로운 정치[13]로 흘러가게 만들었던 이 복잡한 왕래는, 신앙의 개인주의화(공통의 준거틀은 사회적인 '견해'로 혹은 개별적인 '신념'으로 쪼개졌다)와, 가능한 여러 대상들로 더욱 다양화된 망 속에서의 신앙의 불안정성을 초래했다. 민주주의라는 아이디어는, 어떤 질서의 근거를 제공해주었던 믿음을 대체하는 다양한 신념들을 관리하려는 의지에 상응하는 것이었다. 놀라운 점은 다음과 같은 것들이다. 즉 기독교가 과거의 시스템, 다시 말해 정치의 종교적 신뢰성을 부서뜨리면서, 결국에는 과거 자신이 정치로부터 분리시켰던 종교의 신뢰도를 위태롭게 만들었다는 것이다. 그리고 기독교가 자율성을 획득하기 위해 자신이 가로챘던 것의 가치가 하락하는 데 일조했다는 것이다. 또한 기독교는 신앙이, 과거에 정당화의 원칙인 만큼이나 상대화의 원칙이었던 영적 권위를 박탈당한 (혹은 영적 권위들로부터 자유롭게 된?) 정치적 권위들 쪽으로 후퇴하도록 만들었다는 것이다. 따라서 억압된 '이교도적인 것'의 귀환은 '영적인 것'의 몰락에 의해 영향을 받았다. 기독교의 점진적 쇠퇴는 근대성에 지울 수 없는 흔적을 남겼는데, 이는 18세기에 이미 루소가 '시민 종교'라고 불렀던 (신의) '육화' 혹은 역사화를 의미한다.[14] 루소는 '자신의 신들과 자신의 법을 전혀 구별하지 않았던' 이교도 국가를, 시민의 '종교'와 대립시켰다. 시민 종교의 "법조문들을 결정하는 것은 주권자의 권한이다". "만일 누군가가 바로 이 교리들을 공개적으로 인정하고 난 후에 마치 그것들을 믿지 않는 것처럼 행동한다면, 그는 사형에 처해질 것이다.” 시민의 이 세속 종교로부터, 인간의 영적 종교가 구별되었다. 인간의 영적 종교는, 『사부아 보좌신부의 신앙고백』 속에 나오는 개인적이고 비사회적이며 보편적인 종교이다. 사람들이 말했던 것보다 훨씬 덜 모순적인 이 예언자적 관점은, 정치적, ‘세속적’ 교리의 발전을, 모든 교리에서 해방되고 권력을 박탈당한 개인의식의 급진화에 이미 연결시키고 있다. 그다음에는 사회학적 분석이 이 예측의 정확성을 확인시켜주었다.[15]

그때부터, 고대 문명 속에서 시민의 권력을 보장해주었고 서구 기독교 문명 속에서는 시민의 권력과 경쟁했던 ‘영적인 힘들’이 궤도에서 벗어나거나 분산되거나 약해졌고, 그에 따라 신앙은 오직 정치 시스템에만 다시 투입되었다.

‘영적’ 권력에서 좌파의 대립까지

오늘날, 두 개의 재판권이라 할 지상권[세속적 권력]과 교권[세속적 권력 위에 있는 절대적이고 세력화된 성직자의 지위] 사이의 구별은 오늘날 고고학적인 것처럼 보인다. 그럼에도 불구하고 이 구별은 프랑스 사회에 구조적으로 새겨졌었고, 지금은 정치 시스템 내부에 새겨진 채 지속되고 있다. 과거 기성의 권력 앞에서 교회 혹은 교회들이 차지했던 자리는, 2세기 전부터 소위 좌파라 불리는 야당의 기능 속에서 식별 가능하다. 정치 생활 속에서도 역시 이데올로기적 내용의 변화는 사회적 ‘형식’을 손대지 않고 그대로 둘 수 있다.[16] 얀센주의의 역사는, 신앙의 관점을 바꾸긴 하지만 여전히 동일한 구조적 도식 위에 있는 이 변화에 대해 알려주는 한 가지 표시가 될 것이다. 즉 예언자의 대립(17세기 포르루아얄*)은 18세기에 의회주의의 ‘계몽된’ 환경 속의 정치적 대립으로 변화된다. 우리는 거기서 성직자 혹은 유력자들로 된 지식층이, 정치적 혹은 '세속적' 권위에 대항해 (혹은 이 권위의 가장자리에서) '영적' 권력이 지탱해왔던 대립을 이어가고 있음을 분명하게 알 수 있다.

과거의 경우가 어떠했건 간에, 그리고 만일 우리가 모든 운동가적 활동을 특징짓는 심리사회학적 특징들을 너무 안이하게 (그리고 비정치적으로) 비교하는 것은 별도로 한다면,[17] 기성 질서 앞에는 또다른 세상을 주장하는 교회와 19세기 이래로 또다른 미래를 홍보하는 좌파 정당 간의 관계가 존재하고 있다. 이 두 가지 경우에서 우리는 유사한 기능적 특성을 간파할 수 있다. 거기서 이데올로기와 교리는, 권력의 담지자들이 부여해주지 않은 중요성을 가지고 있다. 즉 거기서 또다른 사회를 위한 기획은, 사건들의 정상성이나 필연성에 반대하는 담론(개량주의적, 혁명적, 사회주의적 담론 등)의 역할이 우선적이 되도록 만들었다. 윤리적 가치, 이론적 진리 그리고 순교자 명부 등을 통한 정당화는 거기서, 권력이 존재한다는 유일한 사실에 의해서만 인정받을 수 있는 권력의 정당성을 상쇄해야 한다. 사람들로 하여금 '믿게 만드는' 기술은, 아직 존재하지 않는 것과 관련된 곳에서 더욱 결정적인 역할을 담당한다.[18] 따라서 비타협적인 태도와 교조적 배척 등은, 기득권의 권력이 타협을 허용하고 종종 요구하기까지 하는 곳에서는 더욱 강력해진다. 끝으로 외견상 모순되어 보이는 논리에 의해, 모든 개량주의적 권력은 정치적 특권을 획득하고자 하고, 자신의 기획을 유지하기 위해 자신이 직접 교회식 행정기관이 되

* 포르루아얄운동은 17세기 중엽 파리 교외의 포르루아얄 수도원을 중심으로 전개된 종교운동이다. 네덜란드의 가톨릭 신학자 코르넬리스 얀세니우스의 주요 저서인 『아우구스티누스』에 입각하여 신학적으로는 예수회의 자유의지론과 대립했고, 정치적으로는 프롱드의 난과 제휴하여 루이 14세의 절대주의에 대립했다. 이 운동은 프랑스 교회 내에서 격렬한 논쟁을 일으켜 로마 교황으로부터 수차례 이단 선고를 받았고, 교회분열 문제는 정치문제로까지 발전하여 루이 14세가 적대시했다. 1664년 이후 박해를 받기 시작해서 1709년 해산했다.

고자 한다. 그리고 이런 식으로 개량주의적 권력은 자기 본래의 '순수성'을 상실하거나 혹은 이 순수성을 기구의 장식 정도로 바꾸려 하고, [이 권력을 위해 싸우는] 활동가들을 공무원이나 정복자로 변화시키고자 한다.

이 유사성은 구조적 근거를 가지고 있다. 그런데 이 구조적 근거는 전투적 활동의 심리학 혹은 이데올로기들에 대한 비판적 사회학과 직접 관련되지는 않는다. 그것은 오히려 '장소'의 논리와 관련된다. 이 '장소'의 논리는 전투적 활동의 결집, 기득권과 떨어져 있으며 그것과 경쟁하고 미래에 그것을 변화시키는 관계 속에서 사람들로 하여금 '믿게 만드는' 것의 전술들과 교회 제도의 전술들을 결과로서 생산하고 재생산해낸다.

'이교' 혹은 종파 등의 매개를 통해 기독교가 사회주의로 이행해 가는 것은 수많은 연구의 대상이 되어 왔다.[19] 그리고 이 연구들은 자신들이 분석했던 이 이행을 실제로 조작해냈다. 그런데 만일 이 이행이 종교적 신앙의 유물을 새로운 정치의 형성 쪽으로 운반해간다면, 우리는 이 버려진 신앙의 잔해가 이 움직임에서 종교적인 무엇인가를 식별해내는 것을 허용해 해준다고 결론 내릴 수 없을 것이다. 우리는 오직 믿어진 대상을 믿음의 행위와 동일하다고 부당하게 가정함으로써만, 따라서 과거에 종교적이었던 요소들이 여전히 작동하고 있는 모든 집단에는 종교적인 무엇인가가 있다고 가정함으로써만 그런 결론을 내리는 것이 가능하다.

역사학과 인류학의 자료들을 분석하는 데는 또다른 모델이 더 적합한 것처럼 보인다. 이 모델에 따르면 교회, 더 나아가 종교는 더 이상 지시 기능을 하는 단위가 아니고, 믿음이라는 행위와 믿어진 대상 사이의 가능한 관계들 속에 있는 사회적 변이형이 될 것이다. 따라서 교회는, 믿음과 앎에 관한 (형식적) 양태들이 사용 가능한 내용들의 (준어휘적) 집합과 맺을 수 있는 관계의 특정한 역사적 구성(그리고 조작造作)이라고 할 수 있을 것이다. 오늘날 믿음 행위와 앎의 행위는 과거에 종교 속에서 이루어졌던 분류와는 다른 방식으로 분류된다. 믿음 행위는 더이상 과거와 동일한 규칙에 따라 믿어진 대상에 양태를 부여하지 않는다. 끝으로 믿어야 하는 혹은 알아야 하는 대상들, 그것들을 정의하는 방식, 그것들의 지위와 그것들의 재고 등은 상당 부분 새롭게 바뀌었다. 따라서 우리는 '신앙'의 두 가지 별자리가 믿음Belief이라는 변하지 않는다고 간주되는 요소를 공통적으로 가진다는 점만 기억해둘 뿐, 이 둘을 분리하거나 연속성 속에 새겨넣을 수 없다.

이전에 교회가 했던 역할에 의해 역사적으로 결정된 장소에서 이제는 좌파 정당이 내세우는 정치적이고 전투적인 이 새로운 변이형 속에서 담론과 믿음 행위의 관계를 분석하려면 아래의 것들이 필요하다. 즉 고고학적 관점을 단념하는 것, 오늘날 믿음과 앎의 행위 그리고 그것들의 내용이 상호적으로 정의되는 방식을 찾아내는 것, 그리고 이를 통해 정치 조직 속에서 믿음 행위와 다른 사람을 믿게 만드는 행위의 몇 가지 기능을 파악하기 위해 애쓰는 것이 필요하다. 이 정치 조직 속에서는, 위치에 대한 욕구와 제약된 역사가 만들어낸 전술들이 전개된다. 현재 상황에 대한 이 접근은 거기서, 교리 체계가 항상 스스로를 믿게 만들었던 두 가지 장치를 구별할 수 있다. 첫번째는 실재의 이름으로 말하는 것처럼 주장하는 것이다. 이 실재는 접근할 수 없는 것으로 간주되고, 믿어진 것의 원리(총계)이자 동시에 믿는 행위의 원리(언제나 빼앗기고 결핍되고 검증할 수 없는 것)가 된다. 두번째는 '실재'로 말미암아 담론이 가능하게 해준 능력, 즉 실천들을 조직해주는 요소인 '신앙 개조'로 분배하는 능력이다. 우리는 오늘날 이 두 가지의 전통적인 힘을 미디어(실재의 기관)의 서술성과, 소비를 위한 생산물들에 관한 담론(이 실재를 믿고 구매할 수 있는 '물품들'로 분배하는 것)을 결합시키는 시스템 속에서 발견할 수 있다. 두번째 담론은 이미 꽤 잘 알려져 있기 때문에, 우리는 첫번째[미디어의 서술성]에 관해 강조해야 할 필요가 있다.

실재의 기관

아무 말도 없이 침묵하던 사물들은 미디어에 의해 반대로 변했다. 과거에 비밀로 구성되었던 실재는 이제 비밀을 떠벌리고 다닌다. 도처에 뉴스와 정보, 통계와 여론조사만 존재한다. 단 한 번도 역사가 이토록 말을 많이 한 적도, 이토록 많이 노출된 적도 없다. 사실 과거에 성직자들은, 오늘날 새로운 사실과 규칙의 생산자들이 뉴스라는 이름으로 사물들을 말하게 하는 것만큼이나, 지속적이고 상세하며 강제력 있는 방식으로 사물들이 말하게 만들지는 않았다. 최근 일어난 일들에 관한 이야기들이 오늘날 우리의 정통성을 세운다. 숫자에 관한 토론은 우리 시대의 신학 전쟁이 되었다. 병사들은 더이상 공격적 혹은 방어적 아이디어를 무기로 가지지 않는다. 그들은 사실, 데이터, 사건 등으로 위장한 채 전진해나간다. 그들은 '실재'의 사자使者로서 나타난다. 그들의 제복은 경제적이고 사회적 토양의 색깔을 띠고 있다. 그래서 그들이 진격할 때면 땅 그 자체가 앞으로 나가는 것처럼 보인다. 하지만 실은 그들이 땅을 만들고 그것을 가지고 시뮬레이션을 하며 위장하고 그것으로 공적을 인정받는다. 그리고 바로 이런 식으로 그들은 그들 법의 무대를 창조해낸다.

말빌, 칼카르, 크루아상, 폴리사리오 인민해방전선, 핵에너지, 호메이니, 카터* 등…… 역사의 이 단편들은 교리의 조항들로 조직된다. 정치 대변인이나 텔레비전 아나운서는 다음과 같이 말한다. "입 다무세요." "이것이 사실입니다. 여기 데이터와 상황이 있고요. 따라서 당신은 분명 ……을 해야만 합니다." 누군가에 의해 이야기된 실재는, 믿어야 하는 것과 실행해야 하는 것에 대해 끊임없이 암시한다. 그렇다면 사람들은 이 사실에 무엇을 대립시킬 수 있는가? 우리는 델포이의 신탁처럼 사실들이 '의미하는' 것에 몸을 숙이고 복종하는 수밖에 없다.[20] 시뮬라크르의 제작은 이런 식으로 신자 및 종교생활을 충실히 하는 사람을 생산하는 방법을 제공한다. 바로 이 실재의 기관[미디어]은, 현대 우리의 교리에서 가장 눈에 잘 띄는 형식이다. 그것은 따라서 정당들 사이에서 가장 많은 논쟁거리가 되는 것이기도 하다.

실재의 기관은 더이상 고유한 장소, 근거지 혹은 권위를 갖지 않는다. 익명의 코드인 정보는 사회체의 신경을 분포시키고 사회체를 가득 채운다. 아침부터 저녁까지 이야기들은 결코 길거리와 건물들을 떠나지 않는다. 이야기들은 우리에게, 우리 존재가 무엇이 되어야 하는지를 가르쳐주면서 우리 존재를 설명한다. 이야기들은 '사건을 취재한다'. 다시 말해 이야기들은 사건을 우리의 전설(우리가 읽고 말해야 하는 것)로 만든다. 아침에 잠을 깨면서부터 라디오(목소리,

* 여기에 열거된 지명과 인명은 미셸 드 세르토가 이 책을 집필하던 당시 매스미디어를 뜨겁게 달구었던 이슈들이다. 1. 말빌(프랑스의 지명)과 칼카르(독일의 지명)는 원자력 발전소로 유명한 곳이다. 프랑스에서는 68혁명 때부터 반핵운동이 시작되면서 다양한 정치적 생태주의 그룹들이 생겨났는데, 이들의 활동은 1977년 말빌에서 최고조에 달했다. 말빌 원자력 발전소는 잦은 사고로 1998년 발전소 운행이 중단되었다. 2. 칼카르는 독일의 원자력 반대운동과 연관된 지역이다. 1977년 초 반핵운동가들은 칼카르에 계획된 고속증식 원자로 건설에 반대하여 격렬한 시위를 벌였다. 1986년 발전소 건설이 완성되긴 했지만 안전에 대한 우려 때문에 가동조차 해보지 못한 채로 있다가 나중에 테마파크(원더랜드 칼카르)로 변신했다. 3. 클라우스 크루아상은 독일의 변호사로, 68년 결성된 반정부 테러리스트 단체, 적군파Red Army Faction의 변호를 담당했다. 크루아상 어페어L'affaire Croissant는 정부의 입장에 반대하며 공공의 적, 즉 테러리스트들을 변호했다는 점에서 당시 큰 논쟁을 불러일으켰다. 4. 폴리사리오 인민해방전선은 서사하라의 독립을 최종 목표로 하는 민족주의자들의 조직이다. 1975년 스페인에서 프랑코의 사망과 더불어 군사 독재 체제가 막을 내리면서 서사하라 지역에 대한 정권 이양 문제가 부각되었다. 그후 마드리드협정에 의해 스페인은 철수하고 모로코와 모라타니가 이 지역을 차지하고자 했으나, 알제리의 지원을 받은 폴리사리오는 이에 반발하여 게릴라 전쟁을 개시했다. 5. 호메이니는 이란의 이슬람교 시아파 지도자로, 1979년 이슬람혁명을 성공시켰다. 6. 지미 카터는 민주당 출신 미국 제48대 대통령(1977~81)이다. 그는 1976년 민주당 후보로 출마하여 포드를 누르고 당선되었다. 그는 에너지 개발을 촉구했으나 공화당의 반대로 무산되었다.

그것은 곧 법이다)에 붙들린 청자는 신문·잡지와 광고, 텔레비전 방송의 서사들로 이루어진 숲에서 하루종일 걷는다. 저녁에도 여전히 이 서사들은 졸음의 출입구 아래로 최후의 메시지를 밀어넣는다. 이 이야기들은 과거에 신학자들이 이야기해줬던 신보다 섭리와 숙명의 기능을 더 많이 한다. 즉 이 이야기들은 우리의 노동과 축제, 그리고 우리의 꿈까지 미리 조직한다. 사회적 삶은 서사의 모델들에 의해 **새겨진** 행동과 태도들을 다양하게 만든다. 즉 사회적 삶은 끊임없이 이야기의 '복제품들'을 재생산하고 쌓아올린다. 우리 사회는 세 가지 의미에서, [누군가에 의해] **이야기된** 사회가 되었다. 즉 우리 사회는 **이야기**(광고와 정보의 이야기)에 의해, 그리고 그와 동시에 이야기들의 **인용**에 의해, 그리고 이 이야기들의 끝나지 않는 **낭송**에 의해 정의된다.

이 이야기들은 이상한 이중의 힘을 가지고 있다. 즉 보는 행위를 믿음이라는 행위로 탈바꿈시키는 힘, 그리고 실재의 허울을 가지고 실재를 만드는 힘을 갖고 있다. 이것은 이중의 역전이다. 근대성은, 맹신에 반대하여 싸우고 눈에 보이는 것과 실재 간의 협정 위에 근거를 두고 있던 관찰의 의지에서 태어났다. 그러나 그후에 근대성은 이 관계를 바꿔놓았고, **보기**라는 행위에 **믿어야** 하는 것을 제공한다. 픽션은 시각의 영역, 지위, 대상들을 결정한다. 이런 식으로 미디어와 광고 혹은 정치적 표상 등이 작동한다.

분명히 과거에도 이미 픽션이 있었지만, 그것은 오직 미학적이고 연극적인 한정된 장소에만 존재했다. 픽션은 거기서 자기 스스로를 지시했다(예를 들면 환각의 기예인 원근법 덕분에). 픽션은 움직임의 규칙들과 생산의 조건들을 가지고, 자기 고유한 메타언어를 제공해주었다.[21] 픽션은 오직 언어의 이름으로만 말했다. 픽션은 사물들의 진실을 미결 상태, 거의 비밀스러운 상태로 두면서, 상징적인 것을 서사적인 것으로 만들었다. 오늘날 픽션은 실재를 현재적인 것으로 만들고, 사실의 이름으로 말하며, 자신이 생산한 실재의 허울을 참고할 만한 준거로 삼는다. 또한 이 전설의 수취인들(이 전설에 대해 값을 지불한 사람들)은 더이상 그들이 보지 않은 것을 믿는 것(전통적 입장)이 아니라 그들이 본 것을 믿도록(현대의 입장) 강제된다.

신앙이 자라나는 영역의 이 역전은 지식 패러다임 속의 변화에서 기인한 것이다. 즉 실재의 가시성이, 실재의 비가시성이라는 과거의 가설을 대체했다. 근대성의 사회문화적 무대는 '신화'를 주목하게 한다. 그것은 사회적 참조대상을 그것의 가시성으로(그리고 따라서 그것의 과학적, 정치적 대표성으로) 정의한다. 그것은 이 새로운 가설(실재는 가시적이라고 믿는 것)에 우리의 지식, 관찰, 증거, 실천 등에 관한 가능성을 연결시킨다. 시각적 탐구와 영상 충동이 무한히 확장될 수 있는 영역인 이 새로운 무대 위에는, 믿음의 행위와 실재의 문제 사이의 이상한 결탁 관계가 여전히 남아 있다. 하지만 그때부터 이 결탁 관계는 눈에 보이는 것, 관찰된 것, 혹은 제시된 것 속에서 움직인다. 현대의 '시뮬라크르',[22] 그것은 요컨대 '보다'라는 행위 속에 '믿다'라는 행위의 위치를 최근에 정해준 것이고, 또 믿어야 하는 것과 동일시된 보이는 것이다. 이는 한 가지 가설이 폐기된 후에 만들어졌다. 이 폐기된 가설은, 보이지 않는 바다[실재]의 파도가 눈에 보이는 해안을 사로잡고 그것을 가지고 자기 존재의 효력, 해석 가능한 기호, 자신의 존재를 속이는 그림자 등을 만들어내길 원했다. 겉으로 보이는 모습 뒤에 숨어 있는 존재(혹은 존재들)의 보이지 않는 광대함이라는 가설이 붕괴되었을 때, 가시적인 것이 실재와 맺고 있는 관계가 변해서 시뮬라크르가 된다.

이야기된 사회

관객-관찰자는 '픽션'에 지나지 않는 이미지의 이야기, 즉 눈으로 볼 수 있고 읽을 수 있는 생산물을 마주했을 때 이것이 단지 조작의 결과인 '허울'뿐이라는 것을 잘 알고 있지만 —"나는 그것이 허풍인 걸 잘 알고 있어요"—그럼에도 불구하고 그는 이 시뮬라시옹에 실재의 지위를 상정한다.[23] 이처럼 신앙은, 그것의 제작에 관해 우리가 알고 있는 모든 것이 내세우는 반박을 견디며 살아남는다. 마치 텔레비전 시청자가 "만일 저게 가짜라면, 사람들은 그것을 알게 되겠지!"라고 말하는 것처럼 말이다. 그는 그가 허구라고 알고 있던 것을 보증해줄 수 있는 또다른 사회적 장소들을 전제한다. 그리고 이것이 바로 그가 '그럼에도 불구하고' 그것을 믿을 수 있게 만들었던 것이다. 마치 신앙이 더이상 곧은 신념으로 일컬어지지 않고, 오직 다른 사람들이 믿는다고 추정되는 것을 우회함으로써만 말해질 수 있었던 것과 같다. 신앙은 더이상 기호의 뒤에 숨겨진 비가시적 타자성 위에 세워지지 않고, 다른 집단, 다른 영역, 다른 규율이 존재한다고 가정된다는 사실 위에 세워진다. '실재'란, 각기 주어진 자리에서 또다른 자리를 참고하는 것이 사람들로 하여금 믿게 만드는 바로 그것이다. 과학의 영역에서도 마찬가지다. 예를 들면 정보과학과 역사학의 관계는 놀랄 만한 오인 위에서 작동한다. 즉 역사학자들은 정보과학에, 자신들의 담론에 실질적이고 전문적인 영향력을 부여해줄 수 있는 '과학적' 권력의 신임장을 요구한다. 그리고 정보처리 기술자들은 역사학에, 지식의 '구체성'이 마련해주는 '실재'를 통해 자신들의 유효성을 인정해달라고 요구한다. 이처럼 양쪽은 모두 상대로부터 자신의 시뮬라크르에 중요성을 보장해줄 것을 기대하고 있다.[24]

정치에서도 이는 똑같이 작동된다. 각 정당은, 자신이 믿고 있는 것으로부터, 또한 다른 이로 하여금 자신의 지시대상(동구권에서 완수된 혁명의 '경이')에 대해서 혹은 자신의 적수(자기 반대편에 있는 악인들의 악행과 불행)에 대해서 믿게 만듦으로써 신뢰성을 획득한다. 각각의 정치 담론은, 이 담론을 지탱해주는 경제 분석(경제 분석은 정치에 위임함으로써 그 유효성을 인정받게 된다)을 전제로 삼고 또 전제로 삼게 만들면서 실재의 효과들을 이끌어낸다. 각 정당 내부에서 '대표자들'이 가진 전문적 담론은, 그들이 하부 조직의 활동가들 혹은 유권자들에게 있다고 추정하는 맹신 덕분에 지속된다. 그리고 이는 수많은 유권자들이 정치기구의 관리자들에 대해 가정하는 신념 혹은 지식을 드러내 보여주는 "나는 그것이 허풍인 걸 잘 알고 있다"는 말과 흥미로운 대조를 이룬다. 신앙은 이런 식으로 실재라는 가치 위에서 작동한다. 실재는, 우리가 있는 자리에서 그것이 얼마나 '빌어먹을 만한 것'인지 '잘 알고', 심지어 아주 잘 알고 있을 때조차도, 우리는 타인에 대해 '어쨌거나'라고 가정하는 것이다.

따라서 인용은 다른 사람으로 하여금 믿게 만드는 절대적인 무기가 될 것이다. 인용은 타인이 믿고 있다고 가정되는 것 위에서 작동하기 때문에, 인용은 결국 '실재'가 설립되는 방법이 된다. 다른 것을 자기에게 유리한 방향으로 인용하는 것은, 따라서 특정 장소에서 생산된 시뮬라크르를 믿을 만한 것으로 만드는 것이다. '여론조사'는 가장 기초적이고 가장 소극적인 형태의 인용 방식이다. 항구적인 자기 인용(여론조사의 증가)은 하나의 픽션으로, 이 픽션에 의해 국가는 자신이 무엇인지를 믿게 된다. 모든 시민은 그가 다른 이들의 신앙으로부터 배운 모든 것을 필요로 하지만, 자기 자신은 그것을 믿지 않는다. 믿을 수 없는 것이 된 교리들을 대체하면서, 인용은 기술관료주의 기구들이 자기 스스로를 타자의 이름으로 각 사람에게 믿을 만한 것이 될 수 있게 해준다. 인용한다는 것은 권력이 생산해낸 시뮬라크르에 현실성을 부여하는 것이다. 하지만 그것은 믿을 만한 어떠한 대상도 제공하지는 않으면서, 다른 이들이 그것을 믿고 있다는 사실을 믿게 만들면서 그렇게 한다. 하지만 인용한다는 것은 또한 '무정부주의자들' 혹은 '일탈자들'을 가리키는 것이기도 하다(여론 재판에서 그들을 인용한다). 즉 인용한다는 것은, 자신이 그것을 믿지 않는다는 것을 행위를 통해 확실히 보여주면서 허구적 '현실'을 파괴하는 사람들을 공공의 공격에 처하도록 만드는 것이기도 하다. 이 허구적 현실은 각 사람이 타인의 신념이라는 이름을 내세우며 '어쨌거나'

유지될 수 있는 것이다.

'여론을 만드는' 이 기구는, 이 기구를 소유하고 있는 이들에 의해 조작이 가능함에 따라, 우리는 이 기구가 제공하는 능력, 즉 '신앙'을 '불신' '의혹', 심지어 고소로 바꿀 수 있는 능력에 관해 조사할 권리가 있다. 그리고 시민들이 가진 가능성, 즉 정치적 삶 그 자체를 위해 근거도 없고 유동적인 신뢰성의 역할을 하는 것을 정치적으로 통제할 가능성에 대해서도 조사할 권리가 있다.

제14장 이름 붙일 수 없는 것: 죽음

죽어가는 사람 곁에서 병원 직원은 자리를 뜬다. 이를 '의사와 간호사의 도피 신드롬'[1]이라 한다. 이렇게 거리를 두는 것은 살아 있는 자를 벌써 죽은 자의 지위에 놓는 명령을 동반한다. "그는 쉬어야 합니다. 자게 내버려두세요." 죽어가는 사람은 조용히 그리고 휴식중에 있어야만 한다. 환자에게 필수적인 치료와 진통제를 넘어 이 지시 사항은 환자의 측근에게 불안과 절망, 고통의 발화를 견디지 못하는 무능을 문제삼는다. 즉 이것은 말해져서는 안 된다.

죽어가는 사람들은 생명의 보존에 의해, 그리고 그것을 위해 조직된 제도에서 벗어난 일탈자들이기 때문에, 그들은 내쫓긴다(버림받는다). 제도적 배척의 현상이라 할 '예견된 죽음'은 이들을 '죽음의 침실'에 미리 집어넣는다. 즉 예견된 죽음은, "나는 죽을 거야"라고 울부짖으며 병실을 둘러싼 벽을 무너뜨릴 목소리에 맞서 산 자들을 보호하려고 죽어가는 사람들을 침묵으로 혹은 더 끔찍하게는 거짓말로 에워싼다. 이 절규는 곤혹스럽게 기품 없는 죽음을 만들어낼 것이다. 거짓말("아니 그렇지 않아요. 좋아질 거예요")은 소통에 반하는 확신이다. 만일 금지된 말이 갑작스레 나타났다면, 그것은 병원 관계자들을 소집시키고 치료는 곧 치유를 의미한다고 가정하면서 실패를 인정하기 싫어하는 몸부림에 대한 배신이 될 것이다. 그것은 신성모독이다.

사유의 대상이 될 수 없는 실천

유예된 죽음의 상태에 있는 죽어가는 사람은 사유의 대상 바깥으로 떨어진다. 이때 사유의 대상이란 실행할 수 있는 것과 동일시되는 것이다. 죽어가는 사람은 의료적 처치의 가능성이 둘러싼 영역을 벗어나서 무의미의 영역으로 들어간다. 더이상 아무것도 실행될 수 없는 곳에서는 아무것도 말로 표현될 수 없다. 게으른 사람과 마찬가지로, 혹은 그보다 더, 죽어가는 사람은 부도덕하다. 이 둘 중 하나는 일을 하지 않는 주체이고, 다른 하나는 노동에 자신을 내주는 것조차 하지 않는 객체이다. 이 둘은 모두, 주체의 사라짐이 도처에서 일의 증대에 의해 상쇄되고 은폐되는 사회 속에서 용납될 수 없다. 따라서 죽음을 다루기 위해서는, 그리고 시체가 내세우는 한계를 착취의 과정에 넘겨주기 위해서는, 기술관료적 전체주의 속에서 필연적인 나치즘이 필요했다.

행동 없는 주체 그리고 주모자 없는 조작 간의 결합 속에서, 개인들의 불안과 실천들에 대한 관리 간의 결합 속에서, 죽어가는 사람은 주체의 문제를 비행위의 극단적 경계로 끌고 간다. 이 경계 위에서 주체의 문제는 가장 격에 맞지 않고 가장 용인하기 어려운 것이 된다. 우리에게 노동의 부재는 곧 무의미이다. 그런데 지칠 줄 모르게 해야 할 일에 대해 분명하게 말하는 담론이자, "언제나 뭔가 할일이 있다"는 서구의 이야기를 구축하는 담론이 계속되기 위해서는 이 무의미를 제거해야만 한다. 죽어가는 사람은 이 담론의 오류이다. 그는 외설적ob-scène이고, 오로지 외설적이 될 뿐이다. 따라서 그것은 검열되고, 언어를 박탈당하고, 침묵의 수의壽衣로 둘러싸인다. 즉 그것은 이름 붙일 수 없는 것이다.

가족도 역시 아무것도 말할 수 없다. 병자는 제도에 의해 가족으로부터 제거되었다. 이 제도는 환자 개인을 책임지는 것이 아니라, 환자의 질병을 책임진다. 질병은 건강을 보호하는 데 헌신하는 전문가들(마치 다른 사람들이 질서나 위생을 보호하는 데 종사하고 있는 것처럼)에 의해 따로 분리되고 변형되고 혹은 제거된다. 과거의 유토피아에 상응하듯, 거리와 집에서 노동의 이성에 기생하는 모든 것(쓰레기, 범죄, 불구, 노화)을 소탕하는 사회에서 병자는 그 사회의 바깥으로 쫓겨난다. 병자는 자신의 질병을 따라서, 사람들이 질병을 치료하는 곳으로, 즉 질병이 즉시 삶과 일상어에 낯선 언어학적이고 과학적 대상으로 변화되는 전문화된 기업 속으로 가야 한다. 병자는 전문기술적이고 은밀한 구역(병원, 감옥, 쓰레기장) 속에 따로 분리되어 있다. 이 구역들은 살아 있는 자들에게 생산과 소비의 연쇄에 제동을 거는 모든 것이 가하는 부담을 덜어주고, 또 아무도 침투하지 못하는 어둠 속에서 진보의 외관으로 회부될 수 있는 것을 바로잡고 추려낸다. 거기에 붙들려 있는 병자는 자신의 측근들에게도 알려지지 않은 미지의 사람이 된다. 그는 더이상 그들의 집에 머물지도 그들의 말속에 머물지도 않는다. 아마 추방된 자는 외국에서 되돌아올 수도 있을 것이다. 그러나 그의 본국에서 이 낯선 나라의 언어는 알려져 있지 않고 결국 이 언어는 잊힐 수밖에 없을 것이다. 만일 그가 되돌아오지 않는다면, 그는 공간과 친숙한 언어 속에서 묘사될 수 없는 노동과 실패의 대상, 멀리 떨어져 있고 의미화될 수 없는 대상으로 남게 될 것이다.

죽음이란 한편으로는 의학적 투쟁의 일시적 중단 혹은 실패로 간주되고, 다른 한편으로는 공통의 경험에서 벗어난 것으로, 따라서 그것은 과학적 권력의 한계 지점에서 그리고 일상적인 실천들 바깥에서 불시에 나타난다. 죽음은 한마디로 외딴곳이다. 공식적으로 '휴식'은 오직 불활성 상태이거나 낭비라고 간주하는 사회에서, 죽음은 예컨대 더이상 유통되지 않는 종교적 언어에 내맡겨지고, 과거에는 신앙이 깃들어 있었지만 지금은 그렇지 않은 의례들로 넘겨진다. 죽음은 과거의 공간 속에 자리를 잡는다. 이 과거의 공간 역시 과학적 생산성에 의해 '위치가 바뀌었지만', 적어도 의미가 상실된 이 대상을 몇몇 기호들(이제는 해독할 수 없는 것이 된 기호들)로 설명해주는 무엇인가를 제공해준다. 전형적인 국가적 스펙터클로서의 죽음의 예를 들 수 있다. 드골 장군의 죽음을 둘러싼 호사스러운 행사는 오랫동안 대다수 유력자들에 의해 '미신'으로 간주되었다. 그런데 이 유력자들의 죽음 역시 여기에 위탁했다. 그들은 그들이 믿을 수 없었던 언어에, 그들이 이름 붙일 수 없었던 것을 맡겼다. 종교, 악마, 마녀 혹은 초자연적인 것들의 목록 속에, 즉 부차적인 것이 된 어휘들 속에서, 은밀하게 침전되어 있는 것 혹은 은폐된 채 다시 떠오르는 것은, 바로 사유의 대상이 될 수도 없고 이름 붙일 수도 없게 된 죽음이다.[2]

말하는 것은 곧 믿는 것이다

억압된 죽음은 이국적 언어(과거의, 고대 종교의, 멀리 떨어져 있는 전통의 언어)로 되돌아온다는 것. 죽음은 낯선 방언들로 환기되어야 한다는 것. 그리고 '자기 집에서' 죽는 것만큼이나 자기 언어로 죽음에 대해 말하는 것은 어렵다는 것. 이것은 오직 변장한 채로만 되돌아올 수 있는 추방된 것을 정의하는 것이다. 모든 문학은 비상식적인 것과의 관계들이 집중되는 지점을 가리킨다는 사실은 말 없는 죽음의 역설적 징후이다. 텍스트는 이성의 이 상처 주변에서 팽창한다. 다시 한번, 텍스트는, 단지 입 다물고 잠자코 있을 수밖에 없는 것에 의해 유지된다. 죽음, 그것은 곧 주체의 문제이다.

이것에 대한 한 가지 지표가 있다. 정신분석 치료의 경험은, 환자가 자신의 죽음의 장소에 대한 입장을 어느 정도까지 진술하는지를 보여준다. 우울증 환자는 "나는 죽을 수가 없다"라고 말한다.[3] 강박증 환자는 "나는 죽지 않을 수가 없다"고 말한다(프로이트는 "무엇보다도 강박증에 사로잡힌 사람들은 갈등을 해결하기 위해 죽음의 가능성을 원한다"고 썼다).[4] 하지만 환자의 이 입장이 정신분석 교류의 영역 속에서 등장하기 전에는, 오이디푸스의 문제에 속해 있다. "결국 내가 진정으로 사람이 되는 것은 내가 더이상 아무것도 아닐 때인가?" 자크 라캉은 이에 다음과 같은 논평을 달았다. "바로 거기에서 이야기의 후속편이 시작된다. 즉 쾌락의 원칙을 넘어선 곳에 말이다." 하지만 분명히 바로 거기에서 세번째 침묵이, 관련 제도의 침묵과 공통 언어의 침묵에 덧붙여진다. 그것은 환자 그 자신의 침묵이다. 환자는 특히 **말하기**를 찾으려 한다. 보리스 비앙은 다음과 같이 썼다.

나는 쓰러지기 싫어요
안 돼요 아저씨, 안 돼요 부인
나를 고문하는 맛,
가장 강력한 맛을
느껴보기 전에는.
나는 쓰러지기 싫어요
죽음의 풍미를
맛보기 전에는.

쓰레깃더미에서 녹초가 되어 쓰러지는 것 — 서구에서 일반화된 **삶의 투쟁** 아래 감춰져 있는 강박관념 — 과 죽는 것의 차이는, 소유와 표상의 붕괴 위에서 "**존재란 무엇인가?**"라고 분명하게 발음하는 말이다. 이 질문은 '쓸데없는' 것이다. 이것은 더이상 아무것도 말하지 않는 말하기, 상실 — 말하기는 이 상실로부터 형성된다 — 외에는 다른 아무것도 가지지 않는 말하기이다. 녹초가 되어 작동을 멈춘 기계와 죽는 행위 사이에는, 그것에 대해 말할 가능성이 존재한다. 이 둘 사이에 죽을 수 있는 가능성이 나타난다.

녹초가 되어 쓰러지는 것과 죽는 것의 차이의 문턱에서 멈춰 선 죽어가는 사람은 점점 아무것도 아닌 것이 되어가고 있는데 그는 이 아무것도 아닌 것에 대해 말하는 것도 방해받고, 질문을 하는 행위조차 할 수 없다. 그에게는, 그가 더이상 재산도, 보여줄 증거도 아무것도 없는 이 순간에, 타자의 언어 속에서 받게 될 자리를 자기 자리로 갖는 것만으로 충분할 것이다. 자신의 출생 때와 마찬가지로 자신의 죽음에서도 어떠한 고유한 특성도 그에게 권리를 주지는 않는다. 그는 단지 호명되는 것 — "나사로야!" — 그리고 다른 욕망의 언어 속에 자신의 고유명사로 흔적을 남기는 것으로 충분할 것이다. 그리고 이것은 단순한 교환 너머의 소통이 될 것이다. 여기에서는 그가 자신이 가질 수 없는 것 및 상실과 맺는 필연적 관계를 욕망한다고 인정할 것이다. 이것은 아마 죽음을 '상징화하는 것'이 될 것이고, 이것을 위해 단어들(어떠한 내용도 '보고하지' 않는 단어들)을 찾는 것이며, 대화의 언어 속에 부활, 그러나 생명을 다시 돌려주지는 않는 부활이 들어올 수 있게 문을 열어주는 것이 될 것이다.

하지만 이 장소는 고립된 사람에게는 용인되지 않는다. 권력과 사회적 체면을 잃는 것은 그에게 이 장소가 용인해주는 것처럼 보였던 것, 즉 상호적 관계에 접근하는 것도 역시 금지시킨다. 이 상호적 관계의 어휘는 오직 "나는 네가 그리워"라고 말할 뿐이다.

그럼에도 불구하고 죽음, 믿음, 말하기 사이에는 최초의 그리고 최후의 일치가 존재한다. 만일 '믿다'라는 것이 나보다 앞서 있으며 끊임없이 일어나는 타자와의 관계를 지칭하는 것이라면, 사실 나는 내 생애를 통해 궁극적으로 나의 죽음을 믿을 수밖에 없다. 타자성 전체에 대한 지표인 나의 죽음만큼이나 '다른 것'은 없다. 또한 타자에 대한 나의 욕망을 말할 수 있는 장소, 그리고 타자에 대한 나의 기다림의 무력한 언어 속에서 내가 받아들여진 데 대한 감사 — 아무런 보증도, 줄 수 있는 재산도 없이 — 를 말할 수 있는 장소를 나의 죽음보다 더 잘 보여줄 수 있는 것은 아무것도 없다. 따라서 **말하기**가 무엇인가에 대해서 나의 죽음보다 더 확실하게 정의내릴 수 있는 것은 아무것도 없다.

글쓰기

'마지막 순간'은, 말하기의 욕망이 도피하고 심화되며 무화되는 최후의 지점일 뿐이다. 기다림의 형식을 띠고 있는 죽음은 아마 사회생활 속에 이미 슬그머니 비집고 들어가 있을 테지만, 그것은 언제나 자신의 외설성을 숨겨야 한다. 죽음의 메시지는 일그러지고 있는 얼굴들 속에서 자신을 드러내지만, 이 얼굴들은 그것이 드러내 보이는 것을 말하기 위해 거짓말을 할 뿐이다(내 눈과 주름 그리고 수많은 통증들이 들려주는 노화의 이야기들아, 조용히 해라). 그리고 우리는 그 얼굴들이 말하지 못하도록 주의한다(얼굴들아, 우리가 알고 싶지 않은 것을 우리에게 말하지 마라).

죽음의 비밀스러운 **부도덕함**은 정신분석학이나 종교가 그것을 위해 마련해둔 보호된 동굴 속에 가라앉아 있다. 그것은 점성술, 강신술降神術, 주술 등의 광범위한 메타포들에 자리잡고 있다. 그리고 이 언어들은 진보 사회와 '구별되는' 반계몽주의의 영역을 형성하는 한 용인될 수 있는 것이었다. 말하기의 불가능성은 따라서 화자의 노력이 화자와 함께 무효화되는 순간 이전으로 거슬러올라간다. 이 불가능성은, 장소를 수호하기 위해 죽음을 유폐하거나, 도시의 경계 밖으로, 시간과 노동 및 언어 밖으로 몰아내는 모든 절차들 속에 새겨져 있다.

하지만 죽어가는 자의 이미지를 만들어내면서 나는 동일한 방식으로 행동한다. 나는 죽음을 다른 곳, 즉 병원 혹은 최종 일각에 국한시키는 속임수에 동참했다. 그리고 나는 죽음을 타자의 이미지로 바꿔버렸다. 이 이미지를 죽어가는 사람과 동일시하면서 나는 죽음을 내가 알지 못하는 장소로 만들었다. [죽음에 대한] 표상을 통해서 나는, 이웃집에 욱여넣은 죽음, 내 것이 아니라고 가정되는 어떤 순간 속에 처박아둔 죽음을 쫓아냈다. 나는 내 장소를 보호한다. 내가 말하고 있는 이 죽어가는 사람은, 만일 그것이 내가 아니라면 언제나 외설스러운 채로 남아 있을 것이다.

그러나 글쓰기라는 작업 그 자체에서 급변이 이루어지기 시작한다. 이 작업의 재현들은 결과 그리고/혹은 쓰레기일 뿐이다. '의미'는 몸짓 속에, 글쓰기라는 행위 속에 감춰져 있기 때문에 나는 내가 만들어낸 것이 무엇인지에 대해 자문한다. 불가능한 말의 요청에 의해서가 아니라면 왜 글을 쓰는가? 글쓰기의 시작점에는 상실이 존재한다. 말해질 수 없는 것(존재와 기호의 불가능한 일치)은, 정체성의 비장소와 사물의 희생을 자기 원칙으로 삼고 있는 늘 다시 시작하는 작업의 전제이다. "그걸 써, 빌어먹을 자식아, 그걸 쓰라고!"[5]라는 제임스 조이스의 명령은 기호로부터 벗어난 존재에서 발생한다. 글쓰기는, 언어의 발걸음이 남긴 유물인 각각의 문단을 가지고 이 결합을 반복한다. 글쓰기는 자신의 전제조건이자 자신의 목적이 되는 부재를 명백하게 설명한다. 글쓰기는 점유된 자리들을 연속적으로 포기함으로써 전진한다. 그리고 글쓰기는 자신에게서 벗어나는 외재성 위에서 뚜렷하게 나타난다. 즉 다른 곳에서 온 수신인, 욕망의 움직임이 페이지 위에 그어놓은 경전의 궤적 위에서 예상은 했지만 결코 원하지 않는 방문자 위에서 뚜렷하게 나타난다.

말의 상실이 행한 실천으로써 글쓰기는 자기 자신의 바깥, 다른 장소, 즉 독자의 장소에서만 의미를 갖는다. 자신이 결코 다다를 수 없는 이 존재를 향해가면서, 글쓰기는 자기 고유의 필요로서 이 장소를 만들어낸다. 글쓰기는 말을 향해간다. 말은 글쓰기에게 결코 주어지지 않는 것이다. 따라서 말은 구속되지 않고 절대적인 응답, 즉 타자의 응답에 무한정으로 연결되는 움직임을 구축한다. 그리고 이 [말의] 상실로부터 글쓰기가 형성된다. 그것은 지식의 영역, '신호 보내기'를 배우는 영역을 가로지르는, 죽어가는 자의 몸짓이자 소유의 결여이다.

이런 식으로, 말해지지 않는 죽음은 글로 쓰일 수 있게 되고 언어를 찾을 수 있다. 비록 이 소모의 작업 속으로 다음과 같은 욕구가 끊임없이 되돌아온다 하더라도 말이다. 즉 목소리를 통해 소유하려는 욕구, 상이한 존재들의 윤곽을 분명하게 보여주는 뛰어넘을 수 없는 경계를 부정하려는 욕구, 지식 속에서 각 장소가 타자들과 맺는 관계가 창출하는 취약함을 망각하려는 욕구가 끊임없이 되돌아온다 하더라도 말이다.

치료하는 권력과 그것의 복제품

죽음과의 관계 속에서 구축된 이 '문학적' 글쓰기로부터 '과학적' 시스템(이것 역시 '경전적'이다)은 구별된다. '과학적' 시스템은 삶과 죽음 사이의 단절에서 출발하고, 죽음을 자신의 실패, 좌절, 혹은 위협인 양 직면한다. 3세기 전부터 삶과 죽음 사이의 이 분할은 필수적이었는데, 그 이유는 과학적 야망으로 가득차 있는 담론들, 타자의 결핍에서 비롯된 침체 없이 계속 진보해갈 수 있는 담론들이 가능해지도록 만들기 위해서였다. 하지만 이 담론들은 권력의 제도로 바뀜으로써만 실제로 설립될 수 있었다.

이런 식으로 죽음에 정복의 과업을 대립시켰던 단절, 그리고 치료 목적의 경제적 관리를 통해 18세기 시골 — 불행의 지역, 살아 있는 죽음의 새로운 영토 — 의 거대한 빈 공간을 차지하려 했던 의지는, 빈곤에 대한 관계 속에서 지식을 조직했다. 의료 지식의 제도화는, 학교에서부터 병원에 이르기까지 사회적 공간 속에서 죽음의 작용에 저항하여 싸우는 온갖 수단을 포괄하는 치료하는 정치라는 거대한 유토피아를 만들어냈다. 권력으로의 일반적인 변화는, 치유하기 그리고 더 나아가 예방 차원에서 질서를 수립하는 것 등을 담당하는 행정 절차에 '의료적' 형태를 부여한다.

이 보건 캠페인은 모든 틈, 즉 적이 슬며시 침투할 수 있는 틈을 봉해야 했다. 그것은 심지어 학교조차 '의료 경찰police médicale'의 특별 구역으로 등록시켰다. 그것은 보건 대책들을 통해, 질병에 무방비한 상태로 열려 있는 사적이고 은밀한 모든 경로들을 메우기 위해 사적인 삶의 영역들을 휩쓸었다. 그것은 위생을, 생체적 불행에 저항하는 투쟁 속에서 국가적 차원의 문제로 만들었다. 정치의 이 의료 모델은 신체의 무한한 진보라는 서구적 야심(이것은 도전의 경제 속에 있다. 그리고 스포츠는 이를 위한 공적 무대가 되었다)과, 영속적이며 암암리에 진행되는 퇴화(퇴화는 국가의 식민지적 팽창의 기초가 되었던 생물학적 자본의 평판을 위태롭게 만든다)에 대한 강박증과 동시에 연관되어 있었다.

의지에 부합하는 공간을 구성하는 가능성으로서의 글쓰기는, 마치 유동적이고 불투명하며 쉽게 사라져버리는 페이지 위에서처럼 신체 위에서 분명히 드러났다. 이로부터 책은 경제적, 인구통계적, 교육학적 공간의 장 속에서 실험실의 경험이 되었다. 책이란, 이 용어의 과학적 의미에서 볼 때, 글씨를 쓸 수 있는 신체의 '픽션'이다. 그것은 신체를, 사회가 그 위에 글씨를 쓸 수 있는 것으로 만들기를 목표로 하는 미래 전망이 구축한 '시나리오'이다. 그때부터 사람들은 더이상 신체 위에 글을 쓰지 않는다. 신체 그 자체가 스스로 글쓰기로 변화되어야 한다. 글로 쓰인 것과 삶이 맺은 관계인 이 신체-책은, 인구통계학에서부터 생물학에까지 점점 과학적 형식을 띠게 되었다. 그리고 이 과학적 형식의 전제는 도처에서 노화에 저항하는 싸움이 된다. 노화는 어떨 때는 통제 가능한 요인들의 집합으로 파악되기도 하고, 또 어떨 때는 불가피한 것으로 파악되기도 한다. 이 과학은 백지로 변화된 신체로, 이 백지 위에서 경전의 작동 과정은 실행 의지의 전진과 진보를 끝없이 생산해낼 수 있다.

하지만 글을 쓰는 종이처럼 이 신체-받침대도 닳아버렸다. 삶의 관리, 신체의 통제 혹은 신체의 글쓰기와 같이 생산된 것은 작동 중인 죽음에 대해 끊임없이 이야기한다. 과학 담론에서 빠져나가거나 혹은 그것으로 되돌아오는 것은, 그 담론이 쫓아내야 한다고 주장하는 강박적인 상대방을 인정하게 된다. 그리고 이 옆에서, 정치적이고 치료적인 기능을 하는 제도 주위에서 문학이 증식한다. 문학은 이 악마가 다시 지면으로 올라오게끔 만들고, 추방당한 것이 염려스러울 정도로 우리 가까이에 있다고 이야기한다. 니체에서부터 바타유에까지, 사드에서부터 라캉에까지, 18세기 이후 '과학적' 담론이 창설되면서 이 담론의 '고유한' 영역에서 몰아내고 타자로 구축한 이 '문학'은, 제거된 것의 귀환을 언어 속에 표시해둔다. 오늘날 문학은 또한 **픽션**의 영역이기도 하다. 그것은 지식이 말하지 않는 것에 대해 안다고 자백한다. 문학은 '다르다'. 그것이 다른 유일한 이유는, 그것이 경전의 작동이 생산해낸 대상들을 더이상 다루지 않고 이 작동 그 자체를 주제로 삼았기 때문이다. 문학은 글쓰기 그 자체에 대해, 즉 죽음의 영역 속에서의 책의 작업에 대해 말한다. 문학은 경전의 신화 그 자체의 귀환이다. 그것은 책의 공간 속에 분별없는 타자—사회적 **텍스트**는 이 타자의 자리를 빼앗기 원했다—가 다시 나타나게 내버려두었다는 의미에서 '픽션'이다. 그것은 심지어 자신이 제거된 장소에서도, 분리될 수 없는 추방된 것을 무대 위에 올린다. 섹슈얼리티와 죽음은 차례로 이 추방된 것에 대해 의문을 제기한다. 과학이 창조해낸 환상에 아직도 사로잡혀 있다는 조롱의 방식으로, 혹은 왜곡과 박탈의 시학으로 과학에 응답하면서 경전의 공간은 에로틱해진다. 진보의 신화 형식 — 책 — 속에서 재건을 위한 위험한 움직임이 전개된다. 신체 그 자체는 마침내, 타인의 상처에서 유발된 황홀경처럼, 덧없음과 분리 불가능한 즐거움의 '소모'처럼, 소멸하는 것에 '과도함'을 결합시키는 포착 불가능한 소실점처럼 글로 쓰인다.

흘러가는 시간을 결코 낭비하지 않고 시간을 아끼고 시간을 벌 수 있는 가능성, 자본을 불멸성의 대체물로 만들기 위해 획득된 것으로부터 수익을 창출할 수 있는 가능성 등과 연관된 경전적 문제설정 속에서, 신체는 삶과 죽음의 동시성의 순간, 즉 동일한 장소에 이 둘이 함께 있는 순간처럼 다시 되돌아온다.[6]

소멸하는 것

여전히 죽음은 이름 붙일 수 없는 채로 있다. 그런데 죽음에 특별한 자리를 할당할 수는 없지만, 죽음은 삶의 담론 속에서 글로 쓰인다. 생물학은 '내부에서 강요된 죽음'을 재발견했다. 프랑수아 자코브는 "섹슈얼리티를 통한 재생산 속에서 개인들은 죽어야만 한다"고 썼다.[7] 죽음은 진화의 가능성의 조건이다. 개인들이 자신의 자리를 잃는 것, 이것이 바로 종種의 법칙이다. 자본의 상속과 증대는 언제나 죽음이 서명해야 하는 유언장에 의해 보장된다.

섹슈얼리티 및 죽음과의 관계를 모든 면에서 글쓰기로 귀착시키는 기호들의 저편에서, 우리는 다음과 같이 질문해볼 수 있다. 즉 억압된 형상들("프로이트의 시대에 그것은 섹슈얼리티와 도덕주의였다. 그리고 현재 그것은 한계 없는 테크놀로지의 폭력과 부조리한 죽음이다"[8])을 이동시키는 역사의 움직임이, 사회적 실천들을 분명히 보여주었고 자신의 효율성이 감소함에 따라 재현으로 이행해가는 모델을 서서히 발견해가는 과정이 아니었는지 말이다. 죽음에 저항하는 글쓰기의 권력 위에 구축된 문명의 쇠퇴는, 그 문명을 체계화했던 것을 글로 쓸 수 있는 가능성으로 표현될 수 있을 것이다. 마치 한 권의 책이 되기 위해서는 죽어야 하는 것처럼, 오직 한 시대의 종말만이 무엇이 그것을 살아 있게 했는지 진술할 수 있게 해준다.

따라서 (이 책을) 쓴다는 것은, 적지適地를 가로질러, 패배의 영역 그 자체 속에서, 죽음을 다른 곳에 위치시킴으로써 분명하게 드러난 보호지의 바깥을 걸어가야 하는 것이다. 그것은, 인접한 곳에서 그리고 죽음의 공간 속에서까지, 소멸하는 것의 어휘를 통해 문장을 생산해내는 것이다. 그것은 향유하는 것과 조작하는 것 간의 관계를 실천하는 것이다. 그리고 이 둘 사이에서, 재화 생산의 실패(오류)는 기대의 가능성(신앙)을 만들어낸다. 여기에는 전유의 과정은 없지만 이미 감사로 충만하다. 말라르메 이래로 경전적 경험은, 전진하는 행위가 죽음의 토양(전진하는 행위는 이 토양 위에 자신의 흔적을 남긴다)과 맺는 관계 속에서 전개되었다. 이런 점에서 볼 때, 작가는 그 또한 말을 하고자 애쓰며 죽어가는 사람이다. 하지만 자신의 발걸음이 검은(더이상 희지 않은) 페이지 위에 새기는 죽음 속에서 그는, 식어버린 관심 속에서 살아남기 위해 타자로부터 경이로우면서 찰나적인 초과분을 얻고자 기대하는 욕망을 인식하게 되고 또 이에 대해 말할 수 있다.

불확정적인 것들

indéterminées

"일상생활이 가진 명암의 무정부 상태."
—죄르지 루카치

이론은 "다양한 관점들"로 된 다원적 인식론을 격찬한다. "이 다양한 관점들 중 각각의 관점은 다른 관점들과 거의 동일한 보편성의 힘을 가지고 있다." "길 혹은 섬유 조직을 따라 순환하는" 기예이자 운송과 교차의 기예인 [이론의] 진보는 '엮기'이다. 개인적 기질과 관련해서 진보는 "실체 없는, 즉 고정성도 준거도 갖지 않은 소통의 철학"[1]으로 이끌 것이다.

그런데 합리적 **전문기술**은 그다지 유쾌하지 않은 방식으로 교조주의를 제거한다. 전문기술은, 검토와 계획 속에 불명료함과 모호함을 만들어내는 간섭에 저항한다. 전문기술은 기능들을 페이지 위에 차례차례 그리고 나란히 **글로 쓰는** 것처럼, 도시 혹은 기계의 바닥 혹은 파사드에 이 평면적인 그림을 투영할 수 있도록, **가독성** 및 기능들 간의 **구별**을 자신의 작동 방식으로 가진다.

요소들 간의 기능적 관계에 대한 가독성, 확장과 강조를 통한 모델의 재생산, 이 두 가지는 전문기술의 작동 원리이다. 분명 그것들은 수요의 다양화에 반응하는, 무한히 정밀해지는 경로 속으로 들어간다. 게다가 이 경로는 시스템 속에 포함되어 있고, 지도로 표시될 수 있으며, 공간 위에 분석적으로 배치되어 있다. 여기서 공간은, 움직이지 않는 눈이 볼 수 있는 이쪽 끝에서 저쪽 끝까지 제공된 사물, 즉 읽을 수 있는 인공물이 되는 것을 자신의 본질로 삼는다(심지어 컴퓨터 속에서조차).[2] 이것은 이상한 교착어법이다. 즉 이론은 불확정적인 것을 향해가고, 테크놀로지는 기능주의적 구별을 향해간다. 그리고 이 테크놀로지는 이런 방식으로 모든 것을 변화시키고, 또 자기 자신도 변화된다. 명료한 이론이 우연적인 것과 메타포[3]의 구부러진 오솔길에 진입했다면, 테크놀로지는 자기 고유한 메커니즘의 공리주의적이고 기능주의적 법칙을 '자연스러운 것'으로 가정하는 데 전념했다.

테크놀로지 아래에서 일어난 것과 테크놀로지의 움직임을 방해하는 것이 지금 우리에게 흥미로운 주제가 된다. 이는 오래전부터 인식되어 왔던 테크놀로지의 한계인데, 이것에 대해 우리는 무인지대라고 단정하기보다는 다른 의미를 부여해야 한다. 왜냐하면 그것은 실질적 실천들과 연관된 것이기 때문이다. 기획자들은, 기능주의적 계산(관료제 구조의 엘리트적 형식)에 장애를 일으키는 이 불안정성에 대해 잘 알고 여기에 '저항'이라는 이름을 붙였다. 그들은 일상적 현실과 맺은 관계가 질서 속에 조금씩 주입시키는 허구적 특성을 감지하지 않을 수 없다.[4] 하지만 그들은 그것에 대해 결코 고백해서는 안 된다. 사무실에서 이 주제에 관해 빈정거리는 것은 일종의 불경죄로, 이 죄를 지은 사람은 기획자들에 의해 징계를 받게 될 것이다. 예술 작품을 만지지 마시오. 그러므로 이 기능주의적 합리성을, 행정과 권력의 담론 속 여기저기에 남아 있는 완곡어법,[5] 즉 좋은 말의 확산에 맡겨두자. 그 대신 일상적 실천들에 관한 소문을 다시 검토하자.

이 일상적 실천들은 경제사회 속에서 고립 지대를 형성하지는 않는다. 이 실천들은 기술 조직이 교환의 대상과 기표로 만들기 위해 통합시키는 부차적인 것들과 아무 상관이 없다. 반대로 이 부차적인 것들에 의해, 코드화할 수 없는 한 가지 차이가 시스템이 작동 과정들 — 시스템은 이 작동 과정을 보장한다고 주장한다 — 과 맺기 원하는 좋은 관계 속에 슬며시 파고들어온다. 국지적이고 따라서 분류 가능한 저항과는 전혀 상관없는 이것은 일반적이고 조용한 전복, 거의 맹목적이라 할 만한 전복이다. 이것이 바로 우리의 전복의 모습이다. 나는 오직 그것의 두 가지 징후만을 지적하겠다. 그것은 바로 장소의 '편재성' 그리고 시간 속의 결함이다. 이것은 계층화된 사회 공간은 통제 가능하고 구성 가능한 표층으로 축소될 수 없다는 사실을, 그리고 변화들은 상황에 관련된 생각지 못한 요소를 계산된 시간 속으로 다시 끌어온다는 사실을 시사해줄 것이다. 계층화된 공간의 두께, 행동 속의 책략, 그리고 역사 속의 사건들의 비가독성. 이를 상기시키는 글쓰기는 아이러니하고 또 순식간에 지나가버리는 것으로 그라피티처럼 그려져 있다. 마치 벽에 그려진 자전거가 공통의 이동의 상징으로서 불확정적인 여정을 떠나기 위해 벽에서 떨어져나오는 것처럼 말이다.[6]

계층화된 장소들

모든 장소를 결정하는 차이는 병렬juxta-position[옆에-자리잡기]의 질서로 되어 있지 않고, 서로 포개어진 성층의 형태를 띠고 있다. 하나의 동일한 표면 위에 펼쳐져 있는 요소들은 셀 수 있고, 그것들은 분석의 대상이 된다. 그리고 그것들은 다루기 쉬운 표면을 형성한다. 모든 도시 '정비'는 여전히 [아무것도 쓰여 있지 않은] 백지를 선호한다. 이 백지 위에 글을 쓰는 것은, 분명한 '요구' — 이 요구에는 기능적인 응답이 주어진다 — 에 기초해서 실험실에서 만들어진 [도시 정비의] 구성을 더욱 공고히 한다. 요구란 이 구성에 있어서 최초의 '실체'로, 시스템은 그것을 재단하면서 동시에 그것을 생산하기도 한다. 이 단위는 숫자처럼 정확하다. 게다가 각 요구를 결정하는 불만은 이 요구를 다른 것들과 결합시키는 구성을 미리 촉구하고 또 정당화한다. 생산의 논리는 다음과 같다. 즉 18세기 이래로 이 논리는 예를 들어 사무실, 공장, 도시 등의 집중 지역들에서 시작해서 논증적이고 실천적인 자기 공간을 확장시켜간다. 이 논리는 자신이 창조하지 않은 공간들의 적합성은 인정하지 않는다.

그러나 뭔가를 제조해내는 보편적인 테크놀로지의 글쓰기 아래에는 불투명하고 완고한 장소들이 영속하고 있다. 거기서 역사의 혁명, 경제적 변화, 인구의 혼합 등은 여러 층을 이루고, 관습, 의례, 공간적 실천들 속에 내재하고 있다. 이전에 그것들을 분명하게 표현해준 읽기 쉬운 담론들은 사라졌거나 혹은 언어 속에 오직 단편들만을 남겨두었을 뿐이다. 이 장소는 표면상 콜라주처럼 보인다. 이는 두껍게 여러 층들로 이루어진 공간 속 여기저기에 편재하는 것이다. 즉 이질적인 층들의 더미이다. 각각의 층은 책 속의 낡은 페이지처럼, 영토의 통일, 사회경제적 분배, 정치적 갈등, 동일시의 상징화 등에 관한 상이한 방식을 가리킨다.

폐허가 된 전체에 여전히 연결되어 있고 동시대적이지 않은 조각들로 이루어진 집합체는 미묘하고 보상적인 균형에 의해 관리된다. 이 균형은 상보성을 은밀하게 보장해주는 것이다. 극미한 움직임, 다양한 형태의 활동들은 "전자, 양자, 광자 등이 뒤섞인 걸쭉한 상태, 즉 영속적 상호작용으로 제대로 정의되지 않는 특성을 가진 이 모든 존재들"에 상응한다. 르네 톰에 의하면, 물리학 이론은 바로 이 영속적 상호작용을 통해 세계를 표상한다. 이 극미한 움직임들은, 구역 혹은 도시 속에서 '움직이지 않는다는' 환상을 제공한다. 이것은 거짓 불활성이다. 나머지 계급으로부터 스스로를 '구별'하는 계급과 멀리 떨어진 곳에서 관찰하면, 이 관찰이 스스로 생산하고자 하는 것과 관찰에 저항하는 것 사이의 관계만을 파악할 수 있다. 이렇게 멀리 떨어진 곳에서 관찰하면, 이 작업과 그것의 작동들은 비가시적인 것이 된다. 그리고 마을, 구역, 건물만이 이질적인 층들의 단편들을 다함께 작동하게 만드는 유일한 것은 아니다. 공통 언어의 가장 짧은 문장도 이와 동일한 방식으로 '작동한다'. 그것의 의미론적 단위는 무엇인가를 보상해주는 역시나 섬세한 균형들 위해서 움직인다. 그리고 통사론적 혹은 어휘적 분석은 표면적인 틀, 즉 자신이 가진 모델을 현실로 간주하는 '엘리트'의 틀을 이 균형들 위에 포개놓는다.

프로이트가 로마에 관련하여 거론했던 꿈의 모델(하지만 이것은 이론적이기도 한데, 왜냐하면 그것은 실천을 분명하게 설명해내기 때문이다)에 호소하는 것이 더 나을 것이다. 즉 로마는 모든 시대에 같은 장소에서 아무 손상도 받지 않고, 상호 교류하면서 살아남을 수 있었다는 것.[7]

장소는 팔림프세스트다. 학술 분석은 이 위에 마지막에 쓰인 텍스트만을 알 수 있을 뿐이다. 그리고 이 마지막 텍스트는 학술 분석의 인식론적 결정과 기준, 목표의 결과에 지나지 않는다. 그렇다면 이 재구성에 따라 고안된 작동 과정들이 '허구적' 성격을 갖고 있다는 것, 그리고 이 작동 과정의 성공(일시적?)이 통찰력보다는 이질적인 시간과 힘 사이의 작용을 억누르는 데 달려 있다는 것이 뭐가 놀라운 일이겠는가.

변화무쌍한 시간

아무것도 결정되지 않은 방향으로 계획을 이동시키는 것의 이면에는 예상치 못한 것이 있다. 흘러가고 중단되거나 연결하는 시간(그리고 아마 결코 사유의 대상이 되지 못했던 시간)은 프로그래밍된 시간이 아니다. 이것은 자명한 사실이 될 것이다. 미래 예측적인 프로그래밍이 다양한 가설을 세울 때라도, 이 프로그래밍에 의해 그것을 차치하지 않는다면 말이다. 변화무쌍한 시간은 단지 생산 속에 '사고'와 결함을 일으키는 밤처럼 나타날 뿐이다. 이것은 시스템의 오류이고, 시스템의 악랄한 반대자이다. 역사 서술이 타자의 이런 부조화를 과학적 명료함(상호관계, '원인'과 결과, 일련의 연속성 등)의 투명한 유기성으로 대체함으로써 쫓아내려 하는 것이 바로 이것이다. 미래 예측이 하지 못하는 것을 역사 서술자가 보장해준다. (가공의) '이성'을 생산해냄으로써 불확정적인 것의 외설을 가리고자 하는 동일한 (근본적) 요구에 복종하면서.

담론에 의해 구성된 이 시간들은 현실에서는 산산조각나고 덜거덕거리면서 나타난다. '예속'과 의존 상태에 종속된[8] 이론의 시간은 실제로 일어날 법하지 않은 것, 실패, 방향 전환과 연관된 시간이고, 따라서 다른 시간에 의해 움직인다. 이것은 '시간적 메타포'[9]처럼 언어 속에서 순환하는 것에 상응한다. 그리고 어떤 이상한 현상을 통해, 통제 가능성과 결함의 관계는 분명히 상징화를 만들어낸다. 이 상징화는 정합적이지 않은 채 일관된 것을 만들어내고 사유의 대상이 되지 않은 채 접속시키는 것을 아우른다.

이성의 결함 혹은 실패는 분명히, 이성을 또다른 차원, 즉 사유의 차원에 도달하도록 만드는 맹점이다. 이 사유는 파악할 수 없는 필연성처럼 다른 것 위에서 자신을 표현한다. 상징적인 것은 실패와 분리 불가능하다. 기회와 맺은 관계 위에, 즉 변화무쌍한 시간 위에 근거하고 있는 일상적 실천들은 따라서 사유의 행위들이 일어나는 상황 속에서 계속 분산될 것이다. 이는 사유의 영속적 몸짓들이다.

이런 식으로 예상치 못한 것을 합리성을 깨뜨리는 것이나 불합리한 사고처럼 간주하며 제거하는 것 혹은 그것을 계산에서 제외시키는 것은, 도시의 생생하게 살아 있는 '신화적' 실천의 가능성을 가로막는 것이다. 이것은 도시의 거주자들에게, 타자의 권력이 만들어내고 사건이 손상시킨 프로그래밍의 조각들만을 허락해주는 셈이 될 것이다. 변화무쌍한 시간은, 도시에 관한 실질적인 담론 속에서 이야기되는 것이다. 이는 기능주의적 기술관료주의 속의 명증성의 제국보다, 메타포의 실천 및 계층화된 장소 위에서 좀더 분명하게 드러나는 불확정적인 우화이다.

주

연구사

1 『일상의 발명』은 두 권으로 나뉘어 있고, 세 명의 저자가 집필했다. 1권 『실행의 기예』는 미셸 드 세르토가, 2권 『거주하기, 요리하기』(Paris, UGE, 10-18, 1980)는 뤼스 지아르와 피에르 마욜이 집필했다.

2 두 권에 포함된 여러 단편은 1975년에서 1979년 사이에는 『트라베르스*Traverses*』에, 1978년과 1979년에는 『에스프리*Esprit*』에 실렸다. 연구의 개요는 미셸 드 세르토와 뤼스 지아르가 『과학의 진보*Le Progrès scientifique*』(과학기술연구위원단DGRST에서 발간한 학술지) 193호(1978년 3~4월, 45~56쪽)에 게재한 두 편의 공동 논문 「실행의 방식과 일상의 실천Manières de faire et pratiques quotidiennes」과 「요리법: 기억Pratiques culinaires: une mémoire」에 소개되었다.

3 에마뉘엘 르 루아 라뒤리의 서평 「악마 아키비스트Le diable archiviste」는 1971년 11월 12일 『르 몽드』에 실렸고, 이것은 자신의 논문 모음집 『역사가의 영토*Le Territoire de l'historien*』(Paris, Gallimard, Bibliothèque des histoires, 1973, 404~407쪽)에 재수록되었다. 이 글을 이것과 완전히 다른 분석, Philippe Boutry, 《De l'histoire des mentalités à l'histoire des croyances. La Possession de Loudun》(1970)(in *Le Débat*, 49호, 1988년 3~4월, 85~96쪽)과 비교해보라. 역사학자들 사이에서 미셸 드 세르토가 차지하는 위상에 관해서는 Dominique Julia, 《Une histoire en actes》(in Luce Giard et al., *Le voyage mystique, Michel de Certeau*, Paris, Cerf et RSP, 1988, 103~123쪽) 참고.

4 세르토가 프로이트 및 라캉과 맺은 관계에 관해서는, Michel de Certeau, *Histoire et psychanalyse entre science et fiction*, Paris, Gallimard, Folio, 1987, 5~8장 참고.

5 『에튀드*Etudes*』와 『에스프리*Esprit*』에 1968년 6월에서 10월 사이에 게재되었고, 『발언*La Prise de parole*』(Paris, Desclée de Brouwer, 1968년 10월 22일에 인쇄)에 재수록된 논문들.

6 *La Prise de parole*, 71쪽.

7 Michel de Certeau, *La faiblesse de croire*, Paris, Seuil, Esprit, 1987, 183~226쪽에 재수록된 「창설적 단절 혹은 현대 문화 속의 기독교」(1971).

8 *La Prise de parole*, 10쪽.

9 같은 책, 22쪽.

10 같은 책, 133쪽.

11 Michel de Certeau, *La Culture au pluriel*, Paris, UGE, 10-18, 1974; 2판, Paris, Christian Bourgois, 1980. 아르케스낭에서 발표한 텍스트는 제9장, 제10장이다.

12 같은 책, 2판, 247~248쪽.

13 이 표현은 1970년에 도미니크 쥘리아, 자크 르벨과 공동으로 집필했다가 나중에 『복수형으로 된 문화』 제3장에 재수록된 연구 논문의 제목으로 사용되었던 것이다.

14 같은 책, 241~243쪽.

15 같은 책, 249쪽.

16 총리 산하기관인 과학기술연구위원단(DGRST: Délégation générale à la recherche scientifique et technique)은 연구 지원 사업을 관리하는 일을 담당한다.

17 이 그룹은 세르토와 나 그리고 경제학자들(베르나르 기베르, 클로드 메나르, 알랭 베유)로 구성되었다. 우리 그룹의 활동은 일 년 조금 못 되게 지속되었고, 전망과 '미래학'에 관한 전문적인 출판물들에 대해 한편으로는 매혹되고 다른 한편으로는 분노했다.

18 *Pratiques culturelles des Français*, Paris, Secrétariat d'Etat à la culture, Service des études et recherches, 1974, 전2권. 연구조사국은 최근 새롭게 갱신된 관점에서 이 설문 조사의 후속 연구를 내놓았다. *Les Pratiques culturelles des Français*, 1973~1989, Paris, La Découverte et la Documentation française, 1990.

19 Michel de Certeau, *L'Ecriture de l'histoire*, 3판, Paris, Gallimard, Bibliothèque des histoires, 1984, 제1장, 33~36쪽(가브리엘 르브라의 종교사회학에 대해서), 84~92쪽(컴퓨터의 도움을 받는 것과 프랑수아 퓌레가 양적 역사학에 관해 말했던 것에 대해서) 참고.

20 Michel Foucault, *Surveiller et punir*, Paris, Gallimard, Bibliothèque des histoires, 1975(2월 인쇄 완료).

21 Michelle Perrot, ≪Mille manières de braconner≫, in *Le Débat*, 49호, 1988년 3~4월호, 118쪽.

22 『복수형의 문화』 결론, 그리고 ≪Actions culturelles et stratégie politique≫, in *La Revue nouvelle* (Bruxelles), 1974년 4월, 351~360쪽 참조. 미셸 드 세르토는 이 글에 애착이 있어서, 나중에 『일상의 발명』(총론 주17, 제2장 주5)에서 이 글을 다시 언급한다.

23 4장은 이 두 사람에게 각각 반씩 할애하고 있다. 푸코와 부르디외에 관한 언급은 뒤의 색인 참조. 푸코와의 관계에 대해서는 *Histoire et psychanalyse entre science et fiction*, 1~3장 참조.

24 Gilles-Gaston Granger, *Essai d'une philosophie du style*, 2판, Paris, Odile Jacob, 1988 및 Gerald Holton, *Thematic Origins of Scientific Thought. Kepler to Einstein*, Cambridge (Mass.), Havard University Press, 1973(이 책의 일부는 번역되어 *L'imagination scientifique*, Paris, Gallimard, 1981에 수록되었다)은 각각 자기 방식대로 사유 스타일의 특징을 규정하고자 했다. 사유의 스타일에 대해 세르토는 "비텍스트적 몸짓인 스타일은 사유의 텍스트를 조직한다"(128쪽)고 썼다.

25 Michel de Certeau, *La Culture au pluriel*, 2판, 244~245쪽.

26 Michel de Certeau, *La Fable mystique*, 1권, 2판, Paris, Gallimard, Tel, 1987, 282쪽 및 7장 전체.

27 1974년 7월 14일로 날짜가 쓰여 있는 「작품을 찾는 배우들 (계속)Acteurs en quête d'une pièce (suite)」이라는 제목의 이 텍스트는 여름 동안에 읽어야 할 도서 목록으로 끝맺고 있다. 이 도서 목록은 두 부분으로 구성되어 있는데, 첫번째는 '문화에 관한 개론서들'(피에르 부르디외, 제라르 알타브, 피에르 르장드르, 리처드 호가트 등)이고, 두번째는 '도시 공간과 그 문화'(1970년 7월의 『Annales ESC』의 특집호, 마누엘 카스텔, 클로드 수시, 크리스토퍼 알렌산더와 세르주 체르마예프, 레이몬드 윌리엄스 등)이다.

28 이후에 이 세미나에 자주 참석했던 한 브라질 학생은 파리 7대학 소책자에 '신봉자를 원치 않았던 스승'에 관한 멋진 글을 작성했다.

29 문제를 처리하는 그의 방식에 대해서는, Michel de Certeau, 《세미나란 무엇인가?Qu'est-ce qu'un séminaire?》, in *Esprit*, 1978년 11~12월, 176~181쪽 참고.

30 Paul Rabinow, 《Un prince de l'exil》, Richard Terdiman, 《Une mémoire d'éveilleur》, in Luce Giard(éd.), *Michel de Certeau*, Paris, Centre Georges Pompidou, Cahiers pour un temps, 1987, 39~43, 91~96쪽 참고.

31 나는 이 『말하기의 기예』를 위해 써둔 단편들과 1980년 이후 일상 문화에 관해 발표했던 다른 연구들과 함께 작은 책으로 묶어낼 수 있기를 바란다.

32 *L'invention du quotidien*, 2권, 요리에 관해서는 [프랑스어판] 235~271쪽, 도시 구역에 관해서는 273~295쪽 참고.

33 이런 방식으로 세르토는 1974년에서 1978년까지 매년 이탈리아에서 작업을 했다. 그리고 1975년에는 스페인, 영국, 덴마크에서, 1977년과 1978년에는 스위스에서 작업했다. 유럽 외에는 1974년과 1975년 퀘벡에 있었고, 1974년 브라질, 1976년 이스라엘, 1977년 미국 버몬트, 그리고 1976년과 1978년에는 미국 캘리포니아에 있었다. 벨기에에서는 특별히 정기적 교류의

장이 마련되었는데, 이를 위해 브뤽셀과 나뮈르의 마리 보몽과 조르주 틸이 중계자 역할을 담당했다. "예술적 성취"와 "신용의 빚"(101쪽)이 새겨진 노동자 집단에서부터 과학 제도에 이르는 "딴짓하기"의 확산에 관한 대목은 의도적으로 특히 이 두 사람을, 마리가 보여준 잊을 수 없는 너그러움을, 그리고 그들을 둘러싸고 있는 활동적이고 창의적인 분위기를 가리키고 있다.

34 François Hartog, 《L'écriture du voyage》, in Luce Giard (éd.), *Michel de Certeau*, 123~132쪽.

35 François Choay, 《Tours et traverses du quotidien》, 같은 책, 85~90쪽.

36 Michelle Perrot, 같은 글, 117쪽.

37 Anne-Marie Chartier et Jean Hébrard, 《L'Invention du quotidien. Une lecture, des usages》, in *Le Débat*, 49호, 1988년 3~4월, 97, 99~100쪽.

38 미셸 드 세르토에 관해서는, 조르주 퐁피두 센터가 그에 관해 펴낸 세 권의 선집 참조(위의 각주30). 일부는 『데바*Débat*』지의 한 호(위의 각주37)에 수록되었고, 또다른 일부는 『신비주의적 여행*Voyage Mystique*』이라는 제목(위의 각주3)이 붙어 있다. 이 마지막 선집에서 내가 작성한 세르토의 '전체 저작 목록'을 볼 수 있다(*Voyage Mystique*, 191~243쪽).

총론

1 Michel de Certeau, *La Prise de parole*, Paris, Desclée De Brouwer, 1968; *La Possession de Loudun,* 3판, Paris, Gallimard, Archives, 1990; *L'Absent de l'histoire*, Paris, Mame, 1973; *La Culture au pluriel*, 2판, Paris, Christian Bourgois, 1980; *Une politique de la langue*(avec Dominique Julia et Jacques Revel), Paris, Gallimard, Bibliothèque des histoires, 1975 등.

2 어원은 그리스어 포이에인poiein으로, '만들다, 발명하다, 발생시키다'라는 뜻이다.

3 Emile Benveniste, *Problèmes de linguistique générale*, t. 1, Paris, Gallimard, 1966, 251~266쪽 참고.

4 Michel Foucault, *Surveiller et punir*, Paris, Gallimard, 1975.

5 일상생활에 대한 앙리 르페브르의 작업들은 이 점에 대한 중대한 원천이 된다.

6 『백과전서』에서부터 뒤르켐에 이르기까지의 기예에 관해서는 제5장 152~158쪽 참고.

7 이런 문학에 관해서는 *Le Livre dans la vie quotidienne*, Paris, Bibliothèque nationale, 1975라는 제목으로 알려진 소책자, 그리고 Geneviève Bollème, *La Bible bleue. Anthologie d'une littérature 'populaire'*, Paris, Flammarion, 1975, 141~379쪽 참고.

8 이 두 개의 연구 논문 중 하나는 피에르 마욜이, 다른 하나는 뤼스 지아르가 (마리 페리에가 수집한 인터뷰들을 기반으로) 작성했다.

9 Erving Goffman, *La Mise en scène de la vie quotidienne*, Paris, Minuit, 1973; *Les Rites d'interaction, ibid.*, 1974; *Frame Analysis*, New York, Harper & Row, 1974 참고. Pierre Bourdieu, *Esquisse d'une théorie de la pratique*, Genève, Droz, 1972; 《Les stratégies matrimoniale》, in *Annales ESC*, 27권, 1972, 1105~1127쪽; 《Le langage autorisé》, in *Actes de la recherche en sciences sociales*, 5~6호, 1975년 11월, 184~190쪽; 《Le sens pratique》, *ibid*, 1호, 1976년 2월, 43~86쪽 참고. Marcel Mauss, 《Techniques du corps》, *Sociologie et anthropologie*, Paris, PUF, 1950 참고. Marcel Detienne et Jean Pierre Vernat, *Les Ruses de l'intelligence. La mètis des Grecs*, Paris, Flammarion, 1974. Jeremy Boissevain, *Friends of Friends. Networks, Manipulators and Coalitions*, Oxford, Blackwell, 1974. Edward O. Laumann, *Bonds of Pluralism. The Form and Substance of Urban Social Networks*, New York, John Wiley, 1973.

10 Joshua A. Fishman, *The Sociology of Language*, Rowley(Mass.), Newbury, 1972. 그리고 David Sudnow(ed.), *Studies in Social Interaction*, New York, Free Press, 1972; William Labov, *Sociolinguistique*, Paris, Minuit, 1976 등 참고.

11 Oswald Ducrot, *Dire et ne pas dire*, Paris, Hermann, 1972; David K. Lewis, *Convention: a Philosophical Study*, Cambridge(Mass.), Harvard University Press, 1974 및 Counterfactuals, ibid., 1973.

12 Georg H. von Wright, *Norm and Action*, Londres, Routledge & Kegan Paul, 1963; *Essay in Deontic Logic and the General Theory of Action*, Amsterdam, North Holland, 1968; *Explanation and Understanding*, Ithaca(N. Y.), Cornell University Press, 1971. 그리고 A. C. Danto, *Analytical Philosophy of Action*, Cambridge, Cambridge University Press, 1973; Richard J. Bernstein, *Praxis and Action*, Londres, Duckworth, 1972; Paul Ricoeur와 Dorian Tiffeneau(éd.), *La Sémantique de l'action*, Paris, CNRS, 1977.

13 A. N. Prior, Past, *Present and Future: a Study of 'Tense Logic'*, Oxford, Oxford University Press, 1967; 그리고 *Papers on Tense and Time, ibid.*, 1968. N. Rescher와 A. Urquhart, *Temporal Logic*, Oxford, Oxford University Press, 1975.

14 Alan R. White, *Modal Thinking*, Ithaca(N.Y.), Cornell University Press, 1975; G. E. Hughes와 M. J. Cresswell, *An Introduction to Modal Logic*, Oxford, Oxford University Press, 1973; I. R. Zeeman, *Modal Logic*, ibid., 1975; S. Haacker, *Deviant Logic*, Cambridge, Cambridge University Press, 1976; H. Parret(ed.), *Discussing Language with Chomsky, Halliday, etc.*, La Haye, Mouton, 1975.

15 Jacques Sojcher, *La Démarche poétique*, Paris, UGE, 10~18, 1976, 145쪽.

16 Fernand Deligny, *Les Vagabonds efficaces*, Paris, Maspero, 1970; *Nous et l'innocent,*

ibid., 1977 등 참고.

17 Michel de Certeau, *La Culture au pluriel*: 《Des espaces et des pratiques》, 233~251쪽; 《Actions culturelles et stratégie politique》, in *La Revue nouvelle*, 1974년 4월, 351~360쪽.

18 분할의 원칙에 대한 분석은 이 비판을 명료하게 해주고 동시에 이 비판의 미묘한 점들을 섬세하게 드러내준다. 글 모음집인 *Pour une histoire de la statique*, t. 1, Paris, INSEE, 1789, 그중 특히 Alain Desrosières, 《Eléments pour l'histoire des nomenclatures socioprofessionnelles》, 155~231쪽 참고.

19 피에르 부르디외, 마르셀 드티엔, 장 피에르 베르낭의 작업들은 '전술' 개념을 명료하게 해준다. 그러나 가핑클, 색스 등의 사회언어학적 연구들도 여기에 기여한 바가 있다.(앞의 주 9와 10 참고)

20 Marcel Detienne et Jean-Pierre Vernant, *Les Ruses de l'intelligence*.

21 S. Toulmin, *The Uses of Argument*, Cambridge, Cambridge University Press, 1958; Ch. Perelman et L. Olbrechts-Tyteca, *Traité de l'argumentation*, Bruxelles, Université Libre, 1970; Jean Dubois et al., *Rhétorique générale*, Paris, Larousse, 1970 등 참고.

22 Aristote, *Rhétorique*, II, 24, 1402a. W. K. C. Guthrie, *The Sophists*, Cambridge, Cambridge University Press, 1971, 178~179쪽 참고.

23 Sun Tzu, *L'Art de la guerre*, Paris, Flammarion, 1972.

24 R. K. Khawam(éd.), *Le Livre des ruses. La stratégie politique des Arabes*, Paris, Phébus, 1976.

25 Jean-Baudrillard, *Le Système des objets*, Paris, Gallimard, 1968; *La Société de consommation*, Paris, Denoël, 1970; *Pour une critique de l'économie politique du signe*, Paris, Gallimard, 1972 참고.

26 Guy Debord, *La Société du spectacle*, Paris, Buchet-Chastel, 1967.

27 Roland Barthes, *Le Plaisir du texte*, Paris, Seuil, 1973, 58쪽.

28 Gérard Mordillat et Nicolas Philibert, *Ces Patrons éclairés qui craignent la lumière*, Paris, Albatros, 1979 참고.

29 H. Sacks, E. A. Schegloff, etc., 앞에서 인용, 참조.

30 아래의 7~9장 참고.

31 우리는 이 실천들에 대해 다루는 연구 논문을 작성했는데, 이 속에는 이 주제에 관해 흩어진 여러 참고문헌이 들어있다. 뤼스 지아르와 피에르 마욜의 『일상의 발명 2 — 거주하기, 요리하기』 참고.

32 예를 들어 A. Lipietz, 《Structuration de l'espace, problème foncier et

aménagement du territoire》, in *Environment and Planning*, A, 1975, vol. 7, 415~425쪽, 그리고《Approches théoriques des transformations de l'espace français》, in *Espaces et Sociétés*, 16호, 1975, 3~14쪽 참고.

33 *Travaux et recherches de prospective*, Paris, Documentation française 시리즈, 그중 특히 14, 59, 65, 66호의 분석, 그리고 특히 이브 바렐과 자크 뒤랑의 연구들은 미래 연구에 기반으로 사용된다.

34 Witold Gombrowicz, *Cosmos*, Paris, Gallimard, Folio, 1971, 165~168쪽.

1. 공통의 장소: 일상어

1 Robert Musil, *L'Homme sans qualités*, trad. Philoppe Jaccottet, Paris, Gallimard, Folio, 1978, t. 1, 21쪽.

2 Robert Klein, *La Forme et l'intelligible*, Paris, Gallimard, 1970, 436~444쪽. 그리고 Enrico Castelli-Gattinara,《Quelques considérations sur le Niemand et... Personne》, in *Folie et déraison à la Renaissance*, Bruxelles, Université Libre, 1976, 109~118쪽 참조.

3 Sigmund Freud, *Gesammelte Werke*, Londres, t. XIV, 431~432쪽. 프로이트는 *Malaise dans la civilisation* §1에서 *L'Avenir d'une illusion*을 참조하고 있다. *L'Avenir d'une illusion* §1은 자신의 분석을 정당화하는 '소수'와 '다수'('군중')의 구별에서 시작한다.

4 *L'Avenir d'une illusion*, trad. Marie Bonaparte, Paris, PUF, 1971, §7, 53쪽.

5 *Gesammelte Werke*, t. XIV, 431쪽.

6 미셸 드 세르토,『역사의 글쓰기』, 3판, Paris, Gallimard, Biblothèque des histoires, 1984, 7~8쪽 참조.

7 *Gesammelte Werke*, t. XIV, 431쪽.

8 프로이트가 루 안드레아스살로메에게 보낸 편지, 1929년 7월 28일, in Lou Andreas-Salomé, *Correspondance avec Sigmund Freud*, Paris, Gallimard, 1970, 225쪽.

9 *Ibid*.

10 *Gesammelte Werke*, t. XIV, 506쪽.

11 *L'Ecriture de l'histoire*:《La fiction de l'histoire. L'écriture de Moïse et le monothéisme》, 312~358쪽 참고.

12 전문가의 분석에 대해 다루고 있는 공동 저작 *Abus de savoir*, Paris, Desclée De Brouwer, 1977 참고.

13 이 책의 제4부「언어의 사용」참조.

14 뤼스 지아르와 피에르 마욜의 『일상의 발명』 제2권 『거주하기, 요리하기』 참고.

15 Ludwig Wittgenstein, *Philosophical Investigations*, Oxford, Blackwell, 1976, §116, 48쪽.

16 Ludwig Wittgenstein, *Tractatus logico-philosophicus*, Londres, Routledge & Kegan Paul, 1961, §6.53, 150~151쪽.

17 *Philosophical Investigations*, §494, 138쪽.

18 『논리철학논고*Tractatus logico-philosophicus*』에 관해 피커에게 보낸 편지 참고. "내 책은 윤리 범위의 한계를 어떤 의미로는 내부로부터 그리고 있다. 그리고 나는 그것이 한계선을 긋는 유일하게 엄밀한 방식이라고 확신한다."(Allan Janick et Stephen Toulmin, *Wittgenstein, Vienne et la modernité*, Paris, PUF, 1978, 165쪽에서 인용) 또 비트겐슈타인은 『논리철학논고』가 두 부분으로 이루어져 있다고 말했다. 즉 첫번째는 글로 쓰인 책이고, 다른 하나는 글로 쓰인 것이 아니고 글로 쓰일 수 있는 것도 아닌 본질적인 부분으로, 윤리 그 자체에 할애하고 있다.

19 *Philosophical Investigations*, §122, 49쪽. Jacques Bouveresse, *La Parole malheureuse*, Paris, Minuit, 1971: 《Langage ordinaire et philosophie》, 299~348쪽 참고.

20 역사의 이런 측면에 관해서는, Michel de Certeau, *L'Ecriture de l'histoire*, 63~122쪽, 그리고 《Ecriture et histoire》, in *Politique aujourd'hui*, 1975년 11~12월, 65~77쪽 참고. 나는 마르크스와 비트겐슈타인에 관한 철학적 논쟁들은 내버려두었다(비트겐슈타인은 게다가 소련에 일하러 가고 싶어 했다). F. Rossi-Landi(《Per un uso marxiano di Wittgenstein》), Tony Manser(《The End of Philosophy: Marx and Wittgenstein》, University of Southampton, 1973) 혹은 Ted Benton(《Winch, Wittgenstein and Marxism》, in *Radical Philosophy*, 13호, 1976, 1~6쪽) 등의 연구 참고. 우리는 비트겐슈타인에게서 이 "부르주아"에게 고유한 역사적 유물론을 확인할 수는 있지만, 역사의 '과학'(마르크스주의적 의미에서)에 대해서는 전혀 확인할 수 없다.

21 Ludwig Wittgenstein, *Leçons et conversations*, Paris, Gallimard, 1971, 154~155쪽 참고. 또한 노먼 말콤이 인용했던, 자기 자신이 갇혀 있다고 생각했던 방에서 벗어나기 위해 〈벽을 따라〉 걷기 시작했던 인간에 대한 이야기 참고(in Ludwig Wittgenstein, *Le Cahier bleu et le Cahier brun*, Paris, Gallimard, 1965, 369쪽).

22 *Philosophical Investigations*, §109: 영어 번역본은 "looking into the workings of our language", 47쪽.

23 Norman Malcolm, in Ludwig Wittgenstein, *Le Cahier bleu et le Cahier brun*, 367~368쪽에서 인용.

24 비엔나어가 어원인 이 단어는 '사유와 글자 및 언어의 모든 가능한 형태들'(V.

Janick, S. Toulmin, *op. cit.*, 198쪽 참고)을 가리키고, 좀더 일반적으로는 우리 존재의 사실적(역사적) 구조화를 의미한다.

25 예를 들어 J. L. Austin, *Philosophical Papers*, 2판, Oxford, Oxford University Press, 1969, 181~182쪽 참고.

26 이 영국식 전통에 관해서는 G. J. Warnock, *English Philosophy since 1900*, 2판, Oxford, Oxford University Press, 1969, 19~20, 100~102쪽 등; 그리고 특히 Charles E. Caton(ed.), *Philosophy and Ordinary Language*, Urbans (Ill.), 1963, 그리고 V. C. Chapel(ed.), *Ordinary Language*, Englewood Cliffs (N.J.), Prentice Hall, 1964 참고.

27 *Traverses*, 7호, 1976, 15~20쪽에 번역되어 소개된 아돌프 루스의 텍스트 참조.

28 R. Musil, *L'Homme sans qualités*.

29 '증오하다exécrer'라는 단어는 사유의 스타일에 대한 알레르기 반응을 드러낸다. 예컨대 *Leçons et conversations*, 63~64쪽; Jacques Bouveresse, 《Les derniers jours de l'humanité》, in *Critique*, 339~340호(이 호의 제목은 'Vienne, début d'un siècle'), 1975년 8~9월, 753~805쪽 참고.

30 *Remarques philosophiques*, Paris, Gallimard, 1975, 11쪽 서문 참고.

31 *L'Homme sans qualités*, t. 1, 74~75쪽.

32 *Ibid.*, 75쪽.

33 *Philosophical Investigations*, §194, 79쪽.

2. 대중문화

1 1971년부터 수행된 조사와 첫번째 보고서(《Frei Damiao: sim ou nao? E os impasses da religiao popular》, Recife, polycopié)를 기초로 해서 기획된 세미나. 수집된 자료 전체가 배포된 적이 없다. Senhor do Bonfim(브라질의 살바도르)의 아주 유명한 순례지에서 이루어졌던 조사에 대해서도 동일한 종류의 분석이 시행되었다. 종교에 관해서는 Fernando Silveira Massote, *Esplosione sociale del Sertao Brasiliano*, 박사학위 논문, Urbino, 1978, 74~183쪽 참조.

2 처음 두 구절은 젊은 아나키스트의 노래 〈반역의 사랑Amore ribelle〉에서 따온 것이다. 이 노래에서 '사상'은 평등한 사회다. 이어지는 구절들은 〈악당들의 노래Canto dei Malfattori〉[이탈리아 가곡]에서 가져온 것이다. Jean-Louis Comolli, *La Cecilia*, Paris, Daniel et Cie, 1976, 99, 103쪽에서 인용. 이 영화에 관해서는 Michel de Certeau, Jacques Revel et al., in *Ça cinéma*, 10~11호, 1976, 38~44쪽 참조.

3 Willy Apollon, *Le Vaudou. Un espace pour les <voix>*, Paris, Galilée, 1976.

4 예를 들면 Tomé Cabral, *Dictionário de têrmos e expressões populares*, Fortaleza, Universidade federal do Cearà, 1972.

5 Michel de Certeau, *La culture au pluriel*, 재판, Paris, Christian Bourgois, 1980: 《Des espaces et des pratiques》, 233~251쪽; 《Actions culturelles et stratégie politique》, in La Revue nouvelle, 1974 4, 351~360쪽 참조.

6 Marcel Detienne et Jean-Pierre Vernant, *Les Ruses de l'intelligence. La mètis des Grecs*, Paris, Flammarion, 1974.

7 Pierre Bourdieu, *Esquisse d'une théorie de la pratique*, Genève, Droz, 1972; 그리고 특히 《Le sens pratique》, in *Actes de la recherche en sciences sociales*, 1호, 1976년 2월, 43~86쪽.

8 이 책의 제4부 '언어의 사용' 참고.

9 예를 들면 프랑스 민족학연구소의 A. Charraud, F. Loux, Ph. Richard et M. de Virville의 연구. 그들의 보고서 *Analyse de contenu de proverbes médicaux*, Paris, MSH, 1972 그리고 *Ethnologie française*, 3~4호, 1971, 121~126쪽에 실린 Françoise Loux의 논문 참고. 이전에도 동일한 연구방법이 *Essai de description des contes populaires*, Paris, MSH, 1970에 적용되었다.

10 예를 들어, 사르당의 속담에 관해서는 Alberto Mario Cirese, *I Proverbi: struttura delle definizioni*, Urbino, 1972 참고.

11 '유형'(아르네), '모티프'(톰슨), '기능'(프로프), '시험'(멜레틴스키) 등이 차례대로 이 단위가 될 수 있다.

12 Daniel Paul Schreber, *Mémoires d'un névropathe*, Paris, Seuil, 1975, 60쪽.

13 '언표 속에 있는 발화 과정의 흔적'을 분석하는 것은, 다들 알다시피, 발화에 관한 언어학의 분명한 목적이다. Osward Ducrot et Tzvetan Todorov, *Dictionnaire encyclopédique des sciences du langage*, Paris, Seuil, 1972, 405쪽.

14 양태modalité, 즉 화자가 자신의 발화에 지위를 부여할 수 있게 해주는 양태에 관해서는, 예를 들어 *Langages*, 1976년 9월, 43호와 참고문헌 116~124쪽 참고.

15 Sun Tzu, *L'Art de la guerre*, Paris, Flammarion, 1972, 이는 기원전 4세기로 추정되는 책이다.

16 R. K. Khawam (ed.), *Le Livre des ruses. La strategie politique des Arabes*, Paris, Phebus, 1976.

17 이 점에 관해서 보자면, 과학성은 곧 책략의 일반화라 할 수 있을 것이다. 즉 기교artifice는 이제 더이상 (수많은 수사학적 '문체'를 가진) 일상어의 사용 속에 위치하는 것이 아니라, 고유한 언어의 생산 (구성된 용어들의 투명하고 일의적인 사용을 보장해주는 인공적 언어) 속에 위치해 있다.

18 레비스트로스는, 처음에는 동등했던 영역들 간에 차이를 만들어내는

'분리하는' 놀이를, 통합을 (재)창설하는 '결합하는' 의례에 대립시켰다. *La Pensée sauvage*, Paris, Plon, 1962, 44~47쪽 참조.

19 Roger J. Girault, *Traité du jeu de go*, Paris, Flammarion, 1977, 2권 참고.

20 Robert Jaulin, *La Géomancie. Analyse formelle*, Paris, Plon, 1966; A. Ader et A. Zempleni, *Le Bâton de l'aveugle*, Paris, Hermann, 1972; Jean-Pierre Vernant et al., *Divination et Rationalité*, Paris, Seuil, 1974 등 참고.

21 우리는 니콜 벨몽의 연구에 의거하여 놀이와 설화 사이의 상호성에 대해 분석할 수 있을 것이다. 《Les croyances populaires comme récit mythologique》, in *L'Homme*, t. 10/2, 1970, 94~108쪽.

22 Vladimir Propp, *Morphologie du conte* (1928), Paris, Gallimard et Seuil, 1970; 여기에 *Le radici storiche dei raconti di fate*, Turin, Einaudi, 1949를 덧붙여야 할 것이다. 프로프에 관해서는 특히 A. Dundes, *The Morphology of North-American Indian Folktales*, Helsinki, Academia scientiarum fennica, 1964; A. J. Greimas, *Sémantique structurale*, Paris, Larousse, 1966, 172~213쪽; Claude Lévi-Strauss, *Anthropologie structurale deux*, Paris, Plon, 1973, 139~173쪽; André Régnier, 《La morphologie selon V. J. Propp》, in *La Crise du langage scientifique*, Paris, Anthropos, 1974 그리고 《De la morphologie selon V. J. Propp à la notion du système préinterprétatif》, in *L'Homme et la Société*, 12호, 171~189쪽 참고.

23 이 표현은 레니에의 것이다. 《De la morphologie selon V. J. Propp》, 172쪽.

24 *Morphologie du conte*, 31쪽.

25 예를 들면 집시 설화 속에서 영웅은 거짓말을 하지 않는다. 그러나 그는 자신에게 유리하도록, 그가 주인 혹은 권력자에게 받은 명령을 그들이 의도했던 것과 다른 의미로 만들 줄 안다. 그리고 Denise Paulme et Claude Bremond, *Typologie des contes africains du décepteur. Principes d'un index des ruses*, Urbino, 1976, 이론적 관점으로는 Louis Marin, *Sémiotique de la Passion*, Paris, coéd. Aubier, etc., 1971: 《Sémiotique du traître》, 97~186쪽 참고.

26 로만 야콥슨에게서는 횡설수설하는 말들과 "허로 된 예언들" — 의미는 없고 "추상적인 대중적 기예"를 이루는 담론 — 속의 음운들의 관계와 변화는 대단히 엄밀한 규칙을 따르고 있다. 따라서 우리는 거기서 구술 전통의 여러 층(음과 의미)으로 이루어진 매우 복잡한 "구성 원칙compositional principles"을 찾을 수 있다(*Selected Writings*, La Haye, Mouton, t. 6, 1966, 642쪽). 의미 없는 이 관례적 표현들 속의 말장난(예컨대 이니 미니 마이니 모)은 따라서 텍스트 생산의 형식적 가능성을 가리키는 관례적 표현이라는 가치를 가지게 될 것이다. 이런 식으로 한 가지 공식화가 이 "추상적" 문학 속에 기입될 것이고, 또 대중적 "표현"을 만들어내는 실천들에 대한 논리적 모델을 제공하게 될 것이다.

27 피에르 부르디외의 비평적 분석, *Le Métier de sociologie*, 2판, La Haye, Mouton,

1973 서문 및 Maurice Godelier, *Horizon, trajets marxistes en anthropologie*, Paris, Maspero, 1973 참고.

28 Michel de Certeau, *La Culture au pluriel*: 《La beauté du mort》 (Dominique Julia, Jacques Revel과 공동 집필), 49~80쪽 참고.

29 Miklos Haraszti, *Salaire aux pièces*, Paris, Seuil, 1976, 136~145쪽. "날림으로 만든 것"[역주. 유리제조인들은 보통 실패한 제품을 폐기하는데 간혹 이런 것들을 재활용해서 독특한 물건을 만들기도 한다], 즉 유리제조인들이 자기 마음대로 제작한 유리제품들에 관해서는 Louis Mériaux, 《Retrouvailles chez les verriers》, in *Le Monde*, 1978년 10월 22~23일 참고. 그리고 M.-J. et J.-R. Hissard, 《Henri H. perruquiste》, in *Autrement*, 16호, 1978년 11월, 75~83쪽.

30 Marcel Mauss, *Sociologie et Anthropologie*, Paris, PUF, 1966: 《Essai sur le don》, 145~279쪽.

3. 임기응변: 사용과 전술

1 특히 A. Huet et al., *La Marchandise culturelle*, Paris, CNRS, 1977 참고. 이것은 생산물들(사진, 음반, 판화)을 분석하는 데 만족하지 않고, 상업적 반복과 이데올로기 재생산 시스템을 분석하고 있다.

2 예를 들자면 *Pratiques culturelles des Français*, Paris, Secrétariat d'Etat à la culture, Service des études et recherches, 1974, 2권 참고. 앨빈 토플러의 *The Culture Consumers*, Baltimore, Penguin, 1965는 다소 통계학적이고 대중 예술 분야에 제한되어 있긴 하지만, 여전히 중요하고 선구자적인 연구로 남아 있다.

3 20세기 초 예술(마르셀 뒤샹 등) 혹은 문학(쥘 베른에서 레몽 루셀까지) 속에서 나타나는 "독신 기계"의 전조적 테마에 대해서는, Jean Claire et al., *Junggesellen Maschinen. Les Machines célibataires,* Venise, Alfieri, 1975 참고.

4 페루와 볼리비아의 아이마라족에 관해서는, J.-E. Monast, *On les croyait chrétiens: les Aymaras*, Paris, Cerf, 1969 참고.

5 Michel de Certeau, 《La longue marche indienne》, Yves Materne(éd.), *Le Réveil indien en Amérique latine*, Paris, Cerf, 1977의 발문, 121~135쪽 참고.

6 G. Ryle, 《Use, Usage and Meaning》, in G. H. R. Parkinson (ed.), *The Theory of Meaning*, Oxford, Oxford University Press, 1968, 109~116쪽. 이 책의 많은 부분은 사용법에 할애되고 있다.

7 Richard Montague, 《Pragmatics》, in Raymond Klibansky (ed.), *La Philosophie contemporaine, Florence*, La Nuova Italia, t. 1, 1968, 102~122쪽. 바어힐렐은 이런 식으로 퍼스의 용어를 다시 취하고 있다. 이 용어는 러셀의 'egocentric particulars', 라이헨바흐의 'token-reflexive expressions', 굿맨의 'indicator words', 콰인의 'non eternal sentences'에 상응하는 것이다. 이 관점에는

하나의 전통이 각인돼 있다. 비트겐슈타인도 거기에 영향을 받았고, 제도 즉 언어활동에 의해 조절되는 보통의 사용을 참고하면서 의미가 아니라 사용법을 탐구하는 것을 자신의 슬로건("Don't ask for the meaning, ask for the use")으로 삼고 있었다.

8 앞에서 살펴본 '속담의 발화' 단락 참고.

9 Emile Benveniste, *Problèmes de linguistique générale*, Paris, Gallimard, t. 2, 1974, 79~88쪽 참고.

10 Fernand Deligny, *Les Vagabonds efficaces*, Paris, Maspero, 1970, 들리니는 이 단어로 자신과 함께 살았던 어린 자폐증 환자들이 움직이는 여정, 숲을 관통하는 글쓰기, 언어의 공간 속에서 그 길을 추적할 수 없는 이의 방랑 등을 의미했다.

11 아래의 '불확정적인 것들', 351쪽 참고.

12 *Ibid*.

13 존 폰 노이만과 오스카 모르겐슈테른에게는 "타자의 전략이 포함될 때에만 전략이 있을 수 있다". *Theory of Games and Economic Behavior*, 3rd ed., New York, John Wiley, 1964.

14 "전략이란 적의 시야 밖의 병사의 움직임에 관한 과학이다. 반면 전술은 적의 시야 안에서의 움직임에 관한 과학이다."(폰 빌로)

15 Karl von Clausewitz, *De la guerre*, Paris, Minuit, 1955, 212~213쪽. 이 분석은 마키아벨리 이래 여러 다른 이론가들에게서도 발견되는 것이다. Y. Delahaye, 《Simulation et dissimulaton》, in *La Ruse* (Cause commune, 1977/1), Paris, UGE, 10~18, 55~74쪽 참고.

16 Clausewitz, *op. cit*, 212쪽.

17 Sigmund Freud, *Le Mot d'esprit et ses rapports avec inconscient*, Paris, Gallimard, Idées, 1969.

18 Aristote, *Rhétorique*, II, 24, 1402a: "두 개의 주장 중 설득력이 약한 것을 더 강한 것으로 만드는 것"(trad. M. Dufour, Paris, Les Belles Lettres, Budé, 1967, t. 2, 131쪽). 플라톤은 이와 동일한 '기발함'을 티시아스의 것으로 여겼다. *Phèdre*, 273b~c(Platon, *Oeuvres complètes*, Paris, Gallimard, Pléiade, t. 2, 1950, 72~73쪽). 또한 W. K. C. Guthrie, *The Sophists*, Cambridge, Cambridge University Press, 1971, 178~179쪽 참고. '명백한 생략 삼단논법의 장소'에 관련해서 아리스토텔레스가 언급했던 코락스의 테크네technè에 대해서는 Ch. Perelman과 L. Olbrechts-Tyteca, *Traité de l'argumentation*, Bruxelles, Université libre, 1970, 607~609쪽 참고.

19 농담의 기술에 관해서는, Sigmund Freud, *Le Mot d'esprit*, 19~173쪽.

20 S. Toulmin, *The Uses of Argument*, Cambridge, Cambridge University Press, 1958; Ch. Perelman, L. Olbrechts-Tyteca, *op. cit.*; Jean Dubois et al., *Rhétorique générale*, Paris, Larousse, 1970; etc.

21 역경, 혹은 64괘를 통해 우주 변화의 모든 가능한 상황들을 표현하는 주역 참고.

22 Marcel Detienne et Jean-Pierre Vernant, *Les Ruses de l'intelligence. La mètis des Grecs*, Paris, Flammarion, 1974.

23 Maxime Rodinson, *Islam et Capitalisme*, Paris, Seuil, 1972 참고.

4. 푸코와 부르디외

1 설화 및 대중적 말하기 기예가 은밀한 곳에서 제공하는 전술들의 '세트'에 관해서는, 위의 제2장 42쪽 참조.

2 Michel Foucault, *Surveiller et punir*, Paris, Gallimard, 1975. 푸코의 이전 저작에 관해서는 Michel de Certeau, *Histoire et psychanalyse entre science et fiction*, Paris, Gallimard, Folio, 1987, 제1장 참고.

3 M. Foucault, *op. cit.*, 28, 96~102, 106~116, 143~151, 159~161, 185, 189~194, 211~217, 238~251, 274~276쪽 등. 이 책은 일련의 이론적 '그림들'로 점철되어 있다. 이것은 역사적 대상을 분명하게 보여주고, 그것에 적절한 담론을 만들어낸다.

4 특히 Gilles Deleuze, 《Ecrivain, non: un nouveau cartographe》, in *Critique*, 343호, 1975 12, 1207~1227쪽 참고.

5 Serge Moscovici, *Essai sur l'histoire humaine de la nature*, Paris, Flammarion, 1968.

6 Pierre Legendre, *L'Amour du censeur. Essai sur l'ordre dogmatique*, Paris, Seuil, 1974.

7 Claude Lévi-Strauss, *Tristes Tropiques*, Paris, Plon, 1958, 특히 기억에 대한 탐구로 전도되고 변해버린 여행에 관해 성찰하고 있는, '귀환'에 관한 내용을 참고하라.

8 Pierre Bourdieu, *Esquisse d'une théorie de la pratique*, Genève, Droz, 1972. 이 책의 제목은 이 책의 이론적 부분인 제2부의 제목에서 따온 것이다. 프랑스에서 부르디외에 관한 비평은, 푸코에 관한 비평이 대단히 많았던 것과 달리 아주 많다고 할 수는 없다. 이것은 베아른 왕국이 불러일으킨 찬사와 두려움의 동시적인 결과일까? 레몽 부동은 부르디외 입장의 '이데올로기적' 특징을 비판했다(*L'Inégalité des chances*, Paris, Armand Colin, 1973; *Effets pervers et ordre social*, Paris, PUF, 1977). 마르크스주의의 관점에서, Chirstian Baudelot et Roger Establet, *L'Ecole capitaliste en France*, Paris, Maspero, 1974; Jacques Bidet, 《Questions à P. Bourdieu》, in *Dialectiques*, 2호; Louis Pinto, 《La théorie de

la pratique》, in *La Pensée*, 1975년 4월 etc.; 인식론적 관점에서, Louis Marin, 《Champ théorique et pratique symbolique》, in *Critique*, 321호, 1974년 2월. W. Paul Vogt, 《The inheritance and Reproduction of Cultural Capital》, in *The Review of Education*, 1978년 여름, 219~228쪽에서 부르디외의 테제들을 소개했다. 또한 J.M. Geng, *L'Illustre Inconnu*, Paris, UGE, 10~18, 1978, 53~63쪽에서 부르디외의 '사회학의 총체화'와 '사회학적 신념'의 재생산에 관해 비판했고, 부르디외는 이에 대해 《Sur l'objectivation participante》, in *Actes de la recherche en sciences sociales*, 23호, 1978년 9월, 67~69쪽에서 즉각 반박했다.

9 Pierre Bourdieu, 《Les stratégies matrimoniales dans le système de reproduction》, in *Annales ESC*, t. 27, 1972, 1105~1127쪽; 《Le langage autorisé》, in *Actes de la recherche en sciences sociales*, 5~6호, 1975년 11월, 183~190쪽; 《Le sens pratique》, *ibid.*, 1호, 1976년 2월, 43~86쪽. 그리고 '취향'에 관한 사회적 서사시라 할 *La distinction. Critique sociale du jugement*, Paris, Minuit, 1979, 특히 제2, 3장.

10 In *Revue française de sociologie*, t. 15, 1974, 3~42쪽.

11 《Les Stratégies matrimoniales》 참고.

12 부르디외, 장클로드 파스롱, 장클로드 샹보르동이 *Le Métier de sociologue*, 2판, La Haye, Mouton, 1973, 108~109쪽에서 원했던 것이 바로 이 대질 작업이다.

13 *Esquisse d'une théorie*, 11쪽.

14 Jacques Derrida, *Marges de la philosophie*, Paris, Minuit, 1972: 《La mythologie blanche》, 247~324쪽 참고.

15 *Esquisse d'une théorie*, 45~69쪽의 부르디외의 분석 참고.

16 Pierre Bourdieu et Jean-Claude Passeron, *Les Héritiers*, Paris, Minuit, 1964, *ibid.*, 1970; etc.

17 부르디외가 1972년 이 연구를 출판했을 때 자신의 연구에 대해 했던 비판 참고.(*Esquisse d'une théorie*, 11쪽)

18 《Avenir d'une théorie》, in *Revue française de sociologie*, t. 15, 1974, 22, 33~34, 42쪽 등.

19 *Esquisse d'une théorie*, 211~227쪽; 《Les stratégies matrimoniales》, 1107~1108쪽; 《Le sens pratique》, 51~52쪽 등.

20 《Les stratégies matrimoniales》, 1109쪽 등.

21 *Ibid*.

22 특히 《Le sens pratique》, 54~75쪽 참고.

23 *Le Métier de sociologue*, 257~264쪽.

24 우리는 전통 사회에서 '집'이란 주택(재산)과 가족(혈통 집단)을 동시에

가리킨다는 것을 알고 있다.

25 《Avenir de classe》, 11~12쪽. 게다가 부르디외는 우리 사회의 소비자들이 가진 개별적 전략들에 관한 연구를 고려하지 않았다. *ibid.*, 8쪽, 각주 11 참고. 이 각주는 Albert O. Hirschman, *Exit, Voice and Loyalty*, Cambridge (Mass.), Havard University Press, 1970에 관한 것이다.

26 *Esquisse d'une théorie*, 175~177, 182쪽; 《Avenir de classe》, 28~29쪽 참고.

27 *Esquisse d'une théorie*, 202쪽.

28 *Ibid.*, 177~179쪽.

29 헥시스hexis(아비투스)라는 용어와 아이디어는 마르셀 모스의 *Sociologie et anthropologie*, Paris, PUF, 1966, 368~369쪽에서 나온 것이다. 다른 한편 파노프스키는, 부르디외가 인용했던 유명한 텍스트 속에서 중세 사회에서 아비투스가 가진 이론적, 실천적 중요성을 강조했다(*Le Métier de sociologue*, 253~256쪽). 부르디외는 이 아이디어를 오래전부터 알고 있었다. 사회학자의 양식에 관해서는 *Le Métier de sociologue*, 16, 84쪽 참고. 그리고 '취향'에 관해서는 *L'amour de l'art*, Paris, Minuit, 1969, 163쪽 참고. 이 아이디어는 오늘날 스콜라학파적 용어와 공리로 이루어진 놀랄 만한 기구를 통해 옹호되고 있다. 이 스콜라학파적 용어와 공리는 현대의 기술관료주의 속에서 중세적 질서의 회귀를 읽어낼 수 있는 가능성을 보여주는 대단히 흥미로운 지표이다.

30 *Esquisse d'une théorie*, 175, 178~179쪽; 《Avenir de classe》, 28~29쪽; *La Distinction*, 189~195쪽.

31 《Avenir de classe》, 28쪽 이후에 나오는 영웅에 대한 찬사를 참고. 우리는 이제부터 《Les stratégies de *l'habitus*》(*ibid.*, 30쪽)을 연구할 수 있을 것이다.

5. 이론의 기예

1 칸트는 이것을 이미 자신의 『순수이성비판*Kritik der reinen Vernunft*』에서 말한 적이 있다. 즉 학자는 "증인들에게 자신이 공식화한 문제들에 대답하도록 강요하는 재판관"이다.

2 Emile Durkheim, *Les Formes élémentaires de la vie religieuse*, Paris, PUF, 1968. W. S. F. Pickering, *Durkheim on Religion*, Londres, Routledge & Kegan Paul, 1975 참고.

3 Sigmund Freud, *Totem et tabou*, Paris, Payot, 1951.

4 Fritz Raddatz, *Karl Marx, une biographie politique*, Paris, Fayard, 1978 참고.

5 전시회 카탈로그 *Le Livre dans la vie quotidienne*, Paris, Bibliothèque nationale, 1975 참조.

6 1799년 루이프랑수아 주프레가 인간 관찰자 협회(la société des Observateurs

de l'homme)를 설립했다.

7 Platon, *Gorgias*, 465a. Giuseppe Cambiano, *Platone e le technice*, Turin, Einaudi, 1971 참고.

8 Jacques Guillerme et Jan Sebestik, 《Les commencements de la technologie》, in *Thalès*, t. 12, 1966, 1~72쪽. 우리는 이 중간 매개자적 지위에 관한 수많은 예들을 들 수 있다. 기예는 『묘사』[역주. 『기예와 숙련에 관한 묘사*Description des arts et métiers*』](2, 4, 32, 37, 41, 46~47쪽 등)의 대상이고 미완성의 상태로 완성되어야 하는 것이다.(8, 14, 29, 33쪽 등)

9 *Encyclopédie*, Genève, Pellet, t. 3, 1773, art. 《Art》, 450~455쪽.

10 *Ibid.*, art. 《Catalogue》(Girard의 원고에 의거하여 David가 작성한 것). J. Guillerme et J. Sebestik, *op. cit.*, 23쪽 참고.

11 Fontenelle, *Histoire de l'Académie royale pour 1699*의 서문 참고. 여기에 *Sur la description des arts*가 게재되었다. 이것은 J. Guillerme et J. Sebestik, *op. cit.*, 33쪽, 각주 1에 인용되고 있다.

12 Emile Durkheim, *Education et sociologie*, Paris, Alcan, 1922, 87쪽 이후. Pierre Bourdieu, *Esquisse d'une théorie de la pratique*, Genève, Droz, 1972, 211쪽 참고. 부르디외는 여기서 '박학한 무지'에 관한 '완벽한 묘사'를 인식한다.

13 Emile Durkheim, *Les Formes élémentaires*, 495쪽.

14 Christian Wolff, *Architecture hydraulique*, 1740. Belidor의 독일어 번역본, 서문(페이지는 매겨져 있지 않다.). J. Guillerme et J. Sebestik, *op. cit.*, 23쪽, 각주 2에서 인용.

15 H. de Villeneuve, 《Sur quelques préjugés des industriels》, 1832. J. Guillerme et J. Sebestik, *op. cit.*, 24쪽에서 인용.

16 여러 측면에서 전문가의 입장은 변하기 쉬운 것이다. 위의 제1장, 71쪽 참고.

17 2장 「논리: 게임, 설화 그리고 말하기의 기예」, 92쪽 참고.

18 이것은 프로이트에게서 지속적으로 나타나는 주제이지만, 이 '지식'의 지위는 이론적으로는 미확정적이다.

19 『취미의 비판』(1787)의 기획 단계에서부터 『판단력 비판』(1790)의 집필에 이르는 이 과정에 관해서는, Victor Delbos, *La Philosophie pratique de Kant*, Paris, PUF, 1969, 416~422쪽 참고. 칸트의 텍스트는 *Kritik der Urteilskraft*, §43 《Von der Kunst überhaupt》(*Werke*, ed. W. Weischedel, Insel-Verlag, t. 5, 1957, 401~402쪽), 혹은 *Critique de la faculté de juger*, trad. Philonenko, Paris, Vrin, 1979, 134~136쪽에 있다. 칸트의 미학에 관한 부르디외의 비판은 근본적이지만("부인된 사회적 관계") 사회학자의 입장에서 시행된 것으로, 나와는 다른 관점 속에 있다. 어쨌거나 그의 비판은 "자유 예술"과 "필요

예술art nécessaire"에 대한 칸트의 구별과 관련되어 있긴 하다(*La Distinction*, Paris, Minuit, 1979, 565~568쪽).

20 A. Philonenko, *Théorie et praxis dans la pensée morale et politique de Kant et de Fichte en 1793*, Paris, Vrin, 1968, 19~24쪽; Jürgen Heinrichs, *Das Problem der Zeit in der praktischen Philosophie Kants*, Bonn, Bouvier, 1968, 34~43쪽 (《Innerer Sinn und Bewusstsein》); Paul Guyer, *Kant and the Claims of Taste*, Cambridge (Mass.), Havard University Press, 1979, 120~165쪽(《A Universal Voice》), 331~350쪽(《The Metaphysics of Taste》).

21 A. Philonenko, *Théorie et praxis*, 22쪽, 각주 17에서 인용.

22 Kant, *Kritik der Urteilskraft*, §43.

23 Freud, *Gesammelte Werke*, t. XIII, 330쪽; t. XIV, 66, 250쪽 등.

24 Kant, *Kritik der reinen Vernunft*, in A. Philonenko, *Théorie et praxis*, 21쪽에서 인용.

25 위의 제2장, 96쪽 참고.

26 *Das mag in der Theorie richtig sein, taugt aber nicht für die Praxis*. 이 텍스트(Kant, *Werke*, ed. W. Weischedel, t. 6, 1964, 127쪽 이후)는 1793년 말부터 1794년 초까지의 이론/실천 관계에 관한 논쟁을 포함하여 디터 하인리히가 다시 편찬하고 소개한 것이다: Kant, Gentz, Rehberg, *Über Theorie und Praxis*, Francfort/Main, Suhrkamp, 1967. 나는 이 주목할 만한 자료를 인용할 것이다. 그리고 별도로 출간된, 유용한 영어 번역본 Kant, *On the Old Saw: That May Be Right in Theory, but it Won't Work in Practice*, introd. G. Miller, trad. E. B. Ashton, Philadelphia, University of Pennsylvania, 1974. 그리고 불어판 Kant, *Sur l'expression courante: il se peut que ce soit juste en théorie...*, trad. L. Guillermit, Paris, Vrin, 1967 참고.

27 칸트와 프랑스혁명에 관해서는 L. W. Beck, 《Kant and the Right of Revolution》, in *Journal of the History of Ideas*, t. 32, 1971, 411~422쪽; 그리고 특히 L. W. Beck (ed.), *Kant on History*, New York, Library of Liberal Arts, 1963 참고.

28 누가복음 2장 41~50절. 어린 예수가 "선생들 중에 앉으사 저희에게 듣기도 하시며 묻기도 하시니". 이 테마는 '세 살 난 영리한 아이'와 함께, 외판용 대중문학 서적 속에서 여러 번 되풀이 되면서 등장한다. 이 텍스트는 이미 Charles Nisard, *Histoire des livres populaires*, Paris, Amyot, 1854, t. 2, 16~19쪽에서 분석되었고, 또 Geneviève Bolème, *La Bible bleue*, Paris, Flammarion, 1975, 222~227쪽에서 인용되기도 했다.

29 Kant et al., *Über Theorie und Praxis,* 41쪽. 강조는 칸트.

6. 이야기들의 시간

1 이 책의 제1장, 74쪽 참고.

2 Jack Goody, 《Mémoire et apprentissage dans les sociétés avec ou sans écriture: la transmission du Bagre》, in *L'Homme*, t. 17, 1977, 29~52쪽. 그리고 동일한 저자의 *The Domestication of the Savage Mind*, Cambridge, Cambridge University Press, 1977.

3 Marcel Detienne, *Les Jardins d'Adonis*, Paris, Gallimard, 1972; *Dionysos mis à mort, ibid.*, 1977; Detienne et al., *La Cuisine du sacrifice, ibid.*, 1979.

4 Richard Bauma, Joel Sherzer (eds.), *Explorations in the Ethnography of Speaking*, Cambridge, Cambridge University Press, 1974; David Sudnow (ed.), *Studies in Social Interaction*, New York, Free Press, 1972 참고.

5 Marcel Detienne et Jean-Pierre Vernant, *Les Ruses de l'intelligence. La mètis des Grecs*, Paris, Flammarion, 1974.

6 *Ibid.*, 9~10쪽.

7 용어의 고대적 의미에서의 '기억'. 이것은 복수형의 시간에 대한 참여를 가리키는 것으로, 따라서 과거에 한정되지 않는다.

8 괄호 친 것은 Detienne et Vernant, *Les Ruses de l'intelligence*, 23~25쪽에서 빌려온 표현이거나 인용문이다.

9 Michel de Certeau, 《L'étrange secret. "Manières d'écrire" pascalienne》, in *Rivista di storia e letteratura religiosa*, t. 13, 1977, 104~126쪽 참고.

10 Maurice Halbwachs, *Les Cadres sociaux de la mémoire*, La Haye, Mouton, 1975 참고.

11 Frances A. Yates, *L'Art de la mémoire*, Paris, Gallimard, 1975 참고.

12 이 책의 제4부 「언어의 사용」 참고.

13 아래를 보라. 그리고 위의 제2장 「논리: 게임, 설화 그리고 말하기의 기예」, 92쪽 참고.

14 Françoise Frontisi-Ducroux, *Dédale. Mythologie de l'artisan en Grèce ancienne*, Paris, Maspero, 1975.

15 Aristote, *Fragmenta*, ed. Rose, Leipzig, Teubner, 1886, fragm. 668.

16 Aristote, *Métaphysique*, A, 2, 982 b 18.

7. 도시에서 걷기

1 감탄할 만한 텍스트 Alain Médam, 《New York City》, in *Les Temps modernes*,

1976년 8~9월, 15~33쪽. 그리고 그의 책 *New York Terminal*, Paris, Galilée, 1977 참고.

2 Henri Lavedan, *Les Représentations des villes dans l'art du Moyen Age*, Paris, Van Oest, 1942; Rudolf Wittkower, *Architectural Principles in the Age of Humanism*, New York, Norton, 1962; Louis Marin, *Utopiques: jeux d'espaces*, Paris, Minuit, 1973 등 참고.

3 Michel Foucault, 《L'oeil du pouvoir》, in Jeremy Bentham, *Le Panoptique* (1791), Paris, Belfond, 1977, 16쪽.

4 Daniel Paul Schreber, *Mémoires d'un névropathe*, Paris, Seuil, 1975, 41, 60쪽 등.

5 『정신 지도를 위한 규칙들*Regulae*』에서 데카르트는 이미 맹인을 시각의 환상과 기만에 대항하여 사물과 장소에 대한 지식을 보증해주는 사람으로 간주했다.

6 Maurice Merleau-Ponty, *Phénoménologie de la perception*, Paris, Gallimard, Tel, 1976, 332~333쪽.

7 François Choay, 《Figures d'un discours inconnu》, in *Critique*, 1973년 4월, 293~317쪽 참고.

8 우리는 사물들을 공간적으로 분류하는 도시계획 기술들을 '기억의 기예' 전통에 결합시킬 수 있다(F. A. Yates, *L'Art de la mémoire*, Paris, Gallimard, 1975 참고). 지식의 공간적 조직을 구축할 수 있는 권력은 이 '기예'에서부터 시작해서 자신의 절차를 진행시킨다. 이 권력은 유토피아를 결정하고, 벤담의 파놉티콘 속에서까지 발견된다. 끊임없이 이어지는 지식의 지위에 따라 상대적인 기획(보존하기 혹은 창조하기)과 내용(과거, 미래, 현재)의 다양성에도 불구하고 이 권력의 형식은 안정되어 있다.

9 André-Glucksmann, 《Le totalitarisme en effet》, in *Traverses*, 9호, intitulé *Ville-panique*, 1977, 34~40쪽 참고.

10 Michel Foucault, *Surveiller et punir*, Paris, Gallimard, 1975.

11 Ch. Alexander, 《La cité semi-treillis, mais non arbre》, in *Architecture, Mouvement, Continuité*, 1967.

12 Roland Barthes, in *Architecture d'aujourd'hui*, 153호, 1970년 12월~1971년 1월, 11~13쪽. "우리는 단지 도시에 살고 도시에서 돌아다니고 도시를 바라보면서…… 도시에 대해 이야기한다"; Claude Soucy, *L'image du centre dans quatre romans contemporains*, Paris, CSU, 1971, 6~15쪽 참고.

13 John Searle, 《What is a Speech Act?》, in Max Black(ed.), *Philosophy in America*, Londres, Allen & Unwin, et Ithaca(N.Y.), Cornell University Press, 1965, 221~239쪽. 이 책 이후에 출간된, 이 주제를 다룬 여러 연구들을 참고.

14 Emile Benveniste, *Problèmes de linguistique générale*, Paris, Gallimard, t. 2, 1974,

79~88쪽 등.

15 Roland Barthes, *op. cit.*; Claude Soucy, *op. cit.*, 10쪽.

16 "여기와 지금은, '나'를 포함하고 있는 담론의 현재적 심급과 동시적이면서 동일한 외연을 갖는 공간적 · 시간적 심급의 범위를 결정한다."(E. Benveniste, *op. cit.*, t. 1, 1966, 253쪽)

17 Roman Jakobson, *Essais de linguistique générale*, Paris, Seuil, 1970, 217쪽.

18 양태에 관해서는 Hermann Parrat, *La Pragmatique des modalités*, Urbino, 1975; A. R. White, *Modal Thinking*, Ithaca(N.Y.), Cornell University, 1975.

19 Paul Lemaire, *Les Signes sauvages. Une philosophie du langage ordinaire*, Ottawa, Université d'Ottawa et Université Saint-Paul, 1981의 분석, 특히 서문 참고.

20 A. J. Greimas, 《Linguistique statistique et linguistique structurale》, in *Le Français moderne*, 1962년 10월, 245쪽.

21 이와 근접한 영역으로 말을 하지 못하는 언어 장애인의 몸짓 언어 속의 수사학과 시학을 들 수 있다. E. S. Klima and U. Bellugi, 《Poetry and Song in a Language without Sound》, working paper, San Diego (Cal.), UCSD, 1975; E. S. Klima, 《The Linguistic Symbol with and without Sound》, in J. Kavanagh and J. E. Cuttings (eds), *The Role of Speech in Language*, Cambridge (Mass.), MIT, 1975 참고.

22 Alain Médam, *Conscience de la ville*, Paris, Anthropos, 1977.

23 Sylvie Ostrowetsky, 《Logiques du lieu》, in *Sémiotique de l'espace*, Paris, Denoël-Gonthier, Médiations, 1979, 155~173쪽.

24 Jean-François Augoyard, *Pas à pas. Essai sur le cheminement quotidien en milieu urbain*, Paris, Seuil, 1979.

25 요리법에 관한 분석 속에서 피에르 부르디외는 재료가 아니라 그 재료들을 다루는 방법을 결정적인 것으로 평가한다(《Le sens pratique》, in *Actes de la recherche en sciences sociales*, 1호, 1976년 2월, 77쪽).

26 J. Sumpf, *Introduction à la stylistique du français*, Paris, Larousse, 1971, 87쪽.

27 "본래의 의미에 관한 이론"에 대해서는 Jacques Derrida, *Marges de la philosophie*, Paris, Minuit, 1972: 《La mythologie blanche》, 247~324쪽 참고.

28 J. F. Augoyard, *op. cit.*

29 Tzvetan Todorov, 《Synecdoques》, in *Communications*, 16호, 1970, 30쪽; Pierre Fontanier, *Les Figures du discours*, Paris, Flammarion, 1968, 87~97쪽; Jean Dubois et al., *Rhétorique générale*, Paris, Larousse, 1970, 102~112쪽 참고.

30 실천들이 '작은 섬'으로 구성한 이 공간에 관해서는, Pierre Bourdieu, *Esquisse*

d'une théorie de la pratique, Genève, Droz, 1972, 215쪽 등; 《Le sens pratique》, 51~52쪽 참고.

31 Anne Baldassari et Michel Joubert, *Pratiques relationnelles des enfants à l'espace et institution*, Paris, Crecele-Cordes, 1976; 동일한 저자들의 《Ce qui se trame》, in Parallèles, n° 1, 1976년 6월 참고.

32 메타포에 관해서는 J. Derrida, *op. cit.*, 287쪽.

33 E. Benveniste, *op. cit.*, t. 1, 1966, 86~87쪽.

34 방브니스트에게 "담론이란, 말하는 인간에 의해 수용된 범위 내의, 그리고 상호주관성의 조건 속의 언어이다".(*ibid.*, 266쪽)

35 '꿈의 활동'에 고유한 '형상화 기법'인 응축과 이동에 관해서는 예컨대 S. Freud, *L'interprétation des rêves*, Paris, PUF, 1973, 240~300쪽 참고.

36 Ph. Dard, F. Desbons et al., *La Ville, symbolique en souffrance*, Paris, CEP, 1975, 200쪽.

37 Patrick Modiano, *Place de l'Etoile*, Paris, Gallimard, 1968의 제사題詞 참고.

38 Joachim du Bellay, *Regrets*, 189쪽.

39 거대한 야망으로 만들어진 도시계획의 대명사인 사르셀Sarcelles은 프랑스 전체에서 총체적 실패의 지표가 되면서, 이 도시 거주자들에게서 상징화의 가치를 얻게 되었다. 이 극단적 재난은 결국 시민들에게 예외적 정체성의 '명성'을 안겨주었다. [역주. 파리에서 북쪽으로 15km 정도 떨어진 사르셀 시市는 1950년대 국가 주도로 개발된 최초의 도시이다. 1960~70년대 이 도시에는 프랑스의 옛 식민지 아프리카에서 건너온 이주자들이 집단 거주하게 되었고, 점차 종교적, 사회적 갈등이 심해지면서 실패한 주거지역의 대명사가 되어버렸다.]

40 *Superstare*: 추가로 혹은 초과하여 위에 있다.

41 F. Lugassy, *Contribution à une psychosociologie de l'espace urbain. L'habitat et la forêt*, Paris, Recherche urbaine, 1970.

42 Ph. Dard et al., *op. cit*.

43 *Ibid.*, 174, 206쪽.

44 Claude Lévi-Strauss, *Tristes Tropiques*, Paris, Plon, 1955, 434~436쪽.

45 우리는 여행에서 가져온 사진이 출발지에 대한 전설을 대체하는 (그리고 전설로 변한) 것에 대해서도 이와 동일하게 말할 수 있을 것이다.

46 필수적인 것으로 가정되긴 하지만 서로 간의 관계는 고려되지 않은 이 용어들은 상징적인 것이라고 말할 수 있다. 사고의 '결핍'을 특징으로 하는 인지 장치라는 상징주의의 정의에 관해서는, Dan Sperber, *Le Symbolisme en*

général, Paris, Hermann, 1974 참고.

47 Francis Ponge, *La Promenade dans nos serres*, Paris, Gallimard, 1967.

48 리옹의 크루아루스에 거주하는 한 여성(피에르 마욜이 수집한 인터뷰); 뤼스 지아르와 피에르 마욜의 『일상의 발명 2 — 거주하기, 요리하기』 참고.

49 『르 몽드*Le Monde*』, 1977년 5월 4일.

50 위의 주 48번 참고.

51 『꿈의 해석*L'interprétation des rêves*』과 『쾌락원리 너머*Au-delà du principe de plaisir*』의 분석 참고. 또한 Sami-Ali, *L'Espace imaginaire*, Paris, Gallimard, 1974, 42~64쪽.

52 Jacques Lacan, *Ecrits*, Paris, Seuil, 1966, 93~100쪽.

53 Sigmund Freud, *Inhibition, symptôme et angoisse*, Paris, PUF, 1968.

54 V. Kandinsky, *Du spirituel dans l'art*, Paris, Denoël, 1969, 57쪽.

9. 공간 이야기

1 John Lyons, *Semantics*, Cambridge, Cambridge University Press, t. 2, 1977: 《Locative Subjects》, 475~481쪽; 《Spatial Expressions》, 690~703쪽.

2 George A. Miller and Philip N. Johnson-Liard, *Language and Perception*, Cambridge (Mass.), Harvard University Press, 1976.

3 아래 229쪽 참고.

4 Albert E. Scheflen and Norman Ashcraft, *Human Territories. How we Behave in Space-Time*, Englewood Cliffs (N.J.), Prentice Hall, 1976.

5 E. A. Schegloff, 《Notes on a Conversational Practice: Formulating Place》, in David Sudow (ed.), *Studies in Social Interaction*, New York, Free Press, 1972, 75~119쪽.

6 예를 들어 Ecole de Tartu, *Travaux sur les systèmes de signes*, éd. Y. M. Lotman et B. A. Ouspenski, Bruxelles Complexe, et Paris, PUF, 1976, 18~39, 77~93쪽 등; Iouri Lotman, *La Structure du texte artistique*, Paris, Gallimard, 1973, 309쪽 이하 등 참고.

7 Maurice Merleau-Ponty, *Phénoménologie de la perception*, Paris, Gallimard, Tel, 1976, 324~344쪽.

8 Charlotte Linde and William Labov, 《Spatial Networks as a Site for the Study of Language and Thought》, in *Language*, t. 51, 1975, 924~939쪽. 실행하기와 공간 사이의 관계에 대해서는 group 107(M. Hammad et al.), *Sémiotique de l'espace*,

Paris, DGRST 보고서, 1973, 28쪽 이하 참고.

9 예컨대 Catherine Bidou et Francis Ho Tham Kouie, *Le Vécu des habitants dans leur logement à travers soixante entretiens libres*, Paris, Cerebe 보고서, 1974; Alain Médam et Jean-François Augoyard, *Situations d'habitat et façons d'habiter*, Paris, Ecole spéciale d'architecture, 1976 등 참고.

10 George H. T. Kimble, *Geography in the Middle Ages*, Londres, Methuen, 1938 등 참고.

11 Roland Barthes, *L'Empire des signes*, Genève, Skira, 1970, 47~51쪽.

12 피에르 자네가 복제하고 분석한 지도, *L'Evolution de la mémoire et la notion du temps*, Paris, A. Chahine, 1928, 284~287쪽. 원본은 쿠아우틴찬(멕시코, 푸에블라)에 보존되어 있다.

13 예를 들면, Louis Marin, *Utopiques: jeux d'espace*, Paris, Minuit, 1973: 17세기 도시의 세 가지 표상 속에서 그림('담론-여정')과 지도('시스템-텍스트') 사이의 관계, 즉 '서사'와 '기하학' 사이의 관계에 대해서는《Le portrait de la ville dans ses utopiques》, 257~290쪽 참고.

14 C. Bidou et F. Ho Tham Kouie, *op. cit.*, 55쪽에서 인용.

15 *Ibid.*, 57, 59쪽에서 인용.

16 Pierre Janet, *L'Evolution de la mémoire*, 특히 '내레이션의 과정들' 및 '제작'에 관한 강연, 249~294쪽. A. Médam et J.-F. Augoyard, *op. cit.*, 90~95쪽은 이 단위unité를 가지고 그들의 조사 자료를 정했다.

17 Y. M. Lotman, in Ecole de Tartu, *Travaux sur les systèmes de signes*, 89쪽.

18 '페티알리스 법Ius fetiale'에 관해서는 Georges Dumézil, *Idées romaines*, Paris, Gallimard, 1969, 61~78쪽.

19 *Ibid.*

20 *Ibid.*, 31~45쪽.

21 G. Miller and Ph. N. Johnson-Laird, *op. cit.*, 57~66, 385~390, 564쪽 등.

22 Christian Morgenstern,《Der Lattenzaun》, in *Gesammelte Werke*, Munich, R. Piper, 1965, 229쪽.

23 Nicole Brunet, *Un pont vers l'acculturation. Ile de Noirmoutiers*, 민족학 석사학위논문, 파리 7대학, 1979 참고.

24 Michel de Certeau, *La Fable mystique XVIe-XVIIe siècle*, t. 1, 2판, Paris, Gallimard, Tel, 1987: 제2장《Le Jardin: délires et délices de Jérôme Bosch》, 71~106쪽 참고.

25 이 단단한 조각상들의 유동성에 관해서는 Françoise Frontisi-Ducroux, *Dédale. Mythologie de l'artisan en Grèce ancienne*, Paris, Maspero, 1975, 104쪽 및 100~101,

117쪽 등.

26 Jules Michelet, *La Sorcière*, Paris, Calmann-Lévy, s.d., 23~24쪽.

27 이런 모순성의 주제에 관해서는 Emmanuel Le Roy Ladurie, *Le Carnaval de Romans*, Paris, Gallimard, 1979 참고.

28 Paolo Fabbri, 《Considérations sur la proxémique》, in *Langages*, 10호, 1968년 6월, 65~75쪽 참고. E. T. Hall, 《Proxemics: The Study of Man's Spatial Relations》, in I. Gladston (ed.), *Man's Image in Medecine and Anthropology*, New York, International Universities Press, 1963. E. T. Hall은 프록세믹스를 "인간이 어떻게 무의식적으로 공간을 구성하는가에 대한 연구, 즉 일상적 거래, 자기 집과 건물 내에서의 공간의 조직, 그리고 궁극적으로는 자기 마을에 대한 설계 등을 수행하는 가운데 사람들 사이의 거리에 대한 연구"로 정의했다.

10. 경전의 경제학

1 Grundtvig, *Budstikke i Høinorden* (1864), 31 X 527. Erica Simon, *Réveil national et culture populaire en Scandinavie. La genèse de la Højskole nordique, 1844-1878*, Copenhague, 1960, 59쪽에서 인용.

2 E. Simon, *op. cit.*, 54~59쪽.

3 Jacques Derrida, *Positions*, Paris, Minuit, 1972, 41쪽.

4 Karl Marx, 《Manuscrits de 1844》, in Marx und Engels, *Werke*, ed. Dietz, t. 1, Berlin, 1961, 542~544쪽.

5 Michel de Certeau et al., *Une politique de la langue*, Paris, Gallimard, Bibliothèque des histoires, 1975.

6 Shakespeare, *The Comedy of Errors*, III, 1, 13.

7 독서, 즉 텍스트를 신체에 기입하는 것에 관해서는 Lucette Finas, *La Crue*, Paris, Gallimard, 1972 서문 참고.

8 이 이야기에 관해서는, A. Macfarlane, *The Origins of English Individualism*, Oxford, Basil Blackwell, 1978; 그리고 그전에 이미 C. B. Macpherson, *The Political Theory of Possessive Individualism. Hobbes to Locke*, Oxford, Oxford University Press, 1964.

9 특히 Charles Webster, *The Great Instauration. Science, Medicine and Reform, 1626-1660*, Londres, Duck-worth, 1975, 246~323쪽 참조.

10 Jean-Pierre Peter, 《Le corps du délit》, in *Nouvelle Revue de psychanalyse*, 3호, 1971, 71~108쪽. 장피에르 페테르가 구별한 신체의 세 가지 연속적 형태들은 물리학의 세 가지 패러다임에 부합된다. 즉 그것들은 물리학 패러다임 — 충격 물리학(17세기), 원격 작용 물리학(18세기), 열역학(19세기) — 의 적용 및

변이형이다.

11 Ch. Webster, *op. cit.*, 「결론」, 484~520쪽.

12 역사에 대한 글쓰기가 갖는 새로운 권력에 대해서는, Michel de Certeau, *L'Ecriture de l'histoire*, 3판, Paris, Gallimard, Biblothèque des histoires, 1984 참고.

13 Jean Baudrillard, *L'Echange symbolique et la mort*, Paris, Gallimard, 1976: 《L'ordre des sumulacres》, 75~95쪽. 그리고 *Traverses*, 10호 intitulé *Le Simulacre*, 1978년 2월의 분석 참고.

14 André Velter et Marie-José Lamothe, *Les Outils du corps*, Jean Marquis의 사진, Paris, Hier et demain, 1978의 아름다운 책의 광택이 나는 종이 위에 이 기구들이 펼쳐져 진동하고 있다. 그것들은 또한 *Chirurgie orthopédique*, catalogue de Chevalier Frères, Paris, 5~7 place de l'Odéon와 같은 기술 카탈로그 속에도 가득차 있다.

15 Michel Foucault, *Surveiller et punir*, Paris, Gallimard, 1975를 참고하라. 이 책의 분석들은 파놉티콘 장치들을 넘어서 분류 및 정리에 관한 거대한 영역을 개척하고 있다.

16 사회적 규범이 개인의 본성을 손상시키면서 그 위에 기입된다고 보는 것은 뒤르켐식 생각이다. 따라서 글쓰기의 첫번째 형식은 손상시키기가 될 것이고, 이는 상징적 힘을 부여할 것이다. Emile Durkheim, *Les Formes élémentaires de la vie religieuse*, Paris, PUF, 1968 참고.

17 Pierre Legendre, *L'Amour du censeur. Essai sur l'ordre dogmatique*, Paris, Seuil, 1974 참고.

18 Michel Carrouges, *Les Machines célibataires*, Arcanes, 1954(그리고 1975년의 증보판); Jean Clair et al., *Junggesellen Maschinen. Les Machines célibataires*, Venise, Alfieri, 1975 참고.

19 '정신 구조psychischen Apparat'에 관한 *Die Traumdeutung*, 제7장. '이론적 픽션'이라는 표현은 특별히 "원초적 정신 기구의 픽션"을 가리킨다.

20 Katherine S. Dreier and Matta Echaurren, 《Duchamp's Glass "La Mariée mise à nu par ses célibataires, même". An Analytical Reflextion》(1944), in *Selected Publications. III. Monographs and Brochure*, New York, Arno Press, 1972 참조.

21 Alfred Jarry, *Les Jours et les Nuits* (1897), Paris, Gallimard, 1981.

22 Jean-Claude Milner, *L'Amour de la langue*, Paris, Seuil, 1978, 98~112쪽.

23 Michel Sanouillet, in Marcel Duchamp, *Duchamp du signe. Ecrits*, éd. M. Sanouillet, Paris, Flammarion, 1975, 16쪽.

24 Jean-François Lyotard, *Les Transformateurs Duchamp*, Paris, Galilée, 1977, 33~40쪽 참고.

11. 목소리의 인용

1 "Ingenii familia"라는 제목의 시집 속의 Vox, 목소리에 대한 찬사. 이 시집 속에는 '*Ingenium*' '*Liber*' '*Vox*' '*Memoria*' '*Oblivio*' 등이 포함되어 있다. in Gabriel Cossart, *Orationes et Carmina*, Paris, Cramoisy, 1675, 234쪽.

2 Daniel Defoe, *Robinson Crusoe*, Harmondsworth, Penguin, 1975, 162쪽.

3 신화의 이런 측면에 관해서는 Claude Rabant, 《Le mythe à l'avenir (re)commence》, in *Esprit*, 1971년 4월, 631~643쪽 참고.

4 이 책의 제10장, 252쪽 참고.

5 '언어의 두 가지 실천'과 '글쓰기와 구전'에 관해서는, Michel de Certeau, *L'Ecriture de l'histoire*, 3판., Paris, Gallimard, Biblothèque des histoires, 1984, 197쪽 이하 참고.

6 Michel de Certeau, 《Théorie et fiction》, 《Le monde de la voyelle》, in Michel de Certeau et al., *Une politique de la langue*, Paris, Gallimard, Bibliothèque des histoires, 1975, 82~98, 110~121쪽.

7 Ferdinand de Saussure, *Cours de linguistique générale*, éd. Tullio de Mauro, Paris, Payot, 1974, 30쪽.

8 *Ibid.*, T. de Mauro의 각주, 420쪽.

9 *Ibid.*, 138~139쪽. 또한 Claudine Haroche et al., 《La sémantique et la coupure saussurienne: langue, langage, discours》, in *Langages*, 24호, 1971, 93~106쪽 참고.

10 D. Bertaux, *Histoires de vies ou récits de pratique? Méthodologies de l'approche biographique en sociologie*, Paris, Cordes 보고서, 1976 참고.

11 Louis Hjelmslev, *Prolégomènes à une théorie du langage*, Paris, Minuit, 1968, 139~142쪽.

12 Marguerite Duras, *Nathalie Granger*, Paris, Gallimard, 1973: 〈La femme du Grange〉의 서문, 105쪽; 그리고 브누아 자크와의 인터뷰, in *Art Press*, 1973년 10월.

13 Pierre Jakez Helias, *Le Cheval d'orgueil*, Paris, Plon, 1975, 27, 41쪽.

14 *Ibid.*, 54쪽.

15 *Ibid.*, 55쪽.

16 *Ibid.*, 69~75쪽.

12. 읽기: 밀렵하기

1 이매뉴얼 뎀비의 조사에 근거한 Alvin Toffler, *The Culture Consumers*, Baltimore,

Penguin, 1965, 33~52쪽.

2 *Pratiques culturelles des Français*, Paris, Secretariat d'Etat à la Culture, Service des études et recherches, 2 t., 1974.

3 루이해리스의 여론조사(1978년 9~10월)에 따르면, 프랑스에서 지난 20년 동안 책을 읽는 사람의 수가 17% 증가해왔다. 다독하는 사람의 비율은 그대로이지만(22%), 책을 보통으로 읽거나 조금 읽는 사람들의 비율은 증가했다. Janick Jossin, in *L'Express*, 1978년 11월 11일 참고.

4 Jean Ehrard, *L'Idée de nature en France pendant la première moitié du XVIIIe siècle*, Paris, Sepven, 1963: 《Naissance d'un mythe: l'Education》, 753~767쪽.

5 François Furet et Jacques Ozouf, *Lire et écrire. L'alphabétisation des Français de Calvin à Jules Ferry*, Paris, Minuit, 1977, t. 1, 349~369쪽, 그리고 《lire seulement》, 199~228쪽.

6 예를 들어 Jacques Mehler et G. Noizet, *Textes pour une psycholinguistique*, La Haye, Mouton, 1974; 그리고 Jean Hébrard, 《Ecole et alphabétisation au XIXe siècle》, Colloque *Lire et écrire* 발표문, Paris, MSH, 1979년 6월 참고.

7 F. Furet et J. Ozouf, *op. cit.*, 213쪽.

8 Michel Charles, *Rhétorique de la lecture*, Paris, Seuil, 1977, 83쪽.

9 Jorge Luis Borges, in Gérard Genette, *Figures*, Paris, Seuil, 1966, 123쪽에서 인용.

10 M. Charles, *op. cit.*, 61쪽.

11 '독자'라는 단어가 중세시대에는 교사의 직함이었다.

12 Alain Bentolila (ed.), *Recherches actuelles sur l'enseignement de la lecture*, Paris, Retz, 1976; Jean Foucambert et J. André, *La Manière d'être lecteur. Apprentissage et enseignement de la lecture de la maternelle au CM2*, Paris, Sermap, OCDL, 1976; Laurence Lentin, *Du parler au lire. Interaction entre l'adulte et l'enfant*, Paris, ESF, 1977 등 참고. 그리고 우리는 여기에 풍부한 '미국산' 문학작품들도 덧붙여야 할 것이다: Jeanne Sternlicht Chall, *Learning to Read: the Great Debate... 1910-1965*, New York, McGraw-Hill, 1967; Dolores Durkin, *Teaching Them to Read*, Boston, Allyn & Bacon, 1970; Eleanor Jack Gibson and Harry Levin, *The Psychology of Reading*, Cambridge (Mass.), MIT, 1975; Milfred Robeck and John A. R. Wilson, *Psychology of Reading: Foundations of Instruction*, New York, John Wiley, 1973; Lester and Muriel Tarnopol (eds), *Reading Disabilities. An International Perspective*, Baltimore, University Park Press, 1976 등. 그리고 세 개의 주요 잡지들도 덧붙여야 할 것이다: 1957년 이후에 출간된 *Journal of Reading* (Perdue University, Dept of English), 1953년 이후 출간된 *The Reading Teacher* (Chicago International Reading Association), 1965년 이후에 출간된

Reading Research Quarterly (International Reading Association, Newark, Del).

13 F. Furet et J. Ozouf, op. cit., t. 2, 358~372쪽의 참고문헌을 참고하라. 우리는 거기에 Mitford McLeod Mathews, *Teaching to Read, Historically Considered*, Chicago, University of Chicago Press, 1966을 덧붙일 수 있다. 잭 구디의 연구(*Literacy in a Traditional Society*, Cambridge, Cambridge University Press, 1968; *La Raison graphique*, Paris, Minuit, 1979 등)는 민속-역사학적 분석에 다양한 길들을 열어주었다.

14 통계 조사 이외에도, J. Charpentreau et al., *Le Livre et la lecture en France*, Paris, Ed. ouvrières, 1968 참고.

15 Roland Barthes, *Le Plaisir du texte*, Paris, Seuil, 1973; 〈Sur la lecture〉, in *Le Français aujourd'hui*, 32호, 1976년 1월, 11~18쪽. Tony Duvert, 《La lecture introuvable》, in *Minuit*, 1호, 1972년 11월, 2~21쪽; '해석하고 싶은 욕구'에 관해서는 Octave Mannoni, *Clefs pour l'imaginaire*, Paris, Seuil, 1969, 202~217쪽; Michel Mougenot, 《Lecture/écriture》, in *Le Français aujourd'hui*, 30호, 1975년 5월; Victor N. Smirnoff, 《L'oeuvre lue》, in *Nouvelle Reveu de psychanalyse*, 1호, 1970, 49~57쪽; Tzvetan Todorov, *Poétique de la prose*, Paris, Seuil, 1971, 《comment lire?》, 241쪽 이하; Jean Verrier, 《La ficelle》, in *Poétique*, 30호, 1977년 4월; *Littérature* 7호, *Le discours de l'école sur les textes*, 1972년 10월; *Esprit, Lecture I*, 1974년 12월, *Lecture II*, 1976년 1월 등.

16 예를 들어 M. Charles, *op. cit.*에서의 '제안들' 참고.

17 Descartes, *Principes*, IV, art. 205.

18 Pierre Kuentz, 《Le tête à texte》, in *Esprit*, 1974년 12월, 946~962쪽; 《L'envers du texte》, in *Littérature*, 7호, 1972년 10월.

19 성경을 읽는 가톨릭 신도들의 궤적, 해석, 신념의 자율성에 대해 알려주는 문헌은 불행히도 거의 없다. '농부'였던 자기 아버지에 관한 Rétif de la Bretonne, *La Vie de mon père* (1778), Paris, Garnier, 1970, 29, 131~132쪽 참고.

20 Guy Rosolato, *Essai sur le symbolique*, Paris, Gallimard, 1969, 288쪽.

21 아빌라의 테레사는 독서를 기도의 한 형태로, 즉 욕망이 분명히 표현될 수 있는 또다른 공간의 발견이라고 생각했다. 다른 수많은 영성 저술가들도 이와 동일하게 생각했고, 아이도 이미 그것을 알고 있다.

22 Marguerite Duras, *Le Camion*, Paris, Minuit, 1977; 《Entretien à Michèle Porte》, in *Sorcières*, 11호, 1978년 1월, 47쪽에서 인용.

23 Jacques Sojcher, 《Le professeur de philosophie》, in *Revue de l'université de Bruxelles*, 3~4호, 1976, 428~429쪽.

24 R. Barthes, *Le Plaisir du texte*, 58쪽.

25 Claude Lévi-Strauss, *La Pensée sauvage*, Plon, 1962, 3~47쪽. 독자의 '브리콜라주' 활동에서 재사용되는 요소들은 공식적이고 승인된 자료 집합에서 떼어내온 것들로 이는 독서에는 아무런 새로운 것이 없다고 믿게 만들 수 있다.

26 특히 Hans Ulrich Gumbrecht, 《Die dramenschliessende Sprachhandlung im Aristotelischen Theater und ihre Problematisierung bei Marivaux》, 그리고 Karlheinz Stierle, 《Das Liebesgeständnis in Racines *Phèdre* und das Verhältnis von (Sprach)-Handlung und Tat》, 이 두 개는 모두 in *Poetica* (Bochum), 1976.

27 Georges Perec, 《Lire: esquisse sociophysiologique》, in *Esprit*, 1976년 1월, 9~20쪽은 이것에 대해 경탄할 만한 방식으로 이야기하고 있다.

28 그럼에도 불구하고 성대와 성문을 수축시키는 탄력적인 근육들은 독서중에도 여전히 활성 상태이다.

29 François Richaudeau, *La Lisibilité*, Paris, CEPL, 1969; Georges Rémond, 《Apprendre la lecture silencieuse à l'école primaire》, in A. Bentolila (ed.), *Recherches actuelles*, 147~161쪽 참고.

30 R. Barthes, 《Sur la lecture》, 15~16쪽.

13. 정치적 신뢰성

1 Jorge Luis Borges et Adolfo Bioy Casares, *Chroniques de Bustos Domecq*, Paris, Denoël, 1970, 《Esse est percipi(존재한다는 것은 지각된다는 것이다)》, 139~144쪽.

2 W. V. Quine et J. S. Ullian, *The Web of Belief*, New York, Random House, 1970, 4~6쪽 참고.

3 이 주제에 관해, Jaakko Hintikka, *Knowledge and Belief. An Introduction to the Logic of the Two Notions*, Ithaca (N.Y.), Cornell University Press, 1969; Rodney Needham, *Belief, Language and Experience*, Oxford, Basil Blackwell, 1972; Ernest Gellner, *Legitimation of Belief*, Cambridge, Cambridge University Press, 1974; John M. Vickers, *Belief and Probability*, Dordrecht, Reidel, 1976; *Languages*, 43호, intitulé *Modalités*, 1976년 9월 등 참고.

4 예를 들어 R. S. Peters and Peter Winch, 《Authority》, in Anthony Quinton (ed.), *Political Philosophy*, Oxford, Oxford University Press, 1973, 83~111쪽 참고.

5 Pierre Legendre, *L'Amour du censeur. Essai sur l'ordre dogmatique*, Paris, Seuil, 1974, 28쪽.

6 Dale Carnegie, *Public Speaking and Influencing Men in Business*, New York, Association Press, 1931; 그리고 특히 Martin Fishbein et Icek Ajzen, *Belief,*

Attitude, Intention and Behavior, Reading (Mass.), Addison-Wesley, 1975 참고.

7 Michel Foucault, *Surveiller et punir*, Paris, Gallimard, 1975 등.

8 Kamata Satoshi, *Toyota, l'usine du désespoir*, Paris, Ed. ouvrières, 1976: 토요타는 여전히 '옛날식 기술' 시스템이다. 여기서는 모든 활동을 통제하는 것이 중요하지, 신자를 만들려는 목표를 가진 가치를 통해 이 활동들을 결합시키지는 않는다. Miklos Haraszti, *Salaire aux pièces*, Paris, Seuil, 1976 참고.

9 피에르 그레미옹이 증명했듯이 지역 행정, 특히 도시의 하부 시스템 속에 합법화 메커니즘은 '더이상 존재하지 않는다'. 그의 책 *Le Pouvoir périphérique. Bureaucrates et notables dans le système politique français*, Paris, Seuil, 1976, 416쪽 이하 참고.

10 Michel de Certeau, *La Culture au pluriel*, 2판, Paris, Christian Bourgois, 1980; 《Les révolutions du croyable》, 15~32쪽. 논리의 관점에서 볼 때, 콰인과 울리안(*op. cit.*, 8~9쪽)은, 언표에서 언표로 믿음(Belief)이 자리이동하는 것을 그들의 첫번째 분석 대상으로 삼았다.

11 한 부족에서 다른 부족으로 신화를 옮겨가고, 또 신화를 전설적 전통, 공상적 구상 혹은 정치적 이데올로기로 만들면서 '약화시키는' 행보에 대한 분석에(Claude Lévi-Strauss, *Anthropologie structurale deux*, Paris, Plon, 1973: 《comment meurent les mythes》, 301~315쪽 참고), 우리는 믿음이 신화에서 물러나게 만든 이 느릿한 투자 회수에 대한 분석을 추가해야 할 것이다.

12 Georges Duby, *Guerriers et Paysans*, Paris, Gallimard, 1976, 184쪽 이하 참고.

13 Michel de Certeau, *L'Ecriture de l'hisotire*, 3판, Paris, Gallimard, 1984: 《La formalité des pratiques. Du système religieux à l'éthique des Lumières (XVIIe~XVIIIe siècle)》, 152~212쪽 참조.

14 Jean-Jacques Rousseau, *Le Contrat social*, IV, 8.

15 미국의 '시민 종교'에 관해서는 Robert N. Bellah, *Beyond Belief. Essays on Religion in a Post-Traditional World*, New York, Harper & Row, 1970, 168~189쪽 참고.

16 모리스 아귈롱은, 남프랑스 지역의 사회성의 내용은 독실한 가톨릭 신자들(16~17세기), 프리메이슨(18세기), 사회주의자(19세기) 등으로 계속 변화했음에도 불구하고, 이 지역의 사회성이 가진 '형식'은 끈질기게 지속되고 있음을 분석해 이를 증명해보였다. *Pénitents et Françs-maçons de l'ancienne Provence*, Paris, PUF, 1968.

17 전투적 활동을 그것이 일어난 역사적 장소에서 분리시켜 놓은 채, 이 활동의 심리 분석과 윤리에 과도하게 집중했던 이봉 부르데의 섬세한 분석에 비판을 가할 수 있다. *Qu'est-ce qui fait courir les militants?*, Paris, Stock, 1976.

18 Daniel Mothé, *Le Métier de militant*, Paris, Seuil, 1973은 단지 활동가는 현재에 대해 비관적이고 미래에 대해 낙관적이라는 사실만 지적하고 있다.

19 특히 앙리 데로슈의 여러 연구들을 참고하라.

20 헤라클레이토스의 단편의 의미에서 의미하다signifier. 즉 "델포이 신전에서 신탁은 말하지 않고 숨기지도 않고, 그것은 오직 의미할 뿐이다".(Diels, fragm. 93)

21 Erwin Panofsky, *La Perspective comme forme symbolique*, Paris, Minuit, 1975; E. H. Gombrich, *L'Art et l'Illusion*, Paris, Gallimard, 1971, 255~360쪽; Robert Klein, *La Forme et l'intelligible, ibid.*, 1970 참고.

22 시뮬라크르에 관해서는 Jean Baudrillard, *L'Echange symbolique et la mort*, Paris, Gallimard, 1976: 《L'ordre des simulacres》, 75~128쪽; 《La précession des simulacres》, in *Traverses*, 10호, 1978, 3~37쪽 참고.

23 Octave Mannoni, *Clefs pour l'imaginaire*, Paris, Seuil, 1969: 《Je sais bien mais quand même》, (신앙에 관해서) 9~33쪽 참조.

24 Michel de Certeau, *Histoire et psychanalyse entre science et fiction*, Paris, Gallimard, Folio, 1987, 제4장 《L'histoire, science et fiction》.

14. 이름 붙일 수 없는 것: 죽음

1 Maurice Berger et Françoise Hortala, *Mourir à l'hôpital*, Paris, Centurion, 1974, 155쪽.

2 Michel de Certeau, *L'Absent de l'histoire*, Paris, Mame, 1973 참고.

3 Guy Le Gaufey, 《La douleur mélancolique, la mort impossible et le réel》, in *Lettres de l'Ecole freudienne*, 13호, 1974년 12월, 38~49쪽 참고.

4 Serge Leclaire, *Démasquer le réel*, Paris, Seuil, 1971: 《Jérôme ou la mort dans la vie de l'obsédé》, 121~146쪽 참고.

5 James Joyce, *Giacomo Joyce*, Paris, Gallimard, 1973, 16쪽.

6 '같은 장소에 두 가지'라는 이 위상학적 구조, 즉 분열된 주체의 구조에 관해서는, Michel de Certau, *L'Ecriture de l'histoire*, 3판, Paris, Gallimard, Bibliothèque des histoires, 1984, 337~352쪽 참고.

7 François Jacob, *La Logique du vivant*, Paris, Gallimard, 1970, 331~332쪽.

8 Robert Jay Lifton, *Death in Life. The Survivors of Hiroshima*, New York, 1968, in A. Alvarez, *Le Dieu sauvage. Essai sur le suicide*, Paris, Mercure de France, 1972, 281쪽에서 인용.

불확정적인 것들

1 Michel Serres, *Hermès II. L'interférence*, Paris, Minuit, 1972, 12~13쪽.

2 Manuel Janco et Daniel Furjot, *Informatique et capitalisme*, Paris, Maspero, 1972, 117~127쪽.

3 Gerald Holton, *Thematic Origins of Scientific Thought. Kepler to Einstein*, Cambridge (Mass.), Harvard University Press, 1974, 특히 과학의 상상적 전제 사항들과, 상상적 구조에 대해 논리적 엄격함을 표현하는 '상보성'에 관한 91~161쪽. 또한 과학적 추론 속에서 메타포가 차지하는 역할에 대해서 Mary Hesse, *The Structure of Scientific Inference*, Londres, Macmillan, 1974, 첫번째 장과 마지막 장 참고.

4 계획을 결단으로 이끄는 실제 여정 위에서는, 뤼시앙 스페즈가 자신의 저서 *Critique de la décision*, Paris, Armand Colin, 1973, 353~356쪽의 부록에서 제공했던, 아쉽게도 너무 많이 축약된 이야기들과 유사한 '이야기들'(구축하는 이야기들)이 많이 필요할 것이다. 그런데 이것이 인정될 수 있을까?

5 방브니스트는 (비밀은 "빠져나가게 내버려두고", 보여주는 것 이상으로 "왜곡하는") "신성모독blasphémie"에, "실제로 언어를 남용하지는 않으면서 그것을 암시하는" "완곡어법euphémie"("하나님의 이름" 대신 "파이프의 이름")을 대립시켰다(*Problèmes de linguistique générale*, t. 2, Paris, Gallimard, 1974, 254~257쪽). 이것은 잘 만들어진 개념이다.

6 뉴욕에 있는 어니스트 베린저의 그라피티를 참고하라.

7 Michel de Certeau, *L'Ecriture de l'histoire*, 3판, Paris, Gallimard, Bibliothèque des histoires, 1984, 312~358쪽 참고.

8 이 용어들은 장클로드 페로가 자신의 훌륭한 연구(*Genèse d'une ville moderne. Caen au XVIIIe siècle*, Paris, Mouton, 1975, 54~98쪽) 속에서, 도시 진화에 관한 '이론'과 발전의 실효성이 맺는 관계를 가리키기 위해 사용한 것들이다.

9 Harald Weinrich, *Le Temps*, Paris, Seuil, 1973, 225~258쪽 참고.

미셸 드 세르토 연보

1925	5월 17일. 프랑스 사부아 지방의 샹베리에서 태어난다.
1936~40	현지 성직자들이 운영하던 노트르담 드 라빌레트 콜레주에서 수학. 이 시기 성직자의 길을 걷기로 마음먹는다.
1942~	바르 지방 성모 마리아 수도회의 생트마리 드라센쉬르메르 콜레주에서 기숙사 생활을 하고, 그르노블 대학 등에서 철학을 공부한 뒤, 사부아 지방으로 돌아온다. 이차대전중에는 레지스탕스 연락책으로 항독 지하활동에 참여한다.
1948	삭발례를 받는다.
1950	예수회에 들어간다.
1956	리옹에서 사제 서품을 받는다. 잡지 『크리스투스 *Christus*』 창간에 참여.
1957~	고등실천연구원에서 장 오르시발이 주관한 근대 기독교 역사에 관한 세미나 수강.

1960 소르본대학에서 장 오르시발의 지도로 이냐시오 데 로욜라와 함께 예수회를 창립한 피에르 파브르의 신비주의 사상에 대한 논문을 제출, 종교학 박사학위를 받는다. 근대 초기 종교사와 신비주의에 관한 전문가로 자리매김한다. 예수회 계열의 잡지 『에튀드*Etudes*』의 편집인이 된다. 이후 17세기 예수회 사제이자 저명한 신비주의자로서 루뎅의 악마 사건 때 구마사로 파견된 장조제프 쉬랭의 일생과 문헌에 대한 연구에 매진한다.

1963 장조제프 쉬랭의 『완성을 위한 영성 편람*Guide spirituel pour la perfection*』 편찬·출간.

1964 자크 라캉의 파리프로이트학교EFP 창설에 참여했고, 1980년 라캉의 뜻에 따라 이 학교가 문을 닫을 때까지 회원으로 남아 라캉주의자들과 교류한다. '타자'에 대한 세르토의 관심은 이런 정신분석학의 영향을 적지 않게 받은 것이다.

1966 장조제프 쉬랭의 『서한집*La Correspondance*』 편찬·출간.

1967 그레마스의 기호학 세미나 참석. 종교사에 아날학파의 방법론을 도입한 뷔시에르 그룹에 참여.

1968 『에튀드』에 「새로운 문화를 위하여: 발언권 획득」「새로운 문화를 위하여: 말의 권력」을 발표하여 68혁명을 옹호한다. 68혁명은 세르토에게 '창설적 단절'의 계기가 된다. 당시 사건들의 소용돌이를 현장에서 지켜보며 탁월한 통찰력으로 분석한 그는 무질서와 저항과 균열 속에서 미래의 가능성을 본다. 세르토는 단번에 역사학계를 넘어 주목받는 진보적 지식인으로 발돋움하며, 이후 현대사회의 문제에 깊은 관심을 기울이면서 역사와 종교, 정신분석, 인류학, 문화연구를 넘나드

는 지적 행보를 본격화한다.

1968~71 프랑수아 샤틀레, 질 들뢰즈, 장프랑수아 리오타르, 다리오 포, 미셸 푸코, 알랭 바디우, 자크 라캉 등과 함께 파리8대학(뱅센대학)에서 강의.

1969 『이방인 혹은 차이 속의 결합*L'tranger ou l'nion dans la différence*』 출간.

1970 『루됭의 마귀들림*La Possession de Loudun*』 출간. 『아날』지에 논문을 발표하기 시작한다.

1971 뱅센대학을 떠나 파리7대학 민속학과로 자리를 옮긴다.

1973 『역사의 부재자*L'bsent de l'istoire*』 출간.

1974 『기독교의 파열*Le Christianisme éclaté*』, 『복수형의 문화*La culture au pluriel*』 출간.

1975 『역사의 글쓰기*L'criture de l'istoire*』 출간.

1978 미국 샌디에이고의 캘리포니아대학에 전임교수로 부임한다.

1980 주저 『일상의 발명 1—실행의 기술*L'nvention du quotidien, 1: arts de faire*』과 이 '실행의 기술'을 제자인 뤼스 지아르와 피에르 마욜이 함께 발전시키고 구체화한 『일상의 발명 2—주거하기, 요리하기*L'nvention du quotidien, 2: habiter, cuisiner*』 출간. 여기서 세르토가 제시한 전술tactique 개념은 일상의 층위에서 지배 권력에 맞선 미시저항의 실천을 성찰한 것으로서 20세기 후반 지성계에 큰 영향을 미친다.

1982 『신비주의의 우화 1*La Fable mystique 1*』 출간. 이 책은 종교사 연구에 정신분석적 사유를 끌어들여 근대 기독교의 변화과정에 대해 광범위하게 고찰한 저서이다.

1984 미국 체류를 끝내고 돌아와 사회과학고등연구원

EHESS의 '16~18세기 신앙의 역사인류학' 분과 책임자로 일한다. 『일상의 발명 1』의 영역본이 출간되면서 국제적인 명성을 얻는다.

1985 『천사의 화법*Le Parler angélique*』 출간.

1986 1월 9일. 파리에서 암으로 세상을 떠난다. 세르토는 자신의 사후에 유고를 정리하고 책으로 펴내는 일을 프랑스 국립과학연구소CNRS 소속 학자이자 샌디에이고의 캘리포니아대학 객원교수인 제자 뤼스 지아르에게 맡긴다.

1987 『신앙의 약점*La Faiblesse de croire*』 『과학과 픽션 사이의 역사와 정신분석학*Histoire et psychanalyse entre science et fiction*』 출간.

2005 『타자의 자리*Le Lieu de l'utre*』 출간.

2013 『신비주의의 우화 2*La Fable mystique 2*』 출간.

옮긴이의 말

한국에서 미셸 드 세르토는 푸코, 데리다, 들뢰즈, 부르디외 등 동시대 사상가들에 비해 제대로 소개되지 않았다. 그는 예수회 사제이면서 신학자이자 역사학자이면서, 정신분석학, 인류학, 기호학, 사회학, 문화연구에도 관심을 보였다. 사정이 이렇다보니 그를 어느 한 가지 학문분과의 전문가로 부르기가 다소 애매하다. 하지만 반대로 이 사실은 그의 저작이 어째서 이토록 폭넓은 연구 분야에 영향을 미쳤는지도 이해할 수 있게 해준다. 특히 1980년에 출판된 『일상의 발명 1: 실행의 기예』는 다양한 영역의 연구자들의 관심을 끌었다. 그 중에서도 그가 사용한 일상생활, 전술, 실행, 사용 등의 개념은 다양한 측면에서 재조명되었다.

이 책을 내기 이전에 세르토는 역사학 연구를 주로 했는데, 대표적인 것이 『루뎅의 마귀들림』이다. 이 독특한 책의 결론에서 세르토는 "누가, 누구에게 마귀들렸는지를 아는 것이 불가능하므로 마귀들림에는 '진실한' 역사적 설명이 없다"고 말한다. 그럼에도 역사가는 구마사의 임무를 받았고, 따라서 역사가의 역사 서술은 위협적 타자에 대한 구마 의식의 효과를 갖게 되었다. 이와 같은 세르토의 역사 인식은 지식 전체로 확장된다. 그는 지식이 일종의 경전과 같은 힘과 권위를 갖고 작동하는 메커니즘을 지적한다. 역사가뿐만 아니라 과학적 지식인들 대부분이 자신의 모델을 방어하기 위해 일반화되지 않는 미시행위들을 악마화하고 배제하면서 '악령 퇴치'에 몰두한다. 세르토는 쉽게 이해되거나 간단하게 설명되지 않는, 길들지 않고 상징화되지 않는 것, 담론 없는 타자의 활동 등, 한마디로 과학의 '나머지' 영역을 탐구할 것을 촉구하며 그것을 자신의 주요 연구 주제로 삼았다.

세르토는 익명의 영웅, 평범한 일상을 살아가는 보통의 사람에 대한 무한한 애정과 신뢰를 표현한다. 이것은 단순히 의지적 희망이나 낭만화에 불과한 것이 아니다. 그리고 세르토는 이 보통의 사람들을 선한 존재 혹은 혁명의 주체라고 보지도 않는다. 이들이 보여주는 일상적 실천은 임기응변, 딴짓하기 등 어찌 보면 대단히 사소하고 보잘것없어 보인다. 이런 실천은 거시구조나 정책의 용어로는 포착되지 않는 '아무것도 아닌 것'에 가깝다. 하지만 이를 잘 관찰해보면 소외와 억압, 차별 등의 용어를 고수했을 때 결코 파악할 수 없는 인간 행위자의 놀랄 만한 전유의 실천과 창조성을 발견하게 된다. 세르토는 이에 대한 자신의 입장을 여러 차례 분명하게 드러낸다.

> "사람들을 바보로 취급해서는 안 된다는 사실을 기억하는 건 언제나 바람직하다."(313쪽)

> "대중은 그런 것을 쉽게 믿을 만큼 순진하지 않다. 대중은 이 축제와 시뮬라크르를 재밌어하면서 즐긴다. 하지만 그것들을 '곧이곧대로 받아들이지' 않는다."(322쪽)

> "시골의 '신자들'은 이런 식으로 기존 질서를 피할 수 없다는 숙

명론을 전복시킨다. 그들은 외부의 권력([기독교] 포교단이 강요한 종교)으로부터 나온 준거틀을 사용하면서 그렇게 한다. 그들은 다른 사람들에 의해 구축되어서 확산된 시스템, 그들 고유의 존재와 거리가 먼 시스템을 재사용한다. 그리고 그들은 이 재사용에, 기적적인 것의 부속물인 '미신super-stition'이라는 표시를 남긴다."(87쪽)

"아메리카 원주민을 식민화한 스페인의 괄목할 만한 성공은, [아메리카 원주민이] 그 식민화를 [자기 식으로] 이용하면서 방향이 전환되었다. 즉 비록 스페인에 종속되어 있고 심지어 그들에게 동조하는 것처럼 보이는 이 원주민들은, 자신들에게 폭력과 유혹을 통해 강제된 법, 실천, 표상 등을, 정복자들이 의도했던 목적과 다르게 사용했던 것이다. 원주민들은 자신들에게 강제된 것들을 가지고 완전히 새로운 것을 만들어냈다. 즉 자신들에게 강제된 그것들을 거부하거나 변형시키는 것 대신, 그들은 자신들이 피할 수 없는 이 식민화와 전혀 상관없는 규칙과 관습, 신념 등을 만들어내어 사용하면서 자신들에게 강제된 것들을 안으로부터 전복시킨 것이다. 그들은 지배질서를 메타포로 만들었다. (……) 그들은 그들이 동화하는, 그리고 그들을 외형상으로 동화시키는 시스템 내부에서 여전히 타인으로 남아 있었다. 그들은 그 시스템을 떠나지 않은 채 그것의 방향을 전환시켰다."(106쪽)

세르토에 따르면 아메리카 원주민이 식민지배 아래에 있다고 해도 그들이 결코 식민지배자에게 전적으로 종속되고 복종하는 것이 아닌 것처럼 현대의 대중 역시 엘리트들이 생산해낸 것을 수동적으로 이용하고 소비하기만 하는 것이 아니다. 보통 엘리트들이 만들어냈다고 생각하는 지식과 상징체계 역시 "그것을 만들어낸 사람이 아니라 사용하는 사람에 의해 조작된다".(106쪽) 대중은 고집스럽고 수를 쓰는 방식으로 일상적 실천을 수행하며 엘리트의 특권을 허울처럼 만들거나 자신을 위한 배경 정도로 만들어버린다. 그래서 소비자 역시 결코 그들이 소비하는 생산물들(미디어 생산물, 공산품 모두 포함한)에 의해 정체성이 규정되지도, 결정되지도 않는다.

따라서 이제 중요한 것은 사용 그 자체에 대한 분석이다. 소비를 '사용'이라는 하나의 실천적 행위로 바라보는 세르토는 언어학의 화용론pragmatics을 활용한다. 화용론은 언어나 언어에 대한 지식 그 자체가 아니라, 문맥과 분리되지 않는 언어의 사용, 언어의 전유에 관심을 갖는다. 화용론은 언어 사용의 순간, 맥락, 개별 상황 등을 중요하게 고려하고, 화자는 그 상황의 문맥을 해석하고 행위하는 자로 전제된다. 언어는 오직 화자에 의해 말해질 때 의미가 생겨나는 것이다. 즉 언어 그 자체가 아니라 언어의 사용이 중요한 것이다. 세르토는 이 언어의 화용론을 공간의 화용론으로 확장시키며 걷기나 거주하기 등의 실천을 분석한다. 건축가의 계산과 계획에 따라 만들어진 도시 공간이 공간 사용자들에 의해 일종의 메타포가 되고 도시 공간의 질서는 전복된다. 보행자들의 발걸음에 의해, 혹은 도시 거주자들의 거주 행위를 통해, 도시계획의 기하학적 공간은 새로운 의미를 부여받는다. 이것은 파놉티콘을 역전시키는 것이다. 세르토는 푸코와 유사한 관심에서 출발했지만, 상반된 문제의식을 보여주고 있다. 세르토의 연구는 파놉티콘적 도시 공간, 기술관료주의, 역사 서술, 권력의 전략 등에 의한 일상생활의 완전한 식민화, 감시와 통제는 결코 불가능하다는 점을 분명히 보여준다.

> "걷는 행위는 공간 구조를 능숙하게 다룬다. 공간 구조가 제아무리 파놉티콘 구조로 되어 있다고 할지라도 말이다."(203쪽)

"반면 '아래로부터', 즉 가시성이 멈추는 문턱에서부터, 도시의 일상적 실천가들이 삶을 영위한다. 도시의 일상적 실천가들은 걷는 사람들Wandersmänner로, 걷기는 도시 경험의 기초적인 형태가 된다. 걷는 사람들의 신체는, 그들이 읽을 수는 없지만 그들이 쓴 도시 '텍스트'의 충만하고 섬세한 부분에 복종한다. 이 실천가들은 보이지 않는 공간을 이용한다. 그들은 이 공간에 대해, 마치 사랑에 빠진 신체와 신체 사이에서만큼이나 맹목적인 지식을 가진다. 이 뒤얽힘 속에서 서로 만나게 되는 길들은 이해 가능성에서 벗어나 있다."(192~193쪽)

"이런 식으로, 파리나 루베에 사는 마그레브 사람은 자신이 태어난 알제리 카빌라 지역의 고유한 '주거' 방식들(집 혹은 언어)을 자신이 거주하는 프랑스의 저가 임대아파트 건축 시스템 속에 슬그머니 끼워넣는다. 이 마그레브 사람은 [자기 고향 고유의] '주거' 방식들을 포개 얹고, 이 결합을 통해 유희의 공간을 창조해낸다. 이 유희의 공간에서 그는 장소 및 언어와 관련된 강제적 질서를 [자기 식으로] 활용하는 방식을 가진다. 그가 살아야 하는 장소, 그에게 법을 강요하는 장소를 벗어나지는 않은 채, 그는 그 속에서 다양성과 창조성을 새로 만들어낸다."(103~104쪽)

인간은 전통, 상식, 교육, 미디어 혹은 삶 그 자체에서 얻은 여러 지식을 활용해 자기 삶의 문제를 해결하고 또 자기 삶에 의미를 부여한다. 이렇게 보면 인간은 단순히 생각하는 코기토라기보다는 오히려 행위하는 존재, 자기 일상생활의 문제를 해결하는 존재로 보는 것이 적절할 것이다. 세르토 연구의 출발점도 바로 일상생활이다. "여기서 우리가 취할 기술적 방법은 과학적 실천과 과학적 언어를 자기 고향으로, 즉 일상생활로 돌려보내는 데 있다."(71쪽)

일상생활에 대한 세르토의 관심은 몇몇 연구자들과 문제의식을 공유한다. 우선 세르토의 저작은 '생활세계'를 '참된' 세계로 보았던 에드문트 후설을 연상시킨다. 후설은 학문의 위기는 학문이 삶에 대한 의의를 상실한 데서 비롯된다고 보았으며, 생활세계라는 개념에 역사철학적 의미를 부여했다. 후설에게 생활세계는 유럽의 학문적 위기를 각성하고 그것을 극복할 수 있게 해줄 중요한 개념이었다. 뿐만 아니라 세르토의 연구는 1950년대 수행된 리처드 호가트의 노동자계급의 삶과 문화에 관한 연구와 일정부분 문제의식을 공유하면서 논의를 확장시킨다. 호가트가 노동자계급이 신문, 잡지, 방송, 음악, 영화 등의 문화적 생산물을 어떻게 '사용'하는지에 관심을 가졌던 것처럼 세르토도 사용에 관심을 가진 것은 분명하다. 하지만 세르토의 관심은 문화적 생산물의 사용법 분석에 제한되지 않고 또 계급이라는 단어로 탐구 대상을 규정하지도 않았다. 이 외에도 세르토의 공간 화용론적 분석에는 르페브르의 영향이 확인된다. 르페브르 역시 인간의 전유 능력을 높이 평가하며, 도시 공간이 제아무리 기술관료와 건축가, 도시계획가, 정치인 등에 의해 계획되고 체계화되어 사람들의 움직임을 지시하고 지배하며 소외시킨다 해도, 공간 이용자들은 공간을 창조적 상상력으로 전유하는 것이 가능하다고 보았다. 이처럼 르페브르 역시 평범한 사람들에 의한 공간 사용법에 주목한 것은 사실이지만, 일상의 소외를 주로 강조하다보니 공간 사용 측면에 관한 논의는 본격화되지 못한 측면이 있다. 세르토는 도시인의 소외, 생활세계의 식민화, 소비사회의 수동성 등 당시의 주된 사회 비판에 맞서 일상을 살아가는 사람들에 관한 전혀 다른 모습을 보여준다. 그는 소비자, 독자, 관객을 일종의 생산자이자 창작자로 간주한다. 이들은 사회의 지배자 혹은 엘리트들이 생산해낸 공간 속에 창의성의 흔적을 남기고 정통성에 균열을 낸다.

> "소비자는 진가를 제대로 인정받지 못하는 생산자이자 자신의 관심사를 가지고 시를 쓰는 시인이며 기능주의적 합리성의

정글 속에 오솔길을 내는 사람이다. 이 소비자들은 페르낭 들리니가 말했던 '탈주선lignes d'erre' 형태를 띤 무언가를 만들어낸다."(109쪽)

"사회적 위계화는 독자를 엘리트(혹은 반半 엘리트)가 배포한 '정보'에 순응하게끔 만든다. 그러나 읽기의 작동 과정은 문화적 정통성의 균열 속에 자신의 창의성을 슬그머니 끼워넣으면서 술책을 쓴다."(307쪽)

"독자는 타자의 텍스트 속에 즐거움과 재전유의 책략들을 슬그머니 끼워넣는다. 그는 거기서 밀렵하고, 거기로 옮겨가고, 신체의 소음처럼 거기서 자신을 복수형複數形으로 만든다. 책략, 메타포, 결합 등의 생산은 또한 기억의 '발명'이기도 하다. 이 생산은 단어들을 가지고, 무언의 역사의 출구를 만든다. 읽을 수 있는 것은 기억할 수 있는 것으로 바뀐다. 바르트는 스탕달의 텍스트 속에서 프루스트를 읽는다. 시청자는 뉴스 현장 보도 속에서 자기 어린 시절의 풍경을 읽는다. 글자가 쓰인 얇은 필름은 지층의 요동, 공간의 운동이 된다. 저자의 공간 속에 또다른 세계(독자의 세계)가 끼어든다."(56쪽)

여기서 세르토의 대표적인 전략과 전술 구분을 확인할 수 있다. 전략은 멀리 내다볼 수 있을 때, 모든 요소를 통제할 수 있을 때 사용 가능하다. 한마디로 강자가 사용할 수 있는 방법이다. 하지만 일반적으로 보통의 인간들은 비록 자신이 처한 상황이라도 그것을 한눈에 조망할 수 없을뿐더러 멀리 내다볼 수도 없다. 그저 지금 당장 내가 가진 것으로, 내가 할 수 있는 한 어떻게든 해보는 것이 다다. 이때 사용하는 것이 전술이다. 이것은 위장과 교활함, 우연, 정세와 환경, 주변의 온갖 것들을 활용해, 호시탐탐 기회를 노리고, 더듬거리며 대응할 뿐이다.

> "전술은, 이질적인 힘의 법칙이 조직한 대로 자신에게 주어진 영역에서 운용되어야 한다. 전술은 뒤로 물러나, 멀리 내다보며, 자신이 가진 것들을 결집한 채 자신을 지켜낼 방법이 없다. 전술은 폰 뷜로가 말했듯 "적의 시야 안에서의", 그리고 적에 의해 통제되는 공간 안에서의 움직임이다. 따라서 전술은 뚜렷하고 가시적이고 객관화할 수 있는 공간 안에서 상대의 전모를 파악할 수 있는 가능성도, 포괄적인 계획을 가질 가능성도 없다."(113쪽)

> "거주하기, 돌아다니기, 말하기, 읽기, 장보기, 요리하기 같은 행동들은 책략과 전술적 기습이 갖는 특징들에 상응한다. 즉 '강자'가 세운 기존 질서 속에서 '약자'가 판세를 뒤집는 멋진 기교, 타자의 영역 속에서 수를 쓰는 기예, 사냥꾼의 교활함, 다양한 형태를 가진 능숙한 움직임, 유쾌하며 시적이고 전투적인 발상 등이 그런 특징들이다."(116~117쪽)

가장 약한 자가 가장 강한 자의 자리를 차지하게 되는 놀라운 묘미를 보여주는 것이 바로 전술이다. 이것은 돌멩이 하나로 골리앗을 쓰러뜨린 다윗을 연상시킨다. 전술에 대한 세르토의 강조는 대중의 어리석음 혹은 대중의 소외를 강조하는 연구 경향과 확실히 구분된다. 일견 수동적이고 무의미해 보이는 대중의 행위가 기성의 구조 속에 모호함과 애매함을 만들어내고, 그 속에 수많은 자신의 흔적을 남긴다. 뤼스 지아르가 서문에서 정확하게 지적했듯이 세르토는 다른 많은 사람들이 대중의 획일화와 복종을 보는 바로 그곳에서 대중의 미시차이, 미시저항을 발견해냈다.

"권위와 제도가 항상 조직해내고자 하는 교조적 질서를 결코 믿지 않는 태도, 비록 침묵에 불과하다 해도 강요된 진실을 우회하거나 회피하는 비순응주의자들의 내적 자유에 대한 관심, 아무리 미미한 것이라 해도 저항 및 이 저항이 촉발시키는 운동성의 형태에 대한 존중, 이 모든 것이 세르토에게 방목형 실천의 자유를 굳게 믿을 수 있게 해주었다."(22쪽)

2003년쯤이었던 것으로 기억한다. 박사학위논문을 준비하면서 나는 짐멜과 벤야민에서 출발하여 마페졸리의 포스트모던 사회 연구를 참고하여 산책자의 모습을 구성해보려던 참이었다. 그때 셀린의 바르다뮈, 카뮈의 뫼르소, 페렉의 잠자는 남자, 조이스의 블룸과 스티븐을 거쳐 무질의 특성 없는 남자에게서 산책자의 모습을 발견하고 빠져들었다. 영웅적인 인물과는 전혀 거리가 먼, 어쩌면 '평범한' '보통의'라는 수식조차 이들에게 주기에는 너무 고상해 보일 정도로, 이들의 삶은 기만과 영악, 음모와 술수, 게으름과 정신적 나태, 뻔뻔함과 소심함으로 가득차 있다. 왜소한 이성과 미지근한 감정으로 불안한 호흡을 내쉬는 이들에게 내가 왜 그토록 끌렸던 것인지 사실 아직도 잘 모르겠다. 이들은 사회의 엘리트들이 속삭이는 어떤 훌륭한 가치나 이데올로기 같은 것들과 무관해 보인다. 이들은 그런 확신에 찬 큰 목소리에 응하지 않는다. 저항을 하는 것도 아니고 사회의 변화와 혁명, 아니 자기 개인의 성공조차 꿈꾸지 않으면서, 알아들을 수 없는 웅얼거리는 목소리와 긍정도 부정도 아닌 미적지근한 반응으로 일관하는 이들은 분명 아무것도 아닌 존재들이지만 어느 순간 사회의 단단한 질서에 균열을 만들어내고 역사의 부조리를 드러내며 사회의 고상한 분들을 화나게 혹은 초조하게 만든다. 게다가 이들이 가끔 보이는 놀랄 만한 환대와 포용, 용기와 독특한 지성, 낙관과 명랑함이 그들을 더욱 매력적으로 만들어주었다. 이들의 모습을 누군가는 반지성으로, 누군가는 계몽의 대상으로, 누군가는 소외된 상태 혹은 기만된 상태로 평가하지만, 나는 그런 몇 개의 단어로 포착되지 않는 이 비정형의 이 인물들이 보여주는 이중성에 끌렸다. 그러면서 나는 인간을 연구하는 사람과 그의 연구 대상이 되는 이들 사이의 비대칭성에 대해 불편함을 느끼기 시작했다. 대중의 비참과 가난, 절망을 연구 주제나 대상으로 삼는다는 것이 어쩐지 이상하다고 느껴졌다. 세르토 역시 이 점을 분명하게 인식하고 있었다.

> "보로로족은 서서히 집단적 종말을 맞이했고, 레비스트로스는 아카데미프랑세즈의 회원이 되었다. 그가 이 불공평함에 대해 불편함을 느꼈다 해도, 이것이 그 사실을 변화시키지는 않았다. 이 이야기는 그의 이야기이자 우리의 이야기이다. (……) 이 측면에서만 볼 때, 과거와 마찬가지로 여전히 대중이 지식인들을 먹여살린다."(97쪽)

과학적 연구가 전제로 하는 의심과 거리두기는 분명 소중한 과학적 태도이지만, 나는 그것이 사회의 행위자들이 말하고 행동하는 것을 '있는 그대로' 받아들일 수 없게 만든다는 점이 불만이었다. 이런 의심은 늘 사회적 행위자의 말과 행동 뒤에 혹은 아래에는 눈에 보이지 않는 무언가가(보통은 구조가) 놓여 있다고, 그리고 이것은 연구자가(심지어 연구자만) 볼 수 있다고 가정한다. 이 연구자들은 보통 대중에 대해 이런 식으로 평가한다.

> "엄밀하게 말하자면 주체들은 그들이 행하고 있는 것을 알지 못하기 때문에, 주체가 행하는 것은 그들이 알지 못하는 더 큰 의미를 가진다."(139쪽)

무지한 대중과 유식한 연구자의 구분을 고수하는 것 대신, 행동하고 선택하고 자신의 논리를 방어하고 자기 삶에 의미를 부여하는 행위자의 삶 속에 들어가서 이들을 바라보는 것이 필요하다고 생각하기 시작할 때쯤, 세르토의 이 책을 만나게 되었다. 그때 이 책은 나에게 일종의 해방감을 선사해주었다.

사람들은 자기 삶을 성찰하고 이를 통해 삶의 이유를 찾고 자신과 자기 삶에 대해 이야기한다. 특별한 계기를 만나면서 자기 삶의 방향 혹은 가치관을 수정하기도 하고, 자신이 처한 어려운 상황을 해석하면서 그것을 감내하기도 한다. 이해하기 어려운 낯선 타인과 환경, 문제를 만나더라도 다양한 방식으로 문제 해결 능력을 발휘해 그럭저럭 일상을 유지해나가고 자신의 즐거움을 포기하지 않는다. 평범한 우리들의 삶은 일반적으로 다양한 제한과 결핍, 제약으로 만들어져 있다. 그렇기 때문에 우리는 늘 자신이 가진 것으로 적절히 뭔가를 꾸며내거나 감내하기도 혹은 새로운 것을 조작해내기도 한다. 이것이 브리콜라주이고 임기응변이며 전술이고 딴짓하기이다.

세르토의 책을 번역할 기회가 생겨 기뻤지만, 번역의 과정은 좌절의 연속이었다. 다시는 번역을 하지 않겠다고 여러 차례 다짐하며 겨우 마무리를 했다. 도움을 주신 문학동네의 이경록 선생님에게 감사의 인사를 전한다. 여전히 남아 있는 모호한 문장들 때문에 시원함보다는 우려와 걱정이 더 크다. 그렇더라도 이 책을 통해 다소 늦은 감이 있긴 하지만 세르토 연구가 한국에서 좀더 즐겁게 이루어지길 바란다.

2023년 4월
신지은

일상의 발명: 실행의 기예

초판 인쇄 2023년 5월 18일
초판 발행 2023년 6월 2일

지은이 미셸 드 세르토
옮긴이 신지은
책임편집 이경록
편집 이희연 이주현
디자인 강혜림
저작권 박지영 형소진 최은진 오서영
마케팅 정민호 김도윤 한민아 이민경
안남영 김수현 왕지경 황승현 김혜원
브랜딩 함유지 함근아 박민재 김희숙
고보미 정승민 배진성
제작 강신은 김동욱 임현식
제작처 더블비(인쇄) 신안문화사(제본)

펴낸곳 (주)문학동네 **펴낸이** 김소영
출판등록 1993년 10월 22일 제2003-000045호
주소 10881 경기도 파주시 회동길 210
전자우편 editor@munhak.com
대표전화 031) 955-8888
팩스 031) 955-8855
문의전화 031) 955-3576(마케팅)
031) 955-3572(편집)
문학동네카페 http://cafe.naver.com/mhdn
인스타그램 @munhakdongne
트위터 @munhakdongne
북클럽문학동네 http://bookclubmunhak.com

ISBN 978-89-546-9272-4 93300

www.munhak.com